U0883518

大学生科研训练教程

DAXUESHENG KEYAN XUNLIAN JIAOCHENG

主编　陈坤杰　张伟林

合肥工业大学出版社

书　名	大学生科研训练教程
主　编	陈坤杰　张伟林
责任编辑	汪　钵
特约编辑	蔡灶林
封面设计	陈子轩
出　版	合肥工业大学出版社
地　址	合肥市屯溪路 193 号(230009)
电　话	理工图书出版中心：0551-62903004 营销与储运管理中心：0551-62903198
网　址	press.hfut.edu.cn
版　次	2009 年 8 月第 1 版 2010 年 8 月第 2 版
印　次	2025 年 1 月第 10 次印刷
开　本	787 毫米×1092 毫米　1/16
印　张	16.5
字　数	392 千字
书　号	ISBN 978-7-81093-986-7
定　价	38.00 元
印　刷	安徽联众印刷有限公司
发　行	全国新华书店

图书在版编目(CIP)数据

大学生科研训练教程/陈坤杰，张伟林主编．—合肥：合肥工业大学出版社，2009.9(2025.1 重印)

ISBN 978-7-81093-986-7

Ⅰ．大…　Ⅱ．①陈…②张…　Ⅲ．①大学生—科学研究—能力培养—教材　Ⅳ．①G644

中国版本图书馆 CIP 数据核字(2009)第 105978 号

前言

组织和引导大学生在大学学习期间开展科学研究活动，是我国高等教育人才培养的一项基本要求，也是提高大学生培养质量、增强大学毕业生综合能力和素质的一项重要举措。为此，近年来，各高校纷纷采取理论和实践教学、项目支持等方式，培养大学生的科研意识和科研能力。然而，科研意识和科研能力的形成不是一朝一夕的事，需要长期的积累和训练。目前大多数的大学生很少有机会接触和从事一项完整的科研活动，因此大学生对科研活动及其规律很难有一个全面的了解和认识，对科学研究的基本方法、科研活动的基本规律以及从事科学研究的基本技能了解和掌握得很少，不能满足时代和社会的要求。

本书是一部面向在校大学生，系统介绍科学研究的基本方法、基础知识和相关技能的著述。旨在对缺乏科学研究经验的大学生，在科研选题、研究项目申报、研究计划制订、试验研究、研究成果总结以及科技论文撰写等方面给予指导和训练，使大学生对科学研究活动过程有一个系统的认识，掌握从事科学研究工作的基本知识和技能。

全书分为八章。第一章是关于科学研究方法基本知识和规律的介绍。第二章至第四章按照科研活动从立项、开展研究到项目结题这一过程依次展开。其中，第二章详细介绍了如何进行科研选题、申报科研项目的注意事项以及如何撰写课题申报书；第三章详细介绍了进行科学研究的基本过程和步骤，包括进行科学研究应该具备的试验设计、数据处理和分析方法等基本技能；第四章则是关于项目总结和成果申报方面的知识和注意事项。第五、六章详细介绍了科研活动中重要的两个基本技能——科技文献检索和科技论文写作。其中，第五章重点讲述了利用计算机和网络获取科技文献信息的方法和步骤；第六章则详细讲述了科技论文的基本格式以及题名、摘要、引言等的具体写作方法。为帮助大学生提高学术交流能力，第七章介绍了如何发表科技论文以及如何进行大会学术交流的有关内容。最后，针对当前科研工作者的学术道德及学术造假问题，本书特意编写了关于学术道德以及学术规范方面的内容，对大学生——这些未来的科技工作者进行学术道德方面的教育和培养。

编写本书的主要目的是希望通过本书的介绍，大学生能够对科学研究活动过程有一个全面的了解和认识，掌握一些科学研究活动的基本技能。因此，本书在讲述科学研究的知识、理论及数学方法时力求泛而全，不求深和精。希望通过一些简单的原理介绍、典型案例分析以及基本技能训练，引导大学生初步了解和掌握科研工作的基本知识和方法，在遇到某个科学问题时，知道如何运用所学知识去解决这些问题，为将来从事科研和技术工作奠定一个良好的基础。

本书由南京农业大学陈坤杰、安徽建筑工业学院张伟林担任主编。参加编写的人员还有南京信息工程大学陈敏东，合肥工业大学杨友文，南京农业大学朱世桂，安徽建筑工业学院吴约、朱达荣、宣璐，安徽农业大学姚佐文、方明，淮北煤炭师范学院侯为波和铜陵学院王丽萍等。

撰写本书时参考了一些教材、文献和网页上的素材，也选录了江苏省、安徽省等地的相关规定；得到了合肥工业大学出版社总编辑钟玉海教授的指导和陈淮民、蔡灶林编辑的支持，也得到了编者单位相关领导的帮助和有关部门的支持。在此一并表示感谢。

由于本书涉及内容十分广泛，因我们的知识和水平所限，书中难免有疏漏和差错的地方，欢迎广大读者批评、指正。

编　者

2009 年 7 月

目　录

绪　论

内容要点

- ◆ 大学生参与科研实践的意义
- ◆ 大学生科研的概念
- ◆ 大学生科研的特征
- ◆ 大学生科研训练的目的和目标

大学生参与科研活动，既是方法和技能的学习，也是对自己所学知识的实践运用。大学生参与科研有可能是与教师的协作，也包括在导师指导下独立完成的项目。大学生科研具有创新性、协作性、公开性、教育性等几个特征，其目的和目标也十分明确。

一、大学生参与科研实践的意义

21 世纪的竞争是人才的竞争。在知识经济时代，为了不被知识更新、科技发展的潮流所淘汰，当代的大学生必须掌握科学的学习方法和自主学习能力。高等教育对人才的培养，也不能仅限于知识的传授，而应更加重视学生获取知识的方法和能力的训练，使其在社会竞争力方面有显著地提升。近几年的高校教学改革实践表明，本科生参加科研活动，对其学习能力的提高以及综合素质的增强有着很大的促进作用，是提高大学本科教育教学质量、培养具有创新意识和创造能力的研究型人才的有效途径。

《中华人民共和国学位条例》规定，高校本科毕业生应"具有从事科学研究工作或担负专门技术工作的初步能力"。《高等教育法》也将"掌握本专业必要的基本技能、方法和相关知识，具有从事本专业实际工作和研究工作的初步能力"作为本科教育的基本任务。大学生参加科研活动，既是作为方法和技能的学习，也是基于专业知识的一种探究性的学习活动，是对所学知识的实践运用。这是因为，一个大学生在校期间，完成公共课、专业基础课、专业课、选修课等教学计划规定的课程学习，只是对各种具体知识的学习，而学习这些知识的最终目的，是为了生产实际应用，是为将来从事创造性的劳动做准备。各门功课的成绩再好，也只能说明一个大学生对各科理论知识掌握得不错，却不能证明他已经具备了综合运用所学知识研究问题、解决问题的能力。通过科研基本知识的学习和基本科研能力的训练，有助于大学生将所学的各门基础理论和专业知识融会贯通、综合运用。所以，对大学生科研素质的培养，就是培养其运用所学知识分析处理问题的能力，培养大学生的创新精神和创新素质。这是教育的重要目的之一，是当前高等院校人才培养的最首要的任务，也是知识经济时代对高等教育提出的客观要求。培养探索、创造精神和求异、求变、求新的素质，正是大学生毕业后解决生产、生活、科研等其他方面问题的基本素质和先决条件，是推动科技发展和社会进步的力量源泉。对于高校来说，以科研训练作为教学活动的切入点，可以优化人才培养过程，推动教学改革的深入，有利于全面提高学生综合素质，使每一个受过高等教育的人都具备基本的科研能力。

二、大学生科研的概念

哈佛大学文理学院院长亨利·罗索夫斯基(Henry Rosovsky)曾经在一篇报告中指出："现在'科研'一词应用相当广泛，概念也比较模糊。对科研问题的任何回答，都必须对这个概念进行界定。"加州理工学院一项目负责人莫科尔认为，不但科研概念如此，大学生科研概念也是如此。他指出："'大学生科研'已经成为泛指学生和教师在科学、工程、艺术、人文科学和社会科学领域的各种协作的一个概念。它还被用来描述探究性和研究性课程的教学活动。它可以被用来指学生在一个项目中作教师的研究助理，也可以指学生自己设计自己的项目和公开科研成果。"

汉吉姆博士为大学生科研下了定义："大学生科研是指学生与教师协作，考察、创造和分享新知识，或者按照学科的实践方式工作。"他进而指出："这个定义包括三个指标：(1)协作(学生与科研导师之间的关系)；(2)新(研究工作能够产生部分或完全新的知识)；(3)分享(研究的结果或产品要得以传播)。"

从以上定义可以看出，对大学生科研性质的认识仍然坚持科研的一般属性，即原创性和公开性，同时又强调大学生科研的特殊性，即学生与导师之间的协作，既包括学生在教师指导下的独立研究，也包括学生作为个体或者团队成员参与教师的研究项目。

三、大学生科研的特征

1. 创新性

按照大学生科研理事会所描述的，大学生科研是大学生进行的探究性或调查性的活动。通过这种活动，可以对学科的发展做出原创性的、理智的或创造性的贡献。但客观地说，一般的大学生科研很难达到这一标准。我们这里谈到的大学生科研，主要是指大学生通过科研活动获得对其本身来说属于创新性的知识。

2. 协作性

与教师和其他科研人员不同，大学生一般不具备独立研究的能力和经验，其科研活动是在导师的密切指导下进行的。无论是学生参与导师的科研项目，还是学生自己独立申请科研项目，大学生科研的实施都离不开教师的指导和学生之间的协作学习。

3. 公开性

公开性是科学研究工作的基本准则，也是大学生科研的基本属性。大学生科研不属于商业秘密研究，其研究的结果或产品要得以传播，和学术界分享，从而促进科学的发展。

4. 教育性

大学生科研是大学教育的组成部分，是培养学生创新能力、创新意识和创新精神的措施之一。大学生参加科研，与教师或专职研究人员所从事的科研活动有显著差异，后者的科研目的是为了产出科研成果，为社会提供有创新性的物质或精神产品；而大学生参加科研活动，主要侧重在科研活动过程中科学精神的培养、科研意识的熏陶等方面，主要目的不是直接取得重要科研成果，而是通过科研训练来培养创新人才。

四、大学生科研训练的目的和目标

1. 转变教育观念

重视专业知识的传授而忽略综合能力的培养，是目前我国高等学校教育体系存在的主要问题之一。通过在本科生中开展科研训练，有助于学校的教育目标由注重知识的传授转向重在大学生实践能力培养和综合素质的提高。

2. 培养观察问题和解决实际问题的能力

通过开展科研活动，使学生个人思想和兴趣充分发挥，培养对现象的敏感性，逐步建立独立思考、细致观察、深入探究以及勤奋、严谨等优秀品质，使学生分析问题、解决问题的能力在潜移默化中获得提高。

3. 培养科研奉献精神

在学生参与科研课题的研究过程中，学生可以充分理解科学研究的真正内涵，真正体会到科研的发展对一个国家、一个民族振兴的重要性，从而树立为国家、为科学的奉献精神。

4. 培养科研合作意识

在科学研究工作中，学生会有更多的自主进行试验的空间、面对试验失败结果，这有利于培养学生不怕吃苦、不怕失败的精神以及科研韧性意识。此外，通过经历科研活动的全部过程，让学生意识到团队合作的重要性，培养和训练学生的严肃、严格和严谨的科研态度，让学生懂得科学研究的严肃性和严谨性，严肃认真地对待科学研究过程中的所有问题，并严格要求自己。

5. 培养创新思维

长期囿于书本上知识的学习，容易使人产生僵化的思维模式。通过科研活动，使学生面对各种实际问题，突破前人和教科书的思想和理论框框，开动脑筋去解决这些问题，是激发学生的创造潜力、产生创造性思维的主要途径。

搞科学研究没有捷径可走，从事科学研究活动也没有一套固定的模式和途径。前人的研究经验告诉我们，从事科研活动，必须遵循一定的规律、按照科学的方式进行。否则就会走弯路，甚至达不到成功的彼岸。

编写本书的主要目的，是向大学生包括低年级研究生介绍科学研究工作的性质、内容、方法、过程及基本规律。通过本书的学习和训练，使学生熟悉科研过程，对科学研究的本质形成初步的认识，掌握研究课题的申报与结题、科技文献的检索与获取、试验设计与数据分析处理、科技论文写作与发表流程等从事科研活动必备的一些知识和技能，为大学生创新意识和科研能力的培养、后续的毕业设计（论文）和进一步深造，打下一个良好的基础。

习　题

1. 大学生参与科研实践的意义是什么？

2. 大学生科研训练的目的有哪些？

第一章

科学研究的方法

内容要点

◆ 科学研究与科研方法的基本概念
◆ 科学研究与科研方法的发展历程
◆ 科学研究与哲学的关系
◆ 科研能力与品格培养

科学研究的实质，一是创造知识，二是整理知识。科学研究有一整套方法，各种方法如观察、比较、分析、综合、归纳、演绎等之间又密切相关。通过对科研方法历史回顾，可以看出科学在不断发展进步，科研方法也在不断增添新的内容。

科学研究与哲学密切相关，它们之间存在多重的联系。科研人员必须具备一定的哲学素养和科学品格。

第一节　科学研究与科研方法概论

一、科学研究的概念

"科学研究"一词，来源于英文的 research，由前缀 re（再度，反复之意）与 search（探索、寻求之意）组成，合起来的意思是反复探索。然而，世界各国习惯于用"研究与开发"（research and develop，简称 R&D）来表示科学研究。日本直接用"研究开发"，即"RD"表示科学研究。

关于科学研究的概念，英国《牛津大辞典》和经济合作与发展组织（OECD）指出："研究与开发，是为了增加知识量，对知识，包括人类文化和社会知识进行探索，以及利用这些知识去发明新用途、从事系统的创造性工作"。以后又有人补充了一句，即"已经产生的知识的收集、整理和分析研究工作。"这里强调的是"系统创造性工作"，是创造知识、整理知识以及开拓知识新用途的探索工作。

科学研究实质上由两部分组成，一部分是创造知识，即创新、发现和发明，是探索未知事实及其规律的实践活动；另一部分是整理知识，即对已有知识分析整理，使其规范化、系统化，是知识继承的实践活动。由此可以给科学研究下这样一个定义：科学研究是人们探索未知事物或未完全了解事实的本质和规律以及对已有知识分析整理的实践活动。这个定义的前半部分是指科学研究的创新活动，后半部分是指继承活动。这既包括了探索未知的创造知识部分，又包括整理知识的继承前人知识的部分。所以说，在科学研究中，整理知识与创造知识是不可分割的两个组成部分。

二、科学研究的内容与类型

1.科学研究的内容

根据科学研究的定义，科学研究应该包括以下三方面的实践活动：(1)观察或探索未知事实的本质及其规律的实践活动。(2)验证与发展有关事实的本质及其规律的实践活动。(3)对已有知识的分析、整理、综合以及规范化、系统化的实践活动。

2.科学研究的类型

(1)按研究过程分类

① 基础研究

基础研究是指没有特定的商业目的、以创新探索知识为目标的研究，通常是指数学、物理学、化学、天文学、地理学和生物学等6大基础学科中的纯理论研究。在基础研究中，还包括一种有特定目标、但运用基础研究方法进行的研究，称为定向基础研究或目标基础研究，又称为应用基础研究，通常是指定向的基础理论研究，或工程科学、农业科学、材料科学、计算机科学等技术科学方面的基础理论研究。基础研究的特点是：没有特定的实际要求和应用目的，但探索性强；研究周期长，一般没有时间限制；不急于评价；研究成败的关键是学术带头人的水平；多数情况对费用没有固定要求；一般没有保密性；成功率小，一般不到5%～10%，实现商业化、企业化的占2%～3%，然而一旦成功，其影响很大，甚至会导致科学技术的深刻革命；成果形式为学术论文和学术专著。

② 应用研究

应用研究是指运用基础研究成果和有关知识，为创造新产品、新方法、新技术、新材料的技术基础所进行的研究。它是一种直接解决当前生产中存在问题的研究，研究对象的核心是技术，在整个科学活动中起着承上启下的作用，起着使科学理论与生产实践相联系、相结合的作用。应用研究的特点是有：有明确的目的；有时间限制，但有一定的弹性；在适当的时候做出评价；研究的选题和组织工作起重要作用；需要的费用较多，但控制较松；有一定的保密性；成功率在50%～60%之间，实现商业化、企业化的可能性较大；成果形式为学术论文、专刊、原理模型。

③ 开发研究

开发研究是指利用基础研究、应用研究的成果和现有知识，为创造新产品、新方法、新工艺、新材料，以生产产品或完成工程任务而进行的技术研究活动。开发研究是比基础研究、应用研究更为普遍的科学活动形式。应用研究的成果是在实验室条件下取得的，还存在如何在生产实际中应用的问题。开发研究的基本任务就是将实验室条件下已经试验成功的新技术、新工艺、新材料、新产品通过中间试验或扩大试验，推广到实际生产中去。因此，为发展生产开展的技术攻关项目也属于开发研究。可以说，开发研究是科学理论转化为生产力的最终的重要环节。开发研究的特点是：有明确而具体的目标，针对性和计划性强；研究周期短，有严格的时间限制；完成后立即评价；在研究中需各方面协调配合，更须注重组织和集体的作用；费用投入较大，控制较严；有很强的保密性；成功率达90%以上，实现商业化、企业化的可能性大;成果形式为专利设计、图纸、论证报告、技术专有、中试产品等。我国学者在 1986 年把开发研究划分为试验开发、设计试制、推广示范和技术服务四个部分;近年来,日本等一些国家将开发研究加以延伸,把产品的开发、设计、生产、流通、销售、使用和回收的全过程,都视为开发研究的范畴。

(2)按研究性质分类

① 探索性研究

探索性研究是一种属于开拓或探索新研究领域的研究。此类研究一般很少有前人的经验可以借鉴,研究者要冒一定的"风险",可能获得重大发现而一鸣惊人,也可能毫无收获、一事无成。

② 发展性研究

发展性研究是一种在前人开拓性研究领域中已有成果的基础上,发展已有成果的研究,也包括进一步验证、巩固成果的研究或对已获得成果的应用的研究等。此类研究比较"保险",因其有现成的经验可以借鉴,因而一般不会一事无成,但往往缺乏创造性。研究成果在企业中视为宝贵财富,保密性强。

探索性研究与发展性研究有时没有明显的界限。例如:孟德尔被誉为遗传学之父,因为他发现了一系列遗传定律(法则)。然而,在孟德尔从事研究之前,已有先驱工作者开始了类似的研究工作,如美国的托马斯·奈特在 1797 年已经开始豌豆遗传方面的研究工作,法国的奥丁在 1856 年也曾发表过类似的论文。又如:万有引力学说是牛顿创立的,这是大家所公认的,然而,从整个自然科学史来看,它也是一项发展性研究,因为引力思想在古希腊时代已经出现,牛顿只是综合了伽利略和哥白尼等前人的发现而提出来的。但从牛顿的成就来看,这是一项探索性研究。

三、科学研究方法

1. 方法

"方法"一词,在我国始见于春秋战国时代著名思想家墨子的《天志篇》中,意为度量方形之法。后来,它的含义逐渐演变为解决实践的和理论的问题的手段。在西方,"方法"(method)一词原出于希腊文,为"按照某种途径"之意。亚里士多德、培根等把方法理解为工具和手段;虽然黑格尔反对把哲学方法当做工具和手段,但他却肯定具体科学的方法仍是工具和手段,他在《逻辑学》中指出:"在探索的认识中,方法也就是工具,是主观方面的某种手段,主观方面通过这个手段和客体发生关系……"随着人类实践和认识活动的发展,方法概念使用得越来越广泛,它的含义也越来越丰富,大体包括实现某种任务所必须遵循或使用的途径、程序、方式、手段乃至技巧等的总和。

方法在人类活动的各个领域、人类活动的各个层次都有自己的具体内容。在生产活动中,它是制造一定产品的一系列手段;在教育活动中,它是各种办学形式和教学方式;在科学认识活动中,它是实验研究和理论构造的恰当配合;在艺术活动中,它是审美评价和形象塑造的原则;在创造和发现中,它是某种不可言传的领悟;在哲学中,它是高度概括的原理、范畴、规律体系——按流行的说法可以叫世界观,也可以叫规范。除了哲学方法,所有的方法或多或少都是专门方法(尽管它们处于不同的领域或层次)。

2.科学研究的工具——科学方法

科学方法是科学探究的工具，只是方法的一个子类。不过，科学方法的形式有自己特殊的历史，它得益于悠久的思想传统，又是近代科学实践的直接产物。

人们往往把有关科学方法的思想追溯到柏拉图和亚里士多德。柏拉图曾经论证，只有数学实体才具备永恒的可理解性，因此，任何科学理论都只是建立在从几何学借用来的概念和模式上，才能揭示出现象表面流变背后的真正结构和关系。在这样一种理论内部，一切推理才是可靠的，人们也才能避免经验事件的易变性。柏拉图的观点对近代思想有深刻的影响。过了两千年，笛卡尔又以新的热情致力于构造一种演绎理论系统，要求其论证具有欧几里德几何学中所习见的那种形式的确定性。1637 年，在《方法论》中，笛卡尔提出了一个重要的思想以符合他的唯理论原则，这就是以数学方法作为科学的典范，从简单的原理、公理出发，根据一定的规则谨慎地进行科学推理，建立数学化的科学理论体系。

笛卡尔主张的是一种唯理论的科学方法论。他认为，人出现的迷误从来不是因为结论下得不好而发生的，而是因为对作为出发点的事实埋解得不好，或对所作的判断过于匆忙、根据不足导致的。因此，除了清晰的直觉和必不可少的演绎外，人没有其他可靠的认识真理的道路。科学知识是凭直觉想出的原理及其演绎结果构造起来的。这种观点相当成功地反映出人们对数学知识的传统看法。

用我们今天的语言来说，在笛卡尔看来，解决科学问题的普遍方法是这样的：(1)区分出所研究问题的所有可能的情况，划分出不同的方案；(2)将每一个情况分解成最简单的子问题；(3)解决每一情况的每个子问题，使它从简单的上升为较复杂的；(4)在这个上升过程中，只将确切无疑的、清楚明白的原理作为出发的前提。

笛卡尔的工作为科学方法论中的数学演绎方法奠定了影响深远的基础。他是正统方法论中唯理论的代表。

亚里士多德与自己的老师柏拉图意见相左，认为柏拉图所主张的数学实体的关系太过一般、太远离实际经验，并不足以解释经验实体的定量细节。因此，他认为，自然界的终极要求肯定不是柏拉图的抽象的数学形式，而是某种更特殊的实体，它们可以为人们的经验所辨认。尽管由于中世纪历史的原因，亚里士多德不幸成为第一次科技革命时代许多思想家竭力反对的权威，但事实上，以培根为代表的经验论，恰好继承了这种思想传统：一心要把从经验中观察到的事实作为一切科学的出发点。1620 年，培根发表了划时代的巨著《新工具》，把工具理解为帮助人们获得新知识的手段。不过，它不同于亚里士多德的传统逻辑，而着眼于近代意义的科学方法论——科学发现问题。培根认为做学问有三种方式，或如蜘蛛吐丝结网，或如蚂蚁一味采集，这两种方法都不足取。培根推崇的是蜜蜂般的方式：既采集又酿蜜。

培根认为，认识自然的可靠途径在于确立低级的、经验水平的规律性(公理)，并逐渐从它们上升到越来越具有普遍性的规律。“我们只有根据一种正当的上升阶梯和连续不断的步骤，从特殊的事例上升到较低的公理，然后上升到一个比一个高的中间公理，最后上升到最普遍的公理，我们才可能对科学抱着好的希望。因为最低的公理和赤裸裸的经验只有很少的区别。”在这里，培根强调的是，各个水平的公理、全部的自然规律都应建立在经验的基础上，而恰当的方法则是运用“真正的归纳”来实现。

培根本人对“真正的归纳”本身的建树是不完全的，但不能因此就斥之为狭隘经验论。

实际上，他对“真正的归纳”所作的原则论述还是十分深刻的。他要求：第一，要预先用适当的拒绝和排斥的方法来分析自然；第二，要借助足够数目的消极例证，对不符合现有规律的情况作出回答。只有在此之后才能作出肯定性结论。从这里可以看出，培根要求“真正归纳法”所确立的规律应与观察到的现象进行比较，从而对前者进行考察，并对原有的归纳法和研究法加以修改，因为他的观点是接近假说——演绎方法的，只是他的主要工作在于强调作经验的归纳，并未能以清晰的形式表述出公认的自然科学认识方法——假说演绎法。所以，人们一般认为培根是经验论传统的近代代表，他的功绩在于坚决主张将可信的知识建筑在经验基础上，并指明了实现的方法。

虽然笛卡尔和培根各自代表着一种从古代继承下来并延续至今的方法论传统，但他们的论证实际上只能权作一种声明，为随后建立起来的自然科学提供一个思想纲领。科学史的主流并非笛卡尔和培根，而是科学家伽利略和牛顿，特别是牛顿。在《自然哲学的数学原理》中，牛顿建立了第一个成熟的物理学体系，同时，促进了科学方法体系的形成。牛顿的工作有一个重要特点，这是不同于他以前的所有哲学家、也区别于他以后的某些哲学家的。这个特点就是，他的最重要的工作是着手处理有限的、比较实际和具体的问题，而不是去寻求有关整个世界的庞大设想。相应于这种有限的探究活动，所得到的指导原理也不是先于经验而存在的，而是从科学研究的经验中概括出来的。

在《光学》一书结尾，牛顿写道：

“如果你能从现象中发现两三个普遍性的运动原理，然后再告诉我们一切有形体的物体的性质与作用都是由这些明显的原理中产生的，那在哲学上就是一个大进步，虽然这些原理的原因还没有发现出来。”

可以说是出于无心，牛顿在实践中提出了日后为科学哲学家和科学家所公认的科学方法的基本框架，这就是把实验方法和数学方法结合起来的假说演绎方法。参照蕴涵在牛顿自己科学活动中的其他因素，可以把上述法则扩展为现在有关科学方法的标准定义。这个为解决科学问题而下的定义，提示人们在科学活动中应当运用下列方法：(1)专心于观察事实；(2)对观察到的一般特征提出恰当的概念；(3)运用概念对观察到的事实之间的联系进行归纳的概括，提出表述一般规律的定律；(4)采用解释性假说，首先是把它作为工作假说；(5)将假说的推断与归纳的概括仔细比较，当推断与归纳的概括相抵触时，放弃这些推断，修改以至重新提出假说；(6)把经受了检验的假说用公理方法组织起来，而理论的其余部分则作为公理的推论被纳入整个体系。

牛顿自己的工作是科学方法的最好注释。在《自然哲学的数学原理》中，通过对运动现象的观察，他把力学规定为自然力的研究，并从有关自然力的几个基本假说出发，得出与其他有关现象相符合的理论推断。力学的这种描绘，恰当地表达了科学方法最重要的特点：一方面是观察和实验，另一方面是理论构造；科学方法唯一确定的意义，就是这两方面的正确结合，就是经验和理性的平衡。

17世纪形成的这种科学方法的基本可靠性，在随后的三个世纪里已不再受到怀疑，并且在科学活动中确立下来。直至今天，它们在科学界仍适用如初，没有什么根本的改变。人们说起科学方法必定想到可控实验和解释性逻辑体系。

3.科学方法的种类

科学技术作为认识和改造自然的科技知识体系，有自己的一整套研究方法。这一整套研究方法，按普适性程度可以分为三个层次。第一个层次是哲学方法。它是一切科学的最普遍的方法，它不仅仅适用于自然科学研究，也适用于社会科学和思维科学。第三个层次是个别领域和学科中的一些特殊的研究方法，它只适用于比较狭窄的个别学科的研究，是一些专门的集体研究方法，如物理学中的光谱分析法、化学中的比色方法、生物学中的同位素示踪方法、某些学科的具体专门的技术手段和操作方法等。介于二者之间的第二个层次是自然科学的一般研究方法，这种方法是一部分学科或一大类学科都采用的研究方法，如观察方法、实验方法、假说方法、分析综合方法、逻辑方法、科学抽象方法、数学方法，等等。科学方法的三个层次，既相互区别，又紧密联系。哲学方法作为最普遍的方法，无论是对一般科学方法还是对特殊科学方法都有指导意义。一般科学方法虽然和特殊科学方法相比有一般性，但和哲学方法相比又带特殊性。一般科学方法对特殊科学方法提供指导，又以特殊方法为基础；而哲学方法也要从一般科学方法和各种特殊方法中汲取营养。哲学方法、一般科学方法和特殊科学方法的应用范围也不是一成不变的，而是可以相互转化的，特殊的科学方法在一定情况下，随着科学的发展，可以转化为一般的科学研究方法；反之亦然。而一般的科学研究方法在一定条件下，也可以转化为哲学方法。对这三个层次的研究方法，各有不同的学科进行研讨。本文概述的是科学创造活动中的科学方法及由此进一步研究而上升出来的科学方法论。

科学方法是从自然科学的特殊方法中概括和发展出来的，如一般的实验方法就是从物理实验、化学实验、生物实验等特殊的实验方法中概括产生的。数学方法最初主要在个别学科（如天文学、力学）中应用，随着科学的发展逐渐变成自然科学广泛应用的一般研究方法。而科学研究方法论则是以科学研究过程为线索、以系统的科学研究方法为内容、以认识论为基础所建立起来的一门交叉学科，它是关于自然科学一般研究方法的规律性的理论。它既要研究单个的一般研究方法的规律性，又要研究这些一般研究方法在整体上的特点和相互作用关系的规律性问题。

4.科学方法的特点

科学研究方法具有自身的特点，这不仅可以从它所研究的自然科学一般方法与哲学方法、自然科学特殊方法的区别和联系中表现出来，而且还可以从这种方法与社会科学方法、艺术方法的区别和联系中反映出来。艺术家主要用形象思维的方法来反映生活，把生活中最本质的东西上升为典型的艺术形象；科学家（无论是自然科学家还是社会科学家）则是着重用概念、判断、推理等逻辑思维的方法来反映世界。马克思说过："分析经济形式，既不能用显微镜，也不能用化学试剂。二者都必须用抽象思维来代替。"自然科学和社会科学的研究方法虽然都需要进行科学抽象，但获取感性材料的方法却有所不同。自然科学主要利用仪器设备进行观察和实验；社会科学则由于研究对象是人所组成的社会，是很难人为地安排和控制实验条件、单纯使用各种仪器进行实验所能奏效的，它主要依靠社会调查（包括历史比较、社会统计等）的方法。

科学研究中的各种方法，并不是孤立存在的，而是处在密切的相互联系之中。如实验方法，在选择实验课题、进行实验设计和实验操作以及对实验结果进行理论分析时，同时要运用观察、比较、分析、综合、归纳、演绎等各种各样的科学方法。一些高明的研究者，之所以能取得较大的成果，往往在于他们能巧妙地把所需要的各种方法结合起来进行运用。各种科学方法的相互联系也不是杂乱无章的，而是在认识自然界的过程中形成了具有一定规律性的整体。观察和实验方法是获取感性材料的基本方法，然后，通过逻辑方法、数学方法，进行一系列的科学抽象，从现象深入到本质，从感性上升到理性，最后获得对自然界的规律性认识，形成科学理论。上面提到的这些方法，经过长期的科学实践的检验，证明是行之有效的基本方法。学习和运用这些传统的方法对于搞好科学研究有重要意义。20世纪40年代以来，由于计算机、控制论、空间科学的产生、发展和广泛地应用，出现了诸如功能模拟方法、系统方法、信息方法等一系列新的研究方法，大大丰富和发展了传统的方法，使整个自然科学发生了革命性的变化。

作为科学哲学学科组成部分的科学研究方法论是以辩证唯物主义认识论原理为理论基础的，是辩证唯物主义认识论基本原理和科学研究的具体活动相结合的产物。所有的科学研究方法构成一个完整的体系，这种研究方法的系统化正是以辩证唯物主义认识论为指导的。科学研究以科学实践为基础，研究过程主要划分为经验层次和理论层次，形成科学假说，通过科学实践检验假说、发展假说，达到成熟的科学理论。这些方法之间既互相区别又密切联系，构成完整的认识过程，所遵循的原则正是科学认识运动发展的辩证规律。即使是个别的科学研究方法，也只有从辩证唯物主义认识论的高度，才能更深刻地揭示它们的本质，认识它们在研究过程中的地位和作用。当然，科学方法论并不是辩证唯物主义认识论的简单搬用，而是从科学研究的特殊认识过程出发，以唯物辩证法为指导方向，对科学研究的具体方法进行科学的概括总结的结果。

第二节　科学研究与科学方法的发展历程

一、科学活动的起源

科学史表明，科学活动本身是一种社会现象，它的发展是受到各个历史阶段的社会因素制约的。早期的科学活动发源于几大文明区，这时，地理因素对科学文化的繁荣有重要的影响。在人类进入阶级社会以后，地理因素（如航海的自然条件、土壤和资源条件）尽管仍有不小的作用，但各个历史阶段的社会政治、经济等因素的影响变得更为突出。

真正意义上的科研活动应该是在16世纪才具体形成，但是它的根源可以一直追溯到文明的萌芽时期，甚至可以进而追溯到人类社会的起源期。而我们现在所说的现代科学则具有双重起源，它既起源于巫师、僧侣或者哲学家的有条理的思辨，也起源于工匠的实际操作和传统知识。但人们重视科学的前一方面远超过后一方面，其结果使科学的整个发展显得比实际情况更富于奇迹色彩。

（一）古代历史时期的科学起源

1.原始社会时期的原始科学

人类并不是带着自然知识的魔箱降临到世界上来的，原始人不但不能从书本上获取教诲，语言也很不发达。然而，尽管他们那时还缺乏对自然界的理解，却开始了对自然界的行动——用最简单的工具向自然界进攻，在世世代代的劳动中不断征服自然，做出了一系列有重要意义的技术创造。我们在考察原始人的自然知识之前首先要分析他们的行动，把原始的生产技术作为人类科学技术发展的起点。从历史上的总结，远古人至少为人类的科学技术发展做了不少前期贡献：如石器加工、捕鱼、狩猎、人工取火、纺织工艺、弓箭的制造和使用、日晒砖建造居室、饲养家畜、栽培植物、陶器加工等，都是远古人对人类历史发展带来的技术创造。

当然，原始科学并非真正意义上的科学，而是指人类社会起源期的萌芽阶段的巫术和技术。那时，原始生活的巫术方面和技术方面都有同一目标：要主宰外部世界，不管他们对这个外部世界是怎样设想的，其目标都是要取得食物并且避免痛苦与死亡。事实上，原始生活中的许多技术对人类社会进步具有很大作用。可是人类同自然界最早的接触几乎谈不上有什么科学性质。人类在最早同自然界接触的时候，一定是先接触到自然界中同他有最直接关系的事物，即他自己的那一群人，他需要用来作为食物和用来加工制成其他产品的动植物。我们现在知道：这些是自然界中最复杂的部分，有许多方面我们至今在很大程度上还无法有科学技术加以控制。所以，太古人以大不相同的方法来应付它们是不足为奇的，而且事实上也是绝对必要的。另一方面，理论则是随着语言而开始产生的纯社会的产物。因此，最初人们不可避免地要从社会行为的角度来解释外部世界，也就是说，把动植物甚至无生命的东西都看做是人，理应受到部落非正规成员的待遇。在这个阶段中，逻辑和科学思想不仅是不可想象的，而且也是毫无用处的。随着农业的产生就发生了人类社会中的第一次大革命。农业和一些新技术密切相关——驯养家畜，纺织，陶瓷生产和不久以后随之产生的对金属利用。由于农业的发明而破天荒第一次有可能建立起来的贸易和城镇，对科学的发展是很重要的。

2.希腊文化复兴时期的科学萌芽及兴起

谈到科学的萌芽和兴起应该是随着希腊文明的兴起而产生的，甚至有一段时间似乎可能已经产生了我们今天所说的科学。公元前1000～前800年，希腊开始了从原始社会向奴隶社会的转化。早期的希腊人，特别是埃奥尼亚地方的希腊人，本身都是出身于海盗的商人，他们既对实用感兴趣，又对理论具有孩子般的好奇心。希腊人不是直接去探索自然界的，而是不择手段地去获得古代世界的一切技术。因为他们有一个极大的有利条件，就是他们刚刚开始接触到这些技术，还有新鲜之感，因此，他们从一开始就可以撇开纯属传说和纯属神秘的东西，挑选出有用的、有启发性的东西。据有关研究报告说，古希腊人的科学成果极少是纯由他们创始的，很多是直接从巴比伦人和埃及人那里引进来的。如希腊人的天文学成就是在别人进行了几百年有系统观察的基础上取得的。可以说，希腊人直接继承了埃及、巴比伦的古老科学文化并加以发扬，在比较短的时期内达到了奴隶社会科学技术的高峰。

随着亚历山大帝国和以后希腊式城邦的建成，亚历山大帝王的导师亚里士多德在自己的全面哲学中把实用因素和形而上学的因素结合起来，虽然他仅是通过后一因素对后代产生影响。由于这时期的希腊君主们喜欢比较实用的科学，使这时期的希腊力学和数学取得一定成就。不过需要解决的问题是十分有限的，实际上只限于建筑和军事工程，如围攻战和海战对机械制造技术提出了很高的要求。在这样背景下出现了古希腊杰出科学家阿基米德，为近代力学及机械学做出了杰出的贡献。此外还有一点要提到的：在亚历山大城，科学工作破天荒第一次组织起来了，而且是由国家来组织的。如亚历山大城博物院是图书馆、大学和研究院三位一体的结合体，科学家由国家供养。公元前7世纪至2世纪，古希腊成了欧洲科学文化的中心，公元前1世纪建立起的罗马帝国又继承了希腊文明，但自然科学在罗马时代已出现了日趋衰落的迹象。

(二)中世纪的科学

从公元5世纪到15世纪,是封建社会时期,历史上称为中世纪。在这个时期内,中国的科学获得了相当的发展,对人类科学事业做出了重大的贡献。中国的科学构成中世纪科学的主要部分。此外,阿拉伯人也曾出现过一度的科学繁荣,但时间较短,影响不大。这个时期,欧洲的科学却停滞不前,大约有5个世纪甚至处于愚昧之中,被人称作是历史上的"黑暗时期"。

1.中世纪的中国科学

中国古代科学从秦汉以来到明清形成了自己的科学体系和发展方式,取得了非常丰硕的成果,达到了当时的世界先进水平。就古代世界各民族的科学发展比较来说,中国古代的自然哲学和由原理、定律表现的理论性自然知识或许不及古希腊,但在相当长的时期里却在实用科学方面居于世界领先地位。中国古代的四大发明向西方传播后对欧洲产生了重大的影响,在机械技术和其他技术方面,中国古代的成果也遥遥领先,西传后对欧洲科学技术的发展也有重要作用。诸如龙骨车、水排、活塞风箱、提花机、加帆手推车、独轮车、弓弩、打钻技术、铸铁、铁索吊桥、造船及航行原理,西方都落后于中国几个世纪甚至十几个世纪。

中国实用科学持久而稳步的发展是由多方面的因素造成的,这些因素都制约于古代社会中一般的和特殊的社会环境。首先,对于封建统治阶级来说,尽管他们基于奢侈生活和军事征战的目的需要利用科学技术,然而,封建依附和自然经济的关系并没有依靠科学技术的社会要求和内在动力,封建统治者不一定需要科学技术来实现其剥削和统治,即使没有科学技术也可以过日子。因而,在封建社会中,科学技术的发展只能是以自然经济为基础的缓慢积累的过程,并只要求以记述现有经验为主并有实效的自然知识,也只能以实用作为科学活动的主要目标。其次,在我国的古代科学家中间,有工匠、失意文人学者、僧侣和官方科学家。工匠是古代科学发展中的基础力量,尤其是实用科学知识的直接创造者。然而,工匠毕竟文化素养不足,他们没有感到知识理论化的必要,也没有足够条件去实现知识的系统化和理论化。在古代科学家中间,有相当一部分人是由于反对正统思想和仕途道路而转向自然研究的,其中多数是失意文人(如张仲景、沈括、徐光启、李时珍、宋应星等),他们不同于那些"皓首穷经"的士大夫,他们重视生产经验和躬身体察,并利用了他们的文化素养写下了科学著作。但他们也往往偏重实践经验和实用的工匠传统。最后,中国古代文化的整个状况,特别是哲学的发展,对科学发展也有一定的影响。由孔子开始,社会伦理就一直是中国哲学的主题,孔子对善恶仁爱等问题的兴趣,远比对"万物由什么构成"、"行星如何运动"、"天为什么下雨"之类问题的兴趣大得多。因此,中国古代争论最多的还是社会之理而不是自然之理。中国古代缺乏自然哲学的传统也是造成科学实用性强的一个原因。

中世纪的中国同中世纪的欧洲相比,有两个优点。一是中国是一个中央集权的国家,二是佛教不像西方教会那样粗暴干涉人们对自然界的研究。再加上其他方面的原因,形成了中世纪中国科学的一度繁荣,到宋元时期达到了高峰,在许多方面都处于领先地位。在中世纪和稍后一段时期内,中国出现了一大批杰出的科学家,著名的天文学家有张遂、郭守敬等;著名的农学家有贾思勰、王祯等;著名的医药学家有李时珍、王清任等;著名的地理学家有徐霞客等;著名的物理学家有赵友钦、方以智等;博学多才的科学家有沈括、徐光启、宋应星等。

此外，唯物主义哲学家张载、王夫之等人对自然科学的发展也做出了很大的贡献。李约瑟在评价中国中世纪的科学时说："在公元3世纪到13世纪之间，中国保持一个西方所望尘莫及的科学知识水平……中国的这些发明和发现往往远远超过同时代的欧洲，特别是15世纪以前更是如此。"

然而，近代自然科学是伴随着资本主义制度的建立而发展起来的，而中国古代的自然科学却未能获得这样的社会条件。不仅中国古代的实用科学成果得不到进一步的发展和提高，而且，由于封建制度的腐朽和帝国主义的侵入，使近代自然科学在中国的传播和应用都遇到了严重的障碍。清王朝为进一步巩固封建制度，一方面固守旧传统，实行排外主义，拒绝吸收外来的先进的科学技术文化成果；另一方面，又大兴文字狱，残酷镇压知识分子，恢复科举考试制度，把整个科学文化和学术研究的方向引向以考据为中心的方向上去，禁锢了人们的思想。明末以来本已显得有些停滞的中国科学技术，自此以后就更加落后了。

2.中世纪的阿拉伯科学

阿拉伯人曾经摧残过亚历山大的文化。但到了9世纪，阿拉伯人却十分重视科学了。阿拉伯在8世纪中期成为一个地跨亚非欧三洲的大帝国，当时的统治阶级在政治上实行中央集权，开驰道，设驿站，加强中央与各行省的联系；重视兴修水利，农业比较发达；经济上商业活跃，海外贸易遍及亚洲、欧洲和非洲；还建起了人口众多的工商业中心，如巴格达、马士拉、大马士革、库法、开罗等城市。在8、9世纪时，阿拉伯的科学文化也出现了高潮。阿拉伯文化是帝国境内各个民族共同创造的，并且吸收了古代埃及、巴比伦、波斯、希腊、印度和中国的成果，因此又是东西方文化交流的产物。阿拉伯帝国在军事上征服了许多民族，又接受了这些民族的文明。阿拔斯王朝的前几代哈里发（王朝元首）曾把许多科学家召到巴格达，下令他们翻译了许多古希腊罗马的典籍，如亚里士多德、阿基米德、希隆、欧几里得、托勒密、盖仑的著作都先后被译成阿拉伯文（后来传给欧洲的就是这些译本，希腊原著则已失传）。一些清真寺附设了图书馆和学校，有的藏书达几十万册。阿拉伯文化在保存古典文化和学术交流上的贡献是不可磨灭的，它在古希腊科学与近代科学之间起了承上启下的作用，在东西方文化之间起了桥梁作用。

3.中世纪的西方科学

中世纪的西方即自西罗马帝国的灭亡至文艺复兴前的欧洲，是封建制在欧洲的建立、发展以至于衰落的时期。这时期，基督教会有很大的势力，基督教会趁封建社会初期各王国力量微弱之机大肆发展其势力，罗马的主教自称教皇，到了8世纪教皇实际上也取得了世俗政权的最高权力，基督教会成了欧洲最大的政治力量。教会还是思想文化的垄断者，"圣经词句在各法庭中都有法律的效力"。他们还设有宗教法庭残酷地迫害异端，大批有识之士因而惨遭杀害。在教会的摧残之下，学术没有了生机，科学也成了"教会恭顺的婢女"，"它不得超越宗教信仰所规定的界限"。这些倒行逆施在几百年之内使得欧洲成了沉闷异常、黯然无光的世界。

中世纪的社会已经摆脱野蛮状态，建成了相对稳定的社会制度，不过这个社会制度却是以一种原始的经济为基础的，因而也不需要先进的科学，更不能为先进科学提供发展机会。并不是说没有什么发明创造，而是说这些发明无从发展起来。在意大利有人在13世纪就发明了同哈格里夫斯式纺纱机基本上相似的纺织机，并且实际投入使用，但是，不久行会就因其危及手工业者生计而予以禁止。在中世纪后期，也偶尔在学者中间发现有人对科学的重要性及其对人类的价值有所觉察。

中世纪社会造成了停滞不前的状态，这种状态变得稳定起来。社会秩序的安定有助于贸易，贸易使财富积累起来。财富的积累又同封建政府的经济不相适应。裂痕首先发生于意大利，现代的科学也是在那里诞生的。文艺复兴的经济方面和学术方面相互密切地发生作用。工商业仍照传统方式迅速发展，与此同时，又重新发现了哲学的希腊本源，附带地也发现了科学的希腊本源。

（三）近代历史时期的科学进步

今天，西方不少科学史家已认识到科学的根源不仅可追溯到文艺复兴与宗教改革，而且应该溯源于更早的中世纪。然而，真正意义上的科学应该是15世纪下半叶到19世纪发展起来的近代科学，这是人类历史上一个极其伟大的时代。在这个时期内，封建制度腐朽没落走向崩溃，资本主义制度成长壮大并取得了胜利。在中世纪末叶封建贵族的统治特别是封建教会势力仍然很强大的欧洲，新兴资产阶级为取得自己的统治地位曾进行了不屈不挠的斗争。在这场斗争中，首先是以新文化运动来反对封建主义的意识形态，其中包括用科学的力量来反对宗教。14世纪至16世纪末的文艺复兴就是新兴的资产阶级反对神权统治、宗法制度、禁欲主义和蒙昧主义的一场激烈的、深刻的思想较量，它对于解放人们的思想具有极为重要的意义，也为自然科学的进步鸣锣开道，清除障碍。近代自然科学正是在这场斗争中为自己争得了独立的地位，并有了自己独立的实践基础——科学实验，从此以后，自然科学就取得了系统的、日益迅速的进展，进入了近代自然科学蓬勃发展的新时期。

1.意大利科学和第一所科学研究院

在文艺复兴时期的意大利城市里，画家、诗人、哲学家和从希腊流浪来的学者都喜欢聚集在银行家或巨商的宅第中讨论。科西莫·德·梅迪契于1438年在佛罗伦萨创办了第一所科学院，它固然仅是一个柏拉图式的学园，但却无疑是一个冲破了经院界限的科学院，而且还是以后接着成立的许多科学院的典范。最初，文艺复兴时代的科学家都是单独工作的，或是几个人在某一大学城或者某一王侯的宫廷中偶尔碰在一起共同合作的。他们通过函件互通情报。由于他们人数极少，谁都能够很快地获悉任何一项新发现或新理论。大家一开头就有通过合作来更有效更迅速地取得进步的愿望，这方面意大利仍然遥遥领先。除了开普勒之外，15、16、17世纪初叶的大发明家全是意大利人或是意大利培养出来的人，特别是意大利科学家哥白尼于1543年发表了其著名的著作《天体运行论》，它标志着人类近代科学的诞生。《天体运行论》之所以成为近代科学诞生标志的主要理由是，首先，亚里士多德体系虽然自14世纪以来，遭到唯名论的彻底批判，仍能维持不倒，其主要原因之一就是其地心说与人们的常识符合。而只要其地心说一朝维持不倒，他的科学体系就仍能维持。而哥白尼的日心说则抽掉了亚里士多德体系这个赖以维持的根基。另外，哥白尼学说的所有长处都是从几何学推导而来。在当时的学术范式中，哲学第一优先，物理学次之，数学再次。因此，一旦哥白尼学说为人们所接受，也就改变了这个学术上的优先次序，从而大大提高了数学在科学中的地位。1601年在罗马建立了第一所真正意义上的科学研究院——林切研究院。不过，不到30年，意大利就让西班牙夺去了它在精神上和政治上的独立，又让北欧国家夺去它在商业上的霸权，因而也肯定放弃了它在科学活动上的领先地位。

2. 英国科学和皇家学会

17 世纪，由王宫贵族来提倡科学的时代已经过去，商人和制造商的时代即将到来。先是荷兰，接着是英国，都开始关心新的学问。因为新学问对于航海事业和作战已经做出很大贡献，人们还希望它对各行各业也会同样的有用，发展新科学的工作不能交给赞助人或大学去管，这项工作应当由团结一致相互支援的有身份的科学家们自己担任起来。因此，1645 年在英国产生了一个“无形的学院”。它在王政复辟之后成为皇家学会。皇家学会的大部分成员都是乡下绅士和城市中的活跃人物，不过其中也包括一些大贵族，甚至包括国王自己在内。对他们中的大多数人来说，皇家学会会议只是一种娱乐，也许可以从中听到一些有益的点子。但是除了这些人以外，还有学会的工作人员们，他们是依靠科学工作为生的，至少是部分地依靠科学工作为生的。对他们来说，科学工作是他们生活的主要事情。牛顿和虔信派玻意耳大致也同样是现代意义上的科学家。因此可以说，17 世纪标志着业余科学家到专业科学家的过渡。

17 世纪的科学工作十分成功，但其成就的性质很让人意外。科学并没有像培根原来所希望的那样，立即使人类的需要得到满足。其主要是通过牛顿的工作确立了科学自己的地位，成为在力学和物理学领域进行定量计算的非常有效的方法。牛顿方法把一切东西都归结为受到各种力的作用的密实粒子，在当时似乎像培根的归纳法和笛卡儿的逻辑几何学一样，为科学的进展提供了巨大的希望。除此之外，牛顿的方法还有一个巨大的优点：它至少在天文学和力学中是实际有效的。人们开始把牛顿的方法十分不恰当地应用于整个自然科学中去，甚至应用到神学和伦理学中去。认为人类单凭理性和计算就可以解决一切问题的想法是 18 世纪哲学的指导思想之一，它已经远远地超出了科学思想的范围。科学第一次变成了一个重要的文化因素，甚至对政治也产生了影响。然而，17 世纪科学大昌盛的局面没有维持下去。它过分依赖于社会、政治和经济因素的特别有利的凑合，而且也过分依赖极少数人的天才。从 1690 年到 1750 年是科学史上相对的空白阶段。这段时间足够用来消化 17 世纪的伟大成就，但是这也足以使人们把这些成果忘掉。等到科学事业重新振兴的时候，它的环境又大不相同了。

3. 法国科学和第一个国家科学机关

在法国，18 世纪是一个从王权和封建统治过渡到以英国为蓝本的中产阶级共和国时代，政治和哲学居于首要地位。不过特别是在 18 世纪下半叶，当制造业也得到发展的时候，对科学便很感需要了。但是法国科学比英国的更具有官办的性质，尤其是军事的性质。事实上，法国的炮兵学校是可以从中获得科学教育的第一批正式学校。18 世纪末产生的法国大数学家和物理学家，如拉格朗日、拉普拉斯和蒙日等，都是这些学校训练出来的。不过，它们最出色的学生却是拿破仑，他是第一位认识到科学价值的统治者。法国大革命更加促进了 18 世纪的科学发展趋势，当法国工艺学院和度量衡管理局成立之后，第一个完全由国家资助的科学机关就产生了。

工业革命一旦顺利开展，科学作为文明不可分割的组成部分的地位就巩固了。在工业测定和工业生产标准化方面，以及在推广节省成本的办法和新的制造方法方面，人们处处需要利用科学。不过工业需要科学并不等于说科学的工业基础会自然而然地产生。事实上，这时期，尽管人们不断要求发展科学，但不论是科学研究工作还是科学教育工作，都很难得到充分的财政支援，这是资本主义发展时代的无政府主义性质所固有的现象。19 世纪初叶，大部分科学研究工作仍然是在皇家科学普及协会或富有者的私人试验室一类地方进行的。在戴维和法拉第的时代，皇家科学普及协会几乎成了国家物理学和化学研究所。可是，尽管它对工业有贡献，筹措经费却不容易。1833 年，即法拉第划时代地发现了电磁感应原理后的第 3 年，他竟然感到难以为协会筹措区区几百英镑的款项，来使它得以维持下去。

4.德国科学和世界大战

19 世纪初标志着法国科学成就的顶峰，不过这个运动很快地从法国发展到德国。由于德国各大学进行改革，德国人乐意从法国人那里接受新科学特别是化学，科学事业迅速发展起来，所以到 19 世纪中叶，德国科学事业在数量上已名列前茅了。在 19 世纪，有一批名副其实的科学机构建立起来了。许多分门别类的学会，如化学学会、地质学会纷纷自动成立。一个由大学教授、工业实验室工作人员和业余爱好者组成的科学组织出现了，不过与 17 世纪科学界所不同的是，它的职能是了解客观事实，而不是参加实际行动，如进化论之类的 19 世纪大论战是在思想领域中进行的。科学家们不参与管理国家或企业的大事，他们只关心纯粹的认识。正当科学应该同机器时代的发展最明显地密切联系在一起的时候，却产生了纯科学的观念，认为科学家的职责仅限于进行本身的工作，工作成果则应交给一个理想的经济体系，其所以是理想的是因为它适合于并允许各种经济力量自由发挥作用。

科学史上的转折点随着世界大战而出现了。这次战争和以往战争不同的地方在于，不仅各国的军队卷进去了，连有关各国的全体人民都卷进去了。工农业都直接为战争服务，科学也是这样。当然，自古以来，改进战争技术一直比改善和平生活更需要科学。这并不是由于科学家具有好战的特性，而是因为战争的需要比其他更为急迫。各国君主和政府不那么乐于向其他研究工作提供津贴，却很乐于向军用研究工作提供经费，因为科学界能研制出新的武器，而这种装备由于十分新颖，在军事上极为重要。

5.国家举办的科学事业和前苏联科学

世界大战使人们对科学在现代工业中的功能有了新的认识。这时人们认识到，不能让科学处于完全无组织的状态，也不能让科学依赖旧有的基金和偶尔的施舍。人们明白，不论在平时和战时，探索自然资源和探索最有效地加以利用的方法都要依靠、而且也只能依靠科学。不过，人们对这一点的认识绝不是完全清楚的。在老的制度与习惯之中有一些固有的力量，反对采取任何这样的措施来使科学工作合理化。几乎在所有的国家中，科学改组工作都是在混乱的、半心半意的情况下进行的。政府和工业需要它，但却不准备付出代价。科学家本能地死抱着战前相对独立的地位不放，怀疑把科学界整个地交给政府和垄断企业使用是否可取。结果在几乎一切国家中都实行折中，这种折中按其性质来说是特别不能令人满意的。科学事业既不是有组织的，也不是独立的。

1917 年俄国发生苏维埃社会主义革命以后，科学事业开始蓬勃地发展起来。科学在马克思主义理论中一直占有重要的地位。培根的理想——利用科学为人类谋幸福——的确是马克思主义的建设理论的一个指导原则。它认为，应当把科学直接用于这一目的，而不再用之于增加利润。尽管俄国的科学力量极为薄弱，尽管世界大战和国内战争造成巨大破坏，尽管建设时期有巨大苦难和贫困，但这时期科学的重要性在前苏联开始得到加强。不过直到 1927 年实施第一个五年计划时，才开始把科学大规模地有效地组织起来。从此以后，前苏联的科学事业不论在人数上和经费上，都有了持续不断的迅速增长。当然，不能期望科学事业能迅速取得巨大成效，它需要多年的努力甚至需要几代人的共同努力才能成熟。

（四）现代历史时期的科学发展

1.现代科学发展的社会历史背景

现代自然科学是在资本主义进入垄断阶段和社会主义兴起的社会历史背景下发展的。自由竞争的资本主义在19世纪末变为垄断资本主义，资本主义基本矛盾特别是帝国主义阶段特有矛盾的复杂尖锐，导致了经济危机和两次世界大战。社会主义制度首先在帝国主义统治的薄弱环节取得胜利，一些国家取得了民族独立。现代社会的这些变动对科学的职能和应用方向，科学发展的规模、速度和研究方式都有重要的影响。

由于20世纪上半叶自然科学已进入到物质的更深层次，由于第二次世界大战后的社会经济条件，科学技术在近40年里仍然继续向前进步，创造出许多以往在神话中才能想象的奇迹，改造了工农业生产和交通运输的各个部门，大大提高了社会生产力水平。以原子能利用、空间技术、电子计算机、信息技术为代表的尖端技术，首先是作为军用技术发展起来的，在战后又转化为民用。这些技术都是以科学为导引的，现代人在改造自然界时主要是凭借经验的摸索，把科学变成了强大的生产力。

2.现代科学发展的科学历史背景

到19世纪末，近代科学所建立的一座座雄伟壮观的理论大厦耸立在人们的眼前：经典力学、电磁学理论、能量守恒与转化理论、细胞学说、进化论等等；一个个科学巨人的名字在史册上闪闪发光：伽利略、牛顿、拉瓦锡、法拉第、麦克斯韦、拉马克、达尔文等等，近代科学对生产的发展、社会的变革、知识的进步都起着不可估量的作用。在这些成果面前，许多科学家都沉浸在一片胜利喜悦的气氛中。难怪英国物理学家开尔文在1900年回顾物理学的发展时，以颇为得意的口吻说：“在已经基本建成的科学大厦中，后辈物理学家只能做一些零碎的修补工作了。”而在这以前，德国物理学家基尔霍夫就曾说过：“物理学将无所作为了，至多也只能在已知规律的公式的小数点后面加上几个数字罢了。”

事实上，近代自然科学主要研究的只是宏观物体极其缓慢运动的规律。它还遗留了许多重大理论问题有待解决：引力本质是什么？以太是否存在？原子真的是不可分的吗？运动除连续性以外，是否还有间断性？质量与能量的关系如何？生命的起源与本质是什么？进化与遗传的内部机制是什么？可是这几个问题同近代自然科学所取得的成果相比又算得了什么呢？它们顶多只是晴朗天空中的几片小小云朵，而科学已谱写了它的最后一篇乐章——这就是19世纪末许多科学家的想法。

然而，一件件出人意料的事情相继发生：1895年，伦琴发现X射线；1896年，贝克勒尔发现铀射线；1897年，汤姆孙发现了电子；1898年，居里夫妇发现放射性元素镭；1900年，普朗克提出能量子假说；1900年，孟德尔的遗传学研究重新被发现；1905年，爱因斯坦提出狭义相对论与光量子假说。这一连串的重大发现都是在短短的10年内发生的。它们向人们宣告：19世纪科学所取得的丰硕成果，并不意味科学的终结，前面有着更为广阔的未知领域等待人们去开拓。过去科学所取得一切，只是我们地球人类科学发展史上的序曲，一个更加伟大的科学新时代开始了！

二、科学方法的发展历程

科学方法是在人类认识和改造自然的长期实践活动中产生和发展的，它的发展是和自然科学的发展相适应的。科学每前进一步，必然要求研究方法也前进一步；科学每出现新的成果，也会转化为新的方法在科学研究中得到应用。科学的发展经历了古代、近代和现代三个历史时期。相应于科学的发展，科学研究方法也经历了这样几个历史发展时期。

1.古代的科学研究方法

在古代奴隶社会，世界科学的高峰在古希腊。这个时间涌现出来的一批学者，直接继承和发展了埃及、巴比伦的古老文化，使人类的知识从原始形态上升到了萌芽科学的形态，他们在各自的学术活动中，分别应用了一些低水平的研究方法。

观察方法是历史上最早产生的人类认识自然和社会的一种方法，它的特点是把自然界和人类社会作为一个整体笼统地来认识。人们通过直接的观察，获得了关于客观外界最初的经验知识。这时的自然哲学家不但进行整体观察，形成原始形态的抽象（如中国的“五行说”、古希腊的“四元素说”），而且还把观察带进了研究中，例如，希波克拉底学派研究胚胎的学者们，就建议研究者每天打破一个鸡蛋去观察孵化过程。

就思维方法而言，归纳与演绎是当时可供学者运用的主要逻辑方法。德谟克利特写的《论逻辑》一书，就初步研究了归纳问题；亚里士多德写的《工具论》（包括《范畴论》、《解释篇》、《分析前篇》、《分析后篇》、《论辩篇》和《诡辩篇》等六篇），就阐述了形式逻辑的基本规律，研究了演绎法，制定了演绎推理的“三段论式”。他认为，认识的一般道路是首先进行仔细地观察。科学研究就是从观察上升到一般原理，再到观察。前一阶段用归纳法，后一阶段用演绎法。

几何学的形成，导致了公理化方法的产生。欧几里德就是公理化方法的创始人。他运用亚里士多德总结出来的演绎方法，从少数几个具有不证自明特点的公理出发，推演出了一系列奇妙的命题，写出了13卷《几何原本》。这部书是古希腊的骄傲，是公理化方法的一个光辉成就。

实验方法在亚里士多德身上得到了很好的体现。他对孵化中的鸡蛋所做的解剖实验，为我们提供了研究方法的一个范例。在实验中，他不是消极地等待小鸡胚胎的发育过程最后出现在面前，而是按照希波克拉底学派的医学家们建议的聪明方法，积极干预了自然的过程。后来的阿基米德更加重视实验方法，他通过实验发现了浮力定律和杠杆原理。他不是力图提出一个完整的学说体系，而是着重解决某些有实际价值的问题。

上述种种研究方法，虽然具有简单、零散的特点，但却都是用客观世界本身去说明客观世界本质特点的唯物主义方法。这些研究方法，对后来的科学发展起了巨大的作用。

2.近代的科学研究方法

由于罗马帝国的入侵，古希腊的学术衰落了。欧洲进入了漫长而黑暗的中世纪。在长达一千多年的历史时期中，科学变成了恭顺的奴仆，学术被经院哲学窒息了。近代实验科学的先驱者弗朗西斯·培根在反对经院哲学时，提出要面向自然、注重实验。他说，证实真知的唯一方法只有观察和实验，而不是靠引用圣经和亚里士多德的著作。后来，奥卡姆在对经院哲学发起攻击时，提出了一个方法论原则：“不要增加超过需要的实体。”这就是有名的“奥卡姆剃刀”。他力图用这把剃刀剃掉经院哲学家的种种烦琐无聊的臆造和假设。在奥卡姆等人的批判下，经院哲学独霸中世纪的局面结束了，人类迎来了近代科学的春天。

近代科学是随着资本主义生产关系的兴起和大生产的出现而产生和发展的，在生产实践的推动下，各门自然科学学科从哲学中一一分化出来，对自然现象进行分门别类地具体深入地研究。与此相适应，古代的科学研究方法获得了改进，同时形成了新的科学研究方法。

由于大力发展生产为科学研究提供了新的技术手段，古代的直接观察方法发展为通过仪器进行观测的间接观察方法，大大提高了观察的广度、深度和精度。随着深入认识与有效改造自然界的需要以及新的技术手段的发现，一种新的科学实践形式——科学实验从生产实践中分化出来。文艺复兴时期的达芬奇首先大力倡导实验方法；近代实验科学的奠基人之一伽利略系统地运用科学实验方法，发现了自由落体定律和惯性原理，显示了实验方法的巨大能动性；被马克思称为“英国唯物主义和整个现代实验科学的真正始祖”的培根在理论上对实验方法进行了论述，揭示了实验方法的特点和巨大作用。

这一时期，为了把一个个事物或过程分解为各个部分、方面进行细致的研究，并收集和初步整理由观察、实验得来的大量经验材料，因而促进了分析、比较、分类、归纳等逻辑方法的发展。培根在自己的主要著作《新工具》中，强调了归纳法的重要性，对归纳的三种方法——求同法、差异法和共变法做了详细的论述，克服了简单枚举归纳法的局限性。

对自然界进行精确的定量研究的需要，推动了数学方法的发展。与近代力学发展相适应，耐普尔发明了对数，笛卡儿创立了解析几何，牛顿和莱布尼茨分别创立了微积分，这些方法很快在近代得到广泛应用。笛卡儿写了《方法论》和《形而上学沉思录》两部方法论著作，特别强调了数学方法和演绎方法的重要性。

培根的实验归纳法和笛卡儿的数学演绎法各有其积极的贡献，但也有一定的片面性。对近代科学的兴起做出重大贡献的伽利略、牛顿等人把实验方法和数学方法结合起来，创立了近代力学。牛顿全面运用实验归纳、数学演绎分析综合等方法，写出了划时代的著作《自然哲学的数学原理》，总结出力学三条基本定律和万有引力定律，完成了经典力学的理论体系。

从18世纪后期开始，近代科学技术进入全面繁荣发展的新阶段，自然科学从分门别类的研究进到阐明自然界各个过程的联系，从研究既成事物的特性进行到系统研究事物的发展过程。与科学内容的发展相适应，实验方法和数学方法都有了新的提高，形成科学理论的综合方法、假说方法更有了显著的进展。一些优秀的科学家综合运用近代科学的研究方法，提出了能量守恒与转化定律、经典电磁理论、原子分子学说、化学元素周期律、星云假说、地质渐变论、细胞学说、生物进化论等，有力地推动了自然科学理论的发展。

19世纪，黑格尔、马克思、恩格斯和其他哲学家，系统地分析和总结了对各门学科的研究都有指导意义的哲学方法。特别是在恩格斯的《自然辩证法》一书中，科学研究方法占有重要地位。在这部著作中，对观察方法、实验方法、数学方法、假说方法、分类方法、比较方法、归纳和演绎方法、分析和综合方法、抽象和具体方法、历史和逻辑方法、理想化方法等都有论述和说明。这些论述和说明，对于自然科学研究方法论的研究具有重要的指导作用。

3.现代的科学研究方法

20世纪以来，科学出现了以下三个方面的特点：一是自然科学向微观和宏观两个方面扩展；二是自然科学奔向社会科学的强大潮流正在形成，出现了大量交叉学科；三是“大科学”正在形成。这一时期的杰出科学家和哲学家看到了科学发展的特点，并针对这些特点提出了一些新的研究方法。

爱因斯坦就非常重视科学研究方法的探讨。他主张,在科学研究中应由经验材料作引导,提出数目很少的原理做公理,由此建立起科学的理论体系。他指出,从直接经验到作为科学理论出发点的公理之间,没有固定的逻辑通道,没有一般现成的方法,要依靠科学家的远见卓识和非凡的洞察力,善于抓住本质的东西,这就是他所主张的理想化方法。他在创立相对论的过程中,就巧妙地运用了这个方法。

随着边缘科学的大量涌现,控制论的创始人维纳敏锐地察觉到了现代科学发展的一个重要趋势,就是各门学科互相交叉、互相渗透。他在论文中写道:“在科学发展上可以得到最大收获的领域是各种已经建立起来的部门之间被忽视的无人区。”今天,只讲分析方法是不够的,需要交叉和渗透。不仅自然科学各学科之间需要交叉和渗透,而且自然科学和社会科学之间也需要交叉和渗透。现代科学的生长点,就恰恰是在这种交叉渗透的地带。这就是列宁所预言的自然科学奔向社会科学的强大潮流正在形成的表现。当前,自然科学的巨大潮流正在冲击着社会科学各个领域。社会科学如果不运用自然科学的研究方法去进行研究,那么社会科学就很难有重大的发展和进步。

在现代自然科学研究中,以往的各种研究方法都在继续起作用,但有了一些新的变化。这些变化表现在以下几方面:一是观察、实验和理论思维密切结合;二是数学方法越来越广泛地被应用到各个科学部门(包括某些社会科学部门)中去;三是产生了控制论、信息论、系统论、耗散结构论、协同论以及突变论等新理论,这些新理论又是崭新的研究方法。它们不是研究自然界的某种物质结构及其运动形式,而是研究自然界及人类社会中一切事物的共同属性和普遍联系的某些特定方面。因此,它们具有广泛的适应性,原则上可以应用于一切领域。由于现代系统科学方法的兴起,“大科学”便以崭新的面目出现在人类面前。

通过以上对科学方法的简单历史回顾,我们可以看到,科学在不断地发展和进步,科学研究方法也在不断地发展和进步;科学方法的进步,又促进了科学的发展。因此,我们在任何时候都不能把科学方法绝对化、凝固化,而是要随着科学的发展不断增添新的内容。

第三节 科学研究中的哲学

恩格斯在《自然科学与哲学》一文中指出:自然科学家相信,他们只有忽视哲学或侮辱哲学,才能从哲学的束缚中解放出来,但“离开了思维便不能前进一步”,特别当他们以为自己从哲学中解放出来时,恰恰已经“完全做了哲学的奴隶,遗憾的是,大多数都做了最坏哲学的奴隶”。他在《神灵世界中的自然科学》中,通过列举华莱士、克鲁克斯、策尔勒陷入“降神术”这一现象,尖锐地指出“蔑视辩证法是不能不受惩罚的”。

科学和哲学的关系究竟是怎么样的呢? 对此,不同领域的人有不同的观点,有的学者认为:“哲学是科学的主导。”但也有的学者认为:“科学完全同哲学无关,尤其是现代科学只有在抛弃了哲学之后才能成为有成效的。”除了这两种极端的观点外,还有各种折中的观点。那么到底两者关系如何呢? 我们不妨从科学与哲学发展的历史中去寻找答案。

一、科学研究中的哲学思想

随着科学和哲学的不断发展，一方面，新的科学概念不断涌现，人们常常需要从科学之外对这些概念进行阐释才能理解它们更深刻更普遍的意义，而这些概念的广泛应用也不断充实了哲学的内容；另一方面，哲学自身的发展也需要不断从自然科学概念的变革中吸取养料，提出新的问题、新的观点，拓展新的思路。科学研究是从问题开始，而现代科学的建立则是从概念问题的突破开始的，而概念的突破却与哲学联系在一起。爱因斯坦、玻尔、薛定谔、玻恩等科学家不仅在科学界享有盛誉，他们的哲学素养也为世人所公认，他们的科学成就对哲学思维方式的影响应当说有划时代的意义。其实，一流科学家也是哲学家的现象在科学界是屡见不鲜的。

1. 牛顿的哲学思想观

牛顿的哲学观点与他在力学上的奠基性成就是分不开的。对一切自然现象，他都力图用力学观点加以解释，这就形成了牛顿哲学上的自发的唯物主义，同时也导致了机械论的盛行。事实上，牛顿把一切化学、热、电等现象都看作“与吸引或排斥力有关的事物”。例如，他最早阐述了化学亲和力，把化学置换反应描述为两种吸引作用的相互竞争；认为“通过运动或发酵而发热”；主张火药爆炸也是硫磺、碳等粒子相互猛烈撞击、分解、放热、膨胀的过程；等等。这种机械观，即把一切的物质运动形式都归为机械运动的观点，把解释机械运动问题所必需的绝对时空观、原子论、由初始条件可以决定以后任何时刻运动状态的机械决定论、事物发展的因果律等等，作为整个物理学的通用思考模式。可以认为，牛顿是开始比较完整地建立物理因果关系体系的第一人，而因果关系正是经典物理学的基石。爱因斯坦曾经称赞牛顿的哲学思想和方法论体系为“理论物理学领域中每一工作者的纲领”。

2. 玻恩的哲学思想观

玻恩是德国理论物理学家，量子力学的奠基人之一。玻恩早年受实证主义哲学的影响很深，这使他后来的哲学思想同量子力学哥本哈根学派的主要代表人物玻尔的哲学思想在实质上是完全一致的。他坚持科学理论和实验紧密联系的思想，反对对科学理论的发展采取教条主义和经验主义的态度。他在戈丁根时期的一篇论文中说道：物理学家力求研究自然中的事物，实验和理论仅为他达到目的服务，当他意识到他在每项实验中遇到的所发生的一切具有无限的复杂性时，他就会反对把某种理论看作为终极理论的任何企图。玻恩十分重视哲学思维在自然科学基础理论研究中的作用。他曾说：“每一个现代科学家，特别是每一个理论物理学家，都应深刻地意识到，自己的工作是同哲学思维错综地交织在一起的，要是对哲学文献没有充分的认识，他的工作就会是无效的。在我的一生中，这是一个最重要的思想。”

3. 爱因斯坦的哲学思想观

爱因斯坦不仅是一位伟大的科学家，也是一位伟大的哲学探索者。他认为：“哲学的推广必须以科学成果为基础。可是哲学一经建立并广泛地被人们接受以后，它们又常常促使科学思想的进一步发展，指示科学如何从许多可能的道路中选择一条路。”爱因斯坦自己就始终具有高度的哲学自觉，他通过大量阅读哲学著作和深入探讨哲学问题，使自己具备了良好的哲学素养、独到的哲学眼光和利用哲学的批判指导物理实践的能力。这是他能够发现前人所未发现的，创造狭义相对论的重要原因。可以说，爱因斯坦的科学成就与他的哲学思想密切相关，他坚持了一个自然科学家必然具有的自然科学唯物论的传统，吸收了斯宾诺莎等的唯理论思想以及休谟和马赫的经验论的批判精神，经过毕生对真理的追求和科学实践，形成了自己独特的科学思想和科学研究方法。他的统一性思想、简单性思想、相对性思想、对称性思想作为科学活动的指导思想，始终贯穿和广泛应用于他的科学探索之中。其实，他还是一位纯熟地运用思辨实证、想象与逻辑、直觉与数学等科学方法的大师。

4.霍金的哲学思想观

霍金被誉为继爱因斯坦之后世界上最著名的科学思想家和最杰出的理论物理学家。他的思想在物理哲学思想的领域，破除了所有的约束因素，开创了一个无限想象的空间。经验论者以感官的实证为界，事实上我们所感知的世界是极其有限的。在追求大统一思想上，霍金用黑洞理论弥补广义相对论与量子力学之间的裂痕，特别是在引力的问题上，提出黑洞有反射光，内部不能吸收的原因在于反射光产生在表面。霍金进一步提出更革命的思想：吸引一切、超重、小体积的黑洞存在，那么与之相反的白洞是否存在？这种提问的魅力吸引着每一个专注于物理学发展的科学家……但也有学者认为霍金思想思辨的色彩太浓。可由霍金提出的超玄理论要建构大统一理论，把 61 种基本粒子、4 种作用力做更深层次的统一描述。这一理论可以解决部分世纪性之谜，但要证实它，需要大能量的粒子加速器，而大能量的粒子加速器只停留在理论的领域。在这种条件下就更要发挥哲学这个工具的作用了。

5.其他科学家对哲学的论述

惠勒是一位关注实在本性的物理学家，他继承了哥本哈根学派的传统，并把这一学派的思想推到了极致。在惠勒看来，物理学和哲学之间并无截然分明的界限。美国高能物理学家卡普拉认为："东方思想为现代科学提供了坚固合适的哲学基础。"量子论权威海森伯也说："东方传统的哲学思想与量子力学的哲学本质之间有着某种确定的关系。"海森伯不仅是一位物理学家，也是一位哲学家。他十分重视古典哲学的钻研和物理学、哲学问题的探讨，他曾说："一个人没有希腊自然哲学的知识，就很难在现代原子物理学中做出进展。"

二、科学研究与哲学的关系

科学与哲学都属于人类在改造自然过程中，对自然规律、社会规律及人的思维规律的认识的反映。随着生产力的发展、人类认识能力的提高，科学与哲学也不断地得到深化。其实，人类社会的文明史，就是科学与哲学相互促进的发展史。

1.科学与哲学的历史渊源

在古希腊时期，自然科学的研究工作基本上是由自然哲学家来承担，自然科学知识的大部分都蕴涵在自然哲学中。物理学是研究空间、时间、物质运动的最普遍形态与物质基本结构的科学，早期物理学的一些知识和思想，就与自然哲学纠缠在一起，要了解这些物理知识，你只能从自然哲学著作中去寻找。中世纪之后，科学开始从自然哲学中分离出来，成为一种独立的文化形态。牛顿于 1687 年发表了《自然哲学的数学原理》，这是物理学从自然哲学脱胎而出的宣言书。但这并不意味着物理学与哲学间与生俱来的关系的割断，而是由一种浑然一体的较为模糊的关系，转向一种两者均有明确内涵的、相互联系、相互促进的紧密关系。

然而，近代科学从哲学中分化出来后，科学与哲学的关系就成为人们日益关注并不断谈论的热门话题，同时它也成为科学家们、哲学家们之间一直争论不休的重要问题。当近代科学刚刚从哲学中分化独立出来之时，许多人认为，哲学的地盘已被各门科学瓜分殆尽，人类只要有科学就足够了，哲学已无存在必要，科学的发展也无需哲学帮助。与此不同，也有人则认为，科学虽已从哲学中分化出来，但实证科学只能对事物的表面现象做纯经验的描述，而不能达到事物的真理，这一任务只有靠哲学来承担，哲学是凌驾于一切专门科学之上同时又包括一切科学真理的“科学的科学”，所以，科学离不开哲学。与此相对立的科学主义哲学思潮则把哲学与科学联系在一起，它虽然反对和拒斥传统哲学的形而上学问题，但是却认为哲学是一种知识体系，应当以科学所提出的认识问题和方法问题为对象和内容；它主张科学事实是哲学研究的基础，科学方法是哲学方法的根据；它强调哲学通过对经验科学命题和概念的逻辑分析和意义澄明，或对科学发展模式的理论揭示，来为各种专门科学提供理论根据和方法指导。

人们对于科学和哲学关系的争论，恰恰意味着科学与哲学之间始终处在一种难解难分的密切联系之中。人类实践的发展及其现代科学的进步和现代哲学的变革，已经使这种联系发生了许多改变。我们不能再用传统哲学和近代科学的观念来解释科学与哲学的关系，而应把这种关系放在现代科学与现代哲学的发展及其相互之间的新的联系之中加以正确理解。

2.现代科学与现代哲学之间的多重联系

现代科学与现代哲学之间存在着多种复杂联系。弄清并把握这种联系，是正确理解科学研究者需要何种现代哲学素养的理论基础。这种联系主要包括以下几个方面：

(1)现代哲学与现代科学之间是一种总体与部分的关系

科学只是人与世界矛盾关系中的一个方面、一种联系、一个具体组成部分；而哲学则是人对人与世界矛盾关系的总体性看法、全面性观念和整体性把握。科学对于人类来说是不可缺少的，也是非常重要的；但是如果把科学绝对化，以科学方式取代其他方式，使社会走向唯科学主义，必然导致人及其社会生活的片面化和单面化。

(2)现代哲学与现代科学之间也是一种综合与抽象的关系

哲学不仅与科学相联系，而且与宗教相关；但哲学既不同于科学，又不同于宗教。科学与宗教都有自己的特定世界，但二者均属于单面世界。科学关注客体对象，它在本质上属于“非人世界”；它也研究人，但它在本来意义上却只把人作为客体对象来研究，而不是把人作为人来看待。现代意义上的哲学实质上是一种介于科学与宗教之间而又同时兼具科学与宗教双重属性和功能的一门特殊综合学科。

(3)现代哲学与现代科学之间又是一种普遍与特殊的关系

爱因斯坦就曾指出：“如果把哲学理解为在最普遍和最广泛形式中对知识的追求，那么，哲学显然可以被认为是全部科学之母。”科学研究之所以需要哲学理论和关注哲学问题，乃是因为科学是一种探索未知的事业，特别是当科学研究进展到无路可走且没有可借鉴的科学观点和科学方法的最前沿、最尖端、最困难的问题和领域时，哲学问题的探讨和哲学理论的指导就显得十分必要。正如恩格斯所指出的：“不管自然科学家采取什么样的态度，他们还是要受哲学的支配。问题只在于：他们是愿意受某种坏的时髦哲学的支配，还是愿意受一种建立在通晓思维的历史和成就的基础上的理论思维的支配。”显而易见，答案只能是后者。

(4)现代哲学与现代科学之间还是一种相互依赖、相互补充的关系

现代科技革命的一个显著特点，是学科之间既高度分化又高度综合。科学技术化与技术科学化、科技社会化与社会科技化，已成为现代社会及其科技发展的基本趋势。这不仅意味着边缘学科、交叉学科的不断涌现，意味着科学与技术、自然科学与社会科学、认知科学与人文学科的相互渗透、相互结合，而且意味着科学与哲学的相互依赖、相互补充。现代科学与现代哲学之间之所以相互依赖、相互补充，体现了科学精神与人文精神的结合与统一。

16世纪以来，与科学基本概念密切联系的哲学观念的发展，成为自然科学巨大发展的前驱，并相互影响。从哲学和科学的发展脉络看，科学为人们提供世界图景，而哲学则为人们提供构造世界图景的视角，二者是一种相辅相成的关系。理由是：

① 现代科学的发展更清楚地表明，科学每前进一步，都伴随着方法上的重大革新与改进。这样随着科学的进步和发展，哲学对科学理论研究的作用空间也就越来越大了。

② 当代科学所研究的微观和客观客体的科学性质与规律，由于不能被我们的感官所直接感知，这就必须从认识论的角度说明现代理论描述的微观或客观世界图景的合理性与真实性，从而在微观或客观世界与我们日常生活的宏观世界之间建立起一道相互理解的桥梁。

③ 当今各种科学理论(如相对论和量子论)在逐步统一过程中所显现出的整体有机联系的自然图景和对在极端条件下(如宇宙爆炸初期)的物质特性的探索都促使科学与哲学进一步融合。科学家感到了从哲学的高度去更深刻地把握科学前沿提出的种种科学理论和概念问题的必要性。

④ 20世纪理论科学研究在许多方面超前于实验科学的研究，人们无法对理论科学的一些结构及时通过观察和实验进行检验，这就使人们从认识论和方法论角度对科学思想的合理性和科学理论自身逻辑结构的自洽性的检验之前的评价变得十分重要。

⑤ 现代科学与现代哲学之间的多种复杂联系，决定了现代科学研究人员所需要、所应有的现代哲学素养。只有从现代哲学出发，才能对现代科学做出正确的理解和把握。那么，科研人员究竟需要何种现代哲学素养呢？第一，现代科研人员需要一种现代的哲学意识和哲学观念。第二，现代科研人员需要一种开放的哲学思维和哲学方法。第三，现代科研人员需要一种能动的超越精神和批判精神。第四，现代科研人员需要一种崇高的理想信念和人文关怀。第五，现代科研人员需要一种合理的价值目标和行动计划。第六，现代科研人员需要一种高尚的为人之道和做人原则。

⑥ 虽然哲学对科学创造的作用越来越重要，但是这也并不说明哲学就放在所谓的“裁判者”的地位。哪怕是再好的哲学，一旦被放在所谓的“裁判者”的地位，要它对科学的具体研究说长论短，告诫科学家应当这样而不应当那样，大概也不会有好的结果了。哲学，特别是有见地而非肤浅的哲学，对科学是很有用的。然而，“有用”并不等于那种凌驾于科学之上的“裁判者”。数学对科学非常有用，但数学并不是科学的裁判者；形式逻辑对科学也非常有用，但形式逻辑也不是科学的裁判者。与数学、形式逻辑一样，哲学只是对科学研究有用的一种工具。

所以。我们要对科学进行哲学反思，丰富和发展哲学认识论与方法论，加强对科学理论和概念自身的理解，从而达到把哲学这个双刃剑工具发挥得淋漓尽致的目的。

三、科研人员哲学素养的重要性

无论是从科学与哲学的关系来说，还是从科学历史发展的角度，我们都看到哲学对科学创造的指导作用，许多科学的新发现与哲学思潮有联系。科学的进展往往给哲学提供新鲜例证，而哲学也常对自然科学指出前进的方向。没有哲学工具正确指导的科学理论是“无花果”。如能量守恒与转化定律的发现受康德哲学的影响，反过来又成了辩证唯物主义的重要依据之一。

1.哲学对科学创造的指导作用

笛卡儿“运动量守恒”思想的提出和牛顿经典力学的建立足以说明哲学对科学创造的指导作用。笛卡儿是西方近代科学家，资产阶级哲学奠基人之一，他的哲学与科学思想对历史的影响是深远的。笛卡儿在研究物体碰撞问题时，借用伽利略的“动量”概念提出了“运动量守恒”的思想，这不仅是对伽利略动量概念的发展，而且笛卡儿还把“运动量守恒”的思想推广到整个宇宙，做出了宇宙的“运动量”守恒的哲学结论。1644 年，笛卡儿在《哲学原理》第二部中提出：“物质有一定的量的运动，这个量是从来不增加也从来不减少的，虽然在物质的某些部分中有时候有所增减……每当一部分的运动减少时，另一部分的运动就相应的增加。”十分明显，笛卡儿的“运动不灭原理”是建立在机械运动守恒的基础上的，他所说的“运动”仅仅是指机械运动，因此，还存在着不少问题。但是，这种坚持从自然界本身来说明世界的观点，对哲学上关于物质运动永恒不灭思想的论证，仍然具有更大的意义。

牛顿在他的经典名著《自然哲学的数学原理》中详细地阐述了经典力学。牛顿通过深入研究，发现了宏观低速机械运动的基本规律，为经典力学奠定了基础。亚当斯根据对天王星的详细天文观察，并根据牛顿的理论，预言了海王星的存在，以后果然在天文观察中发现了海王星。于是牛顿所提出的力学定律和万有引力定律被普遍接受了。牛顿的哲学观点与他在力学上的奠基性成就是分不开的。对一切自然现象，他都力图用力学观点加以解释，这形成了牛顿哲学上的自发的唯物主义，同时也导致了机械论的盛行。但是哲学对科学的指导作用却是不能够忽视的。

2.从科学与哲学关系角度看科技工作者哲学素养的重要性

科学与哲学具有本质上的共同点和内在一致性。从对象上看，自然科学分门别类研究自然界的规律，而哲学是从整体上研究关于自然界、人类社会和人的思维的一般规律。人们对特殊规律的认识必然推动对一般规律的认识，而“思维规律和自然规律，只要它们被正确认识，必然是互相一致的”。自然科学不可能超脱哲学，自然科学家不可能不受哲学的支配。

从研究方法上看，自然科学最基本的方法论原则有两条：一是实验的原则，一是思维的原则。无论一个自然科学家怎样超凡脱俗，只要进行科学研究，总离不开这两条最基本的方法论原则，特别是当他进行思维时，就自觉或不自觉地在辩证思维、形而上学思维、其他思维原则和方法间做出抉择。无论他运用怎样的思维原则和方法，最终总还是属于哲学。自然科学家“离开了思维便不能前进一步”，即无论自然科学家们采取什么样的态度，他们总得受哲学的支配。问题在于：他们是愿意受某种坏的时髦的哲学支配，还是愿意受一种建立在通晓思维的历史和成就的基础上的理论思维的支配。

科学研究与其他人类文化活动一样，需要一些信念作自己的前提和基础，这些信念是科学研究的先决条件，它们构成了进行科学探索的总的世界观或称为哲学背景。例如，如果我们不相信事物之间存在着一定的秩序，尤其是自然界中存在着秩序，那么现代科学就不可能存在，而这种信念正是哲学中的“本体论”所提供给我们的；如果我们不相信关于具体事物的知识是可以通过综合经验与理性获得的，那么我们的研究活动就会变得无所适从，而这种信念正是哲学中的“认识论”提供给我们的；如果我们不相信归纳、类比、直觉和灵感等手段是探索未知世界的一种有效工具，那么我们的科学研究活动就会变得不知所措，而这种信念，正是哲学中的“方法论”提供给我们的。

哲学渗透到科学中，还在于它常常为科学理论的出发点提供一种基础。例如，作为牛顿力学基础的绝对时空观，与其说是一种科学概念，倒不如说是一种哲学思想：现代物理学中，追求自然规律的简单性、对称性、和谐性，这本身就是一种哲学世界观。可以公理化的自然科学理论，其公理往往超出这个理论系统之外，需要到哲学中、特别是哲学自然观中去寻找。这也就是说，哲学往往为自然科学理论的出发点、为初始命题和初始概念，提供合理性的基础。

3.从科学史角度看哲学素养对科技工作者的重要性

纵观科学发展史，我们会发现：学科前沿往往是自然科学哲学问题萌发的温床。爱因斯坦与哥本哈根学派关于量子力学完备性的长达几十年的大论战，其根源在于“我们应有什么样的理论”这一基本哲学观点上的分歧。科学家的研究工作愈是进入到学科前沿，就愈会遇到一些尚待解决的本体论、认识论和方法论问题，这些问题的探讨可以直接导致科学理论的发展，哲学素养对科学家的研究工作“生死攸关”。

德国化学家肖莱马以唯物辩证法为指导，研究了众多的有机化合物的结构、性质及其相互之间的关系，确定了其中最基本、最简单的脂肪烃为衍生出一切有机化合物的“细胞”，并分析了脂肪烃的内在联系，解释了有机化合物中的异构现象和同系现象，阐明了化学结构和性质之间的关系。他在《有机化学的产生和发展》一书中指出：分子内部的原子处于不断的运动中，因此化合物的一种形态会变成另一种形态。他运用唯物辩证法研究了化学史，得出：“化学的发展是按辩证法的规律进行的。”肖莱马是科学史上第一个自觉运用唯物辩证法的自然科学家，他在科学上做出的重大贡献，显然与他以正确的哲学思想为指导分不开。

日本物理学家坂田昌一是在科学研究中自学运用唯物辩证法取得重大成果的又一个典型。他自己认为，恩格斯的《自然辩证法》和列宁的《唯物主义和经验批判主义》“在我内心深处产生了一个强烈的冲动，想在我的真正的研究工作中，实际运用自然辩证法作为当代科学的方法论”，并且，“确实鼓励了我，使我敢于同把基本粒子当作物质始原的观点相抗衡，集中力量从物质的层次的观点来研究复合模型”。他把基本粒子看做是构成自然界的有质的差异的无限层次之一，“它应当由更深一层的其他形式的物质所组成”。1962 年他预言存在两种介子，后被实验证明。1955 年提出的“坂田模型”解释了重子——介子族的性质，为基本粒子的研究开辟了道路。

我们再来看一看科学史上与肖莱马、坂田昌一截然相反的典型例子：华莱士与达尔文同时提出过生物进化论，克鲁克斯是化学元素铊的发现者、辐射计和克鲁克斯管的发明者，但由于他们单凭感觉经验，蔑视理论思维，不懂得感性认识和理性认识的辩证关系，以为只有感性经验可靠，而理性认识靠不住，以现象代替本质，所以最后都陷入了“降神术”这类最荒唐、最庸俗的境地而不能自拔。

4.树立大科学观是当今时代对科技工作者哲学素养的迫切要求

大科学是大规模社会建制化的科学，是科学技术高度社会化的产物；大科学是科学技术一体化的科学，是科学的技术化和技术的科学化相结合的产物；大科学是系统化、整体化的科学，是科学整体化和技术群体化发展的必然结果。与大科学时代相适应，科技工作者就必须树立大科学观。

(1)要建立大科学的系统观

就是要用系统的观点和思维方式去看待大科学时代的科学和技术，把它看作是一个有层次结构、在社会环境系统中不断进化的极其复杂的自组织系统，从而形成科学系统观。

(2)要建立大科学的经济观

现代社会的经济，已发展成为与现代高度社会化的大生产和世界市场相联系的系统化、信息化和科学化的大经济。科学技术研究必须面向经济建设主战场，寻求促进经济发展的切入点，从经济发展中获得不竭的动力和支持。

(3)要建立大科学的战略观

科学技术是当代社会最重要的战略资源，发展科学技术必须具有深远的战略眼光。应从全局出发，战略性地选择目标，研究科技发展的趋势和突破口，研究经济、社会的需求与条件，迎接科技本身及社会、经济的挑战。

(4)要有大科学的价值观

价值反映客体对主体需要的满足程度。科学技术作为人类的一种社会实践活动，作为人类认识自然和改造自然的工具和手段，其作用是满足人类的需要、造福人类社会。科学技术的发展及其在社会中所产生的作用，既有其内在规律的支配，又受诸多外部环境的影响，更与使用科技的人为着什么目的、满足什么需求以及怎样应用有关。在科学技术加速发展的过程中，存在着科技的异化现象。这应归因于人类偏执于追求狭隘的利益，并盲目地把追求当作了目标，而不应归咎于科学技术本身。

(5)应确立科学、技术、经济、社会协调发展的观念

由于科学技术的社会化程度和社会、经济对科技的依赖程度，都达到了前所未有的高度，科技工作者就必须考虑怎样搞好各个系统的协调，特别是如何促进社会大系统与科技小系统的良性互动和发展。科学研究的宗旨在于产出科学成果，科学成果的创造依赖于科研人才。科学研究人员能否创造出科学成果，其主体基础在于他们的基本素质。而一个优秀的科研人员，要想产出成果、多出成果、出好成果、出大成果，则需要具备多方面的良好素质。

第四节　科研的能力与品格培养

一、科研的能力结构

科研的能力结构指的是科研人员的能力结构。科研人员从事科学活动，要求具备一系列的条件：社会背景、生产需要、文化传统、仪器设备、科研组织等等。但是，就科学创造活动而言，最重要的当数科学活动的主体——科学工作者(包括科学家)本人的素质，特别是其智力和品格。大学生可以通过相应的科研训练来拥有科研的能力结构与品格。

人类的任何活动都包含心理活动过程，科学工作者的科学创造活动也不例外。在科学

创造中，具有这么两方面的心理活动规律：一是科学工作者的心理过程（认识、情感、意志）；二是科学工作者的个性特征（兴趣、能力、气质、性格）。研究表明，作为科学工作者，在其个体身上经常地、稳定地表现出某些心理特点。把它们结合起来，可以概括为对科学工作者来说具有普遍意义的科学能力和科学品格。对于从事科学活动的科学家而言，需要有科学才能，即一种适合于科学创造活动的能力结构。

科学能力的基本要素有观察能力、思维能力、想象能力和实际操作能力。由于科学活动主要是一种智力活动，因此，科学能力在本质上是一种智力结构，其最重要的成分或要素，当属创造性思维能力和创造性想象能力。

通俗地讲，观察能力有如一个人的眼睛，思维能力有如大脑中枢，想象能力有如翅膀，实际操作能力有如双手。各个能力要素相配合，恰当地协调起来，就会像天使般地叩开科学真理的大门。

（一）科学的观察能力

1. 观察的重要性

观察是有一定目的的、有组织的、主动的知觉。在人类的一切活动领域，都需要观察能力，科学活动尤其离不开敏锐的观察能力。俄国杰出的生理学家、高级神经活动学说的创始人巴甫洛夫的所有成就，几乎都是从细致入微的观察入手的。他认为，观察能力是研究人员和学者在日常活动中必备的品质。根据他的提议，坐落在巴甫洛夫城的苏联科学院巴甫洛夫生理研究所，在建筑物上刻下了他的题词：观察、观察、再观察。

2. 善于掌握思维因素

对观察心理过程的分析告诉我们，所谓观察，不仅止于看见事物，还包括思维过程在内。一切观察都含有两个因素：第一，感觉知觉因素（最重要的是视觉）；第二，思维因素，这一因素可能是半自觉、半不自觉的。科学观察能力很强的人，在观察中很善于掌握思维因素。因此，所谓科学观察，不是消极地注视，而是积极的智力活动过程。为提高科学观察能力，根据心理学家的分析和前辈科学家的经验，需从下面几个方面着手：

第一，对事物进行科学观察，就是要进行最专注的详审细察，做详尽的笔记和绘制示意图都是促进准确观察的有效方法。

第二，培养那种以积极探究的态度注视事物的习惯，良好的观察习惯甚至比拥有大量的学术知识更为重要。在观察时，要有计划、有步骤，对对象的各种特点，包括预料到的和出乎意料的，都应引起注意。

第三，在科学观察时，应该培养善疑多思的思想方法，不要囿于成见，特别要努力搜寻值得追踪的线索。决不要放过意外现象。

（二）科学的思维能力

1. 科学思维的问题性

科学思维总是指向某个科学问题，思维过程取决于认识未知事物的需要。特定的认识任务，赋予科学思维以主动的、探觅的性质。科学思维能力的标志之一，是善于在问题中把应当解决的任务表述出来。在一定的意义上说，科学家总是知道他所不知道的是什么。对任务的这种意识性，使科学思维具有明显的目的性，要探寻的东西往往表现在假定的解决中——假设中。科学家在提出任务之初，就可以想象出自己智力活动的可能结果了。

1894 年，发明无线电通讯的意大利人马可尼，在杂志上看到有关赫兹通过实验发现电磁波的文章。既然电磁波在空间没有任何导线联系的情况下，能够从一个金属球跳到另一个金属球，那么，马可尼设想，是否可以让它载着信息越洋过海呢？于是他抓住这个令人神往的问题，开始了实验研究。他竖起了天线，把发信号的天线与感应线圈连接，把接受信号的天线与他发明的镍银屑检波器相连接。试验结果表明，可以收到 140 米以外发出的无线电讯号。随后，马可尼来到美国，与他在英国的助手进行无线电横渡大西洋的实验。马可尼在纽约周围放起风筝作天线，高达 400 米。他手握听筒，屏息等待从英国发来的信号。突然间，几组微弱的预定的嘀嗒声传人马可尼的耳中。这一成功开创了无线电通讯的时代。

2. 科学思维的广阔性

思维的广阔性是科学思维的重要品质。科学家应当在广阔的知识背景中抓住问题的关键，善于联系不同的知识和实践领域进行创造性的思考。

经验证明，知识偏科的人进行科学思维是有很大局限性的，略微碰到专业以外的问题就会瞠目结舌、无能为力。特别是在科学发展日趋综合的今天，广阔性思维是极其重要的品质。恩格斯曾经指出："在分子科学和原子科学的接触点上，双方都宣称与己无关，但是恰恰就在这一点上可望取得巨大的成果。"事实正是这样，不同的知识领域的交接点，可以称之为科学的处女地。在这片处女地上耕耘，往往硕果累累。

3. 科学思维的深刻性

在科学活动中，必须善于区分次要的和主要的、表面的和实质的东西，区分现象和本质、基本的东西和枝节的东西。科学思维的深刻性表现在善于恰当地提出问题，能够努力揭露所研究的事物的最本质的方面，确定它与其他已知现象多方面的联系。思维深刻的科学家决不会满足于表面的知识，他孜孜以求的是抓住客观世界内在的规律。

例如，历史上，英国物理学家胡克比牛顿更早提出了引力的观念，荷兰物理学家惠更斯(C. Huygens)似乎也不比牛顿晚接触这个问题。但发现万有引力定律的荣誉最后还是属于牛顿，这是因为胡克(还有其他人)虽然早已有了引力的观念，却缺乏牛顿那种超凡的数学才能，虽然走到了万有引力跟前仍无力完全把握它。是牛顿从数学上解决了把太阳和行星都看做质点所存在的困难，并且用数学分析的方法从万有引力假说推出了开普勒三定律。正是牛顿具有其他人无可比拟的思维的深刻性，使他的名字当之无愧地冠于万有引力定律之前。

4. 科学思维的独立性

具有思维的独立性，这是从事创造性科学活动的必要前提。这种思维品质表现为善于独立思考，能够根据客观条件冷静地分析问题，决不人云亦云、为他人的观点所左右。

爱因斯坦是一个不受传统观念束缚，敢于怀疑科学权威的错误结论的开拓者。17 世纪以来，由于牛顿力学为整个物理学大厦奠定了牢固的基础，牛顿力学在许多领域取得了引人注目的成就，因而在科学界建立了一个很深的信念，认为牛顿力学是完善的，顶多只能在细节上有所补充，或者增加小数点后面零的个数(精确度)。这是爱因斯坦青年时代占统治地位的观点。像彭加勒、洛伦兹这样一些大师，虽然实际上已经接近得到相对论的成果，但他们不敢或不愿突破牛顿体系原有的框框，所以他们只能充当过渡性的角色。善于独立思考的爱因斯坦另辟蹊径，指出了牛顿体系的根本缺陷，并另行建立了新的同时性概念，由此入手，终于创立相对论，把物理学推进到一个崭新阶段。

5.科学思维的敏捷性

思维的敏捷性又叫科学的洞察力，即俗话所说的一眼看穿的能力。有了这种能力，科学家就能在纷繁复杂的事实材料面前，敏锐地察觉那些具有重大意义的现象和思想，预见到其中可能产生重大的发现。思维的敏捷性包括两个方面：第一，思维迅速而准确地运用已有的知识和经验，敏锐地抓住问题的关键；第二，思维迅速而果断地从一类对象转变到另一类内容相隔很远的对象。在科学活动中，思维的敏捷性非常重要，但比较难得。具备这种思维品质的人，不仅善于组织多方面的知识，简明而有条理地达到结论，并且善于摆脱早先建立的那些联系，把他熟悉的概念、形象、规律纳入新的关系，以新的、与众不同的观点来考察一个对象。

（三）科学的想象能力

想象是人类对客观世界特有的一种反映形式。是人在自己头脑中把过去感知过的形象进行加工，产生一种新的形象，或者说，能在头脑中改造记忆的表象而创造新的形象。

在科学活动中，完全依赖头脑中已有的知识，逻辑地推出新的成果，这样的情况是十分罕见的。为了创造某种新东西，开始必须在头脑里想象出将要体现在物质客体中的东西。

最杰出的人都具有高度发达的想象力。牛顿从树上落下的苹果想到月亮的坠落问题，法拉第正是凭借想象创造了电磁学的概念体系。作为一个发明家，法拉第的力量和多产，在很大程度上应归功于想象力给他的激励。

科学创造活动中最重要的条件之一，是善于按新的方式想象事物的进程。在研究的最初阶段，想象表现为对现有科学材料进行初步改造，提出工作假设，酝酿实验构思或理论图式，制定具体的研究方法。在研究的最后阶段，科学想象的作用，在于改造研究者早先已有的客体表象，形成新的表象形象。

但任何科学想象都不是凭空产生的，它发端于人们的实践活动，借助于表象的改造才创造出来。在奔放的想象中捕捉到的模糊形象必须化作具体的命题和假说，并力求把想象变成事实。想象是否有价值，最终得看它能否接受实践的考验。科学家利用实验室中得到的事实检验自己的假设，工程师通过试验证明自己的设计是否符合实际要求，在某种意义上说，都是对科学想象能力的锤炼和认可。想象中的形象是在实践中逐渐精确和丰富起来的。

（四）实际操作能力

科学创造活动固然是一种智力活动，但智力活动不仅限于大脑的思维和想象，还必须有一定的技能作保证，否则，仍然难以获得成功。实际操作能力是科学能力中的重要因素，正像人们习惯于说的那样：科学创造需要手脑并用。一般而言，科研人员都应当具备从事实验操作和实际研制的技能。如果把它们视为雕虫小技，那是要吃大苦头的。

上述科学的观察能力、思维能力、想象能力和实际操作能力，是构成科学能力的最基本的要素。当然科学能力还不限于这些要素，其他还有记忆能力、运用语言能力等等。对于任何科学创造活动，都要具备基本的能力要素，并且要达到一定的水平。但在不同领域、不同风格的科研人员那里，这些能力要素的组合并不是千篇一律的。问题是善于发展自己的能力，把它们组织好，形成一个适合于特定科学活动的科学能力结构。

二、科研人员的科学品格

科学活动除了要求具备一定的科学能力，还要求具备一定的科学品格。科学家的传记研究表明，卓越的科学家往往兼有良好的智力和不屈不挠的坚强性格。性格的本质特征正是由主体对客体的态度体系和行为方式体现出来的，对现实稳固的态度及与之相适应的行为方式，就是我们通常说的性格。性格是个性的重要方面，性格特征称之为个性品格。

那么，什么是对于科研活动最重要的个性品格呢？

1.对科学的热爱与献身

爱因斯坦认为，热爱是最好的老师。真正有价值的东西并非出自野心，也不能仅从责任感产生，而是从对人对客观事物的爱与热诚产生。

巴甫洛夫说："记住：科学是要求人们为它贡献毕生的。就有两次生命也不够用。科学需要人的高度紧张性和巨大的热情。希望大家在工作和探索中都能热情澎湃。"

这些业绩永垂青史的人，用他们的言行表明，在科学创造中，最重要的科学品格就是对科学的热爱和献身精神。

2.兴趣、好奇心

科研人员在情绪上往往需要感受到科学活动的强烈吸引，由此产生一种带有趋向性的心理特征，这就是对科学的兴趣。

兴趣是成功的内在起点。德国大数学家高斯自小就对数学感兴趣，用他自己的话来说，在他学会说话之前，已经学会计数了。达尔文幼年学习医学、数学等课程时，有点呆头呆脑，但一旦发现昆虫、矿物，就如获至宝，兴趣盎然。

总之，对未知事物的不可抑制的好奇心，对科学活动的热爱和浓厚兴趣，从科学发现中感受到的兴奋和满足，以及准备为科学真理而献身等等这些品格，对于一个立志从事科学事业的人来说是极其重要的。

3.顽强的意志

意志是由人自觉地确定，用以支配与调节自己的行动，克服各种困难，达到预定的目的。

顽强的意志，这是不可或缺的科学品格之一。贝弗里奇说："几乎所有有成就的科学家都具有一种百折不回的精神，因为大凡有价值的成就，在面临反复挫折的时候，都需要毅力和勇气。"巴斯德曾经写道："告诉你使我达到目标的奥秘吧。我唯一的力量就是我的坚持精神。"

在科学活动中，自觉性、坚韧性、自制力和勇于否定自己是科研人员应具有的最重要的4项意志品质。

4.协作精神

作为精神劳动者和创造者，科研人员的个人素质当然是极为重要的。卓越的智力和优秀的品格，这是科学工作者成为科学家成功的内在条件。然而，科学发展的社会心理研究表明，不能因此把科学人士看做孤立的个体劳动者。事实上，在科学活动中充满了真诚的合作和激烈的竞争。科研人员在社会中构成特定的集团，即大大小小的、各式各样的学术共同体。在相同的领域中，不同的学术共同体通常称之为不同的学派。科学人员的创造活动无法离开某个共同体或学派，这是科学发展的一条重要规律。

现代科学活动的规模越来越大，已从个体研究发展到集体研究、国家研究乃至国际研究,科学家共同体越来越引起人们的注意。所以,有必要分析科学家的集团心理、学派的形态特征和社会功能、以及科学家共同体的实践意义等问题。

合作研究,现在是科学研究的主要方式;进行合作研究的科学家集体,是科学活动的主导力量。据美国科学社会学家朱克曼在《科学界的精英》一书中的统计,从1901年至1972年间,共有286位诺贝尔获奖者,其中有185人,即多达2/3是与别人合作进行研究的。在诺贝尔奖金设立后的头25年,合作研究获奖的人数占41%;在第二个25年,这一比例升至65%;而在第三个25年,这个比例达到79%。这表明,科学家的集团心理,已经在最高水平的那个层次中占据明显优势。

科学的综合化趋势,科学活动中协作要求的加强,突出了科学工作者集团心理的地位。科研人员如果缺乏群体意识,妄自尊大,追逐个人名利,则将导致科学研究的失败。正如爱因斯坦所说,除了许多个人的无私的合作,就得不到真正有价值的东西。

习　题

[思考题]

1.什么是科学研究?

2.基础研究、应用研究和开发研究之间有何联系?

3.自然科学的一般研究方法有哪些?请给出其中三种方法的定义。

4.简述哲学对科学研究的重要性。

5.一名科学研究工作者应该具备哪些科研能力?

[训练题]

1. 以“现代科学研究方法的发展历程”为题,撰写一篇课程论文。

2. 发挥自己的想象力,描叙一下20年后的电脑、手机会变成什么样子。

第二章

科研选题与项目申报

内容要点

- 科研题目的选择原则与条件
- 科研题目的选择策略与方法
- 科研项目的申报
- 科研申报书的撰写

选题是科研工作的第一步，正确的选题是“科学的真正进步”的起点。专家认为：提出问题比解决问题更困难，因此研究和选择课题便成了科学研究的战略起点。

科研项目的申报要遵守一定的程序。科研申报书撰写是科研课题申报成功与否的关键环节，能够反映出申报者个人的基本科研能力和素质。

第一节　科研题目的选择

一、科研选题的意义

科研选题，是指某一学科领域中尚未发现而又应当探索、认识和解决的问题。选题是研究的第一步，具有战略性和全局性的特点，关系到整个科研工作的成败。

我们知道，人类的认识活动，总是在实践的基础上，由已知领域向未知领域不断扩展的，而表现这种扩展的思维形式就是“问题”。也就是说，“问题”是人们认识活动中在“已知”和“未知”之间的连接点，“问题”总是走在探索活动的最前面，是迈向未知领域的最早开拓者，也是全部科学探索的出发点。

“问题”是普遍存在的。在科研研究工作中，我们经常遇到的和要解决的“问题”是很多的。有复杂的，有简单的；有重要的，有次要的；有长远的，有近期的；有本质的，有非本质的；有专业性的，有综合性的；有来自实际生活的，有来自科学内部的等等。

“问题”又具有其特殊性。有些“问题”能明显地表露出来，容易被发现。但是，在很多情况下，真正的“问题”是隐藏在某种现象的背后，或者是以另一种形式表现出来。越是有重大意义的“问题”，隐藏得越深。所以，如何选择课题，这本身就不是一件轻而易举的事情。这就要求科研工作者必须具有扎实的学识基础，丰富的想象力，敏锐的洞察力以及科学的选题方法。

实践证明,凡是有成就的科研工作者和技术专家,他们之所以能够获得成就,其最主要的原因都是归结到选题得当。科学学创始人、英国科学家 J. D. 贝尔纳把选题作为科学研究中的一个阶段,而且是“更困难”的阶段,他指出:“课题的形成和选择,无论作为外部的经济技术要求,抑或作为科学本身的要求,都是研究工作中最复杂的一个阶段。一般来说,提出课题比解决课题更困难……所以评价和选择课题,便成了研究的战略起点。”可以说,正确的选题是“科学的真正进步”的起点。

二、科研选题的一般原则

科研选题决定着科研工作的方向,在一定程度上决定着整个科研工作的内容、方法、途径和价值,影响到研究成员的组成和才能的发挥。因此,正确选题,选好题目,需要遵循一定的原则。下面分别从两个方面阐述选题应遵循的几个重要原则。

(一)从科研问题的提出角度看选题应遵守的原则

1. 创新性原则

科学研究活动具有探索性质,是前人未做或未完成的而预期能作出新成果的研究工作,包括科学问题、技术问题中的新原理、新方法、新材料和新工艺等。目前,有关高校开展的大学生科技创新设计大赛,评价的关键指标之一就是课题是否具有创造性。

如何理解科学研究中的创新?其具体指标是什么?简言之,科学研究中提出的新概念、新方法,建立的新理论,对引起某些特定自然过程新机制的发现,在研究开发过程中发明的新技术、新工艺,等等,都属于创新的范畴。并且,这种创新也有程度的高低之分。而是否有原创性工作,则是衡量科学研究成果水平高低的决定性因素。值得一提的是,大学生的科研选题创新不能一味地追求“新”而大做文章,应符合大学生的思维方式和逻辑起点,开辟一条创新之路。

2. 可行性原则

可行性原则是大学生科研选题最主要的原则,告诫大学生不应好高骛远,应正确评估自身科研能力,明确做好一项课题应具备的条件。一般说来,要完成一项具体的科研课题,需要三种最基本的条件,即研究基础、实验设备和研究技能。要从实际出发,实事求是,量力而行。应根据课题组的已有基础、物质条件、人员结构以及协作关系等各个方面综合分析,有把握地确定科研选题。

如何把握科研选题的可行性原则?可以从下述几个方面进行斟酌:选择该课题是否具备足够的理论基础、实验设备;是否具备课题所要求的硬件和软件条件(如实验场地,协作环境,信息来源与有效处理等);是否具备比较完善的检测技术与分析方法;课题组成员的结构及能力状况是否胜任该课题的持续研究等等。

3. 优势性原则

优势性原则是指在科研选题时,要充分挖掘自身的资源,如,本国、本省、本学校以及自己所学的专业的优势资源,充分发挥已有优势,扬长避短。应从宏观优势和微观优势两个方面加以考虑。前者指本国、本省市、本地区、本学校的地理环境、自然资源等条件;后者指课题组科研人员的结构、素质、知识、技能及创造性等。

关于如何利用科研选题优势性原则,一般从以下几个方面去把握:申请者所在的科研团队的研究基础是否具有优势；已取得的科研成果是否具有系列性；研究成果的应用情况如何；科研人员的结构是否合理；申请的课题是否具有深入、拓展的潜力。因此，选题是否发挥大学生自身的优势也是判断选题是否成功的一大要素。

4.需要性原则

需要性原则是指在科研选题时，要从社会发展、人民生活和科学技术等的需要出发，优先选择那些关系到国计民生亟待解决的重大的自然科学理论和技术研究问题。科研选题要为生产实践服务，这就要求科研人员走出实验室，到生产一线熟悉生产过程，及时了解和发现生产过程中提出的理论和技术问题，从中筛选出符合科学原理和适合技术工艺开发的研究课题进行联合攻关。

5.发展性原则

发展性原则是指在科研选题时，要考虑课题是否具有发展前途，即课题是否具有推广价值、普遍意义和可持续的创造性，可否促进一系列相关问题的解决，以此作为基础是否能够衍生出新的研究领域和相关新课题。

某项科研课题的完成，只是一个科研周期的结束。坚持发展性原则，就是要使该课题在完成之时，能够开辟出新的研究方向，或者衍生出诸多以之为基础的新课题。如此，课题组的研究工作愈做愈大，研究工作才能步步深入，待积累成熟，就会取得巨大的科学成果。同时，也为自己未来科研工作指明了方向。

6.经济性原则

经济性原则是指在科研选题时，必须对课题研究的投入产出比进行经济分析，力求做到以较低的代价获得较高的经济收益或经济效果。一般来说，在校学生的科研经费有限，不能超出一定的经济范畴，否则会因经费的短缺导致前功尽弃。当然，经济性原则的另外一项考虑，则是在获得经济效益的同时，还要注意该课题的实施对环境的影响之评价。要做出科学的预测，防止片面追求眼前的经济效益而忽视环保。

（二）从科研课题应产生的价值看选题应遵守的原则

1.经济效益和社会效益原则

研究与开发选题的经济效益与社会效益一般来说是一致的，即对经济发展起积极推动作用的，必然对社会发展起促进作用。由于科技研究与开发活动涉及的范围很广，有时二者也不能完全兼顾，如关系到国家安全、社会治安的国防科研、消防科研以及公安科研课题，关系到人类生存条件的环境保护的课题，关系到科学本身的发生、发展规律的课题，社会效益则是主要的。

科学技术研究要面向经济建设主战场，其本身也是一项经济活动，而且是比生产劳动内容更为复杂、意义更为深远的经济活动。在选题时既要考虑微观经济效益，更要着眼于整个国民经济需要，亦即宏观经济效益。应注意二者的统一，必要时局部利益应服从整体利益。科学研究同生产活动相比具有一定风险性，尤其是在高技术研究与开发方面，高效益必然也会带来高风险，因此在选题时应充分考虑到这一点，要做好预测和选题评价、论证工作。科学劳动又是一种复杂劳动，其经济效益的计算方法也比一般生产劳动复杂得多，有些科研成果的价值是很难计算的，因此在计算或预测科研课题的经济效益时，要掌握多种参数和数据，进行反复的分析论证。

2. 学术价值原则

学术价值是指对科学技术本身发展的意义，它的核心是创新，即所选的课题要有新思想、新理论、新原则、新方法，亦即技术的先进性。只有创新的成果才能推动科学技术的进步。所谓创新和技术的先进性也是相对而言。鼓励大学生敢于创新，创造出新的成果，显然，创新的程度也是相对的。

3. 远近发展相结合原则

当前与长远是相对而言的。在选题时，不能只看眼前利益而置长远需要于不顾。对科研课题进行技术经济论证时，不仅要看到该课题对当前经济的作用，还必须看到对未来经济发展的意义。只有两者兼顾，才是理想的决策。但是在实践中往往会出现两种极端情况，即对当前发展有利，而对长远发展不利；或者相反。一般来说，当前的经济效益应该服从长远的经济效益，目前的实际情况往往是眼前利益考虑得多，忽视了应有的技术储备。因此，研究开发课题必须符合社会经济发展的大趋势，量力而行，远近结合，统筹安排。

三、科研题目选择的条件

选择科研题目，要兼顾内外部两个基本条件。内部条件是指本部门、本单位(群体)的科技开发队伍的质与量、实验手段、器材供应和经费状况等；外部条件是指社会需求、市场情况、开发合同、协作力量和引进国内外先进技术等。

1. 内部条件是基本条件

内部条件可分为主客观两部分：

(1)主观条件是指人员条件。从事研究开发工作必须有掌握一定理论和熟练技能的科技队伍，选题时要考虑到他们的研究能力和技术水平以及管理水平。各方面人员的配合，各种不同学科人员的专业协调等，这是选题的人力基础，是起决定性作用的主观条件。

(2)客观条件是指物质和信息条件，诸如仪器、设备、工具和实验室等，这是选题的物质基础；还必须拥有广泛的来自社会和市场的技术经济信息、系统的经验数据的积累和丰富的科技情报资料，这是选题的信息基础。

2. 外部条件是必须条件

展开来说，又分市场条件和环境条件。对于大学生做科研工作，环境条件起着非常重要的作用，学校资源在学生科研工作中发挥着不可代替的作用。

掌握内部条件，能使我们在选题时做到：实事求是，量力而行，需要与可能紧密结合以保证选题经过积极努力可以圆满完成；扬长避短，充分发挥自己的专业特长与优势，保质、保量、按时完成选题的研究开发任务。

掌握外部条件，能够增强选题的信心和勇气，做到有的放矢，避免因盲目行动而造成的被动和损失。

总之，不论内部条件或外部条件，都需要有人去创造并掌握，因而人才的培养、使用是至关重要的。

第二节　科研题目的研究

一、科研选题的分类和来源

（一）科研选题的分类

1. 按活动规模划分

按照项目活动规模来划分，可分为大中小几级项目，分别称为一、二、三……级课题。低级课题也叫子课题。一般说来，大项目所牵涉的面较广，需要较多的协作单位，并要动员较多的科研人员参加科研工作。一级课题通常可分解为若干个二级、三级或更低级的子课题。由各有关单位分头开展研究，在统一组织领导下、通力合作来完成总任务。

2. 按所需时间划分

按照完成项目所需要的时间来划分，可分为长远项目和短期项目。一般说来，长远项目的目标较高，所需时间校长，有时可长达十年以上，所需的人力也较多。长远项目通常可划分为若干个阶段项目，逐步开展，依次完成，最后得出总成果。长远项目往往同时也是大项目。

（二）科研选题的来源

科研选题不是凭空想象，也不是雅兴所致，是建立在研究者的勤奋实践、刻苦钻研和筛选提炼的前提下的。学生的科研工作要尊重指导老师的建议，这一点尤为重要。

1. 从教师已有课题的延伸中选题

学生的科研工作，由于受到自身能力、经费等多方面因素的限制，完全靠学生自己去摸索新的课题几乎不太现实，学生可以作为教师的副手，将教师已做的课题延伸。延伸性课题是指根据已完成课题的范围和层次，从其广度和深度等方面再次挖掘新的课题。由于研究课题本身并非独立存在，研究者可以综合已研究的成果、参阅一些资料，细心透视其横向联系、纵横交叉和互相渗透的现象，进行延伸性的选题，使工作循序渐进、步步深入，使已有的理论、假说或技术日趋完善，逐步达到学术的新高度。

2. 从各级“科学发展规划”和各种“科研项目指南”中选题

当代科学技术迅猛发展，发明创造层出不穷，新产品、新工艺不断涌现，市场竞争激烈，许多研究开发课题受到经济寿命的制约，有些课题往往研制过程尚未结束，而产品已经过时。因此根据科学技术的发展趋向，国家制定远景规划，确定了总目标。每年学校都根据教育部、教育厅的相关文件，不定期发布学生“课题指南”，有研究意向的学生可依据“各级规划”和“各种指南”中的课题选择一些进行预研。

3. 从碰到的问题中选题

日常学习生活和科研工作中务必注意观察以往没有观察到的现象，发现以往没有发现的问题。外部现象的差异往往是事物内部矛盾的表现。及时抓住这些偶然出现的现象和问题，经过不断分析比较，就可能产生重要的灵感，就有可能提出科学问题，进而发展成为科研课题。例如，获诺贝尔医学奖的弗莱明从培养皿中的青霉菌到抗生素的发现，正是从中得到启发的结果。所以,研究者应在平时实践中注意反复观察、记录和积累研究结果、捕捉信息,不断发现新的线索。

再如,被誉为“黄土之父”的国际著名第四纪地质学家、环境学家刘东生院士,就是从碰到的问题中选题的杰出科学家。春天的风沙让城里人开始关注黄土。刘东生院士长期奋斗在地球科学研究领域,从中国黄土的研究对全球环境变化的一系列重大理论问题进行了研究并作出了重要贡献。

4.从文献的空白处选题

研究者可根据自己的特长与已掌握专业的发展趋势,进一步查阅近二十年来本专业国内外文献,从中吸取精华,进而获得启发,寻找到空白点。将国内外专业领域的空白点作为自己的选题,这类课题具有先进性和创新性,有可能在前人或他人研究的基础上提出新观点、新理论和新方法。

被誉为“杂交水稻之父”的袁隆平院士,他的研究工作可以说就是这方面的典型代表。1960年,袁隆平从一些学报上获悉杂交高粱、杂交玉米、无籽西瓜等,都已经广发用于国内外生产中。这使袁隆平认识到:遗传学家孟德尔、摩尔根及其追随者们提出的基因分离、自由组合和连锁互换等规律对作物育种有着重要的意义。于是,袁隆平跳出了无性杂交学说圈,开始进行水稻的有性杂交试验,把精力转到培育人工杂交水稻这一崭新课题上来。1964年,袁隆平院士首先提出培育“不育系、保持系、恢复系”三系法利用水稻杂种优势的设想并进行科学实验,对水稻育种理论和制种技术实践做出了杰出的贡献。

5.从改变研究要素中选题

在实验研究及临床观察研究中,通常每个课题由被试因素、受试对象和效应指标三大要素组成。根据研究目的,有意识地改变原课题三大要素中的某一要素,就有可能发现具有理论意义和应用价值的新问题,进而提出一个新的研究课题,这种选题方法又称旧题发挥法。任何一理论都是在一定前提条件下被大家普遍认可的,一旦前提因素有变化,就会衍生出新的理论,丰富理论知识;或对一些理论的发展具有借鉴意义。

二、科研选题策略及方法

在科学研究过程中,要使选题准确,不仅要坚持正确的选题原则,掌握一些重要策略,还要有科学的选题方法和灵活的选题技巧。

(一)科研选题策略

一个有价值、有意义的科研选题只有经过深思熟虑之后才能确定。在选择科研题目,应掌握一些策略技巧。

1.选题的价值取向

别人从来没有研究过的且能够填补该领域科研空白,对错误的命题辨析证伪,课题成果能够对国家制定政策提供重大的参考意见,课题能够解决人民生活中所急需解决的问题,对国防建设、国家安全、发展经济以及对先进的文化起推动作用等,这些均符合选题的价值取向。这就要求学生要关注社会热点、探求专业价值和留心周边事情,只有善于观察、思考,才能真正做到选题有价值。

2. 课题调研要充分

课题调研是选题的基础，只有大量获取科研资料，并对其认真分析和研究对比，才能从中发现有价值的科研信息，进而梳理出研究课题。调研期间，要精读几篇高质量的综述文章，从中把握该领域研究工作的整体脉络。那种只阅读几篇研究论文就匆忙确立课题的做法，在某些方面也许会歪打正着，但这种偶然命中的几率是很小的，甚至不会出现。参加课题调研，对初学者也是一个很好的锻炼机会。查阅文献资料的过程，也是追踪前人研究的过程，这种锻炼对初学者在课题研究中少走弯路很有帮助。充分调研并广泛参阅前人的文献，从中获取很多有益的启示，这对选题是非常重要的。

3. 选题要量力而行

初学者在科研选题时要量力而行，应根据研究条件和课题资源慎重选择，难度要适中。这一点，对于学生来说尤为重要。如果课题难度太大，很可能会半途而废。在科研探索过程中，每一阶段都会形成新的认识，当多次实验结果与最初的设想不同或者根本做不出来时，一种情况可能是原来的课题方案有问题，不可行；另一种情况也许是目前不具备做出预想结果的实验条件。在这种情况下，就需要根据实际情况调整课题，即改题（改变或改换课题）。经验表明，科研工作中改题的现象时有发生，或者选题存在问题，或者实验条件不具备，或者实验方法有问题，或者源于阶段性认识的不同，等等。需要指出的是：选题要慎重，改题更要慎重。对课题要充分调研，审慎确定。

4. 要与导师多沟通

导师是学术上的引路人，像灯塔一样指引着学生在学术领域里前进。有些学生不善于同自己的导师沟通，仅凭爱好和兴趣调研和选题，直到开题报告阶段才与导师联系课题事宜。一般而言，初学者很难自己把握课题的创新性和可行性。若选择的课题研究价值低，则对提高研究水平和取得预期研究成果很不利。更为严重的是课题方案不可行，以致浪费宝贵的科研时间。

在选题上，学生应该多与导师沟通。因为导师大多是该领域的专家，从事相关研究多年并积累了丰富经验，他们对如何选题、课题的难度和可行性以及实际价值有很好的理解和把握。曾经有一位读哲学的博士生，在论文选题之前自己做了大量的调研，甚至已经写出了开题报告。直到提交开题报告的时候，却发现自己的选题不符合要求，结果是重新调研、选题，浪费了大量时间和精力。

我们提倡学生与导师多沟通，但也应注意不要过分依赖导师。与导师的交流和沟通是必要的，但过分依赖则难以形成自己的观点，对科研创新很不利。导师是学生的引路人，是学术导师，要为学生指明研究方向和学术动态，是科研方法的传授者。导师对学生的指导应该是告诉他们这些文献到哪里找，找到了如何鉴别，课题的研究方法是什么，实验的关键技术在哪里，研究结果的创新性如何。对学生而言，有关课题研究细节应该自己想办法解决，而不是等导师来处理，要有意识地在科研实践中锻炼自己独立分析和解决问题的能力。

（二）科研选题的方法

科研选题是科研工作的重要环节。对于如何选一个好题目，通常采用下列的 5 种主要方法。

1.现状调查法

这是选择确定任何课题的第一步，只有情况明确，才能决心大。通过周密细致的实际调查，弄清楚被研究对象的现实状况，做到数据真实可靠。调研所获全部资料，都要进行科学分类整理，对经过初步整理的调研资料，作进一步筛选和鉴定，去粗取精，去伪存真，以求对研究对象有一个本质的了解。

2.历史比较法

把同类问题在历史上呈现的不同结果作全面的分析对比，对比的方法是定性分析与定量分析相结合，二者不可偏废。对比的内容，除结果的优劣外，还必须考虑到影响课题的因素和制约的条件。目的在于总结历史的开发经验和教训，并从中发现规律性的问题，用以进一步指导选题工作。

3.未来预测法

选择一课题既要立足于现实，也应考虑到长远的发展，也就是指向较远的未来。在现实调研和历史比较的基础上，对被调查对象的发展趋势和可能达到的成就进行预测。预测方法种类繁多，应因事制宜，灵活运用。

4.系统综合法

这是确定课题的关键方法，要求在系统分析的基础上进行系统综合、分析，是将被开发对象视为一个系统，把它的各个组成部分的特征联系起来，合成一个有机整体。分析和综合是两个彼此密切相关的逻辑方法，后者是前者的逆过程，没有分析就不能综合。因此，要求学生运用各有关学科的专业知识，对目标函数及其约束条件进行定量的计算，而对某些非计量因素则作定性的逻辑判断，在确定与不确定的条件下，寻找最优课题。

5.优选决策法

优选决策是确定课题选择的最后一步，在系统分析的基础上，从许多备选课题中进行综合择优，作出决策。择优过程是从比较到决断，不但要精确的计算和严谨的逻辑推理，同时，还要结合经济学、社会学等方法，对选题内容作出全面而科学的经济效益和社会效益的评价。

三、科研选题的程序

选定科研课题，需要经过一系列环节，大致可分为提出问题→查阅文献→形成假说→构建方案→确立课题。下面就科研选题中涉及的主要环节进行重点阐述。

1.提出问题

提出问题是科研选题的开始环节，具有重要的战略意义和指导作用。事物的本质是通过现象表现出来的，研究者必须通过对现象的观察、分析、综合，才能获得对本质的认识。提出问题时，要根据已有的事实基础，弄清该问题提出的研究背景，要获知该问题目前的研究状况及解决该问题对科学发展和技术创造的作用和价值等。也就是说，提出的问题，应该具有其效益，是围绕新的领域或一些基础领域的新的方面进行探索，要了解当前国内外对该课题的研究状况以及当前研究该课题的所能达到的技术水平。这样，才能真正达到“良好的开端是成功的一半”，否则，对已经基本定型的课题再去研究，就缺乏创新性和价值性。

2. 确定选题

课题是一项科研工作的目标，整个科研任务都是围绕它而开展的。科研的所有大小环节，其中包括订方案、订计划、准备工作、观测试验、收集材料、理论分析、撰写报告或论文等，都要按其规定的内容和要求来进行。它对这些后继环节的工作内容和工作范围等，都起着决定性的作用。因此，课题要定出恰当的名称，应注意以下三点：

（1）意义准确。要准确地表达出这项科研的目的和任务。

（2）突出主题。要完整地体现要解决的主要问题。

（3）简单明了。要用最简短精练的课题名称表达出完整的意思。不必要的字应省去，使人一目了然。

一个科研项目，应只有一个主题。遇有不止一个主题时，应分为相应数目的课题，或化为相应数目的次级课题，并定出能包括这些小题的总课题的名称。

课题名称确定后，最好不要中途更改，以免打乱后继环节的工作。只有在科研进行过程中，根据生产和科研部门的要求，或遇到客观情况发生人的变化，才作必要的相应的修改。

3. 构建方案

问题一经提出，应当进行小范围内的现场调查或实验室研究。获得第一手资料后，应再次查阅文献并进行对比分析、核对。要特别关注前人是如何建立研究方案、确立技术路线、设计新的试验方法、根据实验结果修正或推翻原有结论的。据此，则可进一步提出和完善新的理论及实验解释。方案的构成应按照“思路新、起点高、意义大”的要求进行。

4. 选题报告

方案构建出来之后，为使选题更加科学、全面，通常需要导师的指导、同学的建议来完善选题报告。集体参与选题报告会，研究者可以综合不同的学术观点和思路，丰富选题论据与方法，修改和补充选题时的不足，这样有助于克服思考问题的片面性，启发自己从新的角度考虑问题。选题论证报告一般包括如下内容：课题的意义、立题依据、国内外有关进展、完成课题的技术路线与关键技术、方法及指标选择、预期成果、计划与进度、经费预算、存在的问题与解决对策等。

5. 选题计划的制订

选题必须有个选题计划，用开题报告的形式，报请上级批准，并作为确定和安排工作的依据。选题计划的内容，一般包括下列几个方面：

（1）项目名称（如果一个大的课题里包括几个小题，应加入小题名称；若本题属于某一大题中的子题，也应注明）；

（2）选题根据、目的和意义；

（3）课题来源；

（4）有关本课题的国内外研究现状、已有成就和存在的问题；

（5）要解决问题的大体内容、指标要求及预期结果；

（6）预定开始和完成的时间，各个工作阶段的时间和进度；

（7）主要措施；

（8）经费来源和预算。

四、科研选题的注意事项

1.目的明确,社会需要

在选题时要特别注意,科学研究的目的是为了认识自然,利用自然,改造自然,造福于人类。恰当的选题,其目的应十分明确,充分考虑社会的需要,特别是生产的需要。只有这样,才能获得社会的支持,才有强大的推动力。大发明家爱迪生的选题方法是一个很好的范例。他说:“搞发明,首先应考虑人们的普遍需要”。他就是根据这一选题原则不断地取得成功的。他在选题时还注意和考虑了由于一项发明会引起社会上进一步的需要,于是根据科学技术发展的内在联系,安排了一、二、三线的研究课题,搞“配套发明”。爱迪生有个绰号,叫做“魔术师”。正是这样的选题方法,使他真像魔术师那样,从一项发明中引出其他一系列发明,从而登上了“发明大王”的宝座。

2.探察关隘,找突破口

选题之前,最好在平时搜集情报时,充分分析当前国内外有关领域和课题的研究现状,恒于追索困惑,即找出妨碍生产加速发展的“绊脚石”和阻滞科学有较大进展的“卡子”及其可能的“突破口”,务求对准靶心,击中要害。

3.远近兼顾,由近及远

在各类课题中,有些是为今天的生产服务的,有些是为明天的生产开路的;有些是直接为生产解决问题,有些则是间接地对生产起指导作用。无论哪一类课题,都是科学事业的一部分,只是对某一单位或某一个人来说,分工不同,或在一定时期内有所侧重而已。因此,对它们都应予以重视和兼顾,视具体情况选定课题。大学生在校时间有限,选题更为慎重。

4.大小并重,从小到大

课题无论大小,凡具生产意义和(或)学术意义者都是需要的。对社会发展具有重大意义的课题,固然要首先安排,如期完成。而那些生产部门提出的或自己搜索到的较小的课题也要考虑解决。

对于新进来的科研工作者来说,课题大小的选择要大处着眼、小处着手。既要立大志、攀高峰,又要科学分析、实事求是,要根据自己和合作者的科研能力和实践经验等主观条件来确定课题。最好先从经过努力可以达到的山峰攀登起,即选择较小课题,或者在集体科研的大项目中负责或参加某一小课题或其中的一部分工作,在有经验的研究人员带领和指导下,亲自进行观测、试验等实际操作,以便积累经验,锻炼科研能力,为承担较大项目创造条件。罗荣诺索夫指出:“不会做小事的人,也做不出大事来。”很明显,能做小题是能做大题的前提,只有从小到大,踏实前进,逐步提高,才能打好稳固的基础。列宁所说的“要成就一件大事、必须从小事做起”,正是这种意思。还有一点,在科学家的一生中,早期作的小题往往是日后完成大题的基础,积小成果便成为大成果。

特别要注意的是,在缺乏经验的情况下,一开始就选定大的课题,往往是难于完成的。人要有自知之明,要对自己的基础和能力、优势和劣势、现有水平和发展潜力,以至性格条件等,作出正确的估计,然后决定应选多大的课题。如果不考虑主观条件,希图平步登天,贪大弃小,就会眼高手低,难以取得成果。

5.题数适可,确定重点

对于一个科研工作者来说,应有研究的重点。要有所不为然后有所为。不要同时抓过多的课题，也不要平均使用力量，而应在某一时期内以某一项目为主，集中人力、物力、财力的优势、彻底完成之，然后再抓其他重点课题。否则，由于精力分散，会导致一事无成。总之，科研战线不宜过长，项目不宜过多。对于高等院校学生来说，在校是以学习科学文化知识为主，科研是在不影响其学习计划安排的原则下进行的，因此尤其要注意此点。选题要根据个人的具体情况，并留有一定的余地。此外，为了使科研与学习相互促进，并解决科研所需的时间问题，选题时要尽可能考虑学习的需要，使研究者的科研任务与学习任务相一致，统筹安排科研任务和学习任务。

6. 既论条件，又创条件

在选题过程中，要考虑学校能提供的现有仪器设备、材料来源和科研经费等问题。另一方面，还应尽量发掘潜力，充分利用现有物质条件，尽可能自行设计、制造仪器设备来开展科研工作。

7. 摸清对象，预作估计

选题之前，应先到相关部门或现场实地调查，了解问题的性质、难度和要求等，并经过充分考虑和全体参加人员的反复讨论，对开展工作后可能出现的问题，预先作出估计和论证，最后再确定课题。这样做一来有利于认识主客观条件，选题后可顺利开展工作；二来可发挥有关人员的积极性，齐心合力地创造条件，圆满完成任务。

8. 慎重确定，贵在坚持

选题是科学研究中头等重要的工作。能否作出成果，选题是关键。因此，选题必须经过慎重考虑，并要坚持到底。几经确定的课题，除无法预料的特殊原因外，不能轻率停顿或半途而废，以免影响生产和造成人力、物力、财力的浪费。

一项科研工作能否有结果，在很大程度上取决于选题是否恰当。选题恰当与否，原因是多方面的，如对课题本身的认识程度、主客观条件的分析透彻程度、对国内外学术发展现状和动向以及前人对本课题和有关课题的研究情况的了解程度、所定课题的可行性等。所有这些因素，都应充分考虑。对于年轻的科学工作者来说，还要特别提醒的一点，就是有些人的科研动机不单纯，不自量力，贪大弃小，急于求成。此外，还有些人没有立下艰苦奋斗的决心，图走少费力气的成功捷径，以致一遇困难，即丧失信心。以上这些在选题时都要注意。

第三节　科研项目的申报

一、做好项目申报的前期准备工作

项目申报是指项目申报人提出项目申请并报送相关主管部门的过程。各种研究项目的申报过程大同小异，大学生在申报科研项目时，要结合大学生自身的特点，发挥自己特长，量力而行，做好科研项目的申报工作。

1. 多渠道获取项目申报的信息

一般而言，高校项目申报活动是由相关职能部门完成，具体到学生科研活动，有高校学生处、教务处、科技处共同管理的大学生科技创新基金（SRF）项目，校团委或社团设立的其他项目等。每项项目的申报时间、程序和要求均不尽相同，这就要求学生自己要积极去关注，不要错过学校的宣传栏、网站或其他形式通知的任何机会。另外，项目申报指南中会指明课题申报的诸多限制条件,应选准研究领域并严格按照申报指南要求申报立项。

2. 熟悉和掌握科研项目申报指南

科研项目申报指南是项目主管部门集中了众多专家、学者意见,经过反复修改、论证而定的,具有明确的导向性和践行性。在确定是否申报前,学生应该熟悉和吃透项目指南的内涵,要重视立项依据、创新性、研究方法和技术路线、预期成果。而且要严格遵守申报指南中的规定。否则,申报后初审就有可能被淘汰。在申报指南中选项应注意选准项目,就是确立自己的研究方向,是项目申报最基本、最关键的一步。这就是我们前面所论述的科研选题。作为大学生,一定要根据自己的特长和专业优势实事求是地评判自己的研究能力,分析找出申报指南中的亮点项目,扬长避短,充分发挥自己的优势和特色,确定研究方向。

二、科研项目申报的程序

科研项目申报一般是由相关职能部门发布申报信息,要求各单位组织有关科研人员进行统一申报;也有部分项目允许研究人员个人进行申报。而大学生进行有关科研项目申报,多由相关学院或班级组织学生申报,在经过提交申报书、部门签署意见、审核等步骤后,最终立项。其申报过程如图 2-1 所示:

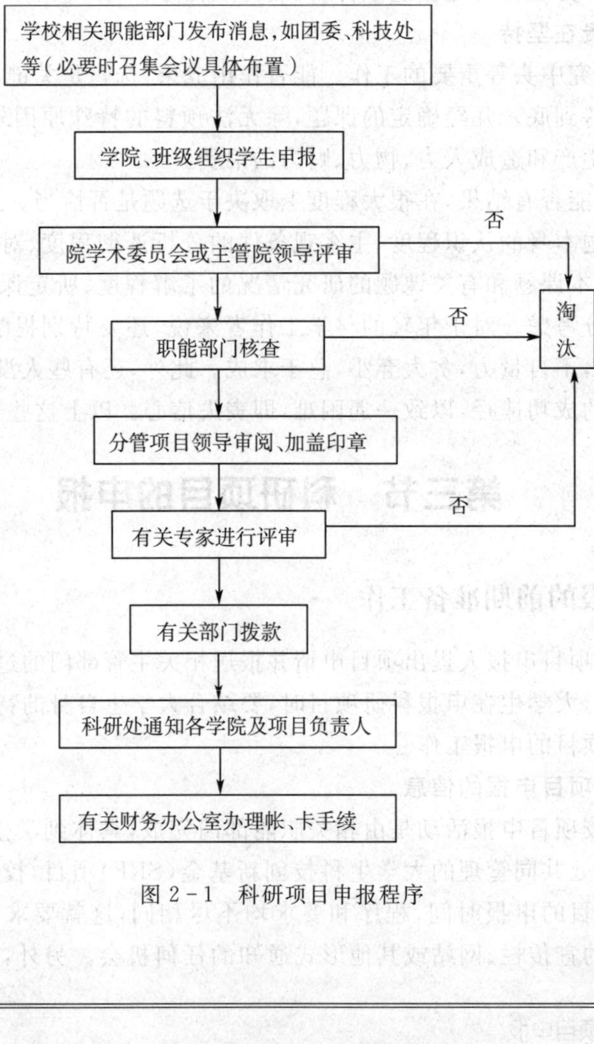

图 2-1 科研项目申报程序

三、科研申报书撰写的基本要求

科研申报书的撰写，是科研课题申报成功的关键环节。它不仅表明了课题申报者对选题的基本认识，更代表了申报者个人的基本科研能力和素质。因此，准确而真实地撰写科研申报书是十分必要的。科研申报书的撰写，必须符合基本内容和语言形式上的内在规定性。

1. 内容的全面完整性

科研申报书是课题立项的基本依据，课题评审者将基本按照作者的科研申报书来决定是否立项。基于此，科研申报书的内容撰写，必须完整、全面、细致。在这一过程中，要充分调动课题其他参与者的积极性，合理分配相应的撰写任务；要严格按照科研申报书的具体要求，全面搜集各项相关参考资料，认真撰写申报书的每一项目。

2. 语言的简明扼要性

科研课题内容多、项目广的特点，往往会使得科研申报书的撰写略显繁杂而累赘。为此，科研申报书的撰写必须要以简明扼要、逻辑清晰的语言来阐明各项研究事项。同时，还要注意语言的学术化、书面化以及规范化。

四、科研申报书撰写的基本项目

1. 选题名称及其背景

撰写这一项目，是为了解决“在何种背景下研究”的问题。在具体撰写的过程中，需要把握两点：一是简单陈述选题的具体名称，一般而言，具体名称要高度概括与凝练，约为 20 个汉字左右；二是要简单介绍选题的时代背景，这是课题研究的实践依托与时代境遇。时代背景主要包括国家当前的政策需求、技术需求、精神文明建设需求等。

2. 选题意义及其现状

撰写这一项目，是为了解决“为什么研究”的问题。选题意义主要表明科研的理论意义和实践价值，这是科研立项的主要目的和基本依据。

完成这一项目，需要撰写以下内容：

一是本选题对于完善或创新相关理论的主要贡献。没有理论意义的选题，是丧失科研灵魂的选题。因此，科研申报书一定要努力探究和发掘选题的理论意义。

二是任何科学研究，都必须以实践为导向，选题必须具备实践意义。唯此，科研才具备研究的时代必要性。选题的实践意义，主要是探求科研主题对实践需求的回应。

三是研究现状。这是对当前关于本选题的研究成果和研究进展的概述。撰写研究现状的基础是大量收集相关文献资料，只有这样，才能把已有研究成果作为自己的研究起点，并从中发现现有研究成果的不足和尚待改进之处，从而寻找自己的可能创新处和突破点。撰写研究现状，可以从已有成果的研究视野范围、研究根本目的、研究重点难点、研究不足等角度展开。

3. 研究目标及其内容

撰写这一项目的目的，是解决“研究什么”的问题。科研课题研究者要具备开阔的学术视野，要依据研究背景、呼应研究目的意义，直截了当地设定研究目标。在此基础上，应重点描述本选题的重点研究任务即研究的基本内容。研究的基本内容是研究意义和研究目标的内涵和外延的具体体现和外在展开。撰写研究内容，要做到以下几点：研究内容的“量”要恰当，确保在研究周期内完成；研究内容的“质”要与目标相辅相成，为研究目标服务。

4.研究方法及其技术路线

撰写这一项目的目的，是解决“怎样研究”的问题。研究方式方法，主要是由研究内容的具体性质决定的。一般而言，人文社科类课题主要以规范研究方法为主，而理工农医类课题则主要采用实证研究方法。这两种研究方法之外，还必须要采用诸如历史与逻辑统一、理论与实践统一、理论探讨与问卷调查相结合等方法。所谓的技术路线图，则是对研究方法的实际运用，它主要是通过形象化的图形图像，具体展示作者的研究思路。研究技术路线图的构建，可以按照研究时间和研究内容进行，需要坚持“清晰、简明、形象、易懂”等原则。

5.研究进展及其具体安排

撰写这一项目的目的，是解决“什么时候研究”的问题。研究进展及其具体安排的撰写，是由科研课题规定的研究时间范围决定的。科研课题申请者可以依据这一规定时间，合理分配时间。要把主要时间放在调查研究（实验操作）及其论文（专著）撰写等环节。具体研究时间的安排，要坚持“分配合理、重点突出、机动灵活、可操作性强”等原则。

五、填写项目申报书的注意事项

项目申报时必须填好项目申报书。项目申报书作为项目申报者与评审专家之间沟通的依据，要全面、准确地反映申报者的申报信息以及申报者对该项目基本内容和大体框架的理解。如果在项目申报书填写的过程中不注意相关指南和规范的要求，很可能使得项目申报书在项目审查的第一关“形式审查”时就被筛选下来，不能继续参加项目的评审。因此，申报书的规范、慎重填写是非常必要的。申报人员在填写申报书时要注意以下几点：

1.填写符合填报指南中的相关要求

申报者在填写申报书时应首先端正思想，认真阅读有关申报指南、注意事项，确保填报的申报书符合申报指南要求。

2.填写时语言文字规范，逻辑清晰

一方面，申报者填写申报书时应注意用字规范、用词准确、逻辑严密、内容完整、主题清晰。否则，就会产生误解和疑问。另一方面，申请书中关于研究方案和采取的技术路线要阐述清楚，体现出申报者对项目的思考及解决方案，不可扼要进行描述，要让评审专家一目了然。

3.客观描述所具备的研究条件

对项目课题组的研究工作基础、技术条件、设备条件以及工作进度安排不可夸大，要如实说明。课题组成员的人员结构、职责分工要合理，形成梯队结构。学生在申报项目时，请一名资深的指导教师显得尤为重要。

4.项目申请经费预算合理、详细

在项目申报时，要注意项目主管部门能给予的经费支持强度，申请金额不可过高。同时，要准确计算项目进行所需的各项费用，注意比例的划分，保证支出时不超过预算的为宜。

习　题

［思考题］

1. 科研选题的重要性。

2. 简述科研选题的基本原则与方法。

3. 如何进行科研项目申报？

4. 科研项目申报书主要包含哪几部分内容？

［训练题］

1. 根据科研选题的基本原则和方法，提出一个科研选题；据此撰写一份项目建议书，在教师的指导下进行分组讨论并在全班宣读。

2. 提出一个科研选题，按照科研项目申报书的一般要求，撰写一份科研项目申报书。

第二章

科学研究程序及过程

内容要点

- ◆ 科技文献的获取和文献阅读
- ◆ 研究计划的制订
- ◆ 研究经费的获取
- ◆ 试验设计及数据处理
- ◆ 试验数据的统计分析方法

科学研究中通常所采用的基本步骤，即科学研究的程序，具有一定的规律。在确定选题后，基本上都按照收集科技文献，制订科研计划，获取科研经费等顺序进行；在完成试验（实验）之后，通常要进行数据处理、统计与分析等工作。

第一节　概　　述

所谓科学研究程序，是指在科学研究中通常所采用的基本的步骤。无论研究人员所接受的专业教育是什么，大体上来讲，研究程序基本上是一致的。在科研工作中，采用适当的研究方法并遵循有效的研究程序，可以取得事半功倍的效果，是获得正确研究结果的必要条件。研究领域不同，科研程序亦有所不同，一般都经历以下 7 个基本过程：

1. 发现问题，确立科研选题

科学研究都是从发现问题开始，以解答特定的问题为其根本目的。此阶段在整个科学研究中具有重要的战略意义，研究人员把提出的问题转化为清晰可见的研究内容，即科研课题，直接关系到科研的成败。科研工作者必须以实事求是的认真态度去发现各种问题，并从中归纳、提炼出具有科学研究价值的课题。

2. 申报立项

确定研究选题后，为获取研究经费，科研人员需要撰写项目申报书，将科研立项报告上报科研主管部门，经过资格审查、专家组评审、课题组答辩等必要程序后，经主管部门批准，进行课题立项并给予项目经费资助。

3. 收集科学事实

获取科学事实是课题研究的基础，该阶段的主要工作是按照课题的需求，为问题可能的解决方案以及新的解决方法，收集文献资料。

4. **制订研究方案（计划）**

为保证研究工作的顺利进行，在研究工作开展之前应该进行研究方案的构建和设计，制订出详细具体的研究计划。

5. **实验探索**

对于自然科学领域的研究课题，一般需要做许多实验。

在实验探索阶段，需精心设计有关试验，尽量考虑到各种因素对实验结果的影响。由实验得出的结果需经理论、技术等各方面的检验，该过程可能需要多次反复才能完成。

6. **提出科学假说**

在获得关于研究对象大量、重要的实验数据之后，首先要采用科学的数据处理方法，对数据进行处理分析，找出其中的规律，揭示隐藏其中的科学事实，并运用逻辑思维、形象思维、直觉思维的方法进行归纳总结，对在研究中所发现的现象及其变化规律做出假定性的解释和说明。这是从经验上升到理论、由感性上升到理性的飞跃阶段，课题研究是否具有创新性，该阶段的工作至关重要。

7. **总结**

一项科研工作完成后，还需要对所完成的工作从技术和工作两个层面进行总结和汇报，对所取得的成果，还需提交主管部门会同专家组进行评估验收。通过验收后，该科研项目才算结题，可以进入下一周期的课题立项与研发工作。

第二节　科技文献的获取和文献阅读

一、科技文献在科学研究中的重要性

现代任何一门科学技术和科技发明，都不可避免地要借鉴前人的研究成果，都是在总结和吸收前人研究成果和经验的基础上，再经过潜心研究才能够取得。前人的研究成果和经验，大多都是以各种文献载体的形式保存下来。它是科研工作的实践总结，反映了国内外学术发展的最新动态，涉及到多学科广泛的领域，是科学工作者了解国内外同行的窗口。文献中包含有作者的新方法、新发现和新见解，研究人员通过对本专业领域文献资料的搜集和阅读，可以了解某学科研究中的新方法和新进展，能紧跟学科国际前沿，摸清前人做的工作及达到的水平，从而扩大研究视野，理清研究方向。因此，在科研课题的选题、申报、论证以及研究过程中，都离不开查阅相关文献资料。据调查统计，科研人员每完成一项科研成果，他们在查阅有关文献信息方面所占用的时间要占到整个研究工作的40%。因此，科技文献检索和阅读，是科研工作必不可少的重要环节，是关系到科研工作成功与否的重要条件。总的来说，科技文献的收集和阅读，具有以下几个方面的作用：

1. **避免重复研究和重复报道**

通过检索查阅并阅读文献资料，获得大量相关研究报道和知识，最大限度地吸收前人成功经验以及失败教训，获得有益的启示或参考数据。既可有效地开展创新性、探索性的工作，又有助于获得更多、更有价值的论证依据，应用到课题研究之中。

2. **了解学科领域研究发展状况，启发创新思维**

在现代通信条件和网络环境下，科技领域存在的问题为一切研究者所共知。谁能最先

取得研究成果或公开发表出论文报道，谁就是成功者；谁迟来一步就会成为无效劳动的落伍者。因此，科技论文同科研选题、立项一样，必须通过相关文献检索，如发现同类研究已有报道，则应中止或重新确定论文选题，以避免重复。目前在国内的来稿中，突出问题是重复内容稿件多、科学性和创新性较差等，反映出作者对科技文献检索不够重视或检索质量欠佳的情况。

3. 节省科研时间，提高科研效率

通过文献检索和阅读，可以总结前人经验和教训，避免进行盲目的摸索和犯前人的错误，从而推动整个科研项目的进程。

4. 有助于提高论文质量

科技论文是传播科技创新成果的最有效形式，而文献资料的检索和利用是确保论文创新性的关键。评价科技论文的主要依据，一是内容质量是否胜人一筹，二是观点、理论以及方法是否有创新之处。这些问题只有通过对大量文献信息的比较、分析才能做出客观科学的评价。信息闭塞，甘于闭门造车是不可能写出高质量的研究论文的。

二、科技文献的查找及获取

目前查找科技文献的方式多种多样，但基本方法是利用检索工具、尤其是利用计算机及网络进行所需科技文献检索。

（一）科技文献的查找

1. 利用图书馆馆藏

主要通过检索工具书、科技期刊进行资料查寻。检索工具书是文献工作者为便于管理和利用，对书刊、报告、论文等原始文献进行加工、提炼和压缩之后形成的具有二次文献性质的检索性文献出版物，利用它可以很快查阅到科技信息概况，如需要更详细的资料，则可以根据二次文献提供的信息，很快进一步查到原始文献。科技期刊尤其是核心科技期刊，具有相关信息量大、水平较高、更新快、能反映学科最新成果、新理论等特点，通过查阅科技期刊，可以获得过去以及当前最新的研究成果。需要注意的是，由于科技期刊发展很快，数量众多，需要有选择地选取和阅读。通常主要要阅读本学科和相关专业学科的核心期刊，这样就可用较少的精力，迅速准确地了解国内外研究和技术应用动态。

2. 利用计算机光盘数据库

以计算机为主体、通过现代化手段来查找文献资料，检索方式迅速、简捷。我国目前最大的、连续动态更新的《中国知识资源总库》，包括了中国期刊全文数据库、中国优秀博硕士学位论文全文数据库、中国重要会议论文全文数据库、中国重要报纸全文数据库、中国图书全文数据库、中国年鉴全文数据库、中国引文数据库、中国期刊信息与知识数据库等 8 个数据库，读者可通过网络进入数据库免费检索题录摘要信息，或有偿在线浏览和下载全文。目前国内大多数高校都可提供免费浏览或下载全文服务。

3. 利用互联网

在网络环境下，科研人员可通过所在图书馆的电子全文数据库、Internet 上的免费电子期刊以及馆际互借系统等，非常方便快捷地进行科技文献地查找，大大提高了科技文献的查找效率。

（二）科技文献的获取

在完成了对相关科技文献的检索后，接下来就是获取原文。相对而言，进行科技文献检索时，可以利用的资源较多，所能检索到的有用文献亦较为丰富；而在获取原文时，能够利用的资源则较少，最后所能获取到的文献要少于所能检索到的文献。因此，如何最大限度地获取已经检索到的文献原文，是每一位进行科学研究工作的人员都会面临的问题。科技人员获取科技文献原文的主要途径有：

1. 本地资源

高校图书馆、信息中心、资料室是获取原文的首选，因为用户对自己的馆藏更熟悉更了解，使用起来方便、耗时少、成本低。用户的文献需求在本地解决是最佳选择。但在实际过程中由于经费、专业类别的限制，本地资源的文献保障率不是很高，还需要考虑采用其他手段补充原文提供的方式。

2. 通过馆际文献资源共享获得原文

近年来开通的网上文献传递服务，拓展了文献资源共享的范围，提高了科技文献尤其是外文原文的保障能力和馆藏利用率，已越来越受到人们的重视。目前我国一些文献服务机构均编制了一些联合目录或馆藏目录，如中科院文献情报中心的《全国中西日俄文期刊联合目录》、CALIS联机公共书目、国家图书馆联机公共目录等等，利用这些联合目录和馆藏目录，可了解所需文献全文的收藏单位，然后进行原文索取。这种途径的缺陷是受制于馆藏单位的服务时间及服务费用，获得的时效性差。另外，联合目录和馆藏目录的信息不完整和不准确，也影响了文献传递服务的效率。

3. 通过特定的文献保障系统进行原文传递

使用特定的文献保障系统进行原文传递目前看来是一种较好的办法，这些由国家或教育系统牵头组建的文献保障机构，起点高、实力雄厚、文献保障数目多、范围广、传送系统安全可靠，能够提供很好的原文保障。比如国家科技图书文献中心（NSTL）及中国高等学校文献保障系统（CALIS）等。国家科技图书文献中心是一个虚拟的科技信息资源机构，它包括中科院文献信息中心、中国科技信息研究所、机械工业信息研究院、冶金工业信息标准研究院、中国化工信息中心、中国农业科学院图书馆、中国医学科学院图书馆等几个国家级的文献机构，免费检索题录文摘、有偿提供原文，具有传递速度快、费用低廉等特点，可以满足大部分研究人员对科技文献原文的需求。中国高等学校文献保障系统由1个中心、4个分中心和7个地区中心提供保障，在CALIS联合目录上的各成员馆的读者可以通过查询联合目录直接提交馆际互借申请，以满足对外文文献需求。

4. 通过提供原文服务的网站查找原始文献

目前，因特网上有相当数目的免费电子期刊，如著名的《科学》杂志周刊电子版（http://intl.sciencemag.org），可提供一些不需注册的免费服务和注册后可使用的免费服务，如可免费查阅现刊、过刊的文摘和使用出版满一年的研究论文全文等。High Wire Press（http://intl.highwire.org）是美国斯坦福大学图书馆主办的生命科学文献网站，目前共有300余种期刊站点链接和近5万篇免费文献可供用户选择。由Lund University建立的开放式期刊获取指南，Directory of Open Access Journals，DOAJ：http://www.doaj.org，目前可提供近500种可免费获取的网上电子期刊资源。

另外，通过 Web 检索工具如著名搜索引擎 yahoo（http://www.yahoo.com），学术 google（http://www.googlescholar.com），Altavista（http://www.altavista.com），Infoseek（http://www.infoseek.com），Webcrawler（http://www.webcrawle.com）和 Lycos（http://www.lycos.com）等，按关键词和专题浏览 2 种方式进行检索，往往也可以获得所需要的科技文献。Scirus（http://www.scirus.com）是目前互联网上最全面、综合性最强的科技文献门户网站之一，它提供的期刊资源可以免费查看题录和文摘。但是，获取全文需要预先注册并支付费用。

5. 直接与文章作者联系索取原文

直接与文章作者联系索取原文，不仅是比较经济的获得原文的好方法，也是进行学术交流的好途径。一般而言，直接与文章作者联系索取原文往往都会得到著者的大力支持，大部分的著者都乐意将其系列研究成果及掌握的一些相关科技前沿信息提供给读者。

6. 与一次文献出版商联系购买原文

目前不少一次文献数据库出版商在系统开发时，增设了为用户提供原文的服务。但这种服务往往费用较高，一篇文献几十至上百美元不等，如果特别需要，这也是一个获取原文的重要途径。

三、怎样阅读科技文献

在当今信息时代，每天都有海量的文章发表。对某一学科而言，几年下来累计的相关文献也非常多，要通读所有发表的相关文章是不现实的，因此，在阅读文献时要掌握一定的技巧，以取得事半功倍的效果。首先，在阅读文献之前，必须明确自己的目的，需要控制自己的阅读，要清楚需要从阅读的每部分中获得什么样的信息。其次，阅读文献应该是有选择性的。应先找到一篇具有代表性的文章（这通常可以采用检索题目中含有 Survey、Review 和 Research Issue 等单词或词组的文献获得）进行仔细阅读，从中了解该研究领域的主要问题及发展状况，然后从其参考文献（References）中，去寻找你所关心的科技文献。另外，在进行文献阅读时，应采用“泛读”和“精读”相结合的方式，对大部分的文献采用只看标题和摘要的“泛读”方式，而对少部分与研究课题特别相关的文献，则采取通篇精度方式。

目前国际和国内发表的科技论文都有严格的格式要求，大多包含：①标题（Title）；②摘要（Abstract）；③引言（Introduction）；④材料和方法（Materials and Methods）；⑤结果与讨论（Results and Discussion）；⑥参考文献（References）等基本部分，只是在排列顺序上稍有差异。在熟悉了科技论文的各主要构成部分及功能之后，可有侧重的阅读所感兴趣的部分，以提高阅读效率。一般而言，在获取了相关的科技论文后，通常都按以下顺序进行科技论文的阅读：

1. 阅读标题部分

如果说摘要是一篇论文的概括，标题则是摘要的概括，是全文主要内容的高度概括。对于接触到的绝大部分文章，应该是仅仅阅读其标题。首先，通过标题阅读，就能知道在所研究领域目前什么是热点、别人都在做什么。其次，因为标题阅读相对简单易行，所以阅读的量会较大，可以解决阅读方面量的问题；对于相近领域和相关专业也会有所了解，从而增加知识面，对以后的研究进行必要的知识储备。当然，标题阅读也是对文献进行大范围初选的过程，如果对文献标题所反映的内容根本就不感兴趣，阅读该文可能只是一种时间的浪费。

只有对文献标题的内容感兴趣，才会进一步阅读文献的摘要或全文。

2. 阅读摘要部分

摘要是用于说明研究的主要目的、内容和结果的，不仅是对论文清晰、准确的概括，还提供必要的细节。需要进一步阅读摘要部分的文献是：通过标题阅读，认为该文献是目前研究方面的一个热点；想进一步了解别人在这篇文献中做了什么样的工作。现有很多期刊的主页和文献检索系统都提供有免费的论文摘要。通过选择性地阅读摘要部分，可以迅速了解一篇文献研究的主要内容。

3. 阅读方法部分

对于绝大多数文献，方法这一部分内容是可以跳过不需要阅读的。但是，当文献所采用的方法正好是自己的研究将要用到的方法，就需要仔细阅读方法这部分内容。有些文献，如果发现其研究结果不可信，这时也需要返回来认真阅读方法这部分内容，寻找其所采用的实验方法、统计处理方法是否有错误或不完善的地方，从而找出导致其结果不可信的原因。

4. 阅读全文

当一篇文献研究的内容和目前正从事的研究有某些相关，或者是文献研究内容正好是在不久的将来有兴趣研究的领域，才有需要阅读全文。如果发现目前所从事的研究内容和别人已经发表文章的内容完全相同，这样的研究进行下去的意义也就不大了。在全文阅读时，将文章的重要的部分，如文章的一些新的观点、一些缩略语的注释及一些好的例证等做下划线或标注，以便于以后引用。

第三节　研究计划的制订

做科学研究，是一个复杂的系统工程，需要投入大量的时间、精力及财力，需要许多人的智慧及协同努力。因此，为了做好这项工作，有必要制订一个详细而周密的计划，对各方面的工作进行组织、规划和安排，以实现预定的终极目标。对于成功的研究而言，制订研究计划，就如同设计一个建筑项目一样，具有至关重要的作用。没有人会在根本不知道一个建筑项目建成后会是什么样子的情况下，就开始挖坑、打地基了。一般而言，在开始某项科学研究课题之前，科研人员会在以下几个方面做出详细计划：

1. 预期目标

在还没有开始进行项目研究之前，即在制订研究计划的时候，研究者就应该对项目的研究结果有一个明确的预期，对所能达到的研究目标有一个清晰的认识和规划。由于大多数的研究课题都比较庞大和复杂，研究者首先应该将研究课题进行分解，将一个大课题分解成若干子课题，制订每一个子课题的研究目标。另外，应该切记，一个研究项目，可以是对某一个问题的完满解决，也可以是对一个问题的初步解决。这是因为，对一个问题的研究和完满解决，往往需要花费很长的时间，而项目管理部门规定的项目研究周期，一般只有1～3年时间，因此，在规划预期研究目标的时候，预期的研究目标不应该定得很高，可以根据课题的具体情况，确定一个保证能够达到的研究目标，只要能够取得阶段性研究成果即可，不能将研究目标定得高不可及。

2. 人员组织

一项研究工作最终能否做得成功和完满，最主要的决定因素在人。应根据课题研究目

标、研究工作要求以及研究工作量的大小,合理组织和安排研究人员。一般说来,进行项目组人员组织应根据下列几个原则:

(1)协调原则

项目要能良好运行,必须确保项目的各方面能协调运行,就要要求项目成员的组成上具备良好素质,保证项目的最终实现。

(2)效能原则

在建立或调整项目组时,要注意使项目组形成能正确决策,有效地调动、激励小组每个成员的积极性和创造性,即产生最大效能。

(3)互补原则

这是由最佳项目组结构的互补功能决定的。这一点在大学生组成的科研项目组中显得尤为重要。要考虑人员的专业特长、智力、能力等方面的互相补充,不应该是清一色的一种类型人才,否则在项目攻关阶段,就无法顺利解决难题;或是项目完成的结果没有创新性。

(4)能级原则

这也是科技人员管理的最基本的原则。在建立与调整项目组时,注重不同层次、不同能力的要求,尽量做到人尽其才。

(5)精干原则

实践证明,人员是否精干,直接影响课题组的作用,多余的人往往会干扰影响他人的工作。所以,应从实际出发,按必要的人员最小量及逆行优选,既不需要多余的人,也不需要多余的层次。

3. 实验(试验)条件

在一个项目的研究中,经常会通过一定的实验或试验,对提出的假说进行验证或证明。要顺利地完成这些实验、避免一些不必要的重复及少走弯路,事先对实验进行周密地计划和安排非常必要。首先,应根据项目的总体研究目标以及每一个子课题研究目标,规划一个尽可能完整的实验方案,对实验顺序、每个实验所需要花费的时间、预计的实验结果以及可能出现的问题进行必要的准备和安排。其次,根据实验要求,应该对实验所需要涉及的实验仪器、设备以及材料做一个提前计划和安排,避免在正式开始实验时发生仪器设备不全或不能满足要求、时间安排上有冲突以及实验材料未准备好等问题而影响实验的进行。

4. 技术路线

简单地讲,所谓技术路线,就是为达到课题的研究目标所做的技术规划。作为一种科技管理工具,技术路线是描述在技术方面,从一个目标到达另一个目标的路径,它融合了人们关于如何前进以达到目标的观点和看法。从内容上看,技术路线指出了课题的研究目标、研究任务、发展途径、先后顺序及其相互关系,用于指导该研究项目的行进方向,是本研究课题的行动指南。技术路线通常都以数据图表、文字报告等形式表现,最常用的是图表形式。但不管用哪种形式,都要回答以下 3 个问题:研究的目标是什么?如何达到目标?经过怎样的途径达到目标?

5. 时间安排

一个研究项目从开始实施到总结汇报结束,短则 1 年,长则 5 年,通常需要 2～3 年的时间。在制订研究计划时,对研究项目应该有一个总体及阶段的时间安排。通常国家、省部级研究项目规定的研究期限,大多在 2～3 年时间。一般而言,研究项目的管理部门都会对研究课题的研究期限提出明确的时间要求以及阶段考核要求。因此，对研究过程进行一个较为详细的时间计划和安排，是保证研究工作顺利进行和按时完成的重要方面。应根据研究课题的三个阶段，在时间安排上规划出课题准备、课题实施以及课题总结三段时间，其中课题实施阶段的时间，还应该根据课题研究目标进行进一步的详细划分，以便后续根据课题的研究进度进行时间管理以确保课题的按时完成。

6. **经费预算**

在进行科研项目申请的时候，一般都要求进行研究经费预算，要求申请者详细标明各项研究经费的支出数额。一些要求严格的课题申报，还要求申报者列出每一项预算的根据和理由。由于项目批准的研究经费往往都低于申请要求的经费，因此，需要根据获得的研究经费数额以及项目研究需要支出的经费数额，进行经费重新预算。另外，由于研究过程中，经费支出通常都具有明显的不均衡性，因此，事先做一个研究经费使用规划显得非常必要，以便有限研究经费的有序和有效使用，从而避免资金使用不当或浪费，同时也便于项目主管部门对研究经费的监督与审查。

第四节　研究经费的获取

进行科学研究，需要花费大量的人力和物力，如购买实验仪器、试验材料，雇佣研究试验人员等，没有一定的资金支持，科学研究工作很难进行下去。因此，在选定研究课题、制订好研究计划后，下一步最重要的工作就是获取研究项目所需要的研究经费。从世界范围来看，研究经费的来源主要有两个，一是由政府提供的各种研究经费，二是由公司和某些社会团体设立的研究基金。

在我国，目前大多数研究经费主要来自于各级政府。国家、省、市三级政府均设有各种科学研究基金，是我国科学研究活动最主要的经费资助来源。另外，也有部分公司企业设立了各种名目的研究基金，为一些科研项目提供资金支持。希望获得研究资助的个人和团体，一般需要通过项目申请的方式，从这些基金中获得研究经费资助。具体的过程是，这些基金委员会定期（一般为每年的年底或年初）向社会公布下一个年度该基金资助研究领域的项目指南，每一个研究人员或研究团体，根据项目指南撰写研究项目申报书，提交给基金委员会，基金委员会聘请相关领域的专家对申报书进行评议，然后根据专家的评议意见，按照择优资助的原则，对其中部分项目给予资金支持。研究项目的申请者，要对各种研究基金的性质、设立目标以及基本概况有一定的了解，在此基础上，才有可能申请获准科研基金资助项目。

各级政府设立的基金，按基金设立部门分，有国家级、部级、省级、市级、厅局级等。按设立形式分，有自由申请项目和限额申请项目，前者如国家自然科学基金等，面向全国所有的单位和个人，只要符合基金委员会的基本条件，即可在每年的固定时间段进行申请。后者是限定一定申请人和单位的科研基金项目，如高等学校博士学科点专项科研基金、教育部新世纪人才基金、霍英东基金等。如按科研项目设立的属性，又可分为纵向研究课题基金如国家和省部级研究基金，以及横向课题基金如企业、海外基金等。科研基金的设立，呈现愈来愈多元化、多层次和多渠道的特征。下面对我国一些主要的研究基金项目做简单的介绍，以便有关研究人员对此有一定的了解和今后对相关研究基金项目的申报。

一、各种国家级研究项目

（一）高技术研究发展计划

1. 基本情况

国家高技术研究发展计划又称“863计划”，是一项具有明确国家目标的国家科技计划，从1986年3月开始设立。“863计划”从世界高技术发展趋势和中国的需要与实际可能出发，坚持“有限目标，突出重点”的方针，选择瞄准世界高技术发展前沿，着重解决事关国家中长期发展和安全的战略性、前沿性和前瞻性高技术问题，发展具有自主知识产权的高技术，培育高技术产业生长点。

“863计划”选择了信息技术、生物和现代农业技术、新材料、先进制造与自动化技术、能源技术、资源环境技术等6个高技术领域的19个主题和若干个重大专项作为发展重点。其中：主题项目以鼓励创新，攻克重大关键技术，掌握知识产权为导向；重大专项以市场和应用为导向，重大产品、系统或工程为核心组织实施。

“863计划”资助项目主要分为两类：一类以前沿技术创新研究为主要目标（A类课题），科研、企业单位科研人员可以自由申报，资助强度一般不超过百万元；另一类主要面向重大关键核心技术的研发，强调应用和产业化（B类课题），须以企业为主申请，或由企业联合申请，资助强度较高。

2. 项目申请与受理

科技部一般在五年计划的前两年不定时发布主题或专项《课题申请指南》或《课题招标公告》，并以通知的方式向社会发布课题受理时间等各种受理申请注意事项。拟申请者可以访问科技部网站（http://www.most.gov.cn）或863网站（http://www.863.org.cn）查阅有关规定、办法和相关信息。

申请书要求纸质材料、电子版同时上报，申请者须在依托单位各自规定的时间内，将申请书交至依托单位科研管理部门；依托单位须对申请书的真实性等进行审核后提交相关受理部门。科技部不受理个人提交的申请。

“863计划”各个类别的申请课题是通过不同主题、专项办公室统一受理，经过通讯专家初评、管理专家组评审、领域专家组审定的，课题批准后由各个主题、专项办公室管理。

（二）国家科技攻关计划

1. 计划简介

国家科技攻关计划是面向国民经济建设主战场，重点解决国民经济建设和社会发展中重大科技问题的科技发展计划，是国家科技计划体系的重要组成部分。它以促进产业技术升级、解决社会公益性重大技术问题为主攻方向，通过关键共性技术的突破、引进技术的创新、高新技术的应用，为产业结构调整、人民生活质量提高及社会可持续发展提供技术支撑。

攻关计划坚持市场导向、需求牵引的原则，实行产学研相结合，坚持自主开发、创新与引进、消化吸收并重，实行课题制管理。

2. 实施范围

具有较强科研条件和能力的科研院所、高等院校和企业。

3. 资助领域

资助的领域为自然科学研究领域。涉及:信息、自动化、材料、能源、交通、资源、环境、生物医药、社会事业等方面的科学技术研究。

4. 计划种类

分重大项目、重点项目和引导项目。设项目和课题两个层次。采取招投标、评审等方式确定课题承担单位。

(1)重大项目重点支持对产业技术升级和社会可持续发展带动作用大、覆盖面广、关联度高的核心技术及其配套集成技术的研究开发和示范。

(2)重点项目支持优先发展产业和领域提出的未被重大项目所涵盖的重点关键技术,以及对区域经济与社会发展有重大促进作用的共性技术的研究开发和示范。

(3)引导项目将符合国家科技攻关计划的方向和条件,对地方主导产业和社会可持续发展具有大的带动作用,或能提升地方科技创新能力的地方重大攻关项目列入国家科技攻关计划指导实施。引导项目的实施经费以地方和企业自筹为主。

5. 申报条件

(1)须由具备独立法人资格的企业或事业单位承担。

(2)优先支持高等院校、科研机构与企业联合承担攻关项目,将企业参与项目的技术开发与产业化的程度作为立项的重要条件。

(3)对产业化、工程化程度高的重点项目,应由企业作为实施主体。

(4)符合科技部对外发布的《申请指南》或《招标指南》的有关要求。

6. 申请程序

申请人应按照《国家科技攻关计划管理办法》和科技部按年度发布的《申请指南》或《招标指南》的有关要求,提交《国家科技攻关计划申请书》或《投标书》,经有关部门审查、签署意见后,在规定的时间范围内,将材料报(投)送相关部门。

(三)国家重点基础研究发展计划

1. 计划简介

国家重点基础研究发展计划又称"973 计划",是党中央国务院为加强我国的基础研究和科技工作而设立。旨在加强我国原始性创新,在更深的层面和更广泛的领域解决国家经济与社会发展中的重大科学问题,以提高我国自主创新能力和解决重大问题的能力,为国家未来发展提供科学支撑。

2. 资助领域

资助的领域为自然科学研究领域。该计划在现有基础研究工作部署的基础上,鼓励优秀科学家和研究集体面向我国未来经济建设和科学技术发展的需要,围绕农业、能源、信息、资源环境、人口与健康、材料等国民经济、社会发展及科技自身发展的国家需求和有重大影响、能在世界占有重要一席之地的重点学科领域,瞄准科学前沿和重大科学问题,开展多学科综合研究和学科交叉研究,提供解决重大关键问题的理论依据和形成未来重大新技术的科学基础。

3. 申报种类

项目依照资助强度分为三类。A 类为 3 000 万元以上;B 类为 1 500～3 000 万元;C 类为 1 500 万元以下。人均全时资助强度要求在 10 万元/年以上。项目中设置课题，但课题数一般不超过 8 个。

4. 申报条件

(1)申报单位须为国内具有法人资格的科研机构或高校。

(2)应针对《“973 计划”年度重要支持方向》所涉及的某一方面的问题组织项目，注意体现国家重大需求与基础研究关键科学问题的有机结合，特别注意关键科学问题的提炼。

(3)每个项目须推荐 1 位首席科学家。项目首席科学家应具有较高的学术水平、优秀的科研业绩和开拓创新能力，具有较强的组织、协调能力等，年龄一般不超过 60 岁。

(4)项目申报单位直接或通过主管部门推荐向科技部申报。

5. 受理时间

根据科技部“973 计划”网站通知，每年初受理 1 次申请。

6. 申请程序

根据科技部每年年初发布的申请指南，实行自由申报，择优立项资助。项目首席科学家应按照《国家重点基础研究发展规划项目管理暂行办法》，参照年度指南要求，填写《“973 计划”项目申请书》并上传申报单位；申报单位应在网上提交项目申请书，同时打印《“973 计划”项目申请书》一式两份，其材料经申报单位审查、签署具体意见并加盖公章后，报科技部基础司“973 计划”联合办公室。

(四)国家自然科学基金

1. 基本情况

国家自然科学基金面向全国，采取竞争机制，以资助“项目”和“人才”的方式，择优并重点支持我国具有良好研究条件和研究实力的高等院校和研究机构中的科技工作者从事自然科学基础研究。

国家自然科学基金委员会(下称基金委)每年向社会发布国家自然科学基金项目指南(以下简称《项目指南》)引导广大科研人员积极申请项目，所有符合申请条件的科研人员均可通过所在单位自由申请各类项目，申请者根据《项目指南》可自行确定申请项目的名称、研究内容、目标以及方案等。基金委按照“依靠专家、发扬民主、择优支持、公正合理”的项目评审原则，运用同行评议方法遴选优秀项目予以支持。项目申请一般都要经过同行通讯评议和专家评审组会议评审两级评审。为保证评审工作的公正性和资助项目的水平，基金评审过程执行回避与保密制度。经过多年的探索与实践，基金委不断完善同行评议专家评审系统，并逐步建立与健全了包括决策、评审、咨询、执行和监督相互协调的科学基金管理系统。

2. 资助类型

自然科学基金的资助格局可分为“项目”和“人才”两大资助体系。“项目”资助体系以面上项目、重点项目和重大项目为主，构成自然科学基金项目资助的三个层次，同时根据需要设有若干专项类项目和国际合作与交流项目。“人才”资助体系包含青年科学基金、国家杰出青年科学基金、海外和香港/澳门青年学者合作研究基金、创新研究群体科学基金和国家基础科学人才培养基金，其中青年科学基金也是面上项目的组成部分。

(1)面上项目

面上项目分为自由申请项目、青年科学基金项目、地区科学基金项目和高技术新概念新构思探索项目。自由申请项目全国各部门、各地区、各单位的科技工作者均可根据当年《项目指南》自由选题，按规定程序提出申请是国家科学基金资助工作的主体，占各类资助项目资助经费总额的 60%以上。

青年科学基金项目在选题和申请程序上与自由申请项目相同，但规定第一申请人年龄必须在 35 岁以下(含 35 岁)，已取得博士学位或具有同等水平，具有领导一个研究组开展工作的能力。其课题组成员以青年为主。

地区科学基金项目是为支持边远、少数民族和科学基础薄弱地区所属研究机构或高等院校的科学研究而设立的科研项目。选题和申请程序与自由申请项目相同。面向的地区有内蒙古、宁夏、青海、新疆、西藏、广西、海南、贵州、江西和云南十个省区以及延边朝鲜族自治州所属单位科技工作者的申请。重点支持结合当地条件和特点的研究项目。

高技术新概念新构思探索项目依据我国《高技术研究发展计划纲要》，从国家高技术研究的总经费中划出 2%用于支持新概念、新构思探索研究项目，基金委负责申请受理、组织评审和管理。依据基金委每年发布的《国家高技术研究发展计划纲要新概念新构思探索项目指南》的要求，定向提出申请。

(2)重点项目

重点项目主要针对我国学科发展和布局中关键科学问题和学科领域新生长点开展系统研究，给予高强度支持。申请重点项目必须具备的条件是：有重要意义，有先进、可行的研究方案，创新的学术思想和必要的基本实验研究条件，有高水平的学术带头人和精干的、以中青年为主的研究队伍以及具有国内领先的研究工作基础，近期可望取得重要成果或突破性进展。

(3)重大项目

国家自然科学基金重大项目是针对经济、科技、社会发展中的重大科学问题，组织多学科、跨部门、跨单位的联合研究，是一种定向研究课题。重大项目必须要符合：①意义重大，目标先进。②总体思想清晰，目标可检查，课题之间研究内容须是有机联系，能够发挥跨学科、跨单位合作研究的优势。③有创新的学术思想和研究方法，先进、合理、可行的研究方案和必要的实验研究条件。④要有学术水平高、组织能力强的学术带头人和相应的学术梯队。

除此之外，国家自然科学基金还有优秀中青年人才专项基金项目；新医药、新农药基础性研究基金项目；国家重点实验研究项目基金；优秀研究成果专著出版基金；数学天元基金委员会主任基金项目和科学部主任基金项目等各种专项基金，以及用于资助承担基金项目的科技工作者和国外科学家开展国际合作研究与交流的国际合作与交流项目。

3. 项目申请与受理

基金委一般在每年的 12 月份发布下一年度的《项目指南》，并以通告的方式向社会发布下一年度科学基金项目集中受理时间等各种受理申请注意事项。对不在集中受理期受理申请的项目，基金委将不定期在网站或媒体上公布项目指南及有关申请事项。拟申请者可以登陆基金委网站(http://www.nsfc.gov.cn)查阅有关规定、办法和相关信息。

从 2002 年起，自然科学基金申请书全部改用电子版填写，实行电子和纸质文件同时报送。在申请书撰写完毕后，申请者须在依托单位各自规定的时间内，将申请书交至依托单位科研管理部门；依托单位须对申请书的真实性等进行审核。基金委会每年对大部分类型的项目(如面上项目、重点项目、国家杰出青年科学基金项目及部分专项项目)申请书集中受理。基金委不受理个人提交的申请。

国家自然科学基金各个类别的申请项目是通过自然科学基金会所属的7个科学部受理并组织同行专家进行通讯评议和会议评审的，项目批准后由各个科学部管理。7个科学部分别是：数学物理科学部、化学科学部、生命科学部、地球科学部、工程与材料科学部、信息科学部、管理科学部。

上述各种国家级研究项目计划，只面向全国专业的研究人员或研究团体，在校大学生包括研究生只能作为研究成员参加，而不可独立申报。从2007年开始，国家设立了一个专门针对在校大学生的科研项目——国家大学生创新性实验计划，倡导以在校本科生为主体进行科学研究活动。

（五）国家大学生创新性实验计划

1. 目的任务

计划的实施，旨在探索并建立以问题和课题为核心的教学模式，倡导以本科学生为主体的创新性实验改革，调动学生的主动性、积极性和创造性，激发学生的创新思维和创新意识，逐渐掌握思考问题、解决问题的方法，提高其创新实践的能力。

通过开展实施计划，带动广大学生在本科阶段得到科学研究与发明创造的训练，改变目前高等教育培养过程中实践教学环节薄弱、动手能力不强的现状，改变灌输式的教学方法，推广研究性学习和个性化培养的教学方式，形成创新教育的氛围，建设创新文化，进一步推动高等教育教学改革，提高教学质量。

2. 实施原则

（1）兴趣驱动

参与计划的学生要对科学研究或创造发明有浓厚兴趣。在兴趣驱动下，在导师指导下完成实验过程。

（2）自主实验

参与计划的学生要自主设计实验、自主完成实验、自主管理实验。

（3）重在过程

注重创新性实验项目的实施过程，强调项目实施过程中学生在创新思维和创新实践方面的收获。

3. 计划内容

（1）计划的组成

计划由学生创新性实验项目和学校创新性实验计划组成。其中，学生创新性实验项目是本科学生个人或创新团队，在导师的指导下，自主进行研究性学习，自主进行实验方法的设计、组织设备和材料、实施实验、分析处理数据、撰写总结报告等工作。学校创新性实验计划包括学生创新性实验项目和对其项目的管理。

（2）计划的运行方式

教育部负责批准申报学校，监督学校创新性实验计划，资助学生创新性实验项目。学校申请参与计划，负责组织评审和管理学生创新性实验项目。本科学生以个人或团队向学校申请项目，并接受学校的管理。

(3)计划的资助范围

主要面向国家重点建设大学和一部分有较强行业背景和特色的地方大学。资助这些学校的在校本科学生开展研究性学习和创新性实验，共资助 15000 个学生项目，每个项目资助 1 万元。

4. 计划管理

(1)计划采取学校申报、专家评审、教育部批准的方式选定参与学校，分两个年度评审和批准学校，2007 年和 2008 年各批准 50 所左右参与学校。学生项目的名额由教育部按照专家评审意见，分四个年度分配给参与学校。2007 年和 2008 年，教育部每年总共资助3 000个学生创新性实验项目，2009 年和 2010 年，教育部每年总共资助4 500个学生创新性实验项目。

(2)学校在评审出本年度的学生创新性实验项目后，要将本年度的本校创新性实验工作计划和评审出来的学生项目报教育部备查，教育部对学生项目进行备案并予以公布。

(3)学生项目执行时间为1～3 年，学校需每年向教育部报告项目进展情况。教育部将对项目运行情况进行抽查。项目结束后，由学校组织项目验收，并将验收结果报教育部。验收结果中，必需材料为各学生项目的总结报告，补充材料为论文、设计、专利以及相关支撑材料。

5. 学校工作

(1)学校要成立校级的组织协调机构，包括教务、科研、设备、财务、学生、团委等职能部门的人员，制定切实可行的管理办法和配套政策，提供支撑条件。

(2)学校要为参与项目的学生配备导师，负责指导学生进行创新性实验，学校要认定指导教师的工作量，制定相关的激励措施。

(3)学校的示范性实验中心、各类开放实验室和重点实验室要向参与项目的学生免费提供实验场地和实验仪器设备。

(4)学校要给予项目总经费不小于 1∶1 的配套经费支持，经费由学校代管，由承担项目的学生使用，教师不得使用学生研究经费，学校不得提取管理费，不得截留和挪用。项目团队人数不超过 5 人，人均经费不低于 1 万元。

(5)学校要营造创新文化氛围。搭建项目学生交流平台，利用项目学生俱乐部等形式，定期开展相关活动。

(6)学校要为参加项目学生制订个性化培养方案和相关配套措施，包括学分认定、选课、考试、成果认定等。

(7)学校要组织项目学生开展学术交流，参加学术团体组织的学术会议，为学生创新研究提供交流经验、展示成果、共享资源的机会。学校还要定期组织项目指导教师之间的交流。

(8)学校要鼓励学生参加项目，对参与项目表现优秀的学生进行奖励。对项目申报、实施过程中弄虚作假、工作无明显进展的学生要及时中止其项目运行。对更改项目内容、更换项目成员、提前或推迟项目结题等事项要制定规范的管理办法。

6. 学生要求

(1)参与项目的学生一定要出于对科学研究或创造发明的浓厚兴趣，发挥学生主动学习的积极性。

(2)学生是项目的主体。每个项目都要配备导师，但导师只是起辅导作用，参与项目的本科学生个人或创新团队，在导师指导下，一定要自主选题设计、自主组织实施、独立撰写总结报告。

(3)学生项目选题要适合。项目选题要求思路新颖、目标明确、具有创新性和探索性，学生要对研究方案及技术路线进行可行性分析，并在实施过程中不断调整优化。

(4)参与项目的学生要合理使用项目经费，要遵守学校财务管理制度。

(5)参与项目的学生要处理好学习基础知识和基本技能与创新性实验和创造发明的关系。

二、各省市区研究项目

各种国家级科研项目和计划，主要由科技部代表国家进行项目计划的制订、管理和经费资助等工作。与国家科研计划相对应，各省市区科技厅则代表各省负责本省科研项目计划的制订、管理和经费资助等工作。各省市区的科研计划通常都包括科技攻关、自然科学基金和科技开发与推广等，其中部分省市区也推出了专门针对在校大学生的科研计划。

下文收录了江苏省的几个计划，供读者参考。

(一)科技攻关计划

1. 计划简介

江苏省科技攻关计划项目旨在从江苏省经济、社会发展的重大需求出发，以促进产业技术升级和培育新兴产业为目标，围绕重大目标产品及示范工程，开展关键共性技术的研究开发、集成创新及应用示范，强化引进技术与装备的消化吸收与创新，形成一批具有自主知识产权的中试和产业化的重大科技成果，为高技术产业发展和产业结构调整提供支撑。

2. 实施范围

面向江苏省各科研院所和高等学校的科技工作者，特别鼓励产学研结合。

3. 资助领域

自然科学领域，以信息技术、材料技术、能源科技、生物技术、先进制造技术、农业高技术、资源环境技术等为重点领域。

4. 计划类别

重大项目、面上项目两类。部分重大项目实行招投标制。

5. 申报条件

(1)申报单位应具备的条件

① 申报单位为江苏省内注册的具有独立法人资格的企业和事业单位，鼓励企业与技术研发和技术依托单位联合申报；第一申报单位必须为企业，企业应具备资产及经营状况良好，产权清晰，有 AA 以上资信等级等条件。

② 申报单位能为完成项目任务提供必要的保障条件。

③ 申报单位应具备项目实施的配套资金，单位自有资金不得少于总投资的75%。沿江8市科技局须按各类计划管理办法的要求，对其推荐的项目按比例给予配套；鼓励苏北5市科技局对其推荐的项目给予配套支持，对于明确承诺配套资金的项目，在同等条件下给予优先支持。

④ 凡有应结未结、未能按计划实施在研项目等失信问题的单位，不能申报本年度省高技术研究项目。

(2)申报项目应具备的条件

① 项目负责人申请的项目应属于《指南》支持领域。《指南》中标注“招标”字样的为公开招标项目，其标的及相关要求详见发布的公告。

② 项目研究内容和目标必须具体、先进、可考核，能形成自主知识产权(发明专利、先进技术标准等)。项目申报时应已有相关专利的受理申请，完成时应能够获得发明专利等的正式授权。项目实施周期一般不超过 3 年。

③ 项目负责人具有较高学术、技术水平和完成项目所需的组织协调能力。

④ 申报项目负责人不能有其主持的在研省科技计划项目。

⑤ 鼓励各类科技计划的集成联动。对国家“863 计划”和省高技术研究计划项目经结题验收，专家评价意见好，并具有明确产业化前景的；对省级以上自然科学基金项目经结题验收评议意见为优，并具有明确技术应用前景的，其申报可不受《指南》所规定的技术领域的限制。

6. 受理时间

申报时间一般在每年的第一季度。具体时间以当年江苏省科技厅对外发布的《江苏省高技术、研究计划项目指南及组织申报项目的通知》为准。

7. 申报程序

申请者须按照《江苏省科技攻关计划项目管理办法》和当年由江苏省科技厅对外发布的《江苏省科技攻关计划项目指南及组织申报项目的通知》的有关要求申报。申报材料统一用 A4 纸打印，按封面、项目信息表、项目计划任务书顺序装订成册，一式 6 份(其中正本 1 份，副本 5 份，纸质封面，平装订)。申报材料需同时在省科技厅网上报送(省科技厅网址：http://www.jstd.gov.cn)。

省辖市科技局作为项目主管部门负责项目的审查推荐(附审查意见表)，审查意见表需经项目审查责任人和项目主管部门负责人签字后，在规定时间内统一报送江苏省科技厅高新技术处。

(二)高技术研究计划

1. 计划简介

江苏省高技术研究计划旨在从江苏省高技术产业化的需求出发，集中精干科研开发力量，围绕高技术领域，跟踪国际先进水平，开展前瞻性、前沿性和创新性研究，发展具有自主知识产权的高技术，培育高技术产业生长点，为中试和科技成果产业化提供技术基础。

2. 实施范围

面向江苏省各科研院所和高等学校的科技工作者，特别鼓励产学研结合。

3. 资助领域

自然科学领域，以信息技术、材料技术、生物技术、先进制造技术、农业高技术、资源环境技术等为重点领域。

4. 计划类别

重大项目、面上项目两类，部分重大项目实行招投标制。

5. **申报条件**

(1)申报单位应具备的条件

① 项目申报单位为江苏省内注册的具有独立法人资格的企业和事业单位,鼓励企业与技术研发和技术依托单位联合申报。

② 项目申报单位能为完成项目任务提供必要的保障条件。

③ 项目承担单位需有完成项目的配套资金,鼓励项目主管部门给予高技术研究计划项目匹配资金。

④ 凡有应结未结、未能按计划实施在研项目等失信问题的单位,不能申报本年度江苏省高技术研究项目。

(2)申报项目应具备的条件

① 项目负责人申请的项目应属于《指南》支持领域。《指南》中标注"招标"字样的为公开招标项目,其标的及相关要求详见发布的公告。

② 申请项目应开展具有明确目标的前沿性、创新性应用研究,能为实施高新技术成果产业化,提供具有良好市场前景的核心技术储备;研究内容和目标应具体、先进、可考核,能形成知识产权(发明专利、先进技术标准等)。

③ 项目负责人具有较高学术、技术水平和完成项目所需的组织协调能力。

④ 申报项目负责人不能有其主持的在研省高技术研究项目。

6. **受理时间**

申报时间一般在每年的第一季度。具体时间以当年江苏省科技厅对外发布的《江苏省高技术研究计划项目指南及组织申报项目的通知》为准。

7. **申报程序**

申请者须按照《江苏省高技术研究计划项目管理办法》和当年由江苏省科技厅对外发布《江苏省高技术研究计划项目指南及组织申报项目的通知》的有关要求,填写《江苏省科技项目计划设计任务书》一式 6 份,经申请者所在单位科研主管部门审核、汇总,统一报送江苏省科技厅高技术处、江苏省科技厅农村处或江苏省科技厅社会发展处。

(三)基础研究计划(自然科学基金)

1. **基金简介**

江苏省基础研究计划(自然科学基金)是旨在以江苏省科技创新需求为导向,以加强技术储备,培养创新源,推进优势学科建设和高水平人才队伍培养为目标,以应用基础研究为主的科技发展计划。

2. **实施范围**

面向江苏省各部门、各地区、各单位。

3. **资助领域**

自然科学研究领域内的基础研究和应用基础研究。包括:基础学科、信息学科、农业学科、生物医药学科、工程与材料学科、资源与环境学科等方向。

4. **基金种类**

面上项目、青年科技创新人才项目、前期预研项目 3 个类别。

5. 申报条件

(1)面上项目须按照指南规定的范围申请,不符合指南范围的,不予受理。

(2)青年科技创新人才学术带头人项目由高校和部属科研院所的未满35周岁且已取得博士学位或具有高级专业技术职称者申报;企业、医院和地方科研单位负责人年龄可以在40周岁以内。

(3)前期预研项目须针对指南范围申请,申请人年龄一般不超过50周岁,鼓励以跨学科团队组合申请,预期成果应能申请具有重要应用价值发明专利、建立有关应用模型、在SCI源高影响因子的核心期刊上发表文章或3年内能够获得国家重大基础研究项目资助。

(4)有在研省科技计划项目的负责人不得申报。有结题评议为差、强制中止或有其他失信行为的省基础研究计划项目负责人不得申报。

(5)项目实行限额申报,各有关单位的限额申报项目数见当年由江苏省科技厅对外发布的《关于组织江苏省自然科学基金项目申报的通知》,超出限额的申报项目恕不受理。

6. 受理时间

每年度受理一次,具体时间见当年由江苏省科技厅对外发布的《关于组织江苏省自然科学基金项目申报的通知》。

7. 申请程序

申请者须按照《江苏省自然科学基金管理办法》、当年由江苏省科技厅对外发布的《关于组织江苏省自然科学基金项目申报的通知》的有关要求,通过江苏省自然科学基金项目申报系统进行申报,由系统生成项目申请书,按封面、申报项目审查意见表、项目信息表、申请书顺序装订。申请书用A4纸正反面打印,附件和佐证材料装订在其后,一式两份,经推荐部门或有关科研主管部门审查、签署具体意见并加盖单位公章后,连同本部门、地区或单位申报项目汇总表及软盘(或光盘)统一报送江苏省科技厅社会发展与基础研究处。

(四)大学生实践创新训练计划

1. 实施目的

进一步推动高等教育教学改革,促进人才培养模式和教学方法的创新,鼓励和支持大学生尽早参与科学研究、技术开发和社会实践等创新活动,不断激发学生学习的主动性、积极性和创造性,提高大学生的科学素质和文化素养,培养大学生的创新精神、创业精神和实践能力。

2. 立项原则

(1)注重过程参与

大学生实践创新训练计划的实施更加注重实践创新研究过程。引导学生在导师的指导下,自主选题、自主设计实验实训、组建实验实训设备、实施实验实训、进行数据分析处理和撰写总结报告等工作,不断提高学生的自我学习能力、团结协作能力和组织实施能力。

(2)注重实践创新

鼓励学生结合学科专业,从自身所长与兴趣出发,积极参与实验实践活动,在探索、研究、创新的实践训练过程中,提出自己的观点与见解。

(3)注重切实可行

训练计划重点资助思路新颖、目标明确、研究方案及技术路线可行、实施条件可靠的项目。

3. 资助对象

训练项目申请人为全省普通高等学校的本、专科学生个人或创新团队，项目主持人不超过 2 人。训练项目不限学科专业，根据学生兴趣在一定范围选题。

4. 选题范围

(1)有关教师科研与技术开发(服务)课题中的子项目；

(2)开放实验室、实训或实习基地中的综合性、设计性、创新性实验与训练项目；

(3)发明、创作、设计等制作项目；

(4)专业性研究及创新项目，创业计划与职业规划创新项目；

(5)社会调查项目；

(6)其他有研究与实践价值的项目。

5. 立项数量

建设三级大学生实践创新训练计划实施体系，省级项目从校级项目中遴选产生，国家项目从省级项目中择优推荐。

从 2007 年至 2010 年，每年组织一次遴选。以项目管理的形式，资助在校大学生开展研究性学习和创新性实验实训，共资助5 000个项目(包括个人项目和团队项目)，其中本科类3 000项，高职高专类2 000项。

6. 申报基本条件

(1)申请人品学兼优，具有一定的创新意识和研究探索精神，善于独立思考，具备基本的科研素质与能力。

(2)指导教师具有丰富的实践教学经验，具有副高以上职称，负责全程指导学生进行实践创新训练。鼓励行业、企业一线专家担任指导教师。

(3)学校能免费提供学生实践创新训练所需的实验实训场地和仪器设备，支持学生完成训练项目。

(4)学校有专人负责组织协调大学生实践创新训练活动，匹配经费到位，配套扶持政策完善，能够为学生实施训练项目创造良好的环境。

(5)优先考虑跨学校、跨院系、跨专业、跨年级组建创新团队申报的项目。

(6)同一学生五年内不能重复申报同一题目的项目。

7. 组织管理

(1)项目申报

以学校为单位，从校级大学生实践创新训练计划项目中择优推荐申报省立项资助项目。

(2)评审立项

省教育厅在学校申报、专家评审、公示监督的基础上，正式确立省立项项目，同时从中择优遴选推荐申报国家大学生创新训练项目。

(3)过程管理

训练项目由学校具体负责组织管理，项目建设周期为 1～2 年，个别综合性团队项目建设周期可适当延长 1 年。省教育厅建立“江苏省高等学校大学生实践创新训练计划网上交流平台”，适时监督项目实施情况，加强学生间的学习交流。

(4)验收考核

训练项目结束后,由学校组织项目验收,并将验收结果和大学生实践创新训练项目成果精粹(每个项目 3000 字左右)报省教育厅。省教育厅将择优汇总,推广宣传。

第五节　试验设计

在对所研究的问题提出了新的理论、假设或方法改进后,往往需要通过试验的方法,对所提出的新理论、新方法或预期的结论进行试验验证。在进行试验之前,进行科学的试验设计具有重要的意义。通过科学的试验设计,不仅可以使试验结果具有严谨的科学性、广泛的代表性以及令人信服的可靠性,而且在多因素的试验中,通过科学的试验设计,可以显著减少试验次数、大大降低试验成本,以有限次的试验即可达到预期的试验目标。目前,常用的试验设计方法有正交试验设计、均匀试验设计和回归正交设计三种。下文重点介绍前两种:

一、正交试验设计

在多因素试验研究中,往往需要进行大量的试验,才能摸清各个因素对试验结果的影响。正交试验设计是利用正交表来科学地安排与分析多因素试验,其基本思想是,通过挑选那些有代表性试验组合,以有限次的试验来代替全部的试验,从而在不降低试验效果的前提下,大大减少试验次数,是目前最常用的试验设计方法之一。

(一)正交试验设计基本步骤

正交试验设计包括两部分:试验设计和数据处理。基本步骤可简单归纳如下:

1. 根据试验目的确定试验的评价指标

任何一个试验都是为了解决某一个(或某些)问题,或为了得到某些结论而进行,所以在设计一个正交试验前,应该明确试验目的和期望达到的指标。用来衡量试验结果的特征量称为试验指标。正交试验中,既可以用定量试验指标来评定试验结果,也可以以定性指标来对试验结果进行评判。直接用数量表示的指标,如生产率、吸光度、尺寸和强度等成为定量指标;而不能直接用数量表示的指标,如香味、口感、外观等反映试验结果特性的值称为定性指标。

2. 选择试验因素,确定试验水平

可能对试验结果产生影响的因素称为试验因素。试验因素往往很多,不可能对这些因素进行全面考察,一般都是通过对实际问题的具体分析,根据试验目的,挑出主要因素,略去次要因素,确定 3～7 个试验因素,以免加大无效试验工作量。若第一轮试验后达不到预期目的,可在第一轮试验的基础上,调整试验因素,再进行试验。

各因素试验水平数的确定,没有一个统一的标准,主要靠专业知识和实践经验来确定。一般而言,重要因素会多取一些水平;次要的因素少取一些水平,各水平的数值应当在一定的范围内适当拉开,以利于对试验结果的分析。但各因素的水平数相等时,可方便试验数据处理。在确定试验因素和各因素的水平后,就可列出因素水平表。

3. 选择合适的正交表,进行表头设计

正交表是一些根据一定的统计原理规划好的表格(部分常用正交表见附录 1)。一张三因素三水平的正交表如表3-1所示：

表 3-1　正交表 $L_9(3^4)$

试验号	列号			
	1	2	3	4
1	1	1	1	1
2	1	2	2	2
3	1	3	3	3
4	2	1	2	3
5	2	2	3	1
6	2	3	1	2
7	3	1	3	2
8	3	2	1	3
9	3	3	2	1

指数 4 表示因素数，底数 3 代表试验水平，9 表示试验次数。

在根据因素数和水平数来选择合适的正交表时，一般应该使因素数≤正交表列数，水平数与正交表对应的水平数一致。在满足上述条件的前提下，一般选择较小的表。如，对于 4 因素 3 水平的试验，满足要求的表有 $L_9(3^4)$、$L_{27}(3^{13})$等，通常都选择 $L_9(3^4)$表。但是如果试验结果要求精度高，并且试验条件允许，可以选择较大的表。当各试验因素的水平数不相等，应选用相应的混合水平正交表；若要考虑试验因素间的交互作用，还需要根据交互作用因素的多少和交互作用安排原则选用相应正交表。

表头设计就是将试验因素安排到所选正交表相应的列中。当试验因素数等于正交表的列数时，通常优先将因素水平不容易改变的因素放在第 1 列，水平变换容易的因素放到最后一列，其余因素可任意安排；当试验因素数少于正交表的列数、表中有空列时，若不考虑交互作用，空列可作为误差列，其位置一般放在中间或靠后。

4. 确定试验方案，进行试验

根据正交表和表头设计确定每个试验的方案，然后进行试验，得到以试验指标形式表示的试验结果。

5. 对试验结果进行统计分析

按试验方案进行试验，得出相应的试验结果后，还需要对正交试验结果进行分析，以评价试验结果的优劣。通常采用的分析方法有两种，一种是直观分析法（或称极差分析法）；另一种是方差分析法。

通过试验结果分析，可以得出哪些因素是影响试验结果的主要因素，哪些是次要因素，以及哪种试验方案是最优方案等有用信息。

6. 做验证试验，对试验作进一步分析

通过统计分析得出的优方案是否是最优方案，还需要通过试验验证，以保证优方案与实际一致，否则还需要进行新的正交试验。

（二）正交试验设计结果的直观分析方法

根据试验指标的个数，可把正交试验设计分为单指标试验设计与多指标试验设计。单指标试验设计过程以及设计结果的直观分析方法通过下面的例子予以说明。

【例 1】 利用柠檬酸与硬脂酸单甘酯，在一定的真空度下，通过酯化反应可以制得一种新型的食品乳化剂——柠檬酸硬脂酸单甘酯。为提高柠檬酸硬脂酸单甘酯的乳化能力，需对其合成工艺进行优化。乳化能力测定方法：将产物加入油水混合物中，经充分地混合、静置分层后，将乳状液层所占的体积百分比作为乳化能力。根据经验以及初步试验，选出温度、酯化时间和催化剂种类为影响因素，确定因素与水平如表 3－2 所示。

为了避免人为因素导致的系统误差，因素的各水平应避免简单地完全按因素水平数值由小到大或由大到小的顺序排列，而是采用“随机化”的方法处理。如采用抽签的方法，将 3h 定为酯化因素的第一水平，2h 定为第二水平，4h 定为第三水平。

表 3－2 例 1 的因素水平表

水平	温度 A(℃)	酯化时间 B(h)	催化剂种类 C
1	130	3	甲
2	120	2	乙
3	110	4	丙

【解】 在本题中，试验的目的是提高产品的乳化能力，因此，以乳化能力作为评价试验结果的定量指标，假定因素间无交互作用，因素和水平数已知，直接从正交表的选取开始进行试验设计和直观分析。

1. 选正交表

本例是一个 3 水平的试验，共有 3 个因素，且不考虑因素间的交互作用，因此要选用 $L_n(3^m)(m\geqslant3)$ 型正交表，$L_9(3^4)$ 是满足条件 $m\geqslant3$ 最小的 $L_n(3^m)$ 型正交表，故选用正交表 $L_9(3^4)$ 来安排试验。

2. 表头设计

本例不考虑因素间的交互作用，只需将各因素分别安排在正交表 $L_9(3^4)$ 上方与列号对应的位置上，一个因素占有一列，不同因素占有不同的列（可以随机排列），得到如表 3－3 所示的表头设计。

表 3－3 例 1 的表头设计

因素	A	空列	B	C
列号	1	2	3	4

不放置因素或交互作用的列称为空白列（简称空列），空白列在正交设计的方差分析中也称为误差列，一般至少留有一个空白列。

3. 确定试验方案

完成了表头设计之后，把正交表中各列上的数字 1、2、3 分别看成是该列所填因素在各个试验中的水平数，这样正交表的每一行就对应着一个试验方案，即各因素的水平组合，如

表 3-4 所示。空白列对试验方案没有影响。

表 3-4　例 1 的试验方案

试验号	A	空列	B	C	试验方案
1	1	1	1	1	$A_1B_1C_1$
2	1	2	2	2	$A_1B_2C_2$
3	1	3	3	3	$A_1B_3C_3$
4	2	1	2	3	$A_2B_2C_3$
5	2	2	3	1	$A_2B_3C_1$
6	2	3	1	2	$A_2B_1C_2$
7	3	1	3	2	$A_3B_3C_2$
8	3	2	1	3	$A_3B_1C_3$
9	3	3	2	1	$A_3B_2C_1$

例如,对于第 9 号试验,试验方案为 $A_3B_2C_1$,它表示温度水平为 3,酯化时间水平为 2,催化剂水平为 1,对应的反应条件为:温度 110℃、酯化时间 2h、甲种催化剂。

4. 按规定的方案进行试验,得出试验结果

按正交表的各试验号中规定的水平组合进行试验,总共要做 9 个试验,试验结果(指标)填写在表的最后一列中,如表 3-5 所示。

表 3-5　例 1 试验方案及试验结果分析

试验号	A	空列	B	C	乳化能力
1	1	1	1	1	0.56
2	1	2	2	2	0.74
3	1	3	3	3	0.57
4	2	1	2	3	0.87
5	2	2	3	1	0.85
6	2	3	1	2	0.82
7	3	1	3	2	0.67
8	3	2	1	3	0.64
9	3	3	2	1	0.66
K_1	1.87	2.10	2.02	2.07	
K_2	2.54	2.23	2.27	2.23	
K_3	1.97	2.05	2.09	2.08	
k_1	0.623	0.700	0.673	0.690	
k_2	0.847	0.743	0.757	0.743	
k_3	0.657	0.683	0.697	0.693	
极差 R	0.67	0.18	0.25	0.16	
因素主→次		A B C			
优方案		$A_2B_2C_2$			

5. **计算极差，确定因素的主次顺序**

表 5 中引入的 K_i：表示任一列上水平号为 i（本例中 $i=1,2$ 或 3）时，所对应的试验结果之和。例如，表 3-5 中，B 因素所在的第 3 列上，第 1,6,8 号试验中 B 取 B_1 水平，所以 K_1 为第 1,6,8 号试验结果之和，即 $K_1=0.56+0.82+0.64=2.02$；第 2、4、9 号试验中 B 取 B_2 水平，所以 K_2 为第 2,4,9 号试验结果之和，即 $K_2=0.74+0.87+0.66=2.27$；同理可以计算出其他列中的 K_i，结果如表 3-5 所示。

$k_i=K_i/s$，其中 s 为任一列上各水平出现的次数，所以 k_i 表示任一列上因素取水平 i 时所得试验结果的算术平均值。例如，在本例中 $s=3$，在 A 因素所在的第 1 列中，$k_1=1.87/3=0.623$，$k_2=2.54/3=0.847$，$k_3=1.97/3=0.657$。同理可以计算出其他列中的 k_i，结果如表 3-5 所示。

R 称为极差，在任一列上 $R=\max\{K_1,K_2,K_3\}-\min\{K_1,K_2,K_3\}$，或 $R=\max\{k_1,k_2,k_3\}-\min\{k_1,k_2,k_3\}$。例如，在第 1 列上，最大的 K_i 为 K_2（$=2.54$），最小的 K_i 为 K_1（$=1.87$），所以 $R=2.54-1.87=0.67$，或 $R=0.847-0.623=0.224$。

一般来说，各列的极差是不相等的，这说明各因素的水平改变对试验结果的影响不相同，极差越大，表示该列因素的数值在试验范围内的变化，会导致试验指标在数值上更大的变化，因此，极差最大的那一列，就是因素的水平对试验结果影响最大的因素，也就是最主要的因素。在本例中，由于 $R_A>R_B>R_C$，表明 A（温度）对试验结果的影响最大，B（酯化时间）次之，C（催化剂种类）最小。

有时空白列的极差比其他所有因素的极差还要大，则说明因素之间可能存在不可忽略的交互作用，或者漏掉了对试验结果有重要影响的其他因素。所以，我们在进行结果分析时，尤其是对所做的试验没有足够的认知时，最好将空白列的极差一并计算出来，从中也可以得到一些有用的信息。

6. **优方案的确定**

优方案是指在所做的试验范围内，各因素较优的水平组合。各因素优水平的确定与试验指标有关，若指标越大越好，则应选取使指标大的水平，即各列 K_i（或 k_i）中最大的那个值对应的水平；反之，若指标越小越好，则应选取使指标小的那个水平。

本例中，乳化能力越大越好，所以应挑选每个因素的 K_1,K_2,K_3（或 k_1,k_2,k_3）中最大的值对应的那个水平，由于：

A 因素列：$K_2>K_3>K_1$

B 因素列：$K_2>K_3>K_1$

C 因素列：$K_2>K_3>K_1$

所以，优方案为 $A_2B_2C_2$，即反应温度 110℃，酯化时间 2h，乙种催化剂。

7. **进行验证试验，作进一步的分析**

上述优方案是通过理论分析得到，但它实际上是不是真正的优方案还需要作进一步的验证。首先，将优方案 $A_2B_2C_2$ 与正交表中最好的第 4 号试验 $A_2B_2C_3$ 作对比试验，若方案 $A_2B_2C_2$ 比第 4 号试验的试验结果更好，通常就可以认为 $A_2B_2C_2$ 是真正的优方案，否则第 4 号试验 $A_2B_2C_3$ 就是所需的优方案。若出现后一种情况，一般来说可能是没有考虑交互作用或者试验误差较大所引起的，需要作进一步的研究，可能还有提高试验指标的潜力。

上述优方案是在给定的因素和水平的条件下得到的，若不限定给定的水平，有可能得到更好的试验方案，所以当所选的因素和水平不恰当时，该优方案也有可能达不到试验的目的，不是真正意义上的优方案，这时就应该对所选的因素和水平进行适当的调整，以找到新的更优方案。我们可以将因素水平作为横坐标，以它的试验指标的平均值 k_i 为纵坐标，画出因素与指标的关系图——趋势图。

在画趋势图时，应将数量因素（如本例中的温度和时间），按水平的实际大小顺序排列，并将各坐标点连成折线图，这样就能从图中很容易地看出指标随因素数值增大时的变化趋势；几个因素的趋势图的纵坐标应该有相同的比例尺，这样就可根据趋势图的平坦或陡峭程度判断因素的主次；如果是属性因素（如本例中的催化剂种类），由于不是连续变化的数值，则可不考虑横坐标顺序，也不用将坐标点连成折线。

图 3－1 是例 1 的趋势图，从图可以看出，当反应温度 $A_2=120℃$、酯化时间 $B_2=2h$、选用乙种催化剂（C_2）时产品乳化能力最好，即优方案为 $A_2B_2C_2$。从趋势图还可以看出：酯化时间并不是越长越好，当酯化时间少于 3h 时，产品的乳化能力有随反应时间减少而提高的趋势，所以适当减少酯化时间也许会找到更优的方案。因此，根据趋势图可以对一些重要因素的水平作适当调整，选取更优的水平，再安排一批新的试验。新的正交试验可以只考虑一些主要因素，次要因素则可固定在某个较好的水平上，另外还要考虑漏掉的交互作用或重要因素，所以新一轮正交试验的因素数和水平数都会减少，试验次数也会相应减少。

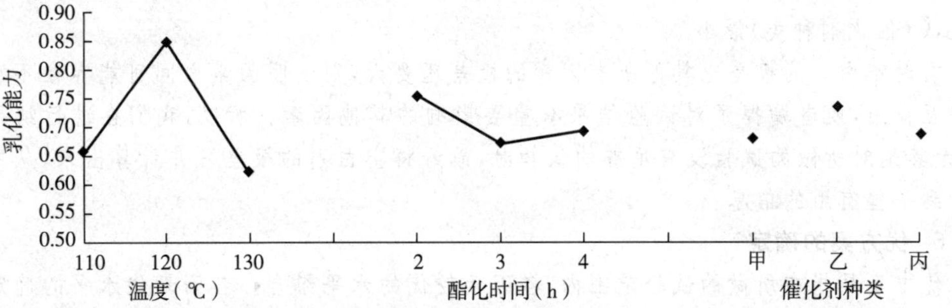

图 3－1　例 1 趋势图

（三）正交试验设计结果的方差分析

对于正交试验多因素的方差分析，其基本思想和方法与单因素和双因素的方差分析一致，先计算出各因素和误差的离差平方和，然后求出自由度、均方、F 值，最后进行 F 检验。

如果用正交表 $L_n(r^m)$ 来安排试验，则因素的水平数为 r，正交表的列数为 m，总试验次数为 n，设试验结果为 $y_i(i=1,2,\cdots n)$。方差分析的基本步骤如下：

1. 计算离差平方和

（1）总离差平方和

设

$$\bar{y}=\frac{1}{n}\sum_{i=1}^{n}y_i \tag{3-1}$$

$$T=\sum_{i=1}^{n}y_i \tag{3-2}$$

$$Q=\sum_{i=1}^{n}y_i^2 \tag{3-3}$$

$$P=\frac{1}{n}\left(\sum_{i=1}^{n}y_i\right)^2=\frac{T^2}{n} \tag{3-4}$$

则

$$SS_T=\sum_{i=1}^{n}(y_i-\bar{y})^2=\sum_{i=1}^{n}y_i^2-\frac{1}{n}\left(\sum_{i=1}^{n}y_i\right)^2=Q-P \tag{3-5}$$

SS_T 即为总离差平方和，它反映了试验结果的总差异，总离差平方和越大，则说明各试验结果之间的差异越大。因素水平的变化和试验误差是引起试验结果之间的差异的原因。

(2) 各因素引起的离差平方和

设因素 A 安排在正交表中的某一列上，则因素 A 引起的离差平方和为：

$$SS_A=\frac{n}{r}\sum_{i=1}^{r}(k_i-\bar{y})^2=\frac{r}{n}\left(\sum_{i=1}^{r}K_i^2\right)-\frac{T^2}{n}=\frac{r}{n}\left(\sum_{i=1}^{r}K_i^2\right)-P \tag{3-6}$$

若将因素 A 安排在正交表的第 $j(j=1,2,\cdots,m)$ 列上，则有 $SS_A=SS_j$，且称 SS_j 为第 j 列所引起的离差平方和，于是有

$$SS_j=\frac{n}{r}\sum_{i=1}^{r}(k_i-\bar{y})^2=\frac{r}{n}\left(\sum_{i=1}^{r}K_i^2\right)-\frac{T^2}{n}=\frac{r}{n}\left(\sum_{i=1}^{r}K_i^2\right)-P \tag{3-7}$$

所以

$$SS_T=\sum_{j=1}^{m}SS_j \tag{3-8}$$

也就是说，总离差平方和可以分解成各列离差平方和之和。

(3) 试验误差的离差平方和

为了方差分析的方便，在进行表头设计时一般要求留有空列，即误差列。所以误差的离差平方和为所有空列所对应离差平方和之和，即

$$SS_e=\sum SS_{\text{空列}} \tag{3-9}$$

(4) 交互作用的离差平方和

由于交互作用在正交试验设计时作为因素看待，所以在正交表中占有相应的列，也会引起离差平方和。如果交互作用只占有一列，则其离差平方和就等于所在列的离差平方和 SS_j；如果交互作用占有多列，则其离差平方和等于所占多列离差平方和之和。例如，设交互作用 A×B 在正交表中占有 2 列，则

$$SS_{A\times B}=SS_{(A\times B)1}+SS_{(A\times B)2} \tag{3-10}$$

2. 计算自由度

总平方和的总自由度：$df_T=$ 试验总次数 $-1=n-1$

正交表任一列离差平方和对应的自由度：$df_j=$ 因素水平数 $-1=r-1$

显然

$$df_T=\sum_{j=1}^{n}df_j \tag{3-11}$$

两因素交互作用的自由度有两种计算方法，一是等于两因素自由度之积，例如 $df_{A\times B}=df_A\times df_B$；二是等于交互作用所占有的列数与每列对应自由度之和。

误差的自由度：$df_e=\sum df_{空列}$

3. 计算平均离差平方和(均方)

以 A 因素为例，因素的均方为：

$$MS_A=\frac{SS_A}{df_A} \tag{3-12}$$

以 A×B 为例，交互作用的均方为：

$$MS_{A\times B}=\frac{SS_{A\times B}}{df_{A\times B}} \tag{3-13}$$

试验误差的均方为：

$$MS_e=\frac{SS_e}{df_e} \tag{3-14}$$

注意，计算完均方之后，如果某因素或交互作用的均方小于或等于误差的均方，则应将它们归入误差，构成新的误差。

4. 计算 F 值

将各因素或交互作用的均方除以误差的均方，得到 F 值。例如：

$$F_A=\frac{MS_A}{MS_e} \tag{3-15}$$

$$F_{A\times B}=\frac{MS_{A\times B}}{MS_e} \tag{3-16}$$

5. 显著性检验

例如，对于给定的显著性水平 α，检验因素 A 和交互作用 A×B 对试验结果有无显著影响。先从 F 分布表中(见附录 2)查出临界值 $F_\alpha(df_A,df_e)$ 和 $F_\alpha(df_{A\times B},df_e)$，然后比较 F 值与临界值的大小，若 $F_A>F_\alpha(df_A,df_e)$，则因素 A 对试验结果有显著影响，若 $F_A<F_\alpha(df_A,df_e)$，则因素 A 对试验结果无显著影响；类似地，若 $F_{A\times B}>F_\alpha(df_{A\times B},df_e)$，则说明交互作用 A×B 对试验结果有显著影响，否则无显著影响。同理可以判断其他因素或交互作用对试验结果有无显著影响。一般来说，F 值与临界值之间的差距越大，说明该因素或交互作用对试验结果的影响越显著，或者说该因素或交互作用越重要。最后将方差分析结果列在方差分析表中。

【例 2】 某厂拟采用化学吸收法，用填料塔吸收废气中的 SO_2，为了使废气中 SO_2 的浓度达到排放标准，通过正交试验对吸收工艺条件进行了摸索，试验的因素与水平如表 3－6 所示。需要考虑交互作用 A×B，B×C。如果将 A、B、C 放在正交表 $L_8(2^7)$ 的 1、2、4 列，试验结果(SO_2 摩尔分数/%)依次为：0.15，0.25，0.03，0.02，0.09，0.16，0.19，0.08。试进行方差分析。($\alpha=0.05$)

表 3-6 例 2 因素水平表

水平	A 碱浓度(%)	B 操作温度(℃)	C 填料种类
1	5	40	甲
2	10	20	乙

【解】

1. 列出正交表 $L_8(2^7)$和试验结果

见表 3-7。

表 3-7 例 2 试验结果及分析

试验号	A 1	B 2	A×B 3	C 4	空列 5	B×C 6	空列 7	SO_2摩尔分数 ×100
1	1	1	1	1	1	1	1	15
2	1	1	1	2	2	2	2	25
3	1	2	2	1	1	2	2	3
4	1	2	2	2	2	1	1	2
5	2	1	2	1	2	1	2	9
6	2	1	2	2	1	2	1	16
7	2	2	1	1	2	2	1	19
8	2	2	1	2	1	1	2	7
K_1	4	5	65	67	46	42	34	52
K_2	5	2	32	30	51	55	63	45
极差 R	7	33	37	5	13	29	7	$T=97$
SS_j	6.125	136.125	171.125	3.125	21.125	105.125	6.125	$P=1176.125$ $Q=1625$

2. 计算离差平方和

总离差平方和：$SS_T=Q-P=1625-1176.125=448.875$

因素与交互作用的平方和：$SS_A=SS_1=\frac{1}{n}(K_1-K_2)^2=\frac{1}{8}(45-52)^2=6.125$

同理 $SS_B=SS_2=\frac{1}{n}(K_1-K_2)^2=\frac{1}{8}(65-32)^2=136.125$

$$SS_{A\times B}=SS_3=\frac{1}{n}(K_1-K_2)^2=\frac{1}{8}(67-30)^2=171.125$$

$$SS_C=SS_4=\frac{1}{n}(K_1-K_2)^2=\frac{1}{8}(46-51)^2=3.125$$

$$SS_{B\times C}=SS_6=\frac{1}{n}(K_1-K_2)^2=\frac{1}{8}(34-63)^2=105.125$$

$$SS_5=\frac{1}{n}(K_1-K_2)^2=\frac{1}{8}(42-55)^2=21.125$$

$$SS_7=\frac{1}{n}(K_1-K_2)^2=\frac{1}{8}(52-45)^2=105.125$$

误差平方和：

$$SS_e=SS_5+SS_7=21.125+6.125=27.250$$

或

$$SS_e=SS_T-(SS_A+SS_B+SS_{A\times B}+SS_C+SS_{B\times C})$$
$$=448.875-(6.125+136.125+171.125+3.125+105.125)=27.250$$

3. 计算自由度

总自由度：　$df_T=n-1=8-1=7$

各因素自由度：　$df_A=df_B=df_C=r-1=2-1=1$

交互作用自由度：　$df_{A\times B}=df_A\times df_B=1\times 1=1$

或　$df_{A\times B}=df_3=r-1=1$

同理　$df_{B\times C}=df_B\times df_C=df_6=1$

误差自由度：　$df_e=df_5+df_7=1+1=2$

或

$$df_e=df_T-(df_A+df_B+df_{A\times B}+df_C+df_{B\times C})=7-(1+1+1+1+1)=2$$

4. 计算均方差

由于各因素和交互作用的自由度为1，所以它们的均方应该等于它们各自的离差平方和，即：

$$MS_A=SS_A=6.125$$
$$MS_B=SS_B=136.125$$
$$MS_{A\times B}=SS_{A\times B}=171.125$$
$$MS_C=SS_C=3.125$$
$$MS_{B\times C}=105.125$$

但误差的均方为：

$$MS_e=\frac{SS_e}{df_e}=\frac{27.250}{2}=13.625$$

计算到这里，发现 $MS_A<MS_e$，$MS_C<MS_e$，这说明了因素A、C对试验结果的影响较小，为次要因素，所以可以将它们都归入误差，这样误差的离差平方和、自由度和均方都会随之发生变化，即

新误差平方和：$SS_e^{\triangle}=SS_e+SS_A+SS_C=27.250+6.125+3.125=36.500$

新误差自由度：$df_e^{\triangle}=df_e+df_A+df_C=2+1+1=4$

新误差均方：$MS_e^{\triangle}=\frac{SS_e^{\triangle}}{df_e^{\triangle}}=\frac{36.500}{4}=9.125$

5. 计算 F 值

$$F_B=\frac{MS_B}{MS_e^{\triangle}}=\frac{136.125}{9.125}=14.92$$

$$F_{A\times B}=\frac{MS_{A\times B}}{MS_e^{\Delta}}=\frac{171.125}{9.125}=18.75$$

$$F_{B\times C}=\frac{MS_{B\times C}}{MS_e^{\Delta}}=\frac{105.125}{9.125}=11.52$$

由于因素 A、C 已经并入误差，所以就不需要计算它们对应的 F 值。

6. F 检验

查得临界值 $F_{0.05}(1,4)=7.71$，$F_{0.01}(1,4)=21.20$，所以对于给定显著性水平 $\alpha=0.05$，因素 B 和交互作用 A×B，B×C 对试验结果都有显著影响。最后将分析结果列于方差分析表中（见表 3－8）。

表 3－8　例 2 方差分析表

差异源	SS	df	MS	F	显著性
B	136.125	1	136.125	14.92	*
A×B	171.125	1	171.125	18.75	*
B×C	105.125	1	105.125	11.52	*
A	6.125	1			
C	3.125	1			
误差 e	27.250	2			
误差 e^{Δ}（A、C、误差 e）	36.500	4	9.125		
总和	448.125	7			

从表 3－8 中 F 值的大小可以看出，因素的主次顺序为 A×B，B，B×C。

7. 优方案的确定

交互作用 A×B，B×C 都对试验指标有显著影响，所以因素 A，B，C 优水平的确定应依据 A，B 水平搭配表（表 3－9）和 B，C 水平搭配表（表 3－10）。由于指标（废气中 SO_2 摩尔分数）是越小越好，所以因素 A，B 优水平搭配为 A_1B_2，因素 B，C 优水平搭配为 B_2C_2。于是，最后确定的优方案为 $A_1B_2C_2$，即碱浓度 5%，操作温度 20℃，填料选择乙。

表 3－9　例 2 因素 A，B 水平搭配表

因素	A_1	A_2
B_1	(15＋25)/2＝20.0	(9＋16)/2＝12.5
B_2	(3＋2)/2＝2.5	(19＋8)/2＝13.5

表 3－10　例 2 因素 B，C 水平搭配表

因素	C_1	C_2
B_1	(15＋9)/2＝12.0	(25＋16)/2＝20.5
B_2	(3＋19)/2＝11.0	(2＋8)/2＝5.0

二、均匀设计

均匀设计是中国数学家方开泰和王元于 1981 年首先提出来的，它是一种只考虑试验点在试验范围内均匀散布的一种试验设计方法。与正交试验设计类似，均匀设计也是通过一套精心设计的均匀表来安排试验的。由于均匀设计只考虑试验点的“均匀散布”，而不考虑“整齐可比”，因而可以大大减少试验次数，这是它与正交设计的最大不同之处。例如，在因素数为 5、各因素水平数为 31 的试验中，若采用正交设计来安排试验，则至少要做 $31^2=961$ 次试验，这将令人望而生畏，难以实施，但是若采用均匀设计，则只需做 31 次试验。可见，均匀设计在试验因素变化范围较大、需要取较多水平时，可以极大地减少试验次数。

经过 20 多年的发展和推广，均匀设计法已广泛应用于化工、医药、生物、食品、军事工程、电子、社会经济等诸多领域，并取得了显著的经济和社会效益。

（一）均匀设计表

1. 等水平均匀设计表

均匀设计表，简称均匀表，是均匀设计的基础，与正交表类似，每一个均匀设计表都有一个代号，等水平均匀设计表可用 $U_n(r^l)$ 或 $U_n^*(r^l)$，其中 U 表示均匀表代号；n 表示均匀表横行数(需要做的试验次数)；r 表示因素水平数，与 n 相等；l 表示均匀表纵列数。代号 U 右上角加“*”和不加“*”代表两种不同的均匀设计表，通常加“*”的均匀设计表有更好的均匀性，应优先选用。表 3－11、表 3－12 分别为均匀表 $U_7(7^4)$ 与 $U_7^*(7^4)$，可以看出，$U_7(7^4)$ 和 $U_7^*(7^4)$ 都有 7 行 4 列，每个因素都有 7 个水平，但在选用时应首选 $U_7^*(7^4)$。

表 3－11　$U_7(7^4)$

试验号	列号			
	1	2	3	4
1	1	2	3	6
2	2	4	6	5
3	3	6	2	4
4	4	1	5	3
5	5	3	1	2
6	6	5	4	1
7	7	7	7	7

表 3－12　$U_7^*(7^4)$

试验号	列号			
	1	2	3	4
1	1	3	5	7
2	2	6	2	6
3	3	1	7	5
4	4	4	4	4
5	5	7	1	3
6	6	2	6	2
7	7	5	3	1

表 3－13　$U_7(7^4)$的使用表

因素数	列号				D
2	1	3			0.2398
3	1	2	3		0.3721
4	1	2	3	4	0.4760

表 3－14　$U_7^*(7^4)$的使用表

因素数	列号			D
1	3			0.1582
3	2	3	4	0.2132

每个均匀设计表都附有一个使用表，根据使用表可将因素安排在适当的列中。例如，表 3－13 是 $U_7(7^4)$的使用表，由该表可知，两个因素时，应选用 1，3 两列来安排试验；当有三个因素时，应选用 1，2，3 三列，……。最后一列 D 表示均匀度的偏差，偏差值越小，表示均匀

分散性越好。如果有两个因素，若选用 $U_7(7^4)$ 的 1，3 列，其偏差 $D=0.2398$，若选用 $U_7^*(7^4)$ 的 1，3 列，如表 3－14，相应偏差 $D=0.1582$，后者较小，可见当 U_n 和 U_n^* 表都能满足试验设计时，应优先选用 U_n^* 表。

由表 3－11 和表 3－12 所示的均匀表可以看出，等水平均匀表具有以下特点：

(1)每列不同数字都只出现一次，也就是说，每个因素在每个水平仅做一次试验。

(2)任两个因素的试验点点在平面的格子点上，每行每列有且仅有一个试验点。图3－2 是均匀表 $U_6^*(6^4)$(表 3－15)的第 1 列和第 3 列各水平组合在平面格子点上的分布图，可见，每行每列只有一个试验点。

表 3－15 $U_6^*(6^4)$

试验号	列号			
	1	2	3	4
1	1	2	3	6
2	2	4	6	5
3	3	6	2	4
4	4	1	5	3
5	5	3	1	2
6	6	5	4	1

表 3－16 $U_6^*(6^4)$的使用表

因素数	列号				D
2	1	3			0.1875
3	1	2	3		0.2656
4	1	2	3	4	0.2990

性质(1)和(2)反映了试验安排的“均衡性”，即对各因素的每个水平是一视同仁的。

(3)均匀设计表任两列组成的试验方案一般并不等价。例如用 $U_6^*(6^4)$的 1、3 列和 1、4 列的水平组合分别画格子点图，得图 3－2 和图 3－3。我们看到，在图 3－2 中，试验点散布得比较均匀，而图 3－3 中的点散布并不均匀。根据 $U_6^*(6^4)$的使用表(表 3－16)，当因素数为 2 时，应将它们排在 1，3 列，而不是 1，4 列，可见图 3－2 和图 3－3 也说明了根据使用表安排的试验，均匀性更好，均匀设计表的这一性质和正交表是不同的。

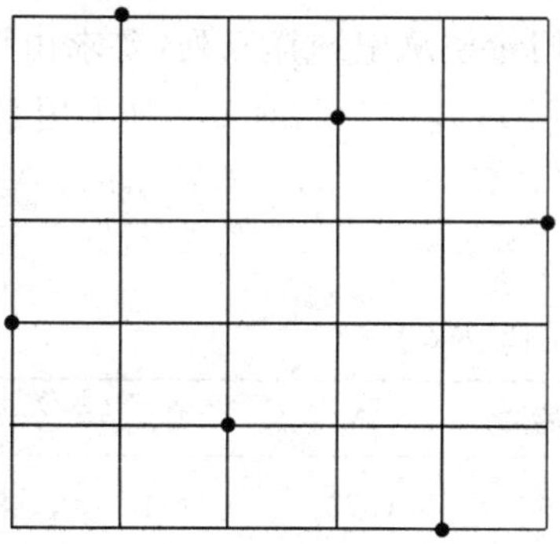

图 3－2 $U_6^*(6^4)$1，3 列试验点分布

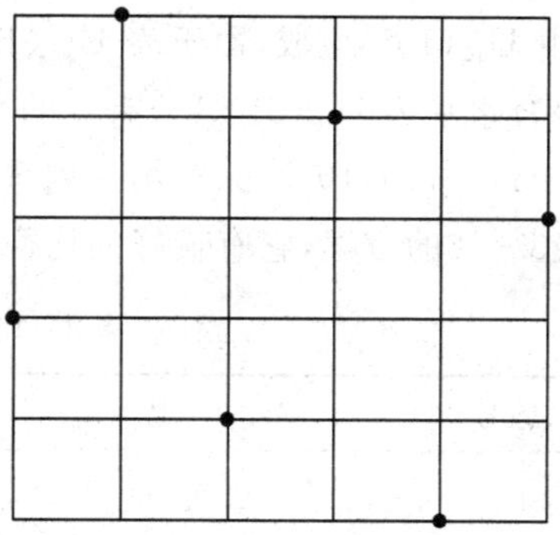

图 3－3 $U_6^*(6^4)$1，4 列试验点分布

(4)等水平均匀表的试验次数与水平数是一致的，所以当因素的水平数增加时，试验数按水平数的增加量在增加，即试验次数的增加具有“连续性”。例如，当水平数从 6 水平增加到 7 水平时，试验数 n 也从 6 增加到 7。而对于正交试验设计，当水平数增加时，试验数按水平数的平方的比例在增加，即试验次数的增加有“跳跃性”，例如，当水平数从

6 到 7 时，最少试验数将从 36 增加到 49。所以，在正交试验中增加水平数，将使试验工作量有较大的增加，但对应的均匀设计的试验量却增加得较少，由于这个特点，使均匀设计有更大的灵活性。

2. 混合水平均匀设计表

均匀设计适用于因素水平数较多的试验，但在具体的试验中，有时很难保证不同因素的水平数相等，这样直接利用等水平的均匀表来安排试验就有一定的困难，这时就可以采用拟水平法将等水平均匀表转化成混合水平均匀表的方法。

如果某试验中，有 A，B，C 三个因素，其中因素 A，B 有三水平，因素 C 有二水平，分别记作 A_1，A_2，A_3，B_1，B_2，B_3 和 C_1，C_2。显然，这个试验可以用混合正交表 $L_{18}(2^1 \times 3^7)$ 来安排，需要做 18 次试验，这等价于全面试验；若用正交试验的拟水平法，则可选用正交表 $L_9(3^4)$。直接运用等水平均匀设计是有困难的，这就要运用拟水平法。

若我们选用均匀设计表 $U_6^*(6^4)$，根据使用表，将 A 和 B 放在前两列，C 放在第 3 列，并将前两列的水平进行合并：$\{1,2\} \geqslant 1$，$\{3,4\} \geqslant 2$，$\{5,6\} \geqslant 3$。同时，将第 3 列的水平合并为二水平：$\{1,2,3\} \geqslant 1$，$\{4,5,6\} \geqslant 2$，于是得表 3－17 所示的设计表。这是一个混合水平的设计表 $U_6(3^2 \times 2^1)$。这个表有很好的均衡性，例如，A 列和 C 列，B 列和 C 列的二因素设计正好组成它们的全面试验方案，A 列和 B 列的二因素设计中没有重复试验。

表 3－17　拟水平设计 $U_6(3^2 \times 2^1)$

试验号	A	B	C
1	(1)1	(2)1	(3)1
2	(2)1	(4)2	(6)2
3	(3)1	(6)3	(9)3
4	(4)2	(1)1	(5)2
5	(5)3	(3)2	(1)1
6	(6)3	(5)3	(4)2

[注]　表中（　）内的数字表示原始均匀表的水平编号，下同。

又例如我们要安排一个二因素（A，B）五水平和一因素（C）二水平的试验，这项试验若用正交设计，可用 L_{50} 表，但试验次数太多，若用均匀设计来安排，可用混合水平均匀表 $U_{10}(5^2 \times 2^1)$，只需要进行 10 次试验。$U_{10}(5^2 \times 2^1)$ 可由 $U_{10}^*(10^8)$ 生成，由于表 $U_{10}^*(10^8)$ 有 8 列，我们希望从中选择三列，要求由该三列生成的混合水平表 $U_{10}(5^2 \times 2^1)$ 有好的均衡性，于是选用 1，2，5 三列，对 1，2 列采用水平合并：$\{1,2\} \geqslant 1, \cdots, \{9,10\} \geqslant 5$；对第 5 列采用水平合并：$\{1,2,3,4,5\} \geqslant 1$，$\{6,7,8,9,10\} \geqslant 2$，于是得到表3－18的方案，它有较好的均衡性。

表 3－18　拟水平设计 $U_{10}(5^2 \times 2^1)$

试验号	A	B	C	试验号	A	B	C
1	(1)1	(2)1	(5)1	6	(6)3	(1)1	(8)2
2	(2)1	(4)2	(10)2	7	(7)4	(3)2	(2)1
3	(3)2	(6)3	(4)1	8	(8)4	(5)3	(7)2
4	(4)2	(8)4	(9)2	9	(9)5	(7)4	(1)1
5	(5)3	(10)5	(3)1	10	(10)5	(9)5	(6)2

若参照使用表，选用 $U_{10}(10^8)$ 的 1，5，6 三列，用同样的拟水平法，便可获得表 3－19 所示的 $U_{10}(5^2 \times 2^1)$ 表，这个方案中，A 和 C 两列的组合水平中，有两个（2，2），但没有（2，1），有

两个(4,1),但没有(4,2),因此该表均衡性不好。

表 3－19　拟水平设计 $U_{10}(5^2\times2^1)$

试验号	A	B	C	试验号	A	B	C
1	(1)1	(5)3	(7)2	6	(6)3	(8)4	(9)2
2	(2)1	(10)5	(3)1	7	(7)4	(2)1	(5)1
3	(3)2	(4)2	(10)2	8	(8)4	(7)4	(1)1
4	(4)2	(9)5	(6)2	9	(9)5	(1)1	(8)2
5	(5)3	(3)2	(2)1	10	(10)5	(6)3	(4)1

可见,对同一个等水平均匀表在进行拟水平设计,可以得到不同的混合均匀表,这些表的均衡性也不相同,而且参照使用表得到的混合均匀表不一定都有较好的均衡性。在混合水平均匀表的任一列上,不同水平出现次数是相同的,但出现次数≥1,所以试验次数与各因素的水平数一般不一致,这与等水平的均匀表不同。

(二)均匀设计基本步骤

用均匀设计表来安排试验与正交试验设计的步骤很相似,但也有一些不同之处。

1. 明确试验目的,确定试验指标

如果试验要考察多个指标,还要将各指标进行综合分析。

2. 选因素

根据实际经验和专业知识,挑选出对试验指标影响较大的因素。

3. 确定因素的水平

结合试验条件和以往的实践经验,先确定各因素的取值范围,然后在这个范围内取适当的水平。由于 U_n 奇数表的最后一行,各因素的最大水平号相遇,如果各因素的水平序号与水平实际数值的大小顺序一致,则会出现所有因素的高水平或低水平相遇的情形,如果是化学反应,则可能出现因反应太剧烈而无法控制的现象;或者反应太慢,得不到试验结果。为了避免这些情况,可以随机排列因素的水平序号,另外使用 U_n^* 均匀表也可以避免上述情况。

4. 选择均匀设计表

这是均匀设计很关键的一步,一般根据试验的因素数和水平数来选择,并首选 U_n^* 表。但是,由于均匀设计试验结果多采用多元回归分析法,在选表时还应注意均匀表的试验次数与回归分析的关系。

5. 进行表头设计

根据试验的因素数和该均匀表对应的使用表,将各因素安排在均匀表相应的列中,如果是混合水平的均匀表,则可省去表头设计这一步。需要指出的是,均匀表中的空列,既不能安排交互作用,也不能用来估计试验误差,所以在分析试验结果时不用列出。

6. 明确试验方案,进行试验

试验方案的确定与正交试验设计类似。

7. 试验结果统计分析

由于均匀表没有整齐可比性,试验结果不能用方差分析法,可采用直观分析法和回归分析方法。

(1)直观分析法

如果试验目的只是为了寻找一个可行的试验方案或确定适宜的试验范围，就可以采用直观分析法，直接对所得到的几个试验结果进行比较，从中挑出试验指标最好的试验点。由于均匀设计的试验点分布均匀，用上述方法找到的试验点一般距离最佳试验点也不会很远，所以该法是一种非常有效的方法。

(2)回归分析法

均匀设计的回归分析一般为多元回归分析，通过回归分析可以确定试验指标与影响因素之间的数学模型，确定因素的主次顺序和优方案等。但直接根据试验数据推导数学模型，计算量很大，一般需借助相关的计算机软件进行分析计算。

第六节　试验数据处理

一、数据的科学表示方法

(一)有效数字的定义

能够代表一定物理量的数字，称为有效数字。例如，用精度为 0.001 分析天平测得某样品的质量是 1.5675g。其中 1.567g 是由所加砝码标值直接读得的，它们是准确的，是 4 位有效数字，最后一位数字“5”是估计出来的，是可疑的或欠准确的，就不是有效数字。

有效数字的位数表示所用试验仪表的精度亦反映试验的精度，所以不能随便多写或少写。不正确地多写一位数字，则该数据既不真实也不可靠；少写一位数字则损失了试验精度，是对测量该数据所用高精密度仪表的耗费，也是一种时间浪费。

数据中小数点的位置不影响有效数字的位数。例如，80mm、0.080m、$8\times10^4\ \mu m$，这三个数据的准确度是相同的，它们的有效数字位数都为 2，所以常用科学记数法表示较大或较小的数据，而不影响有效数字的位数。

数字 0 是否是有效数字，取决于它在数据中的位置。一般第一个非 0 数前的数字都不是有效数字，而第一个非 0 数后的数字都是有效数字。例如：数据 20mm 和 20.00mm 并不等价，前者有效数字是二位，后者是四位有效数字，它们是用不同精度的仪器测得的。所以在实验数据的记录过程中，不能随便省略末尾的 0。

在计算有效数字位数时，如果第一位数字等于或大于 8，则可以多计一位。例如 9.99 实际只有三位有效数字，但可认为有四位有效数字。

(二)有效数字的运算

试验结果常常是多个试验数据通过一定的运算得到的，其有效数字位数的确定可以通过有效数字运算来确定。

1. 加、减运算

在加、减运算中，采用“先计算，后对齐”的方法，加、减结果的位数应与其中小数点后位数最少的相同。例如，11.96＋10.2＋0.003，计算方法如下：

$$
\begin{array}{r}
11.96 \\
10.2 \\
+\quad 0.003 \\
\hline
22.163
\end{array}
$$

最后结果应为 22.2。

2. 乘、除运算

在乘、除计算中，乘积和商的有效数位数，应以各乘、除数中有效数字位数最少的为准。例如，$12.6\times9.81\times0.050$ 中 0.050 的有效数字位数最少，所以 $12.6\times9.81\times0.050$ 的最后结果是 6.2。

3. 乘方、开方运算

乘方、开方后的结果的有效数字位数应与其底数的相同。例如：$2.4^2=5.8$，$\sqrt{6.8}=2.6$。

4. 对数运算

对数的有效数字位数与其真数的相同。例如 $\ln6.84=1.92$；$\lg0.000\,04=-4$。

5. 其他运算

(1)在 4 个以上数的平均值计算中，平均值的有效数字可增加一位。

(2)所有取自手册上的数据，其有效数字位数按实际需要取，但原始数据如有限制，则应服从原始数据。

(3)一些常数的有效数字的位数可以认为是无限制的，例如，圆周率 π、重力加速度 g、$\sqrt{2}$、1/3 等，可以根据需要取有效数字。

(4)在一般工程计算中，取 2～3 位有效数字就足够精确了，只有在少数情况下，需要取到 4 位有效数字。

从有效数字的运算可以看出，每一个中间数据对试验结果精度的影响程度是不一样的，其中精度低的数据影响相对较大。所以在试验过程中，应可能采用精度一致的仪器或仪表，一两个高精度的仪器或仪表无助于整个实验结果精度的提高。

(三)有效数字的取舍原则

在有效数字的运算过程中，当有效数字的位数确定后，需要舍去多余的数字，通常使用如下的数值修约规则。

(1)拟舍弃数字的最左一位数字小于 5，则舍去，即保留的各位数字不变。例如，将 1.234 48修约到小数点后三位小数，得 1.234；将 1.234 58 修约到小数点后两位小数，得 1.23。

(2)拟舍弃数字的最左一位数字大于或等于 5，且其后跟有非零数字时，则进一，即保留的末位数字加 1。例如，将 1268 修约到三位有效数字，得 1.27×10^3；将 10.503 修约到个位数，得 11。

(3)拟舍弃数字的最左一位数字等于 5，且其右无数字或皆为 0 时，若所保留的末位数字为奇数(1,3,5,7,9)则进一，为偶数(2,4,6,8,0)则舍弃。例如，将 1 265 修约到三位有效数字，得 1.26×10^3；将 10.500 修约到个位数，得 10；将 −11.500 修约到个位数，得 −12。

值得注意的是，如果有多位数字要舍去，不能从最后一位数字开始连续进位进行取舍。例如：修约 12.373 49 到小数点后第 3 位，正确的结果是 12.373，不正确的做法是 12.373 49

→12.373 5→12.374。

二、真值与平均值

1. 真值

真值是指在某一时刻和某一状态下，某量的客观值或实际值。真值一般是未知的，但从相对的意义上来说，真值又是已知的。例如，平面三角形三内角之和为 180 度；国家标准样品的标称值；国际上公认的计量值，如碳 12 的原子量为 12，绝对零度等于－273.15℃等；高精度仪器所测之值和多次试验值的平均值等。

2. 平均值

在科学试验中，虽然试验误差在所难免，但平均值可综合反映试验值在一定条件下的一般水平，所以在科学试验中，经常将多次试验值的平均值作为真值的近似值。平均值的种类很多，在处理试验结果时常用的平均值有以下几种。

(1)算术平均值

算术平均值是最常用的一种平均值。设有 n 个试验值：$x_1, x_2 \cdots, x_n$，则它们的算术平均值为：

$$x = \frac{x_1 + x_2 + \ldots + x_n}{n} = \frac{\sum_{i=1}^{n} x_i}{n} \tag{3-18}$$

式中，x_i 表示单个试验值，下同。

同样试验条件下，如果多次试验值服从正态分布，则算术平均值是这组等精度试验值中的最佳值或最可信赖值。

(2)加权平均值

如果某组试验值是用不同的方法获得的，或由不同的试验人员得到的，则这组数据中不同值的精度或可靠性不一致，为了突出可靠性高的数值，则可采用加权平均值。设有 n 个试验值：$x_1, x_2, \cdots, x_n$，则它们的加权平均值为：

$$\overline{x_w} = \frac{w_1 x_i + w_2 x_2 + \ldots + w_n x_n}{w_1 + w_2 + \ldots + w_n} = \frac{\sum_{i=1}^{n} w_i x_i}{\sum_{i=1}^{n} w_i} \tag{3-19}$$

式中的 $w_1, w_2, \cdots, w_n$ 代表单个试验值对应的权。如果某值精度较高，则可给以较大的权数，加重它在平均值中的分量。试验值的权是相对值，可以是整数，也可以是分数或小数。权不是任意给定的，除了依据实验者的经验之外，还可以按如下方法给予：

① 当试验次数很多时，可以将权理解为试验值 x，在很大的测量总数中出现的频率 n_i/n。

② 如果试验值虽然是在同一条件下在同样的试验条件下获得的，但来源于不同的组，这时加权平均值计算式中的 x_i 代表各组的平均值，而 w_i 代表每组试验次数。若认为各组试验值的可靠程度与其出现的次数成正比，则加权平均值即为总算术平均值。

③ 根据权与绝对误差的平方成反比来确定权数。

三、误差的基本概念

1. 绝对误差

试验值与真值之差称为绝对误差，即：

$$绝对误差=试验值-真值 \tag{3-20}$$

绝对误差反映了试验值偏离真值的大小，这个偏差可正可负。通常所说的误差一般是指绝对误差。如果用 x，x_t，$\triangle x$ 分别表示试验值、真值和绝对误差，则有：

$$\triangle x=x-x_t \tag{3-21}$$

$$x_t=x\pm|\triangle x| \tag{3-22}$$

因此：

$$x-|\triangle x|\leqslant x_t\leqslant x+|\triangle x| \tag{3-23}$$

在试验中，如果对某物理量只进行一次测量，常常可依据测量仪器上注明的精度等级、或仪器最小刻度作为单次测量误差的计算依据。一般可取最小刻度值作为最大绝对误差，而取其最小刻度的一半作为绝对误差的计算值。

2. 相对误差

虽然在一定条件下绝对误差能反映试验值的准确程度，但还不全面。例如，两城市之间的距离为 200 450m，若测量的绝对误差为 2m，则这次测量的准确度是很高的；但是 2m 的绝对误差对于人身高的测量而言是不能允许的。所以，为了判断试验值的准确性，还必须考虑试验值本身的大小，由此引出了相对误差：

$$相对误差=\frac{绝对误差}{真值} \tag{3-24}$$

如果用 E_R 表示相对误差，则有：

$$E_R=\frac{\Delta x}{x_t}=\frac{x-x_t}{x_t}$$

或者：

$$E_R=\frac{\Delta x}{x_t}\times 100\%$$

相对误差可以由绝对误差求出；反之，绝对误差也可由相对误差求得，其关系为：

$$\triangle x=E_R x_t \tag{3-25}$$

所以有：

$$x_t=x\pm|\Delta x|=x(1\pm\frac{\Delta x}{x})\approx x(1\pm|\frac{\Delta x}{x_t}|)=x(1\pm|E_R|) \tag{3-26}$$

在实际计算中，由于真值 x_t 为未知数，所以常常将绝对误差与试验值或平均值之比作为相对误差，即：

$$E_R \approx \frac{\Delta x}{x} \text{或} E_R = \frac{\Delta x}{\bar{x}} \tag{3-27}$$

相对误差是无因次的。为了适应不同的精度，相对误差常常表示为百分数(%)或千分数(‰)。在科学实验中，由于绝对误差和相对误差一般都无法知道，所以通常将最大绝对误差和最大相对误差分别看做是绝对误差和相对误差，在表示符号上也可以不加区分。

3. 算术平均误差

设试验值 x_i 与算术平均值 $\bar{x}$ 之间的偏差为 d_i，则算术平均误差定义式为：

$$\Delta = \frac{\sum_{i=1}^{n} |x_i - \bar{x}|}{n} = \frac{\sum_{i=1}^{n} d_i}{n} \tag{3-28}$$

4. 标准误差

标准误差又称作均方根误差、标准偏差，或简称为标准差。当试验次数 n 无穷大时，称为总体标准差，其定义式为：

$$\sigma = \sqrt{\frac{\sum_{i=1}^{n} (x_i - \bar{x})^2}{n}} = \sqrt{\frac{\sum_{i=1}^{n} d_i^2}{n}} = \sqrt{\frac{\sum_{i=1}^{n} x_i^2 - (\sum_{i=1}^{n} x_i^2)/n}{n}} \tag{3-29}$$

但在实际的科学试验中，试验次数一般为有限次，于是又有样本标准差，其定义式为：

$$s = \sqrt{\frac{\sum_{i=1}^{n} (x_i - \bar{x})^2}{n-1}} = \sqrt{\frac{\sum_{i=1}^{n} d_i^2}{n-1}} = \sqrt{\frac{\sum_{i=1}^{n} x_i^2 - (\sum_{i=1}^{n} x_i^2)/n}{n-1}} \tag{3-30}$$

标准差不但与一组试验值中每一个数据有关，而且对其中较大或较小的误差敏感性很强，能明显地反映出较大的个别误差。它常用来表示试验值的精密度，标准差越小，则试验数据精密度越好。

四、试验数据的精度

由于各种因素的影响，采用各种手段测得的试验数据总是存在一定的误差。根据误差产生的原因，误差主要分为随机误差和系统误差两大类。随机误差是指在某特定试验条件下，以不可预知的规律变化着的误差。随机误差的出现大多服从正态分布，具有一定的统计规律。当试验次数足够多时，由于正负误差相互抵消，误差的平均值趋向于零。因此，通过增加试验次数可以减少随机误差。系统误差是指在一定的实验条件下，由某个或某些因素按照一定规律起作用而形成的误差。在同一试验中，系统误差的大小是恒定的或按某一规律变化，其主要由仪器或不当的试验方法及过程造成。除此之外，还有一种由于试验人员粗心大意或外界异常因素的干扰而造成的误差，称为过失误差。测定误差的大小反映了试验结果的好坏，为了对试验结果的好坏进行客观的评价，引出了精密度、正确度和准确度这三个表示误差性质的术语。

1. 精密度

精密度是指在一定的试验条件下，多次试验值的彼此符合程度或一致程度，其反映了随机误差大小的程度。一般而言，试验数据分散程度小，表明精密度高。由于精密度表示了随机误差的大小，因此对于无系统误差的试验，可以通过增加试验次数来达到提高数据精密度的目的。试验值精密度高低的判断可用下述参数来描述：

(1)极差

极差是指一组试验值中最大值与最小值的差值，即：

$$R = x_{max} - x_{min} \tag{3-31}$$

虽然用极差反映随机误差的精度不高，但由于它计算方便，在快速检验中仍然得到广泛的应用。

(2)标准差

若随机误差服从正态分布，则可以用标准差来反映随机误差的大小。标准差的数值大小反映了试验数据的分散程度，因此，σ 或 s 越小，表明数据的分散性越低，精密度越高，随机误差越小。

(3)方差

方差即为标准差的平方，可用 σ^2(总体方差)或 s^2(样本方差)来表示。方差也反映了数据的分散性，即随机误差的大小。

2. 正确度

正确度是指大量测试结果的(算术)平均值与真值或接受参照值之间的一致程度，它反映了系统误差的大小，是指在一定的试验条件下，所有系统误差的综合。

由于随机误差和系统误差是两种不同性质的误差，因此对于某一组试验数据而言，精密度高并不意味着正确度也高；反之，精密度不好，但当试验次数相当多时，有时也会得到好的正确度。

3. 准确度

准确度反映了系统误差和随机误差的综合，表示了试验结果与真值或标准值的一致程度。

如图 3-4 所示，假设 A、B、C 三个试验都无系统误差，试验数据服从正态分布，而且对应着同一个真值，则可以看出 A、B、C 的精密度依次降低；由于无系统误差，三组数的极限平均值(试验次数无穷多时的算术平均值)均接近真值，即它们的正确度是相当的；如果将精密度和正确度综合起来，则三组数据的准确度从高到低依次为 A、B、C。

又由图 3-5，假设 A′、B′、C′三个试验都有系统误差，试验数据服从正态分布，而且对应着同一个真值，则可以看出 A′、B′、C′的精密度依次降低，由于都有系统误差，三组数的极限平均值均与真值不符，所以它们是不准确的。但是，如果考虑到精密度因素则图 3-5 中 A′的大部分试验值可能比图 3-4 中 B 和 C 的试验值要准确。

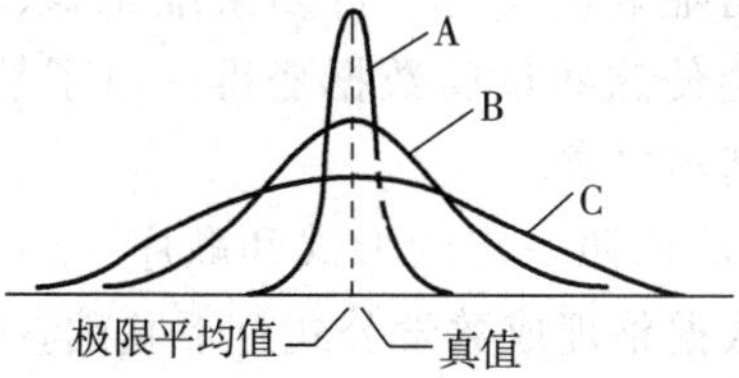

图 3-4　无系统误差的试验

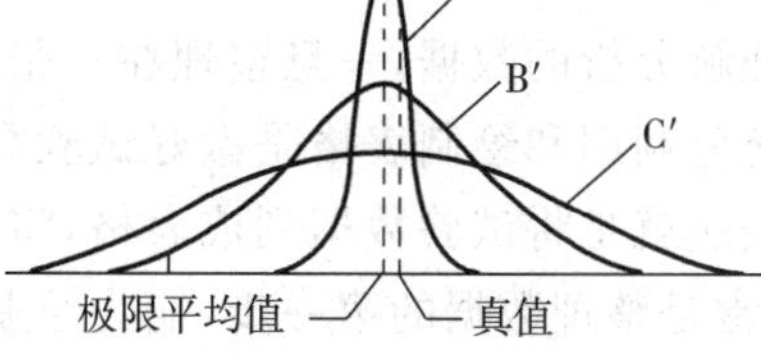

图 3-5　有系统误差的试验

五、试验数据异常值的检验

在整理试验数据时，如果在一组试验数据里，发现少数几个偏差特别大的可疑数据，需要引起试验人员高度警惕。这类数据有可能是由于过失误差引起的离群值或异常值，应根据一定的处理原则，对其进行取舍。最常用的异常值检验法有拉伊达(Pavuta)检验法、格拉布斯(Grubbs)检验法和狄克逊(Dixon)检验法。其中拉伊达检验法的原理如下：

如果可疑数据 x_p 与试验数据的算术平均值 $\bar{x}$ 的偏差的绝对值 $|d_p|$ 大于三倍(或两倍)的标准偏差，即：

$$|d_p|=|x_p-\bar{x}|>3s \text{ 或 } 2s$$

则应将 x_p 从该组试验值中剔除，至于是选择 $3s$ 还是 $2s$ 与显著性水平 α 有关，$3s$ 相当于显著水平 $\alpha=0.01$，$2s$ 相当于显著水平 $\alpha=0.05$。

【例】 有一组分析测试数据：0.128，0.129，0.131，0.133，0.135，0.138，0.141，0.142，0.145，0.148，0.167，问其中偏差较大的0.167是否应被舍去？($\alpha=0.01$)

【解】 (1)计算包括可疑值0.167在内的平均值 $\bar{x}$ 及标准偏差 s：$\bar{x}=0.140$，$s=0.0112$。

(2)计算 $|d_p|$ 和 $3s$：$|d_p|=|x_p-\bar{x}|=|0.167-0.140|=0.027$；$3s=3\times 0.0112=0.0336$。

(3)比较 $|d_p|$ 和 $3s$：$|d_p|<3s$。

故按拉伊达检验法，当 $\alpha=0.01$ 时，0.167不应舍去。

拉伊达检验法的方法简单，无须查表，用起来方便。该检验法适用于试验次数较多或要求不高时，这是因为，当 $n<10$ 时，用 $3s$ 作界限，即使有异常值也无法剔除；若用 $2s$ 作界限，则5次以内的试验次数，无法舍去异常数据。

六、试验数据的图表表示法

表和图是显示试验数据的两种基本方式。数据表能将杂乱的数据有条理地组织在一张简明的表格内；数据图则能将试验数据形象地显示出来。正确地使用表、图是试验数据分析处理的最基本技能。

(一)列表法

在试验数据的获得、整理和分析过程中，表格具有显著的优势。许多杂乱无章、不便于阅读和理解分析的数据，一旦整理在一张表格内，就会使这些试验数据变得一目了然，清晰易懂。充分利用和绘制表格是做好试验数据处理的基本要求。

列表法就是将试验数据列成表格，将各变量的数值依照一定的形式和顺序一一对应起来，它通常是整理数据的第一步，能为绘制图形或将数据整理成数学公式打下基础。试验数据表一般由三部分组成，即表名、表头和数据资料，此外，必要时可以在表格的下方加上表外附加。表名应放在表的上方，主要用于说明表的主要内容，为了引用的方便，还应包含表号；

表头通常放在第一行，也可以放在第一列，也可称为行标题或列标题，它主要是表示所研究问题的类别名称和指标名称；数据资料是表格的主要部分，应根据表头按一定的规律排列；表外附加通常放在表格的下方，主要是一些不便列在表内的内容，如指标注释、资料来源、不变的试验数据等。

由于使用者的目的和试验数据的特点不同，试验数据表在形式和结构上会有较大的差异，但基本原则应该是一致的。为了充分发挥试验数据表的作用，在绘制表格时应注意下列事项：

(1)表格设计应该简明合理、层次清晰，以便于阅读和使用。

(2)尽量采用三线表的结构形式来制作表格。

(3)数据表的表头要列出变量的名称、符号和单位，如果表中的所有数据的单位都相同，这时单位可以在表的右上角标明。

(4)要注意有效数字位数，即记录的数字应与试验的精度相匹配。

(5)试验数据较大或较小时，要用科学记数法来表示。表 3-20 中，0℃水的饱和蒸气压为 $0.006\,11\times10^5$ Pa、黏度为 $1\,788\times10^5$ Pa·s。

表 3-20 水的物理性质

温度 t(℃)	饱和蒸气压 $p\times10^5$(Pa)	热导率 $\lambda\times10^2$(W/m·K)	黏度 $\mu\times10^5$(Pa·s)	表面张力 $\sigma\times10^4$(N/m)
0	0.00611	55.1	1 788.0	756.4
30	0.42410	61.8	801.5	712.2
60	0.19920	65.9	469.9	662.2

(二)图示法

试验数据图示法就是将试验数据用图形表示出来，使复杂的数据更加直观和形象，便于比较分析，容易看出数据中的极值点、转折点、周期性、变化率以及其他特性，为建立试验结果的数学模型提供依据。

用于试验数据处理的图形种类很多，根据图形的形状分，常用的有散点图、线图、柱形图、条形图、直方图、饼图、环形图、雷达图、气泡图、曲面图等。图形的选择取决于试验数据的性质，一般情况下，计量性数据可以采用散点图、折线图和直方图等，计数性和表示性状的数据可采用柱形图和饼图等，如果要表示参数的动态变化情况，通常都使用线图。

1. 线图

线图是试验数据处理中最常用的一类图形，它主要用来表示因变量随自变量的变化情况。在图中，可以表示一种事物或现象的动态变化情况，也可在同一图中，表示两种及两种以上事物或现象的动态变化情况。例如，图 3-6 为复式线图，表示的是某种高吸水性树脂，在两种温度下的保水性能，可用于不同事物或现象的比较。

2. XY 散点图

XY 散点图主要用于表示两个变量间的相互关系，从散点图可以看出变量关系的统计规律。图 3-7 表示的是变量 x 和 y 试验值的散点图，图 3-8 表示的是变量 T 和 S 试验值

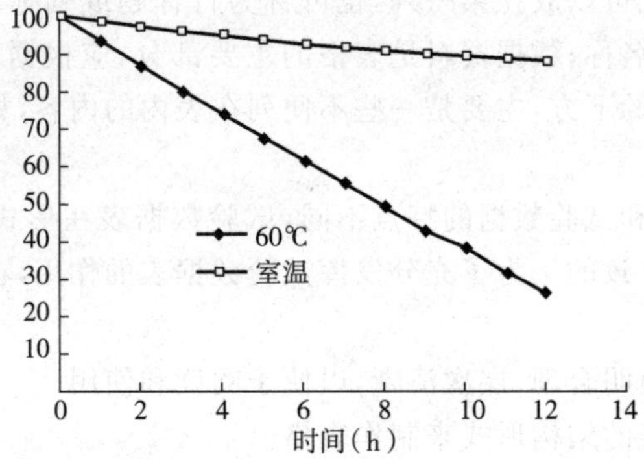

图 3-6　高吸水性树脂保水率与时间和温度的关系

的散布图。可以看出,图 3-7 中的散点大致围绕一条直线散布,而图 3-8 的散点大致围绕一条抛物线散布,这就是变量间统计规律的一种表现。

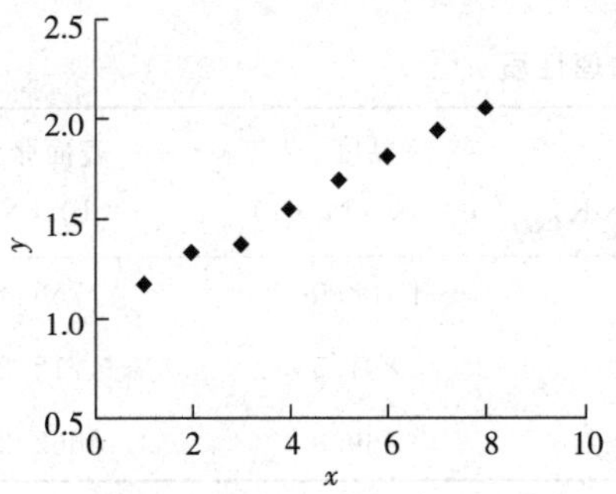

图 3-7　(x,y)散点图

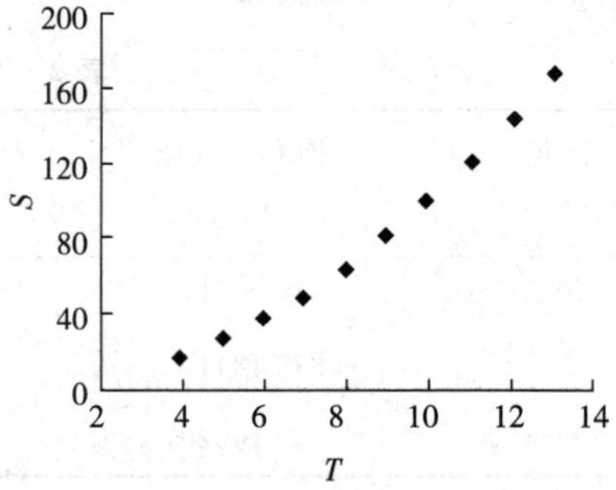

图 3-8　(T,S)散点图

3. 条形图和柱形图

条形图是用等宽长条的长短来表示数据的大小,以反映各数据点的差异。条形图纵置时称为柱形图,是用等宽长柱的高低表示数据的大小。值得注意的是,这类图形的两个坐标轴的性质不同,其中一条轴为数值轴,用于表示数量属性的因素或变量,另一条轴为分类轴,常表示的是属性因素或变量。此外,条形图和柱形图也有单式和复式两种形式,如果只涉及一项指标,则采用单式,如果涉及两个或两个以上的指标,则可采用复式。

例如,图 3-9 是单式柱形图,表示的是从某植物中提取有效成分的试验中,不同提取方法提取效果的比较,从中很容易看出超声波提取法最有效。图 3-10 是复式条形图,它不仅具有单式条形图所表达的内容,还表示了不同提取方法对两种植物中有效成分提取率的比较。

对不同类型、不同使用要求的试验数据,需要选用不同类型的图形进行表示。为使绘制的图表清楚明了,绘图时应注意以下几点:

(1)选择合适的坐标系,如普通直角坐标系、半对数坐标系、对数坐标系绘制线图,以使所作的图形规律性更明显。

(2)定量的坐标轴,其分度不一定自零起,可用低于最小试验值的某一整数作起点,高于最大试验值的某一整数为终点。

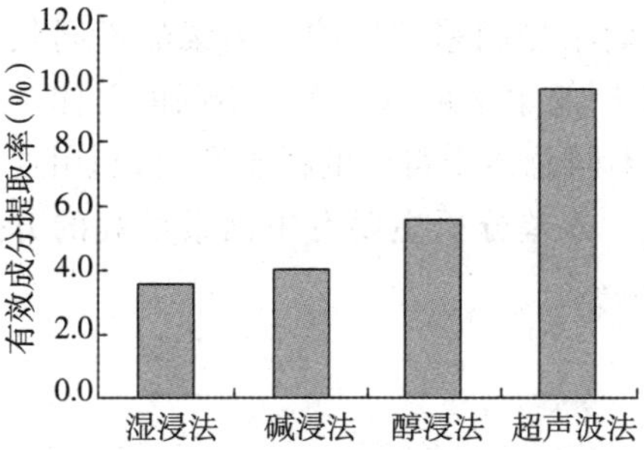

图 3-9　不同提取方法的比较

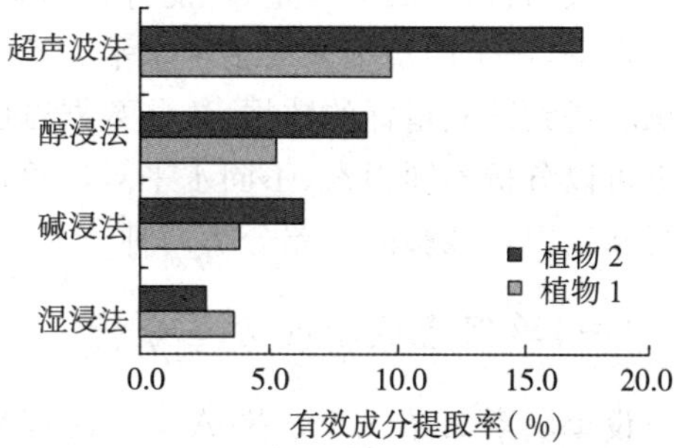

图 3-10　两种植物采用不同提取方法的比较

(3)定量绘制的坐标图，其坐标轴上必须标明该坐标所代表的变量名称、符号及所用的单位，一般用纵轴代表因变量。若对应物理量的数值部分很大或很小，则可用科学记数法来表示，如图 3-11，由图可以读出 100℃时水的热导率约为 68×10^{-2} W/(m·℃)，而不是 68×10^{2} W/(m·℃)。

(4)坐标轴的分度应与试验数据的有效数字位数相匹配，即坐标读数的有效数字位数与实验数据的位数相同。

(5)图必须有图号和图题(图名)，以便于引用，必要时还应有图注。

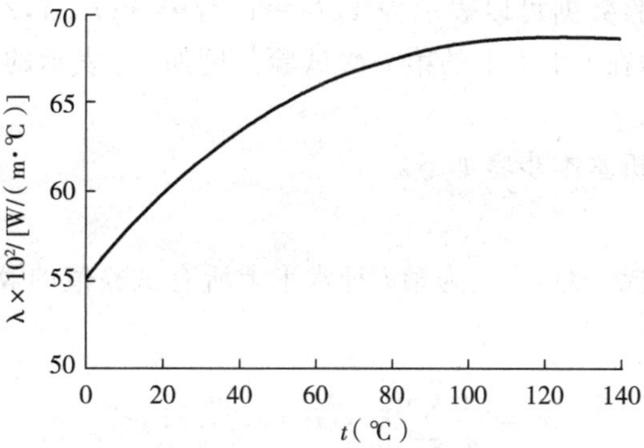

图 3-11　水的热导率

第七节　试验数据的统计分析方法

一、试验数据的方差分析

在研究实践中，由于影响一个事物的因素有很多，往往需要通过大量的试验，来研究和观察各种因素的影响。另外，在所有的影响因素中，有的因素影响大，有的因素影响小，如何从多种可控因素中找出主要因素，通过对主要因素的控制调整，提高产品的产量、性能，是人们所希望的。解决这个问题的有效方法之一就是方差分析。方差分析是一种统计方法，它是试验研究中用到的重要分析方法。

一般而言，产品的产量、性能等称为试验指标，其大小受因素的影响。因素的不同状态称为水平，一个因素可采取多个水平。不同的因素、不同的水平可以看作是不同的总体。通过试验得到试验指标的数据，这些数据可以看成是从不同总体中得到的样本数值，利用这些数据可以分析不同因素、不同水平对试验指标的影响。方差分析主要有单因素试验的方差分析和双因素试验的方差分析两种。

（一）单因素试验的方差分析

设单因素 A 有 r 个水平 $A_1, A_2, \cdots, A_r$，在水平 $A_i(i=1,2,\cdots,a)$下，进行 ni 次独立试验，得到试验指标的观察值列于表 3－21。

表 3－21　单因素试验数据表

试验次数	A_1	A_2	…	A_i	…	A_r
1	x_{11}	x_{21}	…	x_{i1}	…	x_{r1}
2	x_{12}	x_{22}	…	x_{i2}	…	x_{r2}
⋮	⋮	⋮	⋮	⋮	⋮	⋮
j	x_{1j}	x_{2j}	…	x_{ij}	…	x_{rj}
⋮	⋮	⋮	⋮	⋮	⋮	⋮
n_i	x_{1n1}	x_{2n2}	…	x_{inj}	…	x_{rnr}

表 3－21 中任一试验数据可以表示为 $x_{ij}(i=1,2,\cdots,r;j=1,2,\cdots,ni)$，其中 i 表示因素 A 对应的水平，j 表示在 i 水平上的第 j 次试验。例如 x_{12} 表示的是 A_1 水平上的第 2 次试验的结果。

单因素试验方差分析基本步骤如下：

1. 计算平均值

如果将每种水平看成一组，令$\overline{x_i}$为第 i 种水平上所有试验值的算术平均值，称为组内平均值，即

$$\overline{x}_i = \frac{1}{n_i}\sum_{j=1}^{n_i} x_{ij}\ ,(i=1,2,\ldots,r) \tag{3-32}$$

所以组内和为：

$$T_i = \sum_{j=1}^{n_i} x_{ij} = n_i\,\overline{x}_i \tag{3-33}$$

总平均 $\overline{x}$ 为所有试验值的算术平均值，即

$$\overline{x} = \frac{1}{n}\sum_{i=1}^{r}\sum_{j=1}^{n_i} x_{ij} \tag{3-34}$$

若将式(3－33)代入式(3－34)，可以得到总平均另两种计算式：

$$\overline{x} = \frac{1}{n}\sum_{i=1}^{r} n_i\,\overline{x}_i \tag{3-35}$$

$$\bar{x}=\frac{1}{n}\sum_{i=1}^{r}T_i \tag{3-36}$$

其中 n 表示总试验数，可以用下式计算

$$n=\sum_{i=1}^{r}n_i \tag{3-37}$$

2. 计算离差平方和

在单因素试验中，各试验结果之间存在差异，这种差异可用离差平方和来表示。

(1)离差平方和

总离差平方和用 SS_T(sum of squares for total)表示，其计算式为

$$SS_T=\sum_{i=1}^{r}\sum_{j=1}^{n_i}(x_{ij}-\bar{x})^2 \tag{3-38}$$

它表示了各试验值与总平均值的偏差的平方和，反映了试验结果之间存在的总差异。

(2)组间离差平方和

组间离差平方和可以用 SS_A(sum of squares for factor A)表示，SS_A 计算公式如下：

$$SS_A=\sum_{i=1}^{r}\sum_{j=1}^{n_i}(\overline{x_i}-\bar{x})^2=\sum_{i=1}^{r}n_i(\overline{x_i}-\bar{x})^2 \tag{3-39}$$

组间离差平方和反映了各组内平均值$\overline{x_i}$之间的差异程度，这种差异是由于因素 A 不同水平的不同作用造成的，所以组间离差平方和又称为水平项离差平方和。

(3)组内离差平方和

组内离差平方和可以用 SS_e(sum of squares for error)表示，SS_e 计算公式如下

$$SS_e=\sum_{i=1}^{r}\sum_{j=1}^{n_i}(x_{ij}-\overline{x_i})^2 \tag{3-40}$$

组内离差平方和反映了在各水平内，各试验值之间的差异程度，这种差异是由于随机误差的作用产生的，所以组内离差平方和又称为误差项离差平方和。

可以证明这三种离差平方和之间存在如下关系：

$$SS_T=SS_A+SS_e \tag{3-41}$$

这说明试验值之间的总差异来源于两个方面，一方面是由于因素取不同水平造成的，这种差异是系统性的；另一方面是由于试验的随机误差产生的差异，例如在相同的温度下，产品得率也不一定相同。

3. 计算自由度

由离差平方和的计算公式可以看出，在同样的误差程度下，试验数据越多，计算出的离差平方和就越大，因此仅用离差平方和来反映试验值间差异大小还是不够的，还需要考虑试验数据的多少对离差平方和带来的影响，为此需考虑自由度。三种离差平方和对应的自由度分别如下。

SS_T 对应的自由度称为总自由度，即：

$$df_T = n-1 \tag{3-42}$$

SS_A 所对应的自由度称为组间自由度，即：

$$df_A = r-1 \tag{3-43}$$

SS_e 对应的自由度称为组内自由度，即：

$$df_e = n-r \tag{3-44}$$

显然，上述三个自由度的关系为：

$$df_T = df_A - df_e \tag{3-45}$$

4. 计算平均平方

用离差平方和除以对应的自由度即可得到平均平方(mean squares)，简称均方。将 SS_A、SS_e 分别除以 df_A、df_e 就可以得到：

$$MS_A = SS_A / df_A \tag{3-46}$$

$$MS_e = SS_e / df_e \tag{3-47}$$

称 MS_A 为组间均方，MS_e 为组内均方，MS_e 也被称为误差的均方。

5. F 检验

组间(也称水平间)均方和组内(又称水平内)均方之比 F 是一个统计量，即：

$$F_A = \frac{\text{组间均方}}{\text{组内均方}} = \frac{MS_A}{MS_e} \tag{3-48}$$

它服从自由度为(df_A，df_e)的 F 分布，对于给定的显著性水平 α，查表得临界值 $F_\alpha(df_A, df_e)$，如果 $F_A > F_\alpha(df_A, df_e)$，则认为因素 A 对试验结果有显著影响，否则认为因素 A 对试验结果没有显著影响。

为了将方差分析的主要过程表现得更清楚，通常将有关的计算结果列成方差分析表，如表 3-22 所示。

表 3-22　单因素试验的方差分析表

差异源	SS	df	MS	F	显著性
组间(因素 A)	SS_A	$r-1$	$MS_A = SS_A/(r-1)$	MS_A/MS_e	
组内(误差)	SS_e	$n-r$	$MS_e = SS_e/(n-r)$		
总和	SS_T	$n-1$			

【例 3】　为考察温度对某种化工产品得率的影响，选取了五种不同的温度，在同一温度下各作三次试验，试验数据如表 3-23。试问温度对产品得率有无显著影响？

表 3-23　例 3 试验结果表

温度(℃)	产品得率(%)			温度(℃)	产品得率(%)		
60	90	92	88	75	84	83	88
65	97	93	92	80	84	86	82
70	96	96	93				

【解】

1. 计算平均值

依题意，本例为单因素试验的方差分析，单因素为温度，它有 5 种水平，即 $r=5$，在每种水平下做了 3 次试验，故 $ni=3(i=l,2,\cdots,5)$，总试验次数 $n=15$。有关平均值的计算见表3-24。

表 3-24　平均值

温度(℃)	产品得率(%)			试验次数 ni	组内和 Ti	组内平均 $\bar{x}_i$	总平均 $\bar{x}$
60	90	92	88	3	270	90	
65	97	93	92	3	282	94	
70	96	96	93	3	285	95	89.6
75	84	83	88	3	255	85	
80	84	86	82	3	252	84	

2. 计算离差平方和

$$SS_T=\sum_{i=1}^{5}\sum_{j=1}^{3}(x_{ij}-\bar{x})^2=(90-89.6)^2+(92-89.6)^2+...+(82-89.6)^2=353.6$$

$$SS_A=\sum_{i=1}^{5}\sum_{j=1}^{3}n_i(\bar{x}_i-\bar{x})^2=3[(90-89.6)^2+(94-89.6)^2+...+(84-89.6)^2]$$

$$=303.6$$

$$SS_e=SS_T-SS_A=353.6-303.6=50.0$$

3. 计算自由度

$$df_T=n-1=15-1=14$$

$$df_A=r-1=5-1=4$$

$$df_e=n-r=15-5=10$$

4. 计算均方

$$MS_A=SS_A/df_A=303.6/4=75.9$$

$$MS_e=SS_e/df_e=50.0/10=5$$

5. F 检验

$$F_A = MS_A / MS_e = 75.9/5.0 = 15.2$$

从 F 分布表中查得 $F_{0.05}(df_A, df_e) = F_{0.05}(4,10) = 3.48$，$F_{0.01}(4,10) = 5.99$，所以因素A，即温度对产品得率有非常显著的影响。最后将有关结果列于方差分析表中，如表3－25所示。

表 3－25　例 3 方差分析表

差异源	SS	df	MS	F	显著性
温度(组间)	353.6	14	75.9	15.2	* *
误差(组内)	50.0	10	5.0		
总和	353.6	14			

(二)双因素试验的方差分析

双因素试验的方差分析是讨论两个因素对试验结果影响的显著性，所以又称二元方差分析。根据两因素每种组合水平上的试验次数，又可以将双因素试验的方差分析分为无重复试验和重复试验的方差分析。

设在某试验中，有两个因素 A 和 B 在变化，A 有 r 种水平 $A_1, A_2, \cdots, A_r$，B 有 s 种水平 $B_1, B_2, \cdots, B_s$，在每一种组合水平(A_i, B_j)上做 1 次试验，试验结果为 x_{ij} $(i=1,2,\cdots,r; j=1,2,\cdots,s)$，所有 x_{ij} 相互独立，且服从正态分布。双因素无重复试验数据如表 3－26 所示。

表 3－26　双因素无重复试验数据表

因素	B_1	B_2	…	B_5
A_1	x_{11}	x_{12}	…	x_{15}
A_2	x_{21}	x_{22}	…	x_{25}
⋮	⋮	⋮	⋮	⋮
A_r	x_{r1}	x_{r2}	…	x_{r5}

对于任一个试验值 x_{ij}，其中 i 表示 A 因素对应的水平，j 表示 B 因素对应的水平。例如，x_{12} 表示的是在(A_1, B_2)组合水平上的试验。显然总试验次数 $n = rs$。

双因素无重复试验的方差分析的基本步骤如下：

1. 计算平均值

令

$$\bar{x} = \frac{1}{rs} \sum_{i=1}^{r} \sum_{j=1}^{s} x_{ij} \tag{3-49}$$

$$\bar{x}_i = \frac{1}{s} \sum_{j=1}^{s} x_{ij} \tag{3-50}$$

$$\bar{x}_j = \frac{1}{r}\sum_{i=1}^{r} x_{ij} \tag{3-51}$$

所以有：

$$\bar{x} = \frac{1}{r}\sum_{i=1}^{r}\bar{x}_i = \frac{1}{s}\sum_{j=1}^{s}\bar{x}_j \tag{3-52}$$

式中 $\bar{x}$——所有试验值的算术平均值，称为总平均；

$\bar{x}_i$——A_i水平时所有试验值的算术平均值；

$\bar{x}_j$——B_j水平时所有试验值的算术平均值。

2. 计算离差平方和

总离差平方和

$$SS_T = \sum_{i=1}^{r}\sum_{j=1}^{s}(x_{ij} - \bar{x})^2 = SS_A + SS_B + SS_e \tag{3-53}$$

式中：

$$SS_A = \sum_{j=1}^{s}\sum_{i=1}^{r}(\bar{x}_i - \bar{x})^2 = s\sum_{i=1}^{r}(\bar{x}_i - \bar{x})^2 \tag{3-54}$$

$$SS_B = \sum_{i=1}^{r}\sum_{j=1}^{s}(\bar{x}_j - \bar{x})^2 = r\sum_{j=1}^{s}(\bar{x}_j - \bar{x})^2 \tag{3-55}$$

$$SS_e = \sum_{i=1}^{r}\sum_{j=1}^{s}(\overline{x_{ij}} - \bar{x}_i - \bar{x}_j + \bar{x})^2 \tag{3-56}$$

称 SS_A 为因素 A 引起离差的平方和，SS_B 为因素 B 引起离差的平方和，SS_e 为误差平方和。

3. 计算自由度

SS_A 的自由度为：

$$df_A = r - 1 \tag{3-57}$$

SS_B 的自由度为：

$$df_B = s - 1 \tag{3-58}$$

SS_e 的自由度为：

$$df_e = (r-1)(s-1) \tag{3-59}$$

SS_T 的自由度为：

$$df_T = n - 1 = rs - 1 \tag{3-60}$$

显然：

$$df_T = df_A + df_B + df_e \tag{3-61}$$

4. 计算均方

$$MS_A = \frac{SS_A}{r-1} \tag{3-62}$$

$$MS_B = \frac{SS_B}{s-1} \tag{3-63}$$

$$MS_e = \frac{SS_e}{(r-1)(s-1)} \tag{3-64}$$

5. F 检验

$$F_A = \frac{MS_A}{MS_e} \tag{3-65}$$

$$F_B = \frac{MS_B}{MS_e} \tag{3-66}$$

其中 F_A 服从自由度为 (df_A, df_e) 的 F 分布，对于给定的显著性水平 α，若 $F_A > Fe(df_A, df_e)$，则认为因素 A 对试验结果有显著影响，否则无显著影响；F_B 服从自由度为 (df_B, df_e) 的 F 分布，若 $F_B > F_e(df_B, df_e)$，则认为因素 B 对试验结果有显著影响，否则无显著影响。最后列出方差分析表，如表 3-27 所示。

表 3-27 无重复试验双因素方差分析表

差异源	SS	df	MS	F	显著性
因素 A	SS_A	$r-1$	$MS_A = SS_A/(r-1)$	$F_A = MS_A/MS_e$	
因素 B	SS_B	$s-1$	$MS_B = SS_B/(s-1)$	$F_B = MS_B/MS_e$	
误差	SS_e	$(r-1)(s-1)$	$MS_e = SS_e/(r-1)(s-1)$		
总和	SS_T	$rs-1$			

二、试验数据的回归分析

在科学实验中，会大量遇到多个变量在同一个过程中相互影响、相互制约的现象，这种现象可以分成两类，一类是：当一个或几个变量取一定值时，另一个变量有一个确定值相对应，即变量之间存在严格的函数关系；另一类是：当一个或几个变量取一定值时，与之对应的变量没有一个确定值，但按某种规律在一定的范围变化，变量之间存在相关关系。这种相关关系是一种统计关系，呈现出一定的规律，这种规律可以通过对大量的实验值做统计分析后以一定的函数式表达出来，该函数式称为回归方程。回归分析就是采用统计的方法对变量之间的相关关系进行分析处理，以发现隐藏在表面看似随机变化的实验数值后的统计规律，建立回归方程，对回归方程的可信度进行检验和验证。回归分析分为线性回归和非线性回归，研究一个因素与试验指标相关关系的回归分析称为一元回归，研究几个因素与试验指标相关关系的回归分析称为多元回归。

（一）一元线性回归分析

1. 一元线性回归方程的建立

一元线性回归分析又称直线拟合，是处理两个变量之间关系的最简单模型。其基本思想、方法和应用如下：

设有一组试验数据，试验值为 $x_i, y_i (i=1,2,\cdots,n)$ 其中 x 是自变量，y 是因变量。若 x，

y 符合线性关系，可拟合为直线方程，即：

$$\hat{y}_i = a + bx_i \tag{3-67}$$

式(3-67)就是变量 x，y 的一元线性回归方程，式中 a，b 称为回归系数，前者是线性方程的截距，后者为斜率；$\hat{y}_i$ 是对应自变量 x_i 代入回归方程的计算值，称为回归值。

函数计算值 $\hat{y}_i$ 与试验值 y_i 不一定相等，如果将 $\hat{y}_i$ 与 yi 之间的偏差称为残差，用 e_i 表示，则有：

$$e_i = y_i - \hat{y}_i \tag{3-68}$$

显然，只有各残差平方值(考虑到残差有正有负)之和最小时，回归方程与试验值的拟合程度最好。令：

$$SS_e = \sum_{i=1}^{n} e_i^2 = \sum_{i=1}^{n} (y_i - \hat{y}_i)^2 = \sum_{i=1}^{n} [y_i - (a + bx_i)]^2 \tag{3-69}$$

SS_e 为残差平方和，其中 x_i，yi 是已知试验值，故 SS_e 为 a，b 的函数，为使 SS_e 值达到极小，根据极值原理，只要将上式分别对 a，b 求偏导数 $\frac{\partial(SS_e)}{\partial a}$，$\frac{\partial(SS_e)}{\partial b}$，并令其等于零，即可求得 a，b 之值，这就是最小二乘法原理。

根据最小二乘法，可以得到：

$$\begin{cases} \dfrac{\partial(SS_e)}{\partial_a} = -2\sum_{i=1}^{n}(y_i - a - bx_i) = 0 \\ \dfrac{\partial(SS_e)}{\partial_b} = -2\sum_{i=1}^{n}(y_i - a - bx_i)x_i = 0 \end{cases} \tag{3-70}$$

即：

$$\begin{cases} na + b\sum_{i=1}^{n} x_i = \sum_{i=1}^{n} y_i \\ a\sum_{i=1}^{n} x_i + b\sum_{i=1}^{n} x_i^2 = \sum_{i=1}^{n} x_i y_i \end{cases} \tag{3-71}$$

对方程组求解，即可得到回归系数 a，b 的计算式：

$$b = \frac{n\sum_{i=1}^{n} x_i y_i - (\sum_{i=1}^{n} x_i)(\sum_{i=1}^{n} y_i)}{n\sum_{i=1}^{n} x_i^2 - (\sum_{i=1}^{n} x_i)^2} = \frac{\sum_{i=1}^{n} x_i y_i - n\bar{x}\bar{y}}{\sum_{i=1}^{n} x_i^2 - n(\bar{x})^2} \tag{3-72}$$

$$a = \bar{y} - b\bar{x} \tag{3-73}$$

上述式中，x，y 分别为试验值 x_i，$y_i(i=1,2...,n)$ 的算术平均值。由式(3-73)可以看出，回归直线通过点(x，y)。为了方便计算，令：

$$L_{xx}=\sum_{i=1}^{n}(x_i-\bar{x})^2=\sum_{i=1}^{n}x_i^2-n(\bar{x})^2 \tag{3-74}$$

$$L_{xy}=\sum_{i=1}^{n}(x_i-\bar{x})(y_i-\bar{y})=\sum_{i=1}^{n}x_iy_i-n\bar{x}\bar{y} \tag{3-75}$$

于是(3－72)式可以简化为：

$$b=\frac{L_{xy}}{L_{xx}} \tag{3-76}$$

计算出 a,b 后，即得到变量 x 与 y 相关关系的回归方程。

2. 一元线性回归效果的检验

在很多情况下，尽管 x 与 y 之间并不存在严格的线性关系，但我们都可以利用最小二乘法求得 x 与 y 的线性拟合方程 $y=a+bx_i$，这样求得的方程一般都不具有实际意义。为获得有意义的线性方程，就需要对回归方程的可信性及拟合效果进行检验或衡量。下面是几种检验方法。

(1) 相关系数检验法

用于描述变量 x 与 y 的线性相关程度的一个重要指标是相关系数，一般以 r 表示。设有 $n(n>2)$ 对试验值 x_i，$y_i(i=1,2,\cdots,n)$，则相关系数的计算式为：

$$r=\frac{L_{xy}}{\sqrt{L_{xx}L_{yy}}} \tag{3-77}$$

其中：

$$L_{yy}=\sum_{i=1}^{n}(y_i-\bar{y})^2=\sum_{i=1}^{n}y_i^2-n(\bar{y})^2 \tag{3-78}$$

比较式(3－76)与相关系数 r 的计算式(3－77)，可得：

$$r=\frac{L_{xy}}{\sqrt{L_{xx}L_{yy}}}=\frac{L_{xy}}{L_{xx}}\sqrt{\frac{L_{xx}}{L_{yy}}}=b\sqrt{\frac{L_{xx}}{L_{yy}}} \tag{3-79}$$

相关系数 r 的平方称为决定系数 r^2。相关系数 r 具有以下特点：

① $|r|\leqslant 1$；

② 如果 $|r|=1$(图 3-12(a)，(c))，则表明 x 与 y 完全线性相关，这时 x 与 y 有精确的线性关系；

③ 大多数情况下 $o<|r|<1$，即 x 与 Y 之间存在着一定的线性关系，当 $r>0$ 时(图 3－12(b))，称 x 与 y 正线性相关，这时直线的斜率为正值，y 随着 x 的增加而增加，当 $r<0$(图 3－12(d)) 时，称 x 与 y 负线性相关，这时直线的斜率为负值，y 随着 x 的增加而减小；

④ $r=0$ 时(图 3－12(e)、(f))，则表明 x 与 y 没有线性关系，但并不意味着 x 与 y 之间不存在其他类型的关系(图 3－12(f))，所以相关系数更精确的说法应该是线性相关系数。

从上面的分析可知，相关系数 r 越接近 1，x 与 y 的线性相关程度越高，然而 r 的大小未能回答其值达到多大时，x 与 y 之间才存在线性相关，采用线性关系才属合理，因此，还必须

对相关系数 r 进行显著性检验(常见相关系数 $r(R)$ 见附录 3)。

对于给定的显著性水平 a,显著性检验要求 $|r|>r_a$ 时,才说明 x 与 y 之间存在密切的线性关系,或者说用线性回归方程来描述变量 x 与 y 之间的关系才有意义,否则线性相关不显著,应改用其他形式的回归方程。其中 r_a 称为相关系数临界值,它与给定的显著性水平 a 和试验数据组数 $n(n>2)$ 有关。

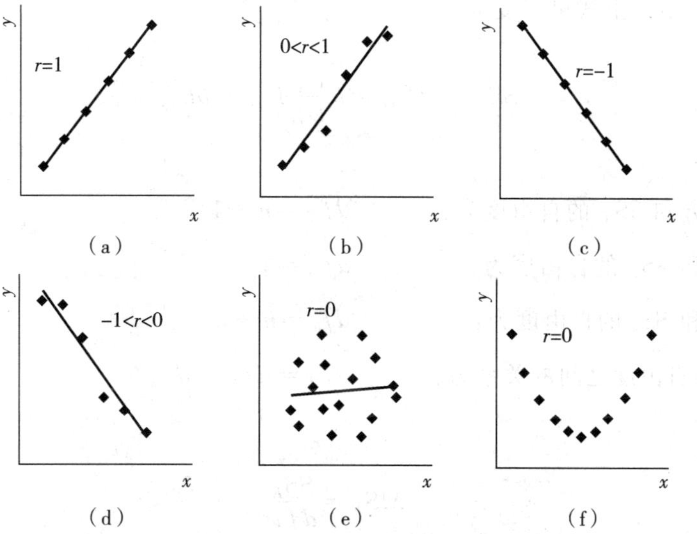

图 3-12　不同相关系数散点意义图

(2)F 值检验法

F 检验实际上就是方差分析,包括以下主要内容:

① 离差平方和

试验值 $y_i(i=1,2,\cdots\cdots,n)$ 之间存在差异,这种差异可用试验值 y_i 与其算术平均值 y 的偏差平方和来表示,称为总离差平方和,即:

$$SS_T=\sum_{i=1}^{n}(y_i-\bar{y})2=L_{yy} \tag{3-80}$$

试验值 y_i 的这种波动是由两个因素造成的。一个是由于 x 的变化而引起 y 相应的变化,它可以用回归平方和来表达,即:

$$SS_R=\sum_{i=1}^{n}(\hat{y}-\bar{y})^2 \tag{3-81}$$

它表示的是回归值 y_i 与 y_i 的算术平均 y 之间的偏差平方和;另一个因素是随机误差,它可以用残差平方和(式(3-69))来表示,即　$SS_e=\sum_{i=1}^{n}(y_i-\hat{y})^2$,它表示的是试验值 yi 与对应的回归值 $\hat{y}_i$ 之间偏差的平方和。显然,这三种平方和之间有下述关系:

$$SS_y=SS_R+SS_e \tag{3-82}$$

回归平方和 SS_R 与残差平方和 SS_e 还可以用更简单的公式计算,推导过程如下:

将$\hat{y_i} = a + bx_i$和$\bar{y} = a + b\bar{x}$ 代入式(3-81),可得

$$SS_R = \sum_{i=1}^{n}(\hat{y}_i - \bar{y})^2 = \sum_{i=1}^{n}[(a + bx_i) - (a + b\bar{x})]^2 = b^2\sum_{i=1}^{n}(x_i - \bar{x})^2 = b^2 L_{xx} \tag{3-83}$$

又$b = \frac{L_{xy}}{L_{xx}}$,所以上式可以变为:

$$SS_R = b^2 L_{xx} = b\frac{L_{xy}}{L_{xx}}L_{xx} = bL_{xy} \tag{3-84}$$

② 自由度

总离差平方和SS_T的自由度为: $df_T = n - 1$ (3-85)

回归平方和SS_R的自由度为: $df_R = 1$ (3-86)

残差平方和SS_e的自由度为: $df_e = n - 2$ (3-87)

显然,三种自由度之间的关系为: $df_T = df_R + df_e$ (3-88)

③ 均方

$$MS_R = \frac{SS_R}{df_R} \tag{3-89}$$

$$MS_e = \frac{SS_e}{df_e} \tag{3-90}$$

④ F检验

$$F = \frac{SS_R}{SS_e} \tag{3-91}$$

F服从自由度为$(1, n-2)$的F分布。在给定的显著性水平之下,从F分布表中查得$F\alpha(1, n-2)$。若$F < F_{0.05}(1, n-2)$,则称x与y没有明显的线性关系,回归方程不可信;若$F_{0.05}(1, n-2) < F < F_{0.01}(1, n-2)$,则称$x$与$y$有显著的线性关系,用"*"表示;

若$F > F_{0.01}(1, n-2)$,则称x与y有十分显著的线性关系,用"**"表示。后两种情况说明y的变化主要是由于x的变化造成的。最后将计算结果列成方差分析表(见表3-28)。

表3-28 一元线性回归方差分析表

差异源	SS	df	MS	F	显著性
回归	SS_R	1	$MS_R = SS_R$	$F = MS_R/MS_e$	
误差	SS_e	$n-2$	$MS_e = SS_e/(n-2)$		
总和	SS_T	$n-1$			

在解决实际问题时,如果是多个因素都对试验结果有影响,这时可以通过多元回归分析求出试验指标(因变量)y与多个试验因素(自变量)$x_j(j = 1, 2, \cdots, m)$之间的近似函数关系

$y=f(x_1,x_2,\cdots,x_m)$。多元线性回归分析的基本原理和方法与一元线性回归分析相同，只是计算量比较大。

三、其他常用试验数据处理与分析方法

（一）主成分分析法

如果自变量间存在多重相关性，就会造成观测值和预测值之间拟合结果不是很完整，存在比较大的计算误差。对于这种情况，可以利用主成分分析即 PCA（principal components analysis）来处理变量间的多重相关性。主成分分析就是将原来指标重新组合成一组新的互相无关的几个综合指标来代替原来指标，同时根据实际需要从中取几个较少的综合指标尽可能多的反映原来指标的信息。这种将多个指标化为少数互相无关的综合指标的统计方法叫做主成分分析法。

主成分分析的工作对象是一张样本点与定量变量类型的数据表，其工作目标就是要对这种多变量数据进行最佳综合简化，即在保证数据信息损失减少的原则下，对高维变量空间进行降维处理。

在主成分分析中，通过数学处理，将原来 p 个指标线性组合，作为新的综合指标。将选取的第一个线性组合即第一个综合指标记为 F_1。要求 F_1 尽可能多的反映原来指标的信息，如果第一主成分不足以代表原来 p 个指标的信息，再考虑选取 F_2，即第二个线性组合。依此类推，可以构造出第三，第四，…，第 m 个主成分。这些主成分之间互不相关，而且方差依次递减。在实际工作中，通常挑选前几个最大的主成分进行建模，这样做虽然会损失一部分信息，但抓住了主要矛盾，并且由于从原始数据中进一步提取了某些新的信息，因此，在某些实际问题的研究中，通常最大主成分分析得益要远远高于损失。

（二）判别分析

判别分析是判别样品所属类型的一种统计方法。判别分析内容很丰富，方法很多，如按判别的组数来区分，有两组判别分析和多组判别分析；按区分不同总体的所用的数学模型来分，有线性判别和非线性判别；按判别时所处理的变量方法不同，有逐步判别和序贯判别等。判别分析可以从不同角度提出的问题，有不同的判别准则，如马氏距离最小准则、Fisher 准则、平均损失最小准则、最小平方准则、最大似然准则、最大概率准则等等；按判别准则的不同又提出多种判别方法，其中应用最广的有如下三种：

1. 距离判别法

基本思想是根据已知分类的数据，分别计算各类的重心即分组（类）的均值，判别准则是对任给的一次观测，若它与第 i 类的重心距离最近，就认为它来自第 i 类。

2. 费歇判别法

费歇（Fisher）判别法是 1936 年提出来的，该法对总体的分布并未提出什么特定的要求。其基本思想是从两个总体中抽取具有 p 个指标的样品观测数据，借助方差分析的思想造一个判别函数或称判别式：$y=c_1x_1+c_2x_2+\cdots+c_px_p$，其中系数 c_1、c_2…、c_p 确定的原则是使两组间的区别最大，而使每个组内部的离差最小。有了判别式后，对于一个新的样品，将它的 p 个指标值代入判别式中求出 y 值，然后与判别临界值（或称分界点后面给出）进行比

较，就可以判别它应属于哪一个总体。

3. 贝叶斯判别法

贝叶斯(Bayes)判别法随着总体个数的增加，建立的判别式也增加，因而计算起来还是比较麻烦。如果对多个总体的判别考虑的不是建立判别式，而是计算新给样品属于各总体的条件概率 $P(l/x), l=1,\cdots,k$。比较这 k 个概率的大小，然后将新样品判归为来自概率最大的总体，这种判别法称为 Bayes 判别法。

(三) 偏最小二乘回归

由于多元回归分析不能解决自变量间存在的多重相关性问题，而主成分分析法采取成分提取的方式，虽然可以很好处理自变量间的相关性问题，但对因变量却缺乏合理的解释，因此造成模型的结果不是让人很满意。

偏最小二乘回归是一种新的多元统计数据分析方法，它于 1983 年由伍德和阿巴诺等人首次提出。偏最小二乘回归即 PLSR(partial least—squares regression) 采用成分提取的方法，克服了变量间存在的多重相关性。作为第二代回归分析方法，偏最小二乘回归集多元线性回归分析、典型相关分析和主成分分析的基本功能为一体，将建模预测类型的数据分析方法与非模型式的数据认识性方法有机地结合起来，即：偏最小二乘回归 ≈ 多元线性回归分析 + 典型相关分析 + 主成分分析。

因此，偏最小二乘回归较传统的回归分析、主成分回归具有更大的优势，从而使模型精度、稳健性、实用性都得到提高。

(四) 聚类分析

聚类分析又称群分析，它是研究(样品或指标) 分类问题的一种多元统计方法。所谓类，通俗地说，就是指相似元素的集合。严格的数学定义是比较麻烦的，在不同问题中类的定义有所不同。

聚类分析起源于分类学，在分类学中，人们主要依靠经验和专业知识来实现分类。但随着生产技术和科学的发展，人类的认识不断加深，分类越来越细，要求也越来越高，有时光凭经验和专业知识是不能进行确切分类的，往往需要定性和定量分析结合起来去分类，于是数学工具逐渐被引进分类学中，形成了数值分类学。后来随着多元分析的引进，聚类分析又逐渐从数值分类学中分离出来而形成一个相对独立的分支。

聚类分析内容非常丰富，有系统聚类法、有序样品聚类法、动态聚类法、模糊聚类法、图论聚类法、聚类预报法等。在社会经济领域中存在着大量分类问题，需要分类的问题很多，因此聚类分析这个有用的数学工具越来越受到人们的重视，它在许多领域中都得到了广泛的应用。

(五) 人工神经网络

1. 人工神经网络模型的基本原理

人工神经网络即 ANN(artificial neural networks)是通过数学方法对人脑若干基本特性进行抽象和模拟，是一种模仿人脑结构及其功能的非线性信息处理系统。

2. 人工神经网络的特点

(1)大规模并行处理

神经网络的大规模并行处理不仅为了快,而且强调对决策有关的因素同时处理。不过,单纯的并行网络不能很好地体现因果关系和信息的相互影响,性能好的网络应是大规模的并行处理与串行处理的有机结合。

(2)容错性与鲁棒性

容错性是指允许输入信息有畸变、缺损等;鲁棒性是指网络少量元件的损坏不影响整体功能。因此局部神经网络的故障并不影响整体神经网络输出的正确性。

(3)自学习性、自适应性和自组织性

神经网络可以处理各种变化的信息,而且在处理信息的同时,非线性动力系统本身也在不断变化,即可以通过信息的有教师和无教师学习,实现对任意复杂函数的映射,从而适应环境的变化。

(4)非线性映射能力

对多层前馈网络,由于它能学习和存储大量输入——输出模式映射关系,无需事先了解描述这种映射关系的数学方程。只要能提供足够多的样本模式对供网络进行学习训练,它便能完成由 m 维输入空间到 k 维输出空间的非线性映射。

(5)泛化能力

多层前馈网络学习训练后,能将所提取的样本对中的非线性映射关系存储在权值矩阵中,以便在其后的工作阶段运用,体现了它的联想记忆能力。多层前馈网络的泛化能力,是衡量多层前馈网络性能优劣的一个重要指标。

(六)小波分析

小波分析属于一种时频分析。传统的信号分析是建立在傅里叶变换的基础之上的,由于傅里叶分析使用的是一种全局的变换,要么完全在时域,要么完全在频域,因此无法表述信号的时频局域性质,而这种性质恰恰是非平稳信号最根本和最关键的性质。为了分析处理非平稳信号,人们对傅里叶分析进行了推广,提出了一系列的新理论,其中小波分析(wavelet analysis)就克服了傅里叶分析不能作局部分析的缺点。因此,小波分析以时间——频率局部化分析的卓越效果誉满全球。

小波分析目前已经成功应用于信号处理、信息获取与处理、图像压缩、语音编码、模式识别、量子场论、地震勘探、雷达、CT 成像、彩色复印、流体湍流、天体识别、机器视觉、机械故障诊断与监控、数字电视以及许多非线性科学领域,取得了大量的研究成果。它与分形理论、神经网络等联合互补,对当今的自然科学产生了巨大的冲击力和推动作用。

(七)其他数据分析方法

除了上述的六种数据处理和分析方法以外,目前在试验数据处理和分析方面,还广泛应用灰色系统理论、模糊数学理论和支持向量机等。研究人员可以根据实验目的要求以及试验数据的特征等,选用合适的数据分析和处理方法,以便从试验数据中发现隐藏的规律和科学事实。

习　题

[思考题]

1. 进行一项科学课题研究，大致需经过哪几个过程？

2. 怎样阅读科技文献？阅读的重点是什么？

3. 为什么要进行试验设计？有哪些常用的试验设计方法？

4. 如何对正交试验结果进行分析？

5. 对实验数据进行统计分析的目的是什么？

6. 简述进行线性回归分析的基本方法和步骤。

[训练题]

1. 在发酵生产纤维素的研究中，发酵液的 pH 值和残糖量随发酵时间而发生改变，实验数据如下：

发酵时间(d)	0	1	2	3	4	5	6	7	8
pH 值	5.4	5.8	6	5.9	5.8	5.7	5.6	5.4	5.3
残糖量(g/L)	24.5	13.3	11.2	10.1	9.5	8.1	7.8	7.2	6.5

试绘出发酵液的 pH 值与发酵时间以及残糖量与发酵时间的关系曲线，并根据图形说明发酵液的 pH 值和残糖量随发酵时间的变化情况。

2. 研究乙炔和空气流量变化对铜在某波长上吸光度的影响，得到下面表示吸光度的数据。请对试验数据做方差分析，判断乙炔和空气流量两个因素对试验结果的影响。

乙炔流量 (L/min)	空气流量(L/min)				
	8	9	10	11	12
1.0	81.1	81.5	80.3	80.0	77.0
1.5	81.4	81.8	79.4	79.1	75.9
2.0	75.0	76.1	75.4	75.4	70.8
2.5	60.4	67.9	68.7	69.8	68.7

3. 在黄芪提取工艺研究中，研究浸提时间和加水量对样品中黄芪甲苷含量的影响，得到试验数据如下表所示。试作出样品中黄芪甲苷含量随浸提时间和加水量的变化曲线，对数据进行回归分析，给出回归方程并对方程的显著性进行检验、确定因素主次顺序。

试验号	浸提时间(min)	浸提次数	加水量(倍)	甲苷含量(mg/L)
1	30	1	8	15
2	40	2	11	37
3	50	3	7	46
4	60	1	10	26
5	70	2	6	34
6	80	3	9	57
7	90	3	12	57

4. 在利用乙醇水溶液分离农作物秸秆中的木质素的研究中，考察了溶液浓度、温度和时间对木质素得率的影响，因素水平如下表所示。将三个因素依次安排在正交表 $L_9(3^4)$ 的 1、2、3 列，不考虑因素间的相互作用。9 个试验结果（得率%）依次为：5.3，5.0，4.9，5.4，6.4，3.7，3.9，3.3，2.4。试分析确定因素主次和优方案，并画出趋势图。

水　平	溶液浓度 A(%)	反应温度 B(℃)	反应时间 C(h)
1	60	140	3
2	80	160	2
3	100	180	1

第四章

结题与成果申报

内容要点

- 结题的内容
- 结题的形式
- 科技成果的申报与管理
- 科技成果的保护与维护

结题是对课题研究结果进行总结、探讨、理论阐释及提出新问题的过程。结题有多种形式(如提交课程报告、课题验收、课题鉴定等)。

科技成果通常要进行鉴定和申报,对于已取得的科技成果既要合法保护(如专利申请等)又要考虑推广(如成果转化等)。

第一节 结题的内容与形式

一、结题的内容与意义

结题是指科研课题研究即将结束时,对课题研究进行总结、研讨、理论阐释及提出新问题的过程。结题检查是加强课题管理、提高科研质量的重要环节。通过结题工作的开展,可以全面检查、分析课题研究的过程与结论,凝练成果并发现所存在的问题,进而提出下步工作的意见和建议。

1. 结题的内容

结题阶段要求学生对整个研究性学习过程进行全面的回顾和总结,以获得较好的研究结果,其内容主要包括:

(1)处理资料,提炼观点

在课题研究实施过程中,同学们通过各种渠道获得了很多资料、实验数据和研究结果,这些也都是对科学问题进行研究并形成观点的依据。可是繁杂的资料只有进行加工处理后方能用于分析问题、提炼观点,所以资料的处理和筛选是结题阶段同学们首先要做的工作。

(2)总结研究成果,撰写结题报告

资料经过初步加工整理后,课题研究者再经过分析、推理就可以获得课题研究的成果。研究成果可以是文字,也可以是实物。结题报告就是研究成果的书面表达形式,其类型多种多样，常见的有调查报告、实验报告、项目总结、经验总结以及小论文等，无论何种类型的结题报告都要阐明自己的观点。

(3)成果的展示和交流

一般来说，大学生科研的过程或成果都可以一定的形式加以展示、交流。一方面通过成果的展示和交流来体现课题的研究价值，产生辐射作用；另一方面为学生再次提供创造的机会和学会欣赏别人的机会。目前，国内许多高校或主管部门都有各类科技竞赛与会议，也都是同学们科研成果的展示和交流的很好的平台和载体。

(4)结题答辩

结题答辩是专家、老师和同学对学生研究的一次总的检测，也是学生向别人展示自己的研究成果、锻炼自己口头表述能力、全面提高个人素质的极好机会。

(5)成果的鉴定和评价

大学生科研成果的鉴定和评价是为了让学生清楚自己取得的成绩和存在的不足，使之成为学生受到教育、加深对研究过程认识以及改进研究工作的重要手段，所以这是结题工作的重要一环。

2. 结题的意义

科研课题的研究过程受到课题管理部门与研究者共同约束，不同于个人随意开展的研究。以正式的结题方式呈现研究取得的成果，表示课题管理部门与研究者双方约定的研究任务的达成。结题也是课题研究过程之一，通过结题可以发现好的或潜在的研究成果，经同行专家指导或推广，以提升成果的理论价值和实践应用价值；课题管理部门通过听取研究者、结题鉴定专家对课题研究和管理工作的建议和意见，从而改进工作。研究者通过结题形成、开发、应用课题研究的经验及研究成果。结题为研究者提供了听取同行评议、反思自己研究过程和研究行为的机会，有利于发现研究中存在的问题或是产生新问题，为更深入研究开辟了道路。

二、结题材料的准备

结题材料是科研项目结题的一个必要组成部分，材料准备的好与坏也直接影响了结题的质量。当一个科研课题结题时，其要准备的结题材料有很多，从时间来说，可以分为前期材料、中期材料和后期材料等。

从材料所表达的内容来说，又可以分为项目材料、研究材料和成果材料：

1. 项目材料

主要有项目申请书、批准文件、项目计划书(合同)、年度计划总结等。

2. 研究材料

是指对项目研究过程记录和证明材料，主要包括：研究过程中的观察记录、问卷调查表、研究中原始数据、表格、图片、课题论证记录、研讨活动记录、实验表征、检测记录等。

3. 成果材料

是指项目研究所取得的成果的有关论述、证明材料，主要包括结题报告、验收报告、科研成果(论文、研究报告、著作、实物、专利、获奖、应用证明等)。如果研究成果已经应用，还应增加成果效益的相关证明材料。

经过选题和研究阶段对资料的收集、整理和分析，到结题阶段，作为科研课题的实施者，同学们所要解决的主要问题是对资料的使用，即用资料来提炼和表达自己的观点。正如不同的人科研能力有差别一样，同学们对研究所取得的资料、结果的整理与总结的能力也是不同的。这个过程本身也是一个需要不断学习、提高的过程。学校的老师、指导教师以及学校科研管理部门也都会以各种形式对同学们加以培训。

我们在处理资料时，应遵循以下原则：

1. 可靠性原则

资料要真实可靠，最好是从原始文献中摘录下来或来源于权威部门。有些资料是从三次文献中转摘下来，有时不够精确，因为三次文献是论述和述评类文献，是作者经过一次文献的整理后得到的包含作者自己观点在内的文献资料，在多次的转摘中有时会产生谬误。所以查找的资料一定要从原文、原件中核实才行，确保引文的原貌，忠于原文。更不能断章取义，要保持原文在文义上的完整性。同时，对已收集的第一手资料，还要审查获得资料的方法是否科学，再次确认其可靠性。

2. 有效性原则

所谓有效性即收集资料要有明确的针对性，是为了什么问题而选用的材料，准备从什么角度来说明问题的，不能模棱两可。一定要确保资料与观点之间有明确有力的说服与被说服的关系，对那些不能直击目标、针对性不强的资料要删去，重找那些能直击目标、最能说明问题的资料来替代。用多种类型的资料，从不同角度来论证观点。

3. 充分性原则

所谓材料的充分性即对资料的量的要求。资料太单薄，不能合理地推导出结论，仅仅根据一、二条资料就草率的下断言、作结论，这是缺乏科学态度的。不能在资料分析中有“缺口”。某一方面缺少的资料要及时补充，力求在充分占有资料的基础上得出准确客观的结论。在研究过程中，研究必须尊重客观，不能以主观认识来解释、分析资料，不能硬使资料佐证自己的主观臆想。

4. 典型性原则

收集到的资料在其本身质量和所起作用上是不一样的。有的资料深刻、全面，有的资料则一般；有的资料对观点起强支撑作用，有的资料只起一般作用。在运用资料时，要保留那些质量高、作用大的典型资料，去掉重复过时的资料，使资料能直击观点。

5. 时间性原则

所谓时间性指的是尽量选择最新出版或发表的资料，这类资料与现实联系紧密，能鲜明体现当今时代的特点和要求，同时也最能触发新思维，启发灵感，展示一个新的视角。对于一些明显过时的资料应予以删除。

三、结题的形式

科研课题的研究过程、成果的评定要从学术性、科学性角度来判断。结题就是一个总结、评价、提高的过程。一般来说，结题的形式有提交结题报告、课题验收、课题鉴定等。

1. 结题报告的格式与撰写注意要点

结题报告是课题研究人员撰写的，旨在反映课题研究过程和结果的书面材料。研究人员通过撰写结题报告向上级汇报开展研究工作的情况和成果，取得上级的承认、支持和理解；通过结题报告在同行或同学之间进行交流；在学术刊物上发表自己的研究成果以扩大影响。此外，大学生撰写结题报告可以培养自己归纳、总结、概括、推理和论述能力，学会展示自己的工作和成果；总结和反思自己的研究工作，不断提高自己的科研水平。

由于结题报告主要是向课题的委托方（科技管理部门、企业）或读者介绍自己的研究过程和结果，其基本要求是客观、全面和清晰。通常来说，科研课题的管理部门也都会根据不同类型的课题给出相应的结课报告的基本格式与要求。其核心内容是要介绍清楚做了什么事情（研究的题目）、是谁做的（课题组成员——课题负责人、组员是谁）、为什么要做（课题的目的、意义、来源及背景）、怎样做的（课题研究的过程）、做得怎样（课题研究的结果）、讨论或体会（有哪些尚待解决的问题需要和同行探讨；有哪些感受向同行交流）、参考文献（要注明参考文章的作者、名称、著作或刊物的名称、出版社名称、期刊号及发表或再版时间以及文章所在页码，如果是网上查寻的，还应注明网址）等。

结题报告的种类很多，主要根据课题类型和读者对象进行选择。不同课题所要求的结题报告可以是论文、综合研究报告、调查报告、科学研究报告、设计报告和读书报告等。结题报告把自己的工作过程和成果展示给别人，只要是有利于表述，格式上是可以变通的。

结题报告由题目、摘要、引言、本论（正文）、结果和讨论、参考文献等部分组成：

（1）题目

是课题研究内容的高度概括，要用尽可能少的文字，把所要阐述的问题的实质告诉读者。题目要醒目、得体，准确地表达报告的主要内容。

（2）摘要

是课题研究的主要内容的提要与结果的简短总结，应简要、直接地说明研究的问题、所用的方法、产生的结果和主要结论，使读者看了摘要后能了解报告的概貌。摘要虽然放在报告的前面，但往往是最后写成的。

（3）引言

又称为导言、前言，写在正文之前，犹如戏剧舞台上的序幕。引言主要用以说明结题报告写作的目的、研究的理论框架、研究的经过和研究成果的意义，并提出报告的中心观点。

（4）本论（正文）

占结题报告的绝大部分篇幅，它是表达研究成果的部分，主要描述取得成果所用的研究方法或论证手段。本论要较详细地阐述研究者所采用的研究方法和手段的具体情况，要突出重点，说明结果产生的条件及相关因素。对于读者不容易了解或容易产生误会的地方，必须明确加以解释。

（5）结果与讨论

结果是总结课题研究的数据和有关的统计分析、调查推论，应简短地说明每一个结果（包括与自己假设或观点不一致的结果）与研究假设的关系。讨论则是对研究结果的评价，应说明结果是否支持了研究的假设或观点，并讨论其有效性及理论、现实意义，同时还应指出本课题研究的局限或进一步需要研究的问题。

（6）参考文献

一般列于结题报告的末尾，应该列出报告中所直接提到或引用的资料来源，包括资料的时间、内容、作者、发表的刊物名称及页码或网站的网址等。

对于大学生来说，从事科研的经历比较少，有的人在学校期间也可能只有一次。所以除了以上基本的格式和要求外，要想写好结题报告，还需注意两点：

① 齐心协力、精益求精。结题报告一般由一个同学具体执笔，但需要其他组员的密切配合。在书写报告前，执笔者最好先口头报告一次，征求意见，以使书面报告趋于完善；报告语言要准确、简洁、易懂；报告完成后，全体组员可以展开讨论，作出进一步的核定、修改、完善。

② 要设计好表格。很多研究结果是以表格的形式来呈现的，表格对总结结果非常有效，特别是报告中包括大量的统计资料时更是如此。但表格内容必须清楚易读，排列要适当，组织要符合逻辑。构建一个相对清晰的表格应注意：表格的名称与内容一致、标题准确、内容清晰、格式一致等。

2. 几种常用结题报告的形式

(1)论文

论文和研究报告相比最大区别在于研究报告突出的是研究的过程性，而论文着重体现研究的结论性和理论性。论文最重要的是要有鲜明的观点和理论体系。作者通过自己研究所取得的大量事实论据和理论论据，通过周密的推理，论证自己的结论和观点的正确性和实际价值。论文的结构为：题目、作者、内容摘要、绪论、本论、结论、参考文献等。

(2)综合研究报告

综合研究报告适用于在课题研究过程中采用了多种研究方法或手段的课题。综合研究报告与论文相比在于它能很好地展示研究的过程，同时它又与科研报告和调查报告不同，它不像后者个性那样鲜明，所以它体现报告的综合性和一般性，其着重点在于介绍研究的过程。

综合研究报告的结构为：题目、作者、课题的由来、课题的目的和意义、人员分工、方法、步骤、研究的过程、研究的结果、结论、对策、意见或建议、体会、参考文献等。

(3)科研报告

科研报告适用于用科学实验的方法进行研究的课题。科研报告的个性比较鲜明，它主要适用于科学实验类的研究。它不仅体现了研究的过程性，更应体现其科学性和周密性。其着重点应体现在原理的科学性，过程的完整性、周密性，数据的准确性，结论的正确性。

科研报告的结构为：课题名称、项目负责人及课题组成员、课题的由来、课题的目的和意义、人员分工、方法、步骤、实验的原理及预期结果、实验的器材和物品、实验的过程、实验的结果、关于结果的讨论、结论、参考文献等。

(4)调查报告

调查报告适用于用调查的方法研究的课题。调查报告不仅要反映调查的过程，还必须明确调查的要素(时间、对象、范围、内容、方法等)，其着重点应反映调查方法的科学性、范围的覆盖性和对象的代表性，突出表现结果的准确性。通过调查者透彻的分析找出规律，使读者正确认识事物的本来面目，为决策者提供有价值的建议。

调查报告的结构为：题目、调查组负责人及组内成员、概述、事实描述、事实分析、结论、处理意见或建议等。

(5)设计报告

设计报告适用于设计类的课题。设计类研究报告的特点不仅在于过程性，还在于其创造性。由于此类报告大多研制的是新产品，所以其报告要向读者介绍产品设计的科学性、合理性和适用性；产品介绍一定要体现直观性、全面性和先进性。

设计类研究报告的结构为:研究的题目、课题组成员、课题由来、课题的目的和意义、研制的原理、人员分工、研究的方法和步骤及所用时间、研究所需条件、研制的过程、研制的结果、产品介绍、参考文献等。

3. 科研课题结题报告的内容与要求

(1)课题提出的背景与意义

这个部分内容的陈述,要求用两、三段简洁的文字讲清选择这项课题进行研究的原因、理由,回答好"为什么要选择这项课题来研究"这个问题。课题研究的意义包括理论意义和现实意义。

(2)课题研究的目标

体现的是本课题研究的方向,是本课题研究所要最终达到的目的。这个部分的陈述,要注意目标要具体,不要过于空泛、过于原则,或没有扣紧课题题目以及与研究内容的一致性。

(3)课题研究的主要内容

陈述的是课题研究的范畴,课题研究的着力点。对研究主要内容的表述应当紧扣研究目标,简明扼要,准确中肯。在陈述课题研究的主要内容时,有的将子课题表述成研究的内容,这也是一种简洁明了的表述办法。既然是研究了,那么其在结果中就应有所体现。

(4)课题研究的方法

指的是该项课题在研究时所采用的科学方法。一项课题的研究,往往要采用多种科研方法。比如实验法,同时也可能采用问卷法、调查法、统计法、分析法等。

(5)课题研究的步骤与技术路线

这部分的陈述就是要将围绕科研目标,在实施过程中所采取的阶段、方案等介绍清楚,让别人能清楚地知道课题研究是如何进行的,有什么样的过程等。要通过回顾、归纳、提炼,具体陈述课题研究的主要过程,具体陈述采取哪些措施、策略或基本的做法来开展研究。

(6)课题研究成果

这是整篇结题报告中最为重要的部分。一个结题报告写得好不好,是否能全面、准确地反映课题研究的基本情况,使课题研究成果具有推广价值和借鉴价值,就看这部分的具体内容写得如何。研究成果应从理论和实践两个方面将研究所取得的论点、数据、模型、结构等主要成果提炼、归纳进来。

(7)展望与设想

这部分是要结合对自己研究成果的分析,提出本课题及研究方向存在的主要问题及今后的研究打算与建议等。这部分内容可以简明、客观、简单一些。

第二节　科技成果的申报与管理

科技成果是指对科学技术研究课题,运用系统分析的方法,通过调查考察、实验研究、设计试制和辩证思维活动,所取得的具有一定学术意义或实用价值的创造性研究成果。当一个科研课题或者项目结束后,取得的成果是什么?如何保护、应用这个成果?这是必须要关心的问题。从管理角度来说,科研成果管理内容比较丰富,包括检查、评审、验收、鉴定、登记、建档、上报、奖励、保密、交流、专利申请、推广、转让、应用及统计分析等多个方面。其中,有的是由管理部门或者科研工作者分别完成的,有的则是要双方共同完成的。

一、科技成果的分类

科技成果是社会的重要精神财富和物质财富，是国家的重要智力资源，也是衡量从事科技活动人员贡献大小的重要标志。科技成果必须具备创新性、先进性、成熟性、实用性等特点。根据科技成果的作用与功能，可将其划分为三种类型：

1. 科学理论成果

科学理论是在认识客观世界的过程中所取得的发现，阐明自然现象、特征、规律及其内在联系，在学术上有新见解，并对科学技术的发展或国民经济建设具有指导意义的研究成果，其中包括基础研究理论成果和应用基础研究理论成果。

2. 应用技术成果

应用技术成果是在改革客观世界的过程中，为解决生产建设与社会发展中的科学技术问题所取得的具有创新性、先进性、成熟性和实用性的研究成果，包括新技术、新工艺、新产品、新材料、新设备、新方法、新用途以及为社会公益服务的标准、计量、科技情报等技术基础工作。

3. 软科学成果

软科学成果是指运用系统、信息、控制论原理及方法，为决策科学化和管理现代化而进行的创造性研究成果，对促进科技、经济与社会协调发展起重大作用，在有关战略、政策、规划、评价、预测、科技立法及有关管理科学与决策科学的研究中，作出创造性贡献，并能取得明显的社会、经济效益。

二、科技成果的鉴定

成果鉴定是指以某种方式对课题的研究过程、成果进行鉴定，以确定课题是否按立项的目标、计划开展以及成果水平如何等。随着我国社会主义市场经济体制逐步走向成熟，推动国家科技创新的力量逐渐多元化，科技创新活动也日益趋于多样性、复杂性。高校大学生作为国家未来科技发展的主力军，其参与科技创新活动不仅锻炼了自我，也将会在参与的过程中获得大量的科技成果。科研成果鉴定是指有关科研行政管理部门聘请同行专家，按照规定的形式和程序，对科研成果进行审查和评价，并做出相应的结论。科技成果的鉴定是检验科研课题完成情况与成果水平的有效与通用方式。

（一）科技成果鉴定内容与形式

通常来说，高校的科研管理部门（科研处）归口管理全校的科研成果鉴定工作。对于已完成科研课题计划书规定的任务要求或合同的约定内容及课题技术资料齐全的课题都可以申请成果鉴定。提交了成果鉴定申请后，课题主管部门会组织相应的成果鉴定。

科研成果鉴定的主要内容包括：是否完成技术合同或计划任务书要求的指标，技术资料是否齐全完整并符合规定，应用技术成果的创造性、先进性和成熟程度，应用技术成果的应用价值及推广的条件和前景，存在的问题及改进意见等。

科研成果鉴定形式大致可分为检测鉴定、函审鉴定和会议鉴定三类。

1. 检测鉴定

是指由专业技术检测机构通过检验、测试性能指标等方式，对科研成果进行评价。

2. 函审鉴定

指同行专家通过书面审查有关技术资料，对科研成果做出评价。不需要进行现场考察、测试和答辩即可做出评价的科研成果，可以采用函审鉴定形式。

3. 会议鉴定

指由同行专家采用会议形式对科研成果做出评价。需要进行现场考察、测试，并经过讨论答辩才能做出评价的科研成果，可以采用会议鉴定形式。

（二）科技成果鉴定的程序

1. 检测鉴定程序

（1）组织鉴定单位指定对口的检测机构，向检测机构和成果完成人下达委托书。委托书是检测机构受理检测鉴定的依据；

（2）成果完成单位持委托书并携带成果实物和相关技术资料到指定的检测机构进行检测。成果完成单位应向检测机构介绍成果的具体情况，但不得干扰检测机构独立进行检测工作。

（3）检测机构在接到委托书和被检测的成果后，一般在一个月之内完成检测工作，并出具检测报告。委托书的有效期为两个月。

（4）检测机构须在检测报告上加盖成果鉴定——检测专用章。专用章由检测机构的认定机构统一刻制。

（5）检测机构对被检测成果的个别技术指标不能进行检测时，可委托其他机构对该指标进行检测，必要时可使用成果完成单位的仪器设备，但事先必须确定该仪器或设备的可靠性。

（6）检测机构认为被检测成果不在本机构的检测范围之内时，应及时向组织鉴定单位提出，由组织鉴定单位指定其他检测机构。

（7）检测数据难以全面表征被鉴定成果性能、水平时，组织鉴定单位可会同检测机构聘请同行专家，并指定一名负责人，对成果作出综合评价，形成书面评价意见。

（8）检测机构将检测报告和评价意见一并送组织鉴定单位审查，组织鉴定单位将检测报告和评价意见作为《鉴定证书》中的鉴定意见。

（9）检测报告和评价意见（原件）由组织鉴定单位存档并将其内容进入软盘。

2. 会议鉴定程序

（1）组织鉴定单位批复鉴定申请后，主持鉴定单位应当及时拟定并发出召开鉴定会的通知（其他任何单位不得另发与鉴定会有关的通知或请柬）。

（2）鉴定会举行时，首先由主持鉴定单位的负责人宣布鉴定会开始，宣读鉴定的批复文件，宣布鉴定委员会名单，报告出席鉴定会专家人数，宣布由鉴定委员会主任或副主任主持技术鉴定。

（3）在鉴定会主任主持下，成果完成单位、专家测试组、用户单位等分别做工作总结报告、技术研究报告、测试报告、应用报告。

（4）专家进行现场考察或观看演示。

（5）专家质疑。专家根据已经审阅的鉴定材料和听取汇报、现场考察或观看演示等，提出质疑。成果完成单位必须据实回答专家提出的问题和提示所需的原始技术资料。

（6）专家评议。采取背靠背的形式，成果完成单位所有人员回避，由鉴定委员会进行独立评议。根据评议情况，由鉴定委员会指定的鉴定委员起草鉴定意见，不能由其他人代拟。

不明确写上存在问题和改进意见的鉴定意见视为无效鉴定，组织鉴定单位或主持鉴定单位应退回重新鉴定，予以补正。参加鉴定会的专家和列席会议的人员不得以任何理由将评议情况，特别是将讨论中的不同意见对外泄露。

(7)鉴定意见形成后，鉴定委员会在鉴定意见原稿和《鉴定证书》中鉴定委员会签字表栏签字。不同意鉴定意见的委员有权拒绝签字。经专家签字的意见原件和现场测试报告由组织鉴定单位存档进入软盘，复印件交成果完成单位填写《鉴定证书》用。

科技成果经鉴定委员会评议未通过的，鉴定委员会应正式出具未通过的书面理由，经组织鉴定单位审核后，通知成果完成单位，并报其主管部门，将书面理由存档。

(8)鉴定意见形成后，组织鉴定单位或者主持鉴定单位的领导主持会议，鉴定委员会主任或副主任在鉴定会上宣布鉴定意见，有关领导讲话。鉴定会结束。

3. 函审鉴定程序

(1)组织鉴定单位选聘函审专家组成函审组，并指定正、副组长。

(2)组织鉴定单位将同意鉴定的批复件、《科学技术成果函审表》(以下简称《函审表》)和技术资料送函审专家审阅，函审专家收到函审材料后，按会议鉴定评议内容进行审查，在《函审表》中填写审查意见，一个月内将已填写审查意见的《函审表》、技术资料、《科技成果鉴定证书》初稿寄回组织鉴定单位。

(3)组织鉴定单位将各函审专家已填写审查意见的《函审表》寄函审组正、副组长，函审组正、副组长根据专家的函审意见，写出综合鉴定意见，签字后寄组织鉴定单位。

(4)鉴定意见经组织鉴定单位审核后填写在《科技成果鉴定证书》的鉴定意见栏。

(5)函审鉴定意见原件和《函审表》由组织鉴定单位保存。

(三)《科技成果鉴定证书》颁发程序

无论是哪种形式，当成果通过鉴定后，组织鉴定单位按照国家科委制订的标准格式颁发《科技成果鉴定证书》。其程序为：

(1)成果完成单位将专家签字的鉴定意见填写在《科技成果鉴定证书》的鉴定意见栏中，再将《科技成果鉴定证书》送主管鉴定单位和组织鉴定单位主管领导审查签署意见。

(2)《科技成果鉴定证书》由组织鉴定单位按年度统一编号，并填写鉴定批准日期。

(3)成果完成单位按国家科委制定的格式和尺寸要求印刷《科技成果鉴定证书》，《科技成果鉴定证书》最多不超过50份。

(4)印制的《科技成果鉴定证书》先送主持鉴定单位审核无误后，加盖主持鉴定单位科技成果鉴定专用章，再送组织鉴定单位审核，无误后加盖组织鉴定单位科技成果鉴定专用章，《科技成果鉴定证书》生效。

(5)科技成果鉴定会全部程序完成后，组织鉴定单位按照档案管理部门的要求，将《科技成果鉴定申请表》、《科技成果鉴定证书》原件和全套技术文件和资料存档。

三、科技成果的奖励与申报

(一)科技成果的奖励

科技奖励是对在科技活动中做出重大贡献的科技人员进行的褒赏，是科技人员获得承认的重要方式，是我国科技政策的重要组成部分，也是国家科技发展的重要调控手段。随着我国社会发展和科学技术的进步，我国的科技奖励基本形成了具有中国特色的科技奖励制度，以国家科学技术进步奖的设立为重要标志，建立了国家、省部级科学技术奖励体系。

近年来，国家科技奖励工作把推动自主创新摆在突出位置，强化对原始性创新的奖励力度，在奖项设置、奖金额度、奖励数量、评奖机制以及鼓励社会力量设奖等方面进行了一系列的改革。如在国家三大奖中，都突出了获奖成果的自主创新水平：国家自然科学奖突出对具有科学价值并得到国际学术界公认的重大基础研究成果的奖励；国家技术发明奖突出对核心技术取得自主知识产权的重大技术发明的奖励；国家科技进步奖把奖励集成创新和引进消化吸收再创新作为重点，鼓励科学技术研究与经济社会的紧密结合。并加大国家自然科学奖和国家技术发明奖的奖励数量和奖励比重，鼓励原始创新。在社会力量设奖方面，一批专门奖励自主创新成果的奖项先后登记并开展奖励活动，那些已开展多年的奖项也进行了调整，加大了奖励自主创新的力度。科技奖励工作这一系列的改革措施进一步突出了激励自主创新的政策导向，推动了建设创新型国家战略的实施。

一般来说，国家、省和各个高校都有相应的科技成果奖励的相关政策。大学生在完成科研课题或者其他实践活动过程中所取得的科研成果，只要是符合相关规定都可以申报相应的奖励。

从学科上来分，我国的科技成果奖励可分为自然科学类和人文社会科学类。从成果内涵上分则可分为以下几类：

1. 发明奖

属于改造客观世界的科学技术新成果，具备“前所未有的、先进的、经过实践证明可以应用的”，可申报国家发明奖。

2. 科技进步奖

推动科学技术进步，取得明显经济效益和社会效益的科技成果，可申报省、部级。特别优秀的由省、部级成果管理机构推荐申报国家科技进步奖。

3. 社会科学奖

人文社会科学可申报省、市级社会科学成果奖。

4. 其他奖项

包括各种行业、专业科技成果奖，如机械工业奖、艺术作品奖、大学生科技作品奖等。

（二）科技成果的申报

1. 自然科学类科技成果申报

自然科学成果经鉴定或评审后，需先进行成果登记方可参加各类科技奖的申报。基础研究类成果的主要论著应在国内外公开发行的学术刊物上发表或者作为学术专著出版一年以上，其重要科学结论已为国内外同行所引用或者应用；应用性成果必须正式投入使用或生产一年以上（且目前仍在使用）。但是项目成果有下列情况之一者不得申报：涉及国防、国家安全及由于国家安全、保密等原因不能公开的项目；不符合报奖条件或不属于当年省科技进步奖评奖范围；未经成果鉴定或评审；未进行成果登记；应用性成果未取得经济或社会效益，理论成果未被引用；成果处于争议阶段。

凡集体或个人的阐明自然的现象、特性或规律的科学研究成果，在科学技术的发展中有重大意义的，可申报自然科学奖；应用于社会主义现代化建设的新的科学技术成果，推广、采用已有的先进科学技术成果并取得重大经济、社会效益的可申报科技进步奖；一项重大的科学技术新成就，并同时具备前人所没有的、先进的、经过实践证明可以应用的可以申报发明奖。

2. 人文社科类科技成果奖申报

公开出版或公开发表的专著、论文、调查研究报告、工具书、译著等；未公开出版或发表，但被中共中央和国务院有关部委或省、自治区、直辖市党委和政府认为有重要价值，并作为决策依据的内部研究报告、调查报告、咨询报告等。

项目成果有下列情况之一者不得申报：不符合申请基本条件的；弄虚作假或剽窃他人研究成果的；著作权存在争议的；项目已被撤销的。

第三节 科技成果的保护与推广

随着知识经济的迅猛发展、经济全球化进程的加快，自上世纪 90 年代以来，知识产权已经成为决定一个国家和地区经济发展的重要因素。其在国际竞争中的重要性与日俱增，已从传统法律意义上的研究单位和科研人员的权利，逐渐成为了国家科技和经济争取竞争优势的重要手段。同时，它也是高等学校科技实力和科技水平的重要标志，是高等学校为国家科技、经济和社会发展服务的重要体现，必须引起高度关注并加以保护。

进入本世纪以来，世界上发达国家纷纷制定国家知识产权战略，许多国家把知识产权从原来的法律范畴提升到国家发展战略的宏观高度，把加强知识产权工作作为在科技、经济领域夺取和保持竞争优势的一项重要战略。而我国经济能否真正融入经济全球化的大潮，很大程度上取决于能否加快完善知识产权制度，加快提高自主知识产权的创造、管理、实施和保护能力。因此，积极推进知识产权战略的研究和制定，加强知识产权保护，已经成为发展高科技、实现产业化、增强国家综合竞争能力的战略选择。

一、知识产权与保护

高等学校作为国家科技创新的源头，无论是从实现国家繁荣昌盛和民族伟大复兴的战略高度，还是从服务国家发展战略的总体需要来说，高校更应该加强知识产权保护的力度。同学们通过科学研究活动取得的科技成果，不论成果价值多大，就目前有关知识产权保护的专门法律来看，均不能直接产生独占权利，科技成果要想获得法律保护，必须通过获得其他知识产权的方式进行保护。从一定意义上讲，科技成果首先要通过某种途径依法确认才能产生相关的知识产权，科技成果的知识产权属性不是科技成果自然产生的，更不是科技成果完成人所“声称”的科技成果是重要的无形资产，但要用知识产权来保护才能具备财产权特征。一项科技成果可以拥有多项具备财产权特征的知识产权，但拥有科技成果不等于自动拥有了知识产权

1. 知识产权的发展

知识产权是一类法定权利，它必须依法产生，任何人不能随意宣布自己拥有某项知识产权，所有知识产权都必须得到法律的授权才能得到确认。科技成果是产生知识产权的源泉之一，知识产权是保护科技成果的手段，科技成果中符合知识产权保护条件的应当采取知识产权形式的保护。知识产权本来就是工业经济时代为保护和促进技术成果产业化、商品化

而诞生的一种新型权利，是人们对创造性智力活动依法享有的专有权利，其本质是一种智力产品在市场交易中获得的经济权利，其产生、行使和保护与市场紧密结合。科技成果获得和保护知识产权的法律依据是知识产权法。依据知识产权法，对科技成果进行产权界定，使其成果的权利人在一定的期限内享有科技成果的独占权，并享受由此而产生的经济效益，是调动企业、个人乃至整个社会科技创新积极性的重要保证。只有使科技成果取得专利或其他法律规定的权利得到保护，才能最终形成自己独特的市场竞争优势。知识产权制度就是一种鼓励创新，鼓励科技成果转化和利益的激励机制，是一种成果权属机制，其植根于市场经济，以明确界定知识成果的产权并为之提供有效保护为其主要特征。

从各国知识产权保护实践来看，科技成果若不申请专利，将得不到国际承认，而且国外法律中也没有“科技成果权”这个概念。知识产权的立法目的则是界定相关产权，明确产权的范围与归属，从而实现科技成果的产权化。世界知识产权组织的统计表明：世界上 90%～95%的发明能够在专利文献中查到，并且许多发明只能在专利文献中查到，可以说，专利文献几乎记载了人类取得的每一项新技术成果，它融技术、法律、经济情报为一体，是世界上反映技术发展最迅速，最全面，最系统的信息资源。由此说明，其他国家，尤其是科技发达国家十分注重用专利来保护最新的科技成果。在全球科技经济，法律体系等一体化趋势日趋明显的大环境下，我国现行的科技成果管理体制不具有保护知识产权的作用，对获得的科技成果应选择合适的保护方式。没有有效的保护手段，科技成果将无法得到保护。

随着科学技术的进步和发展，知识产权的保护范围也将随之扩大和增加，但采取何种保护方式应由法律来规定。由于新技术的进步所带来的新的技术成果，可以通过扩大解释现有的知识产权特别法律，将其纳入现行知识产权保护体制内。例如，对计算机程序的保护就是通过重新定义著作权法中的作品概念来实现的，也可以制定专门的法律加以保护。我国现阶段对计算机程序、集成电路布图设计、商业秘密、植物新品种等的保护，均有法律保障，这些成果广义上都属于科技成果的范畴。随着新技术的迅速发展，知识产权保护的新领域也将会进一步得到拓展。面对知识产权领域新的客体，新问题，必须通过法律修正和新的立法使现有知识产权制度得到丰富和发展，以适应知识创新时代的需要。

2. 知识产权的内容

知识产权包含在科学、技术、文化、艺术等领域中，包括著作权与邻接权、专利权、工业品外观设计权、商标权、地理标志权、集成电路布图设计专有权、未披露过的信息专有权（商业秘密）、植物新品种权等。知识产权具有专有性和地域性等特征。其专有性表现为在一定时间内的独占排他权，即知识产权所有人的智力劳动成果未经其本人许可，任何人都不得使用和占有，知识产权只能授予一次。对知识产权的保护是有时间和地域限制的，超过保护期限的知识产权就进入公共领域，为人类共享。通常来说，知识产权可以分为以下四类：

（1）专利权

专利权是依法授予发明创造者或单位对发明创造成果独占、使用、处分的权利。专利权的主体是有权提出专利申请和专利权、并承担相应的义务的人，包括自然人和法人；专利权的客体是发明、实用新型、外观设计；专利权人的权利有独占实施权、许可实施权、转让权、放弃权、标记权；专利权人的义务有实施专利的义务、缴纳年费的义务。

（2）商标权

商标，是为了帮助人们区别不同的商品而专门有人设计、有意识地置于商品表面或其包装物上的一种标记。商标权是指商标使用人依法对所使用的商标享有的专用权利。商标权的主体是指申请并取得商标权的法人或自然人;商标权的客体是经过国家商标局核准注册受商标法保护的商标,即注册商标,包括商品商标和服务商标;商标权人的权利有使用权、禁止权、转让权、许可使用权;商标权人的义务是保证使用商标的商品质量、负有缴纳规定的各项费用的义务。

(3)著作权

著作权也称版权,是公民、法人或非法人单位按照法律享有的对自己文学、艺术、自然科学、工程技术等作品的专有权。著作权的主体是指著作权所有者即著作权人,包括作者、继承著作权的人、法人或非法人单位、国家;著作权的客体是指受著作权保护的各种作品;著作权的权利有发表权、署名权、修改权、保护作品完整权、使用权、获得报酬权。

(4)其他知识产权

随着经济和社会的发展,一些新的知识产权形式不断出现,比如域名权。Internet 中的地址方案分为两套:IP 地址系统和域名地址系统,两套地址系统实际上是一一对应的。域名具有作为知识产权的法律特征:标识性、唯一性、排他性;但作为一种新的知识产权形式,其有效保护手段需要不断研究和完善。

二、专利及其申请

知识产权保护一般是根据先申请原则来确定的,如专利权只授予先申请人,从而使其享有一定期限的独占权,法律上承认知识产权这一权利从一开始就是为了有目的地保护权利人的独占性。

1. 专利申请的类型

专利申请可分发明、实用新型和外观设计三种类型。针对产品、方法或者其改进所提出的新的技术方案,可以申请发明专利;针对产品的形状、构造或者其结合所提出的适于实用的新的技术方案,可以申请实用新型专利;针对产品的形状、图案或者其结合以及色彩与形状、图案的结合所作出的富有美感并适于工业应用的新设计,可以申请外观设计专利。

(1)申请发明专利

申请文件应当包括发明专利请求书、说明书(说明书有附图的,应当提交说明书附图)、权利要求书、摘要(必要时应当有摘要附图),各一式两份。

(2)申请实用新型专利

申请文件应当包括实用新型专利请求书、说明书、说明书附图、权利要求书、摘要及其摘要附图,各一式两份。

(3)申请外观设计专利

申请文件应当包括外观设计专利请求书、图片或者照片,各一式两份。要求保护色彩的,还应当提交彩色图片或者照片一式两份。提交图片的,两份均应为图片;提交照片的,两份均应为照片,不得将图片或照片混用。如对图片或照片需要说明的,应当提交外观设计简要说明,一式两份。

2. 专利的申请

一件发明或者实用型新专利申请应当限于一项发明或者实用新型。属于一个总的发明构思的两项以上的发明或者实用新型,可以作为一件申请提出。一件外观设计专利申请应当限于一种产品所使用的一项外观设计。用于同一类别并且成套出售或者使用的产品的两项以上的外观设计,可以作为一件申请提出。申请人申请专利时,应当将申请文件直接提交或寄交"国家知识产权局专利局受理处"收(以下简称专利局受理处),也可以提交或寄交到设在地方的国家知识产权局专利局代办处(以下简称专利局代办处),国防专利分局专门受理国防专利申请。

办理专利申请应当提交必要的申请文件,并按规定缴纳费用(有的学校为了鼓励学生申请专利,还专门出台了相应的资助与申请办法)。专利申请必须采用书面形式或者电子申请的形式办理,不能用口头说明或者提供样品或模型的方法,来代替书面申请文件。各种手续文件都应当按规定签章,签章应当与请求书中填写的姓名或者名称完全一致。签章不得复印。涉及权利转移的手续,应当有全体申请人签章,其他手续可以由申请人的代表人签章办理,委托专利代理机构的,应当由专利代理机构签章办理。办理手续要附具证明文件或者附件的,证明文件与附件应当使用原件或者副本,不得使用复印件。

专利局受理处或各专利局代办处收到专利申请后,对符合受理条件的申请,将确定申请日,给予申请号,发出受理通知书。对申请人面交专利局受理处或各专利局代办处的申请文件,当时进行申请是否符合受理条件的审查,符合受理条件的当场办理受理手续。

依据专利法,发明专利申请的审批程序包括受理、初审、公布、实审以及授权五个阶段。实用新型或者外观设计专利申请在审批中不进行早期公布和实质审查,只有受理、初审和授权三个阶段。

对申请文件的主动修改和补正也是申请人可以视需要选择的一项手续。实用新型和外观设计专利申请,只允许在申请日起两个月内提出主动修改;发明专利申请只允许在提出实审请求时和收到专利局发出的发明专利申请进入实质审查阶段通知书之日起三个月内对申请文件进行主动修改。

实用新型和外观设计专利申请经初步审查,发明专利申请经实质审查,未发现驳回理由的,专利局将发出授权通知书和办理登记手续通知书。申请人接到授权通知书和办理登记手续通知书以后,应当按照通知的要求在两个月之内办理登记手续并缴纳规定的费用。在期限内办理了登记手续并缴纳了规定费用的,专利局将授予专利权,颁发专利证书,在专利登记簿上记录,并在专利公报上公告,专利权自公告之日起生效。未在规定的期限内按规定办理登记手续的,视为放弃取得专利权的权利。

在审查程序中,申请人应审查员要求陈述意见或进行修改或补正以后,专利局认为申请仍不符合专利法及其实施细则规定的,将作出驳回申请的决定,书面通知申请人。申请人对专利局驳回申请的决定不服的,可以在收到通知之日起三个月内向国家知识产权局复审委员会请求复审。请求复审应当提交"复审请求书"一式两份,在其中说明复审的理由。复审理由应当针对专利局的驳回决定中提出的事项请求进行申诉,否则不予受理。为了支持复审理由或者消除申请文件中的缺陷,申请人在请求复审时,可以附具有关证明文件或资料,也可以对驳回决定中涉及的部分内容进行修改。复审请求应当由全体申请人共同提出。请求复审还应当缴纳规定的费用。

专利申请被授予专利权后,专利权人(或单位)应于每一年度期满前一个月预缴下一年度的年费。期满未缴纳或未缴足,专利局将发出缴费通知书,通知专利权人自应当缴纳年费期满之日起六个月内补缴,同时缴纳滞纳金。滞纳金的金额按照每超过规定的缴费时间一个月，加收当年全额年费的5%计算；期满未缴纳的或者缴纳数额不足的，专利权自应缴纳年费期满之日起终止。

三、科技成果转化

科技成果转化，是指为提高生产力水平而对科学研究与技术开发所产生的具有实用价值的科技成果所进行的后续试验、开发、应用、推广直至形成新产品、新工艺、新材料，发展新产业等活动。科技成果转化活动应当有利于提高经济效益、社会效益和保护环境与资源，有利于促进经济建设、社会发展和国防建设；科技成果转化活动应当遵循自愿、互利、公平、诚实信用的原则，依法或者依照合同的约定，享受利益，承担风险。科技成果转化中的知识产权受法律保护；科技成果转化活动应当遵守法律，维护国家利益，不得损害社会公共利益。

高校科技成果转化率低已成为大多数人的共识。从实施主体的角度对高校科技成果转化模式进行分类，可分如下4类：

1. 技术转让

是将技术转让给企业，也就是一买一卖的供求关系，因此在分析技术转让模式时从供求关系着手。

2. 自办企业

这里仅指高校独资创办的企业。高校自办企业，是要转化其科技成果，主要问题在于资金和管理。

3. 股份制

股份制分两种情况：一种是学校以技术和一部分资金或其他形式的资本入股，吸收风险投资或其他社会资金进入，学校占控股地位；另一种是学校不占控股地位。

4. 大学科技园

目前，国内许多高校都建立有大学科技园。作为一个平台，大学科技园为高校师生科技成果转化与产业化提供了很好的条件。大学科技园在技术转让中起到一个中介的作用，其自有的优势就是紧贴高校，对科技成果较为熟悉，在转化过程中可以及时地对企业进行技术指导和后续开发。

习　题

[思考题]

1. 为何要进行科研项目的结题？
2. 为了项目结题，应该做些什么准备工作并准备哪些结题材料。
3. 简述科技成果鉴定的基本程序。
4. 什么是知识产权？其包含哪几个方面的内容？

[训练题]

按照我国专利申请的要求和基本过程，拟定一个专利名称并模拟撰写一份专利申报书。

第五章

科技文献检索

内容要点

- ◆ 科技文献的检索方法
- ◆ 科技文献的检索步骤
- ◆ 常用的科技信息检索数据库
- ◆ 科技文献的收集与整理

科学研究离不开科技文献检索。科技文献的检索包括直查法、追溯法和常规法等多种方法。目前，主要通过计算机和网络进行科技文献的检索，这需要掌握相关的知识和技巧。

第一节　科技文献检索方法与技术

一、检索方法

检索科技文献信息需要采用什么方法，根据课题性质和研究目的而定，也要根据可否获得检索工具而定。归纳起来，检索文献的方法一般有以下几种：

1. 直查法

直查法是指从有关的一次文献中获取所需文献信息的检索方法。利用直查法虽然可以较快地获取最新文献，能切实地掌握文献内容和实质，但面对大量的、无序的文献，存在着很大的盲目性、分散性、偶然性，很难查全，费工费时。利用直查法有以下几种情况：

(1)凭浏览获取文献信息

检索者在一定的浏览范围(如某个组织机构的出版物、某几种刊物、某个图书馆的馆藏文献)内浏览文献，若有需要的文献信息，便及时在大脑中记忆下来。

(2)靠积累获取文献信息

检索者根据自己的所见所闻，建立个人信息库，如笔记、卡片等，收集一些文献信息，如有需要直接获取文献信息。

(3)利用核心文献

检索者在检索目的明确的情况下，可以直接查阅核心期刊、经典著作以获取所需的文献信息。

2. 追溯法

追溯法是指利用文献后所附的参考文献进行深入查找相关文献，来获取所需文献信息的检索方法。由于被引用的参考文献多出自知名作者的论文、专著，所以通过追溯法检索到的文献大都具有较高的学术价值。但是被引用的文献在全部发表的文献中只占少数，作者引用文献也不可能一一列举，有些参考文献与作者所写著作的主题关系也不大，所以追溯法容易产生漏检和误检。

3. 常规法

常规法也叫检索工具法，是利用检索工具查找文献的方法，即是以主题、分类、著作等途径，通过检索工具获取所需文献的一种方法，这种方法又可分为顺查法、倒查法、抽查法和分段法四种：

(1)顺查法

即由远及近的查找法。如果已知某创造发明或研究成果最初产生的年代，现在需要了解它的全面发展情况，即可从最初年代开始，按时间的先后顺序，一年一年地往近期查找。用这种方法所查得的文献较为系统全面，基本上可反映某学科专业或某课题发展的全貌，能达到一定查全率。在较长的检索过程中，可不断完善检索策略，得到较高的查准率。此法的缺点是费时费力，工作量较大。一般在申请专利的查新调查和新开课题时采用这种方法。

(2)倒查法

即由近及远，由新到旧的查找法。此法多用于查找新课题或有新内容的老课题，在基本上获得所需信息时即可终止检索。此法有时可保证情报的新颖性，但易于漏检而影响查全率。

(3)抽查法

是根据文献信息需求的实际情况而检索某个时期文献信息的方法。使用这种方法一般是在学科发展迅速、文献发表量大的高峰年代进行重点检索，从而可以用较少时间获取数量较多、质量较高的文献，提高检索效率。抽查法往往是用来解决要求快速检索的课题。

(4)分段法

又称循环法或综合法，是交替使用“追溯法”和“常规法”来进行检索的综合方法。即首先利用检索工具查出一批文献资料，再利用这些文献资料所附的参考文献追溯查找相关文献。如此交替、循环使用常规法和追溯法，不断扩检，直到满足检索要求为止。分段法的优点在于：当检索工具缺期、缺卷时，也能连续获得所需年限以内的文献资料。

各种检索方法在使用上各具特色，可根据检索的需要和所具备的条件灵活选用，以便达到较好的检索效果。

二、检索途径

检索途径是和检索工具中的索引对应起来的。按照文献的外部特征和内容特征，文献信息检索的途径分为两大类：

一是按外部特征的途径(包括题名途径、著者途径、机构途径、代码途径、引文途径、信息源类型途径等)分类。

二是按内容特征的途径(分类途径、主题途径、关键词途径)分类。

（一）按外部特征的途径

1. 题名途径

题名途径是根据已知科技文献的名称查找科技信息的途径，包括标题名（或篇名）、书名、刊名、标准名、文档名、数据库名等途径的书名目录、篇名目录、刊名一览表、会议资料索引等检索工具。它们是文献名称按照字顺排列起来的检索体系。例如，中、日文以笔画多寡或以汉语拼音字母和日语假名读音的顺序排列，其他语系按字母先后顺序排列。一般图书馆都编有书名目录，可以利用它们查找已知名称的科技信息。但是，由于现在科技信息数量极大，名称复杂，不易记忆，名称相同或相似者时有出现；同时，不能将内容相同的信息集中，缺乏相关信息的反映，所以，对科技信息而言，题名途径不作为主要的检索途径。文摘和题录刊物中一般不采用文献名称途径，而仅仅对期刊采用刊名按索引字顺排列。

2. 著者途径

根据文献的外部特征，利用著者（个人或单位著者）目录和著者索引进行检索的途径。国外比较重视著者途径的利用，许多检索工具和著作都把著者索引作为最基本的辅助索引。它是按著者的姓名字顺，将有关文献排序而成。以著者为线索可以系统、连续地掌握他们的研究水平和研究方向，同一著者的文章往往具有一定的逻辑联系，著者途径能满足一定族性检索功能要求。已知课题相关著者姓名，便可以依著者索引迅速准确地查到特定的资料，因此亦具有特性检索的功能。

当然，用著者途径也有困难之处。因为作者姓名受到国别、文种、风俗习惯不同而变化多样，如姓就有单姓、复姓、婚姻改姓、父母姓连写等等；名有单名、多名、教名、父名等等，有的姓在前，有的名在前，还有用不同文字书写的姓名要有“转译”的问题（如英、俄对译，日语罗马字母化等等），一般用音译或字译的方法解决。

3. 机构途径

机构途径是利用“机构索引”，通过机构名称获取相关科技信息的方法。换句话说，如果要从某个机构或某个团体的名称来查找该机构、团体或其中某个学者资助或出版的科技信息内容，就要通过“机构索引”这条途径来进行检索。机构检索途径在检索工具中广泛存在，很多检索工具都有机构索引，因而是一种比较重要的检索途径。

机构检索途径对应的索引有：一般检索工具中的机构索引（Corporate Author Index 或 Corporate Index），会议文献检索工具中的会议主办或资助单位索引（Sponsor Index），以及专利文献检索工具中的专利人索引（Paterntee Index）。这些索引大多以机构名称（或缩写名称或简称）作为索引标目，不按字顺排列。有些机构索引将机构名称（或简称）用特定的代码来代替。

4. 代码途径

代码途径是按照科技信息本身出版时的代码（或序号）进行检索的途径。正如商品的商标号和人的身份证号一样，不同的信息类型和某一特定的信息内容都有自己的代码。尽管人们不是对每种代码的含义和组成规则都能理解，但代码途径仍是人们从科技信息的外部特征查找信息的一条重要途径。例如图书的标准书号（ISBN 号）、期刊的标准刊号（ISSN 号）、专利号、报告号、合同号、馆藏号、文档号等等。

代码途径对于识别一定的科技信息而言，具有明确、简短、唯一性的特点。而一系列代码本身可以体现其相对的排序性。因此，它可以作为信息检索的标识，编成各种代码索引。如专利号索引、标准号索引等。编制代码时，有的是单纯数字序列，有的是字母和数字混合编排序列。多数情况，前面的字母往往代表机构的缩写，数字代表年份、区分以及顺序号等。科技信息中的专利、科技报告、标准等序号对检索非常重要。当然，检索代码，以检索者必须已知有关科技信息的代码为前提。检索结果只是该代码科技信息本身，不能进行族性检索。因此，代码途径有利于对特定信息的准确查找，但对一般检索者来说，代码的含义不易理解，因此使用不多。

5. 引文途径

科技发展是连续的、有继承性的，任何一项研究成果都或多或少地借鉴前人或他人的成果。这种继承、借鉴关系在科技信息中以参考文献或引用文献的形式体现出来，从而表明了这些信息在内容上存在一定的关联性。如果我们利用信息之间的这种彼此参考引证的关系作为检索信息的途径就称为引文检索途径。利用这种引文作为检索语言而编制的索引系统，称为引文索引系统。

《科学引文索引》、《科技会议录索引》、《工程索引》是国际著名的三大检索系统，统称三大索引。《科学引文索引》(Science Citation Index，简称 SCI)和《科技会议录索引》(Index to Scientific & Technical Proceedings，简称 ISTP)是由美国科技信息研究所(Institute for Scientific Information，ISI)编辑出版的大型多学科综合性检索工具。《工程索引》(The Engineering Index，简称 Ei)是由美国工程信息公司(Engineering Information Inc.)编辑出版的全面报道世界上工程技术领域主要文献的信息检索工具。我国科学院文献信息中心1995年编辑出版了《中国科学引文索引》，这四种刊物是我国科技工作者进行引文检索的主要检索工具。

6. 信息源类型途径

信息源类型途径是将具体信息所属的特定信息集合的类型作为检索入口的检索方法。信息源可分为图书、期刊、专利、科技报告、技术标准、回忆录和数据库等不同的类型。检索时将所需的信息归类，然后利用图书索引、会议索引、专利索引等辅助索引检索即可。这些辅助检索工具在数据库中有专门的索引文档，在手工检索工具中多数直接附于正文之后，以满足用户从不同途径对同一信息的检索需求。

(二)按内容特征的途径

1. 分类途径

分类途径就是按照分类语言编制的分类号和分类类名来查找相关信息内容的途径。分类语言又可分为体系分类语言、组配分类语言和混合分类语言，而体系分类语言是目前使用较多的传统分类语言，国内外许多分类语言都属于这一类。体系分类语言是按照一定的观点和法制，以科学分类为基础，结合文献内容和特点，运用概念划分的方法，将知识分门别类组成列表。在这种体系中，人类的全部知识被区分为若干部类，部类又被划分为若干大类，每个大类又被分为若干小类，如此不断地划分下去，逐级以“扇面”展开，将各种各样的知识组成一个有层次、有等级、上下左右前后之间有内在联系的完整类属体系。如《中国图书馆图书分类法》就是按体系分类语言编排的，它将全部的知识分为 5 个部类、22 个大类和若干个小类，逐级展开，为图书馆工作者提供了分类依据，也为信息检索者提供了便利。

2. **主题词途径**

根据文献的主题特征，利用各类主题词目录和索引进行检索的途径。美国的《工程索引》就是按照主题词索引排列的。主题词途径在我国的使用没有像分类途径那样普及。主题词目录和主题词索引就是将文献按表征其内容特征的主题词组织起来的索引系统。利用主题词途径检索时，只要根据所选用主题词的字顺（字母顺序、音序或笔画顺序等等）找到所查主题词，就可查到相关文献。主题词途径具有直观、专指、方便等特点，不必像使用分类途径那样，先考虑课题所属学科范围、确定分类号等。主题词途径表征概念较为准确、灵活，不论主题多么专深都能直接表达和查找，并能满足多主题课题和交叉边缘学科检索的需要，具有特性检索的功能。

3. **关键词途径**

所谓关键词，是从文献的题目、正文或摘要中选出的，表征文献主题内容的具有实际意义的词汇。关键词与主题词不同的地方，在于主题词是规范化的语言，而关键词则是采用原文献的同义词，而不予以规范化。

关键词索引，是将每个关键词分别作为检索标识，以字顺排列，并引见信息出处，以便从关键词途径入手检索科技信息。

（三）检索途径的选择原则

一般应从以下三个方面考虑选择检索的途径：

1. **从文献特征选择途径**

当检索者事先已知文献的题名、著者、代码等文献外部特征条件时，应采用相应的“篇名目录”、“著者目录”、“引文索引”或者有关的其他目录与分类、主题途径配合使用，先从分类或主题途径查出一批文献，掌握一些著者姓名，然后采用著者途径进行追溯，更能收到较好的检索效果。

2. **从课题要求选择途径**

当课题检索的泛指性较强，需要文献范围较广，要求进行“族性检索”时，则选用分类途径较好；反之，若课题检索的专指性较强，所需资料比较专深，要求进行“特殊检索”，则选用主题途径或关键词途径为好。检索途径选择适当，可以提高检索效果，减少误码率和漏检。

3. **从检索工具情况选择途径**

目前，国内外检索工具提供的检索途径情况不一，有的提供了多种检索途径，有的只有几种主要的检索途径，还有的只有正文按类编排，别无其他辅助检索途径。因此，在使用检索工具时，应注意选择那些比较适合检索的工具，视检索工具的情况确定检索途径。只有把检索者的要求与检索者所选用的检索工具结合起来，才能收到较好的检索效果。

三、检索步骤

人们的检索课题和需要虽各不相同，但为了达到检索目的，都要利用一定的检索工具按照一定的途径和方法才能把需要的文献检索出来。一般而言，要经过以下几个检索步骤：

1. **课题主题分析**

课题主题分析的目的是要搞清楚课题所要解决的实质性问题，了解课题所属的学科专业、学科范围，了解检索的目的和要求，以便有的放矢。具体地讲，首先要弄清楚五个方面的问题：一是需求所包含的主题概念和各概念之间的内在联系；二是信息需求所涉及的学科性质；三是所需信息的内容特征和外部特征；四是信息需求的类型；五是信息需求对查新、查准、查全和检索速度的指标要求。从总体上看，对于简单或比较熟悉的需求课题，其分析过程是隐含而迅速的；对于复杂课题则要进行全面详尽的分析。

2. 选择检索系统和检索工具

检索工具的种类繁多，其文献类型、学科和专业的收录范围各有侧重，所以，根据课题的检索要求，选准、选全检索工具十分重要。检索工具的选择通常有两种方法：

(1)从常用检索工具中选择

所谓常用检索工具，是人们在长期检索实践中公认的著名检索工具。它们属于文摘、索引之类的工具，具有收录范围广、报道时差短和检索方便等特点。

检索工具书的类型，按收录范围划分可分为综合性检索工具、专业性检索工具和单一性检索工具。

(2)从检索工具指南中选取

可利用中国科学技术情报研究所编辑出版的《国外科技文献检索工具书选介》、《国外科技文献单卷检索工具书简介》以及《国内科技文献检索工具书简介》等中选取。

3. 选择检索途径

根据对课题主题分析所得到的信息内容或外部特征，并结合已确定的特定检索工具所提供的多种辅助检索功能，选择最佳的检索途径，一般优先选取用主题或关键词途径，其次是分类途径。如果明确所需文献的著者、题名或机构名称等则直接依据信息的外部特征途径进行检索。

4. 制定检索表达式

检索表达式是人与检索系统进行交流的入口，主要有两种形式：

(1)简单表达式

是指单独一个检索词进行检索的表达式，如一个著者、一个关键词、一个分类号、一个题名等。在手工检索中全部使用简单表达式进行检索。在计算机检索系统中简单表达式指使用单个字段属性值所进行的检索，如著者字段中的一位具体著者姓名、题名字段中的一篇论文标题等。

(2)复合表达式

是指由两个或两个以上的检索词按现代检索技术所构成的复杂检索字符串。复合表达式专门应用于计算机检索技术，如计算机缩微检索、光盘检索和网络资源检索等。制定复合检索表达式要用到布尔逻辑检索技术、截词技术等现代检索技术。

5. 辨别文献来源

上述检索步骤，其实都是文献信息检索的准备阶段。当通过检索途径查找到与课题相一致的文献时，就要仔细阅读其文摘内容，判定是否切题。如符合检索要求，必须记下篇名、著者、来源、文种等款目。能否获得原始文献，前提是正确识别文献来源。

6. 索取原始文献

索取原始文献是检索程序的最后一步。当出版物全称查清楚以后，即可根据文献出处查取原始文献。查找原始文献首先从本单位、本地区的图书馆、情报部门进行查找，若查不到，再利用联合目录查找收藏单位，并进行信函联系、查询和复制所需原始文献。

第二节　常用科技信息检索数据库

一、书目信息数据库和图书全文数据库

(一)全国高校文献信息保障系统(CALIS)联合目录数据库

中国高等教育文献保障系统(China Academic Library & Information System,简称CALIS),是经国务院批准的我国高等教育"211工程"、"九五"、"十五"总体规划中三个公共服务体系之一。CALIS的宗旨是,在教育部的领导下,把国家的投资、现代图书馆理念、先进的技术手段、高校丰富的文献资源和人力资源整合起来,建设以中国高等教育数字图书馆为核心的教育文献联合保障体系,实现信息资源共建、共知、共享,以发挥最大的社会效益和经济效益,为中国的高等教育服务。

CALIS联合目录数据库建设始于1997年。到2004年10月为止,联合目录数据库已经积累了160余万条书目记录,馆藏信息达600余万条。目录数据库涵盖印刷型图书和连续出版物、电子期刊和古籍等多种文献类型;覆盖中文、西文和日文等语种;书目内容囊括了教育部颁发的关于高校学科建设的全部71个二级学科,226个三级学科(占全部249个三级学科的90.8%)。CALIS联机合作编目中心目前有成员馆470余家,已经形成了相对稳定的数据建设队伍。

CALIS联合目录数据库使用方法:

登陆CALIS联合目录公共检索系统:http://opac.calis.edu.cn,见图5-1。

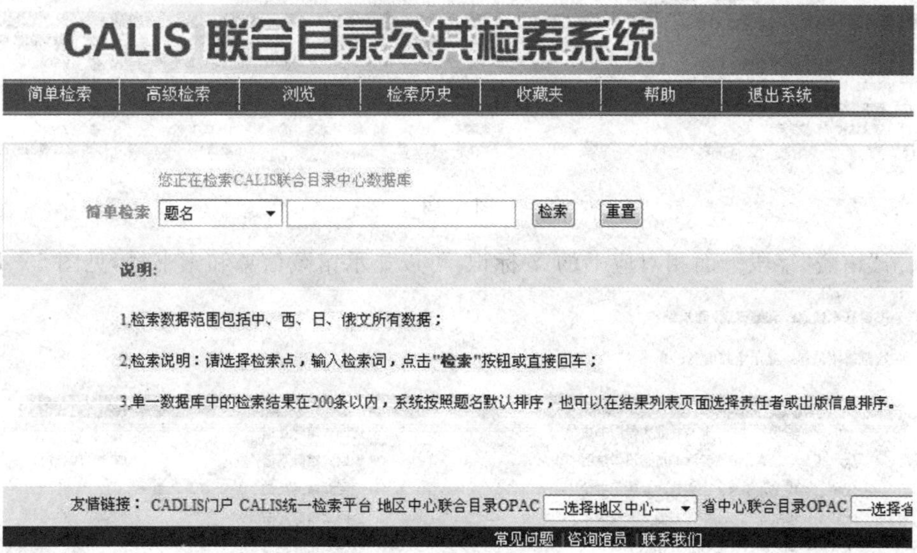

图5-1

如:需检索出清华大学出版社出版的所有书名为《建筑结构》的书籍在CALIS会员馆中的收藏情况,以便于开展馆际互借。

首先,选择"高级检索"。在检索项中构建检索表达式:(题名=建筑结构)and(出版者

=清华大学出版社)and(资料类型=图书),见图 5-2。

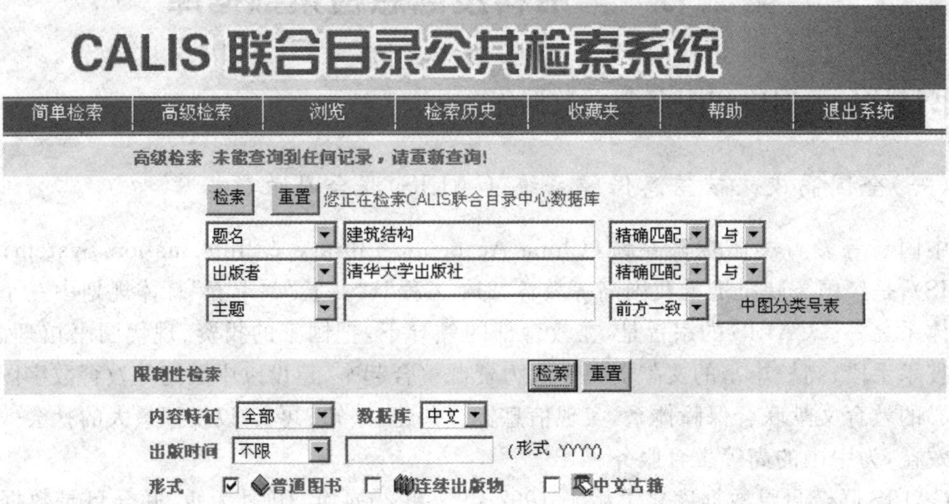

图 5-2

点击“检索”按钮后,检出符合条件的共有 4 本书,见图 5-3。

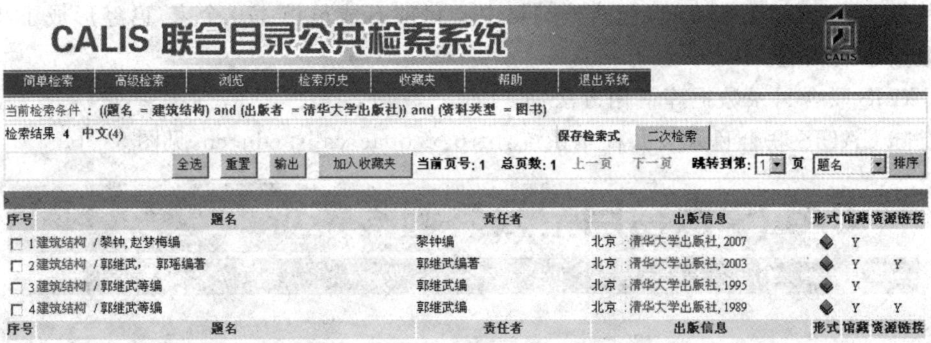

序号	题名	责任者	出版信息	形式	馆藏	资源链接
1	建筑结构 /黎钟, 赵梦梅编	黎钟编	北京：清华大学出版社, 2007	◆	Y	
2	建筑结构 /郭继武， 郭瑶编著	郭继武编著	北京：清华大学出版社, 2003	◆	Y	Y
3	建筑结构 /郭继武等编	郭继武编	北京：清华大学出版社, 1995	◆	Y	
4	建筑结构 /郭继武等编	郭继武编	北京：清华大学出版社, 1989	◆	Y	Y

图 5-3

点击“馆藏”字段下面相对应书的 Y 标识,可以显示馆藏信息和索书号,见图 5-4。

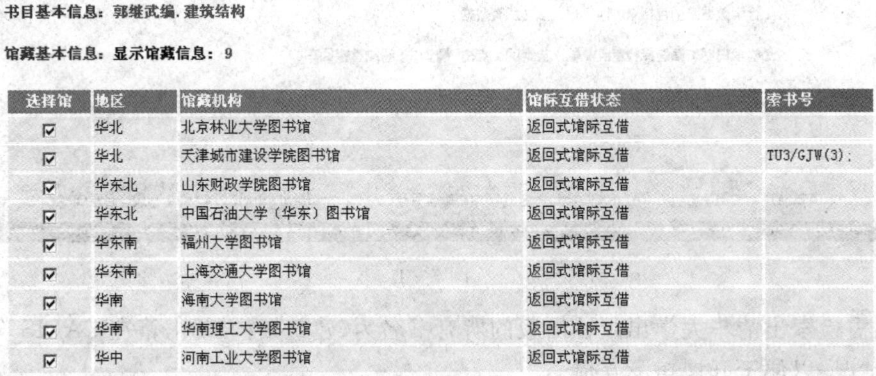
书目基本信息：郭继武编. 建筑结构

馆藏基本信息：显示馆藏信息：9

选择馆	地区	馆藏机构	馆际互借状态	索书号
☑	华北	北京林业大学图书馆	返回式馆际互借	
☑	华北	天津城市建设学院图书馆	返回式馆际互借	TU3/GJW(3);
☑	华东北	山东财政学院图书馆	返回式馆际互借	
☑	华东北	中国石油大学（华东）图书馆	返回式馆际互借	
☑	华东南	福州大学图书馆	返回式馆际互借	
☑	华东南	上海交通大学图书馆	返回式馆际互借	
☑	华南	海南大学图书馆	返回式馆际互借	
☑	华南	华南理工大学图书馆	返回式馆际互借	
☑	华中	河南工业大学图书馆	返回式馆际互借	

图 5-4

(二)超星数字图书馆

1. 数据库简介

超星数字图书馆是国家"863 计划"中国数字图书馆示范工程项目，由北京世纪超星信息技术发展有限责任公司投资兴建，以公益数字图书馆的方式对数字图书馆技术进行推广和示范。2000 年 1 月，超星数字图书馆正式开通，设文学、历史、法律、军事、经济、科学、医药、工程、建筑、交通、计算机和环保等几十个分馆，目前拥有数字图书百万种，是全球最大的中文数字图书馆，其资源每天都在增加。

读者下载了超星阅览器(SSReader)后，即可通过互联网阅读超星数字图书馆中的图书资料。凭超星读书卡可将馆内图书下载到用户本地计算机上进行离线阅读。专用阅读软件超星阅览器是阅读超星数字图书馆馆藏图书的必备工具，可从超星数字图书馆网站和其镜像站点免费下载，也可以从世纪超星公司发行的任何一张数字图书光盘上获得。

2. 检索方法

系统提供浏览和检索两种方式查询所需图书。检索又分为一般检索和高级检索。

(1)一般检索

在"信息检索"栏里选择检索字段"书名、作者、出版社、出版日期"并输入相对应的关键词，选择检索范围——某一主题图书馆，点击"查询"，就可查到所需要的图书。如图 5-5。

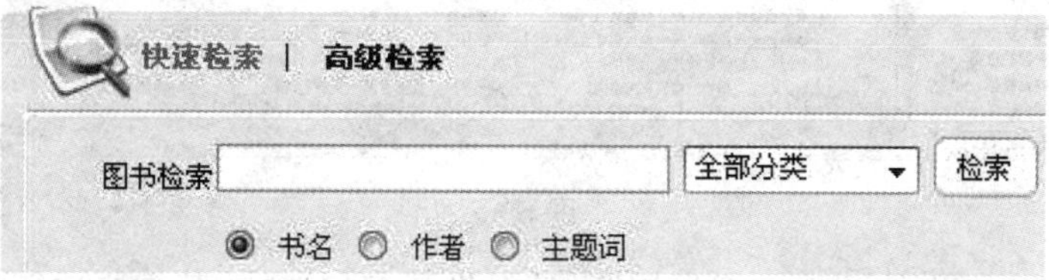

图 5-5

(2)高级检索

点击"查询"右边的"高级检索"，进入高级检索界面，如图 5-6 所示，选择"主题图书馆"，在"书名、作者、出版社、出版日期"项中选择"等于"或"包含"，并输入对应文字，点击"检索"即可查到所需要的图书，点击书名下面的"阅读"即可浏览全书。

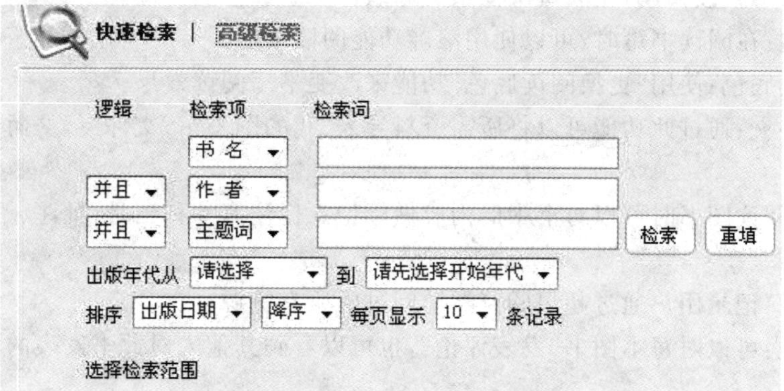

图 5-6

(3)超星数字图书的阅读和下载

首次阅读和下载超星数字图书的全文,需先安装“超星全文浏览器”。进入书籍阅读窗口后,系统默认以静止方式显示一页内容,见图 5-7。

图 5-7

为了方便用户自由地阅读,“超星浏览器”提供了多种功能,其主要功能如下:

图书下载:可以对整本图书下载,保存到本地磁盘。

文字识别:超星图书全文为 PDF 格式,可以通过“文字识别”功能,将识别结果保存为 TXT 文本文件。

剪切图像:选择“剪切图像”功能,可以直接复制、修改书中的某一部分内容。

书签:使用“个人书签”功能,对整册书添加书签或者对书中某一页添加书签。可以对使用频率较高的书直接阅读,免去每次检索的麻烦。

自动滚屏:在阅读书籍时,可以使用滚屏功能阅读书籍。

更换阅读底色:使用“更换阅读底色”功能来改变书籍阅读效果。

导入文件夹:通过此功能可以将所需资料导入“我的图书馆”文件夹,从而更好地管理自己的文件。

标注:在阅读图书时可以对书中的内容做标记。标注有 6 种工具:批注、铅笔、直线、圈、高亮、链接。

历史记录:记录用户通过超星阅览器访问过的所有资源。

书评功能:可以对每本图书“发表评论”,也可以看到其他人对此书发表的评论。

(三)方正 Apabi 数字图书馆

1. 数据库简介

方正 Apabi 数字图书馆是北大方正电子有限公司 IT 软件业务的重要组成部分，于 2002 年 12 月开始提供服务，其登录后的主页面见图 5-8。其数字资源种类齐全，学科覆盖范围广，涵盖社会科学、人文科学、自然科学、中小学用书、休闲读物等。方正 Apabi 数字图书馆中的图书主要来自出版社推荐图书、特色图书，高校与科研单位图书馆推荐的著作，相关奖项获奖图书，特聘顾问推荐图书等。400 多家出版社提供授权，部分出版社已实现电子书与纸版书同步出版。方正电子书数量丰富，目前已近数十万种，每年新增图书 1.5 万种。

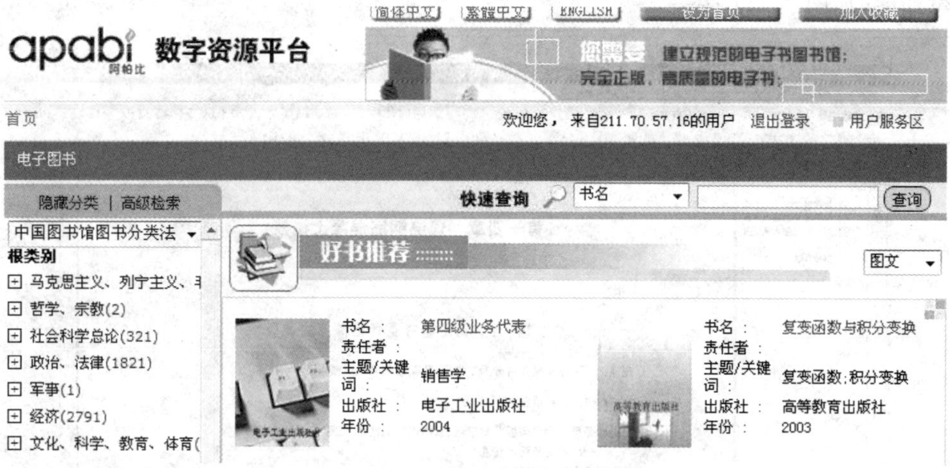

图 5-8

2. 检索方法

(1)快速检索

在“信息检索”栏里选择检索字段“书名、责任者、主题/关键词、年份”并输入相对应的关键词，点击“查询”，就可查到所需要的图书。如图 5-9。

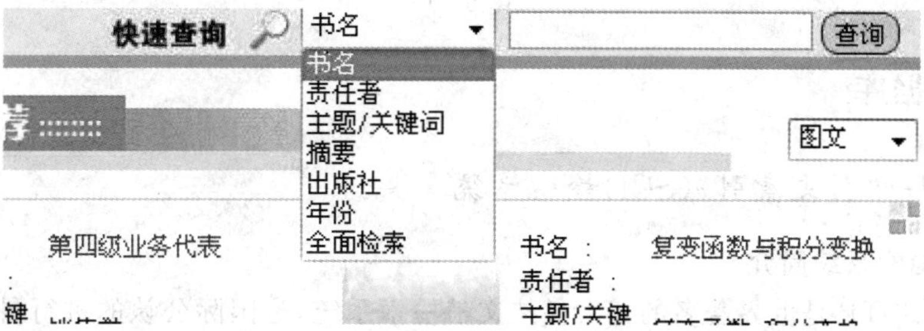

图 5-9

(2)高级检索

进入高级检索界面，会提示“本库查询”或“跨库查询”，然后再构建比较详细的图书检索表达式，见图 5-10。

(3)方正 Apabi 数字图书的阅读、浏览方法

获得图书的方法有 4 种：①网上购买图书；②下载已付费图书的复本；③下载免费图书；④登录 Apabi 数字图书馆借阅下载。下载到本地的电子书一般有效期限为 2 周，2 周后自动失效，需要续借或到 Apabi 数字图书馆中重新下载。若在线浏览，可以短时间翻阅图书。

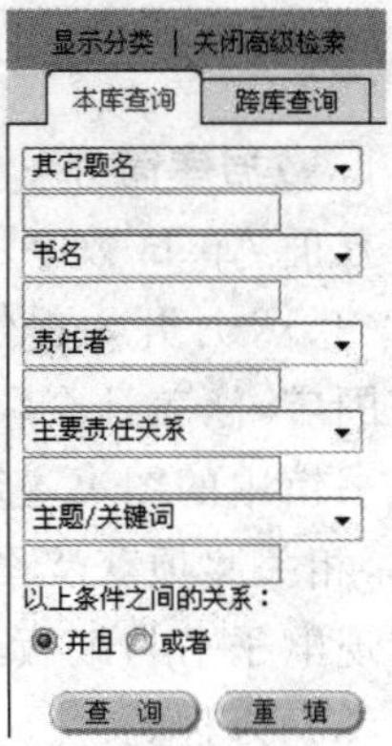

图 5 - 10

Apabi Reader 具有电子书阅读、下载、收藏等功能。可以阅读 CEB、PDF、HTML、TXT 或 XEB 格式的电子图书和文件，它在保留纸书阅读习惯的基础上，还提供如字体缩放、查找、快照、自动翻译、全文查找、内容摘录、全文朗读、兼容电子词典等功能，如图 5 - 11 所示。

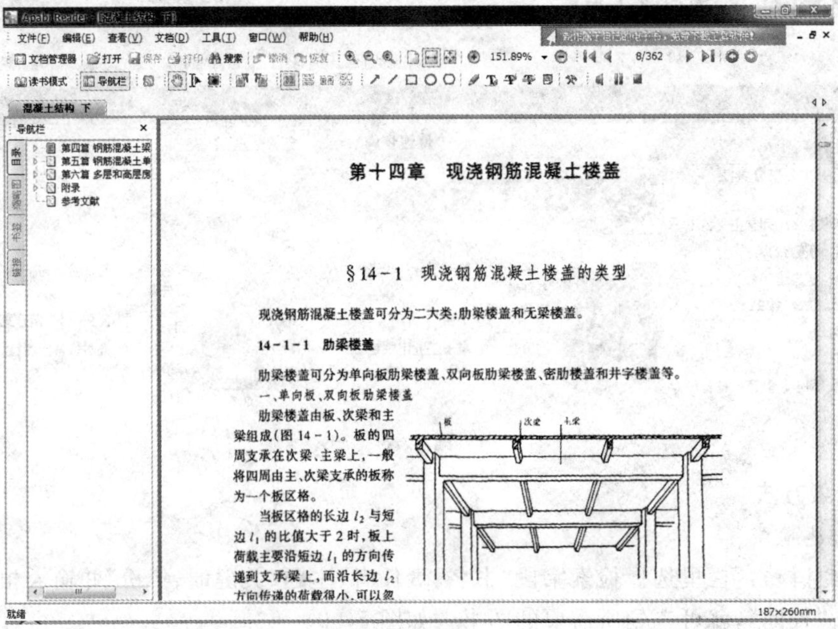

图 5 - 11

二、期刊数据库

(一)《科学引文索引》(SCI)检索系统

1. SCI 检索系统简介

SCI、EI、ISTP 是世界著名的三大科技文献检索系统，是国际公认的进行科学统计与科学评价的主要检索工具，其中以 SCI 最为重要。

《科学引文索引》(Science Citation Index，简称 SCI)是由美国科学信息研究所(ISI)1961 年创办出版的引文数据库，其覆盖生命科学、临床医学、物理、化学、农业、生物、兽医学、工程技术等方面的综合性检索刊物，尤其能反映自然科学研究的学术水平，且它的引文索引表现出独特的科学参考价值，在学术界占有重要地位。许多国家和地区均以被 SCI 收

录及引证的论文情况来作为评价学术水平的一个重要指标。从 SCI 的严格的选刊原则及严格的专家评审制度来看，它具有一定的客观性，较真实地反映了论文的水平和质量。根据 SCI 收录及被引证情况，可以从一个侧面反映学术水平的发展情况。特别是每年一次的 SCI 论文排名成了判断一个学校科研水平的一个十分重要的标准。SCI 以《期刊目次》(Current Content)作为数据源，目前自然科学数据库有五千多种期刊，其中生命科学专辑收录 1350 种；工程与计算机技术专辑收录 1030 种；临床医学专辑收录 990 种；农业、生物环境科学专辑收录 950 种；物理、化学和地球科学专辑收录 900 种。

2. 检索方法

SCI 检索系统一般由高校和科研院所购买使用权，提供限制范围内用户使用。通过机构网站链接进入检索平台，如图 5-12。

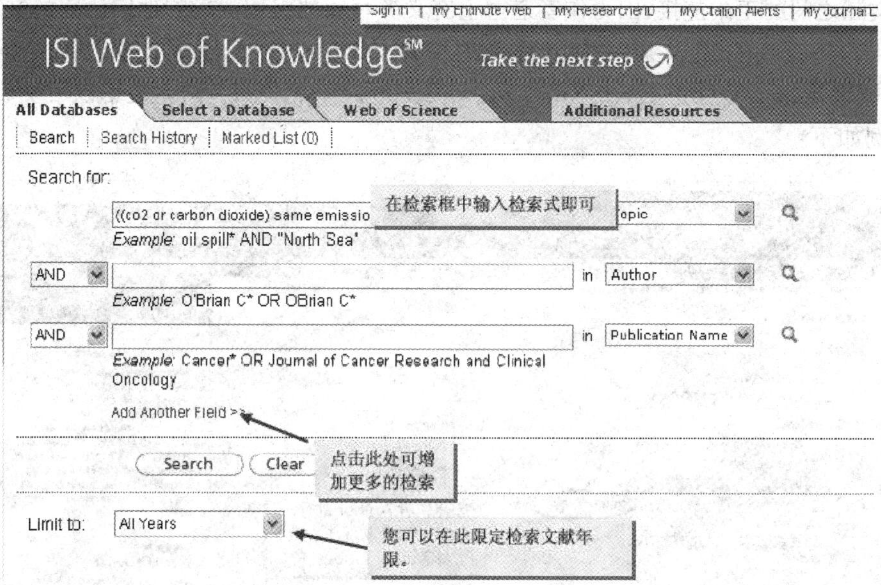

图 5-12

SCI Expanded 网络检索系统需通过 ISI Web of Science 进行检索。系统提供两种检索模板，一种是简易检索(Easy Search)；另一种是全面检索(Full Search)。

(1)简易检索

简易检索提供 3 种检索途径：主题(TOPIC)、人物(PERSON)和地址(PLACE)。主题检索可以用 AND、OR、NOT、SAME 等 4 种逻辑运算符组配检索表达式；人物检索可以使用 AND、OR、NOT 等 3 种逻辑运算符组配检索表达式；地址检索是通过著者地址查找论文，可以使用 AND、OR、NOT、SAME 等 4 种逻辑运算符组配检索表达式。

(2)全面检索

全面检索界面有两个检索选项，一个是"一般检索"(Search)；另一个是"引文检索"(Cited Reference Search)。

①"一般检索"(Search)：通过一般检索界面，可以解决很多问题，如：找到某个作者或者机构发表论文的状况；了解某个课题的最新进展；寻找研究合作伙伴；分析某项研究的学科交叉情况等。

例如：如果想了解中国作者所发表的有关碳纳米管方面的研究文献，则可以在检索框 Topic 中输入："Carbon Nanotube * "，在地址栏中输入：China。

通过一般检索，可以解决以下问题：这篇论文的主要内容是什么？有没有关于这一课题的综述？这项研究的最新进展和延伸？这个方法有没有得到改进？这个概念是如何提出来的？还有谁在从事这方面的研究？创始于这个研究机构的某项研究工作有没有研究论文发表？这个研究人员写过哪些论文并发表在该领域的权威性刊物里？这个研究机构或大学最近发表了哪些文章？

② "引文检索"(Cited Reference Search)：参考文献检索能引导读者检索包括期刊、会议录、图书章节以及揭示与读者研究相关的任何出版物的信息，而且既可越查越旧或越查越新，也可以越查越深入。引文索引用发表文章的参考文献作为检索词，揭示了一种作者自己建立起来的文献之间的正式链接，因为作者道德上有义务写明他引用的影响他们研究的文章。

如果希望查找引用了某一特定著作的文献，可从开始页面上选择 Cited Reference Search，或者点击工具栏中 Cited Reference Search 按钮，见图 5－13。关于以下文章的引文检索示例如下：

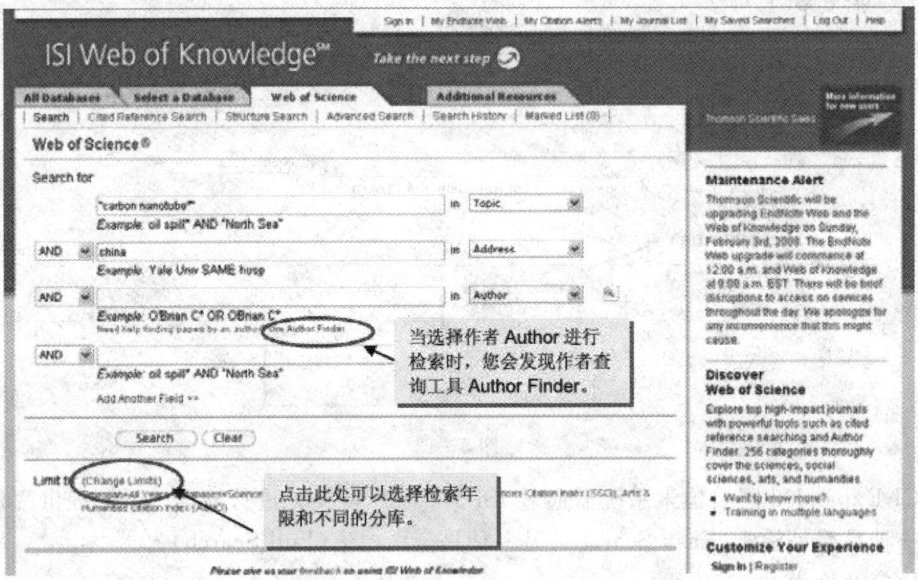

图 5－13

K. Anand，J. Ziebuhr，P. Wadhwani，J. R. Mesters，R. Hilgenfeld.

"Coronavirus main proteinase (3CL(pro)) structure: Basis for design of anti－SARS drugs. "SCIENCE，300 (5626)：1763－1767，Jun. 13，2003.

引文信息的作用有：发现同行中或者著名权威谁在引用你的研究成果，了解其他人如何理解利用你的原始观点反过来会影响你的继续研究；识别竞争对手研究进行中迫切需要的信息源；构建一个研究领域、重要发明或者重大发现的客观历史框架；利用一篇现有的论文作为起始点扩展检索，查到谁正在引用这篇论文以及谁又在引用那些引用文献，这使你很容易获取所有时间段上的相关论文；通过一些提出能弥补现有研究成果不足的新思想的被引论文，跟踪最新的研究热点。见图 5－14。

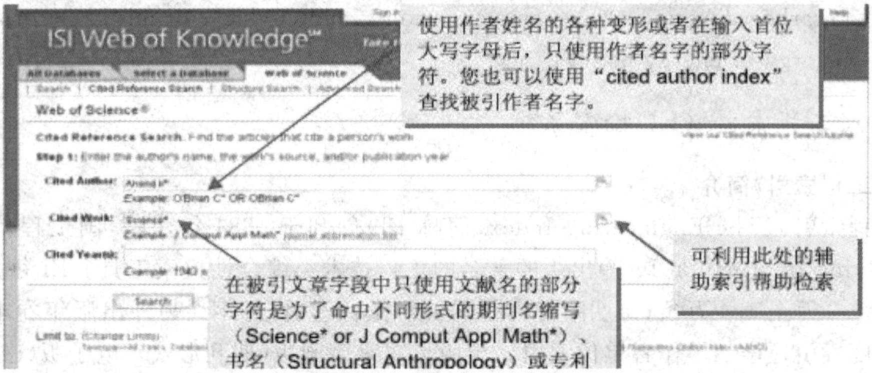

图 5－14

③“高级检索”(Advanced Search)：允许读者利用两个字母的字段标识符和检索集合号进行组配创建复杂的检索式。但注意不要在一个检索式中混合使用检索集合号和字段标识符。见图 5－15。

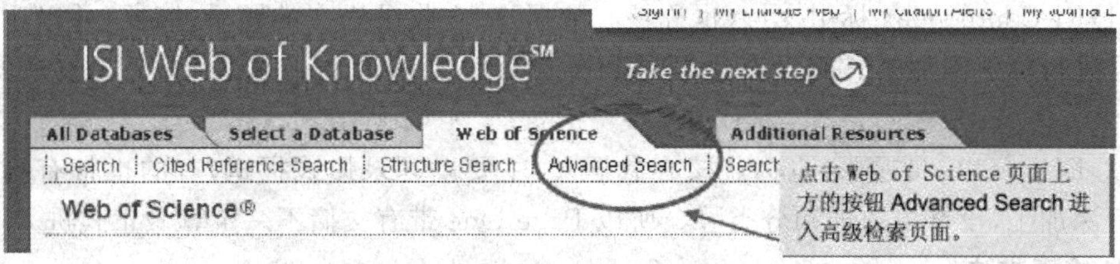

图 5－15

如果想进行一个检索操作查找发表在 Energy 或者 Energy Policy 期刊上有关减少二氧化碳排放的文章，可以创建如下的检索式(图 5－16)：

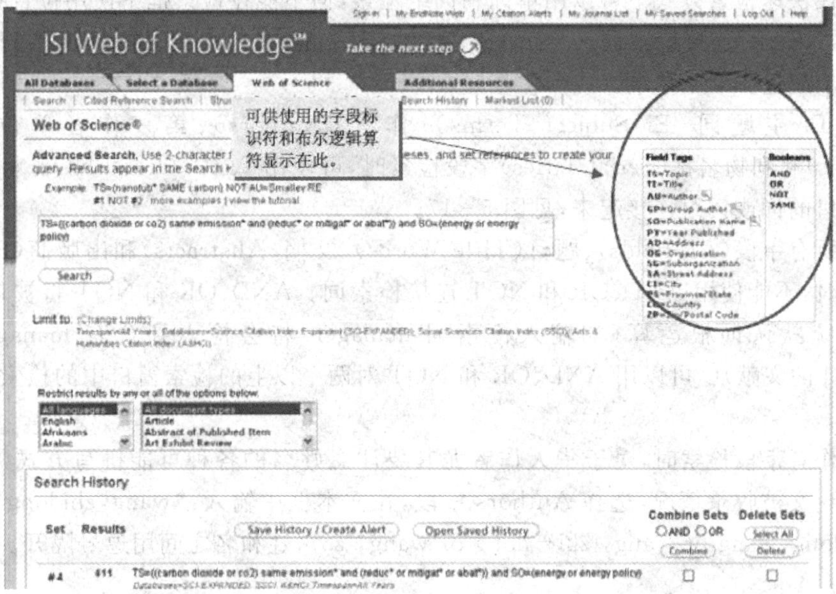

图 5－16

TS=((carbon dioxide or co2) same emission * and (reduc * or mitigat * or abat *)) and SO=(energy or energy policy)

(二)《工程索引》(EI)检索系统

1.《工程索引》简介

《工程索引》(The Engineering Index,简称 EI)创刊于 1884 年,是美国工程信息公司(Engineering Information Inc.)出版的著名的工程技术类综合性检索工具。EI 每月出版 1 期,文摘 1.3 万至 1.4 万条;每期附有主题索引与作者索引;每年还另外出版年卷本和年度索引,年度索引还增加了作者单位索引。出版形式有印刷版(期刊形式)、电子版(磁带)及缩微胶片。EI 选用世界上工程技术类几十个国家和地区 15 个语种的 3500 余种期刊和 1000 余种会议录、科技报告、标准、图书等出版物;年报道文献量 16 万余条;收录文献几乎涉及工程技术各个领域,例如:动力、电工、电子、自动控制、矿冶、金属工艺、机械制造、土建、水利等。它具有综合性强、资料来源广、地理覆盖面广、报道量大、报道质量高、权威性强等特点。

EI 把它收录的论文分为两个档次:

(1)EI Compendex 标引文摘(也称核心数据)。它收录论文的题录、摘要,并以主题词、分类号进行标引深加工。有没有主题词和分类号是判断论文是否被 EI 正式收录的唯一标志。

(2)EI Page One 题录(也称非核心数据)。主要以题录形式报道,有的也带有摘要,但未进行深加工,没有主题词和分类号。所以 Page One 带有文摘不一定算做正式进入 EI。

2. 检索方法

这里介绍 EI Village 的使用方法,其核心数据库是 Ei Compendex Web。EI Village 提供了两种检索方式:快速检索(Quick Search)和专家检索(Expert Search)。

(1)快速检索

用户在快速检索方式下可以用单词和词组检索,但不能在检索框中使用位置算符,系统默认使用“NEAR”连接检索词。“NEAR”算符的含义是:在检索记录中其连接的检索词之间的距离不超过 100 个单词。

使用 Ei 主题词(Ei Subject Terms)、作者(Authors)、第一作者单位(Author Affiliations)和刊物名称(Serial Titles)字段检索时,可使用 AND、OR 和 NOT 将输入到同一检索窗口的词或词组连接起来,见图 5-17。

使用所有字段(All fields)、题目(Title Words)、文摘(Abstracts)和出版商(Publisher)字段检索时,不能使用 AND、OR 和 NOT 连接检索词。AND、OR 和 NOT 将被自动去掉。检索时系统默认词根运算(如输入检索词 manager,将会检索到含有 management 或 managerial 的文献)。可以用 AND、OR 和 NOT 对两个以上的检索窗口中的检索式进行逻辑运算。

使用作者字段检索时,对于华人作者尤其要注意姓名的各种可能拼写方式,例如检索“王志东”论文被收录情况,选择 Authors 字段,在文本框中输入:“wang,zhidong or wang, zd or zhidong,wang or wang, zhi-dong or wang, z.”,姓和名之间用逗号隔开。

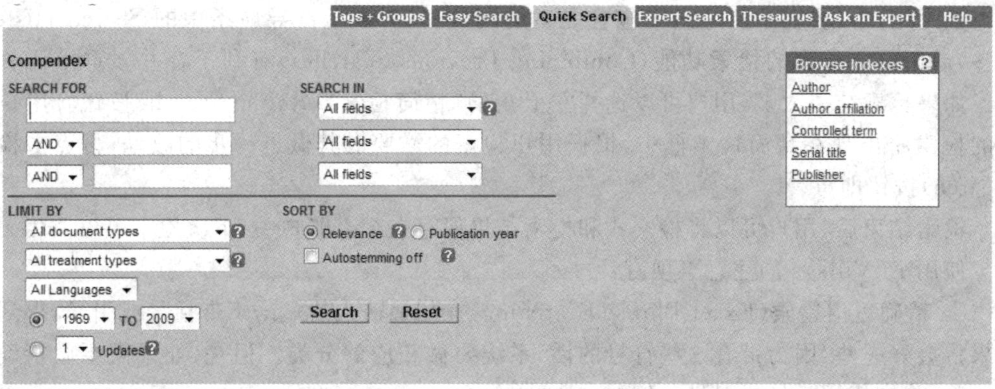

图 5－17

(2)专家检索

专家检索方式提供更强大而灵活的功能,与快速检索相比,用户可使用更复杂的布尔逻辑检索,该检索方式包含更多的检索选项,见图 5－18。

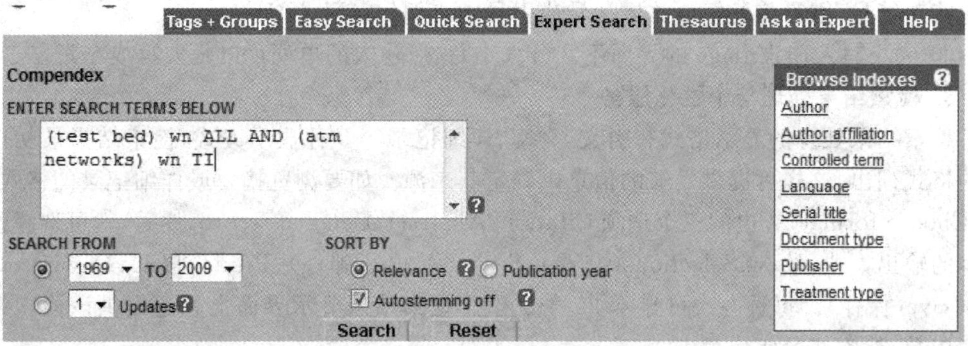

图 5－18

专家检索方式下,系统支持的检索算符有:

① 逻辑算符:AND,OR,NOT。

② 位置算符:NEAR。要求检出的文献要同时包含“NEAR”算符所连接的两个词,且两词之间的距离不超过 100 个单词,次序不限。如:Bridge NEAR Piling＊。

③ 通配符:＊。用在单词中间(前面至少有三个确定的字母)或词尾,可实现对一簇词的检索。如 optic＊将检索出包含 optic,optics,optical 等词的记录。

④ 词根符:$。检索出与该词根具有同样语意的词。如 $manage 将检出 managers,managerial 和 management 等词。

⑤ 用“within”规定检索字段时,应将检索界面上的字段选择菜单设置为默认值“All Fields”。

⑥ 可使用括号指定检索的顺序,括号内的术语和操作优先于括号外的术语和操作。也可使用多重括号。例如:(International Space Station OR Mir) AND gravitational effects AND (French wn LA or German wn LA or English wn LA)。基于此,检索结果含有 International Space Station 或 MIR,且所有的结果均含有 gravitational effects 及所有的文献为法语或德语或英语。

如果用户需要在一次检索中包含更多的词，点击界面上部导航条中的 Search History 标签，启用合并前面的检索功能（Combining Previous Searches）有利于合并多重术语的检索。如果检索结果太多，用户可以选择左上角的“精简检索”（Refine Search）按钮。用户当前的检索将出现在精简检索框中，根据用户检索的需要对其做进一步的改动，再点击检索（Search）按钮即可。

检索结束后，用户可以将检索式和检索结果保存在个人账户中，下次检索可以调用。

使用 Ei Village 的注意事项有：

① 精确短语检索（Exact Phrase Searching）。如果输入的短语不带括号或引号，得到的结果将会好一些，因为带有这些符号的话，系统要做相应的分类。但是，如果需要做精确匹配检索，就应使用括号或引号。例如：“International Space Station”{solar energy}。

如果检索的短语中包含禁用词（stop words）：and，or，not，near，则需将此短语放入括号或引号中。例如：{block and tackle}“water craft parts and equipment”{near earth objects}。

② 特殊符号。除 a－z，A－Z，0－9，?，*，#，() or {}以外的符号。如果检索的短语中含有特殊符号，则需将此短语放入括号或引号中。例如：{M/G/I}。

③ 大小写。Ei Village 的界面不区分大小写，所输入的单词可以是大写或小写。

3. 检索结果处理与个性化服务

检索结果处理的显示格式有引文、文摘、详细记录等 3 种显示方式，检索结果最初以引文的格式列出，这样可提供足够的信息以确定其来源。如要浏览摘要或详细记录的格式，点击“Choose format”旁边的三个选项 Citation/Abstract/Detailed record，然后，就可选择选定内容的输出方式：View Selections（查看）、E－mail（电子邮件）、Print（打印）、Download（下载）、save（保存）。每页一次可显示 25 条文献。检索结果显示界面上方还提供该检索策略的命中数、检索式及年代范围。

如果想选择某条记录，可以采取下列三种方法之一：可以在每个单独记录框旁边的复选框做标记；可以点击超级链接短语“Select all on page”（这样做将选中某页上多达 25 条记录）；输入要选择记录段的第一条记录和最后一条记录的序号，然后点击 GO 按钮。

Ei Village 的检索结果界面，见图 5－19。

所选择的记录将传送到选择记录（Selected Records）页面，选择记录页面可容纳多达 400 条记录。点击工具条上的 Selected Records 图标将切换到选择记录（Selected Records）页面。查看选定的记录（View Selected Records），在输出选择项中选定浏览选项（view selections），允许用户直接以选定的格式浏览选定的记录。

选择“下载”（Download）后，用户可以选择以 RIS 或 ASCII 格式下载所选的记录。将弹出一对话框，让用户选择所希望的下载格式。用户如果想用电子邮件下载或保存某个单独引文、摘要或详细记录，可在每个单独的记录边做标记，然后点击“E－mail”按钮，填上自己的电子邮箱后发送。

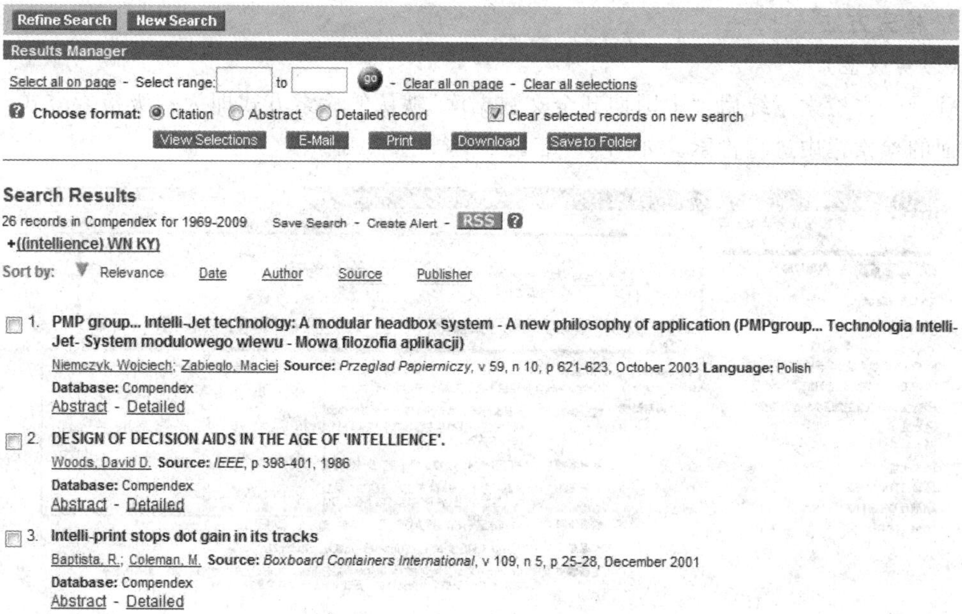

图 5－19

三、期刊全文数据库

（一）中国期刊全文数据库

1. 数据库简介

中国期刊全文数据库是CNKI知识创新网中最具特色的一个文献数据库。CNKI即中国知识基础设施(China National Knowledge Infrastructure)工程，是由清华同方光盘股份有限公司、中国学术期刊(光盘版)电子杂志社、光盘国家工程研究中心等单位，于1999年6月研制开发的一项规模大、内容广、结构系统的知识信息化建设项目，主要包括知识创新网和基础教育网。中国期刊全文数据库是其中的一种大规模集成化、多功能动态学术期刊全文检索系统，是目前世界上最大的连续动态更新的中国期刊全文数据库，收录中国国内约8200种综合期刊与专业特色期刊的全文。

数据库中的内容被划分为十大专辑：理工A、理工B、理工C、农业、医药卫生、文史哲、政治军事与法律、教育与社会科学综合、电子技术与信息科学、经济与管理，共168个专题文献数据库。

其中理工类的有：

理工A包含数学、力学、物理、生物、天文、地理、气象、地质、地球物理等学科；

理工B包含化学、无机化工与新型材料、有机化工与新型材料、燃料化工及其他化学工业、石油、天然气工业、矿业工程、金属学、冶金及金属工艺、轻工业、手工业、劳动保护、环境与资源的合理利用等门类；

理工C涵盖工业通用技术及设备、机械与仪表工业、航空与航天技术、交通运输、水利工程、农业工程、建筑科学与工程、动力工程、原子能技术、电工技术等领域。

2. **检索方法**

(1)初级检索

登录全文检索系统后,“中国期刊全文数据库”默认的检索方式即为初级检索方式,在主页上面的检索栏中进行检索。如图 5-20。

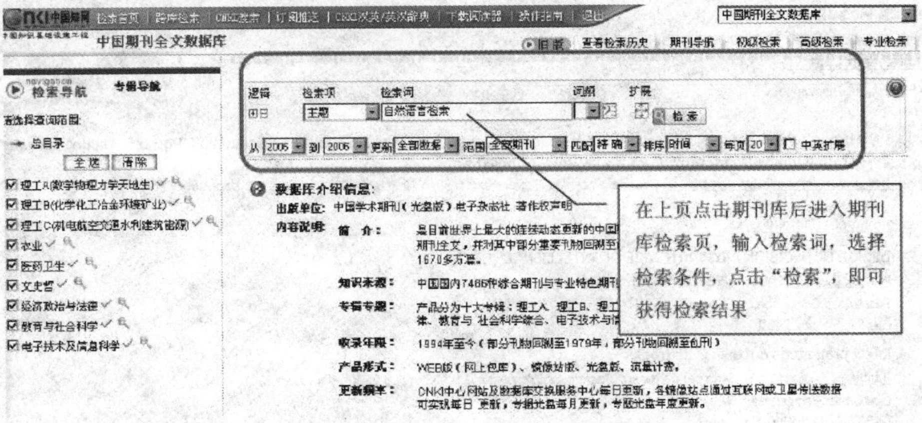

图 5-20

点击“检索”按钮后获得检索条目信息,见图 5-21。

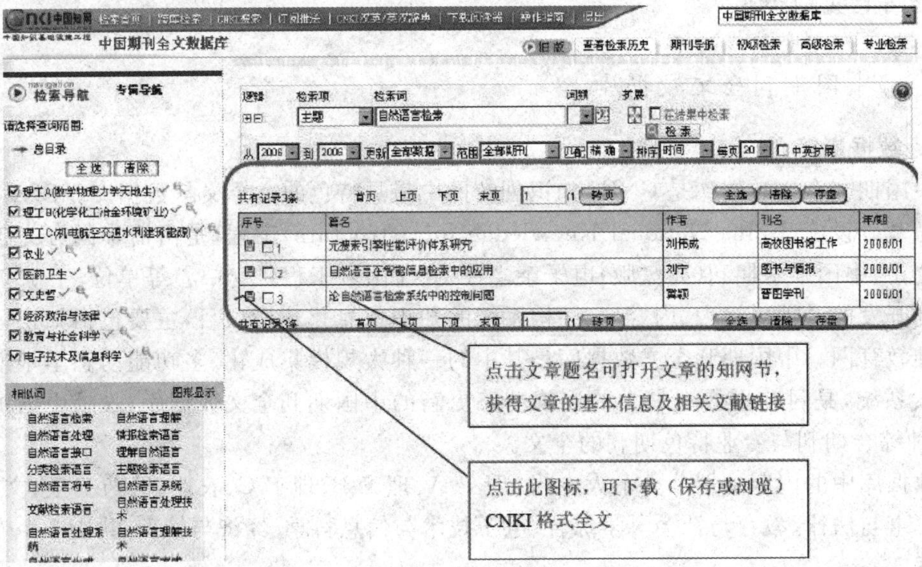

图 5-21

选择一条检索条目可以显示该文章的基本信息,如图 5-22。

点击下载后,可使用 CNKI 浏览器或 PDF 浏览器打开全文,如图 5-23。

在初级检索界面,有 CNKI 数据库总体情况、操作指南等服务帮助系统。

在上述界面的主要区域列出了两大栏目:检索提问栏和检索条件栏。检索提问栏具体包含 8 个可供选择的项目:

① “检索项”——可供选择的各种检索入口(如作者、刊名、题名等)。

② “检索词”——表达检索对象的概念,可以是词或词组,也可以是检索式。

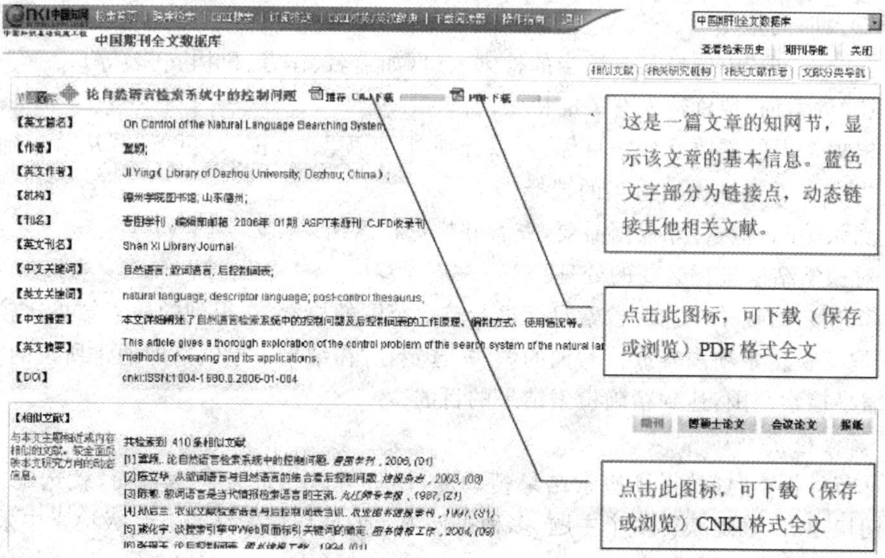

图 5 - 22

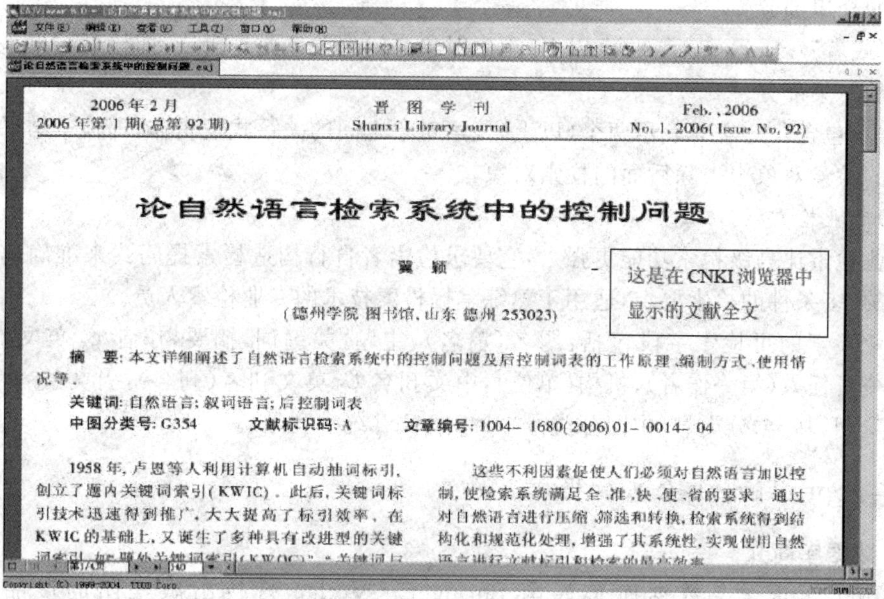

图 5 - 23

③“匹配”——表示检索者对检索结果精确度的要求。

④“范围”——对检索对象出现的来源期刊范围予以要求/限定的选项。

⑤“更新”——限定检索对象在最近半年时间的更新范围。

⑥“从某年到某年”——限定检索对象的年代范围。

⑦“排序”——对检索结果的排序要求(系统默认由近及远按时间排序)。

⑧“每页”——对检索结果显示条数的选项。

采用初级检索方式进行检索时，一般的程序是：

① 进入数据库后，首先选定需要检索的专辑(可以在某专辑下进一步确定更加具体的

检索领域)及时间范围。

② 在“检索项”中选择某一恰当的检索入口(如篇名、作者、机构、刊名等)。

③ 在“检索词”位置输入有关的检索词。

④ 根据个人的需要及检索目标,可以分别对“匹配”、“范围”、“更新”、“从某年到某年”、“排序”、“每页”等选项做出适当的选择。

⑤ 确认(开始检索)并根据需要,查看并挑选检索结果。

⑥ 对检索结果进行必要的处理。

通常,用户可以采用先对检索目标进行较大范围的检索,在得到的检索结果比较多的情况下,采取变换检索项内容或检索词的做法,选定在“在结果中检索”(即通常所说的“二次检索”)以缩小检索范围,达到精确检索结果的目的。

(2)高级检索

为了节省检索时间,提高检索结果精确度,用户可以一进入检索界面,就选定“高级检索”,以期快速、准确地获得多个主题、多种条件限定的课题检索结果。高级检索中采用三类“逻辑”组配符号表现形式:

①“并且”/ * ——表示两个(以上)检索对象之间的关系式逻辑与,即检索结果是有关检索对象的交集部分。

②“或者”/+——表示两个(以上)检索对象之间的关系式逻辑或,即检索结果是有关检索对象的并集部分。

③“不包含”/-——表示两个(以上)检索对象之间的关系式逻辑非,即检索结果是要求从前面的检索对象中去除后面的检索对象。

(3)专业检索

专业检索比高级检索功能更强大,它要求检索者自行构造检索提问式来准确地表达其多主题的、多条件的检索要求,适用于熟练掌握检索技术的专业检索人员。

专业检索的可检索字段包括:题名(篇名),主题,关键词,摘要,作者 & 英文作者(作者),第一责任人(第一作者),机构(单位),中文刊名 & 英文刊名(刊名),引文(参考文献),全文,年,期,基金,分类号(中图分类号),ISSN,CN(统一刊号)。

(二)Springerlink 全文数据库

1. 数据库简介

Springerlink 全文数据库是德国 Springer-Verlag 科技出版集团的产品。目前 Springerlink 数据库共包含 2099 种学术期刊,1029 种丛书,32244 种图书等等,学科覆盖建筑和设计、行为科学、生物医学和生命科学、商业和经济、化学和材料科学、计算机科学、地球和环境科学、工程学、人文社科和法律、数学和统计学、医学、物理和天文学等学科。该数据库是中国国内使用最广泛的外文数据库之一。

Springerlink 通过国内的清华大学镜像站和全球主站点提供服务,有中文操作界面,数据同步更新。新平台的检索功能设计比较符合一般读者的检索习惯,即先进行简单检索,得到一个较宽泛的检索结果,然后结合具体情况,逐步缩小检索范围。Springerlink 主页面默认为简单检索页面,提供的期刊检索项有:标题(ti)、摘要(su)、作者(au)、ISSN(issn)、DOI(doi),如图 5-24。

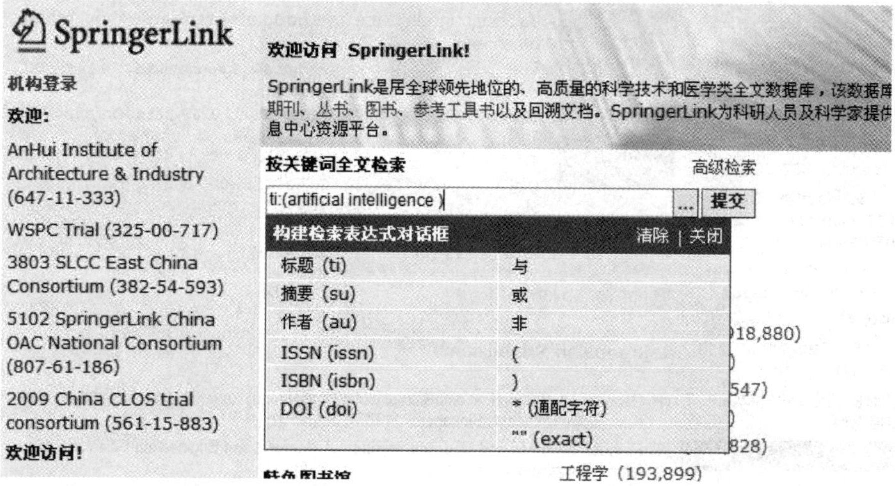

图 5-24

2. 检索方法

(1)简单检索

Springerlink 主页面默认为简单检索页面。想查找某一主题的文献,但不知道出版物的任何信息,可用简单检索功能。在主页面“按关键词全文检索”输入框中输入检索词/词组,点击“提交”进入篇名检索结果详细列表界面。在检索结果列表页面的右上侧,提供了关键词限定、题名开始字段限定两种途径的二次检索。见图 5-25。用户也可以按照文献出处(刊名或书名)的出版状态、出版时间、资源类型、语言类型、主题、版权年份排序、文献出处排名、作者排名等条件,分别查看检索结果。

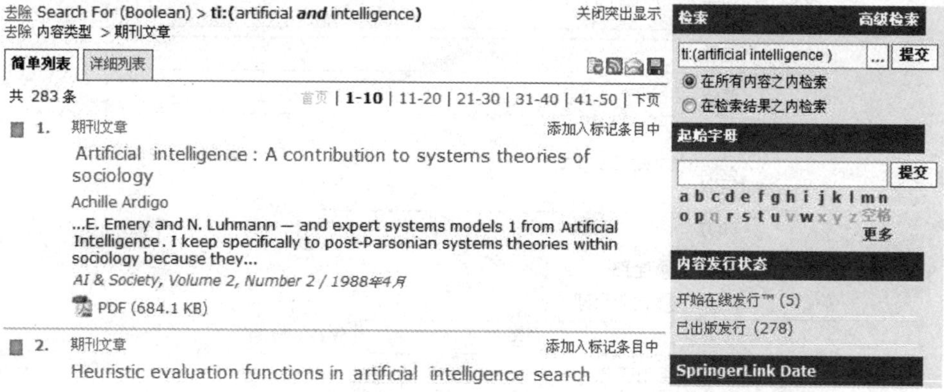

图 5-25

系统为可下载的全文提供 PDF 格式,文章的详细信息页面,见图 5-26。

(2)高级检索

根据文章作者、出版时间等线索去准确查找该文章,可用高级检索功能,见图 5-27。

在高级检索界面的一个或多个检索词输入框中键入检索词,对检索范围进行限定,可达到精确检索的目的;多个检索条件(检索输入框)之间的逻辑关系为“与”;也可选择按出版时间、相关度对检索结果排序。

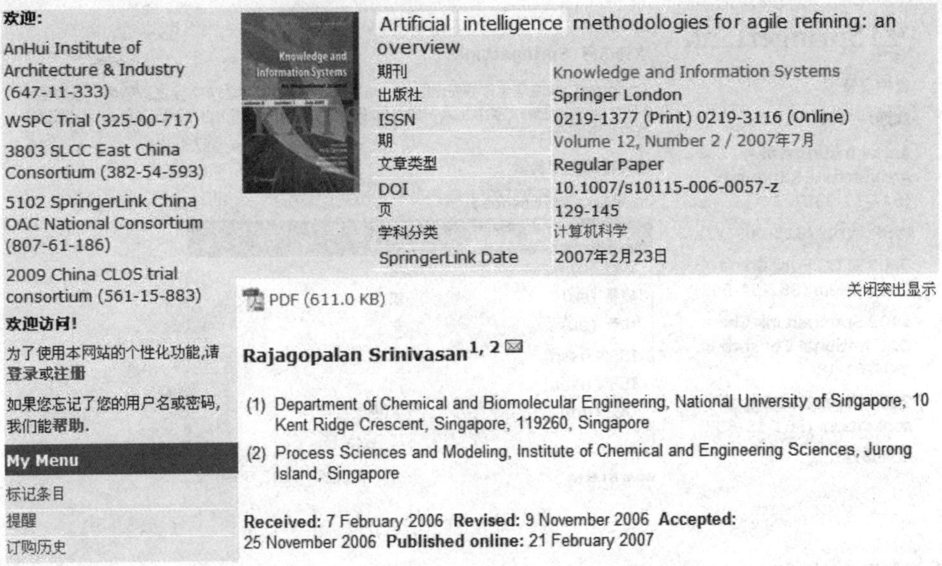

图 5-26

Springerlink 的检索算符包括布尔逻辑运算符和系统专用的检索算符(如词组检索算符、截词符等)。布尔逻辑运算符定义了词或词组之间的关系,词组检索运算可精确检索范围,截词符可扩展检索范围。

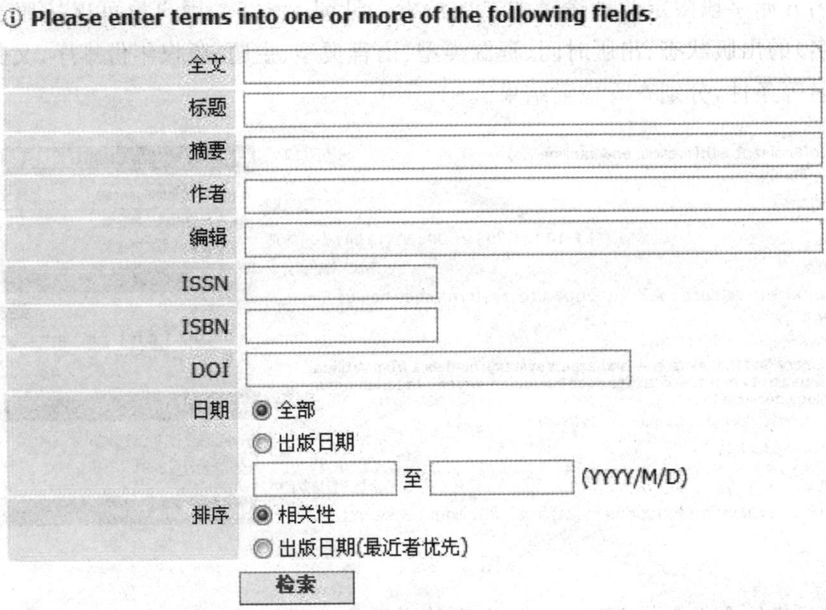

图 5-27

系统中使用英文双引号“”作为词组检索算符,在检索时将英文双引号内的几个词当作一个词组来看待。例如:检索“system manager”,只检索到 system manager 这个词组,检索不到 system self－control manager 这个短语。

截词符(通配符)“ * ”,代表零个或若干个字符,可以检索到一个词根的所有形式。例如：输入"key＊"，可检索到包含 key、keying、keyhole、keyboard 等词的文献。

Springerlink 的停用词包括 the，is 等。在执行检索前他们就被系统的搜索引擎排除在外，但系统不会将 and 作为停用词。

如果检索短语中包含标点符号或连词符等特殊符号，系统会将此特殊符号识别为空格，检索出包含标点符号、连词符和不包含标点符号、连词符的记录。例如：检索式"television：talk show"，既可以检索出包含"television talk-show"的记录，又可以检索出包含"television talk show"的记录。

（三）EBSCO 系列数据库

1. 数据库简介

EBSCO 公司成立于 1944 年，是世界上专门经营纸本期刊、电子期刊发行和电子文献数据库出版发行业务的集团公司。该公司从 1986 年开始出版一系列基于 EBSCOhost 检索系统的数据库，包括：多学科学术数据库，如："Academic Search Premier"（学术期刊数据库，简称 ASP）；商业文献数据库，如"Business Source Premier"（商业资源数据库，简称 BSP）；各种主题性数据库。其中 ASP 和 BSP 是最为重要的两个，已为国内许多高校所使用。

ASP 为现今全球最大综合学科类数据库之一，涵盖多元化学术研究各领域，包括社会科学、人文科学、教育、计算机科学、工程、物理学、化学、语言学、艺术、文学、医药学、种族研究等刊物共 9000 多种，其中提供全文的有 4700 余种，其中包括 3600 多种同行评审期刊。

BSP 涉及所有的商业经济领域，主要包括营销、经济管理、金融、会计、经济学、劳动人事、银行以及国际商务等。收录期刊近 9000 种，其中 1100 多种为同行评审期刊（peer-reviewed journals）；此外，还收录关于市场、行业、国家的研究报告。

2. 检索方法

EBSCOhost 可分为"基本检索"和"高级检索"两大类检索方法。其中又分别提供"关键词"（Keyword）、"主题"（Subject Term）、"出版物"（Publications）、"索引"（Indexes）、"参考文献"（References）等多种检索途径。两大类检索方式除关键词检索功能不同外，其他检索功能均相同。

（1）基本检索

基本检索可分为四种检索方法：关键词检索、主题检索、索引检索和参考文献检索，见图 5-28。

可选择将检索范围限定于：有全文的文献（FullText）；出版物种类（Publication Type 包括：期刊 Periodical、报纸 Newspaper、书籍 Books、新闻电讯 Newswire、抄本 Transcript 及政府文献 Government Document 等）；特定期刊品种；学术性期刊"Scholarly（PeerReviewed）Journals"；以及出版时间等，见图 5-29。以上选项总称为限定条件（Limiters）。

若希望 EBSCOhost 将同义字或单复数一同检索，请勾选"□ Also search for related words"。如：键入"car"，EBSCOhost 会检索到 car 和 automobile；或键入"policy"，EBSCOhost 会检索到 policy 和 policies。此外，若检索词较冷僻，可勾选"□Also search within the fulltext of the articles"，EBSCOhost 会检索每篇全文文章，只要该篇文章的全文中有所键入的检索词，就会被纳入检索结果清单。若勾选"□ Include all search termsby default"，检索系统会在每个检索词之间自动加入"and"逻辑运算符。见图 5-30。以上选

项总称为扩展条件(Expanders)。

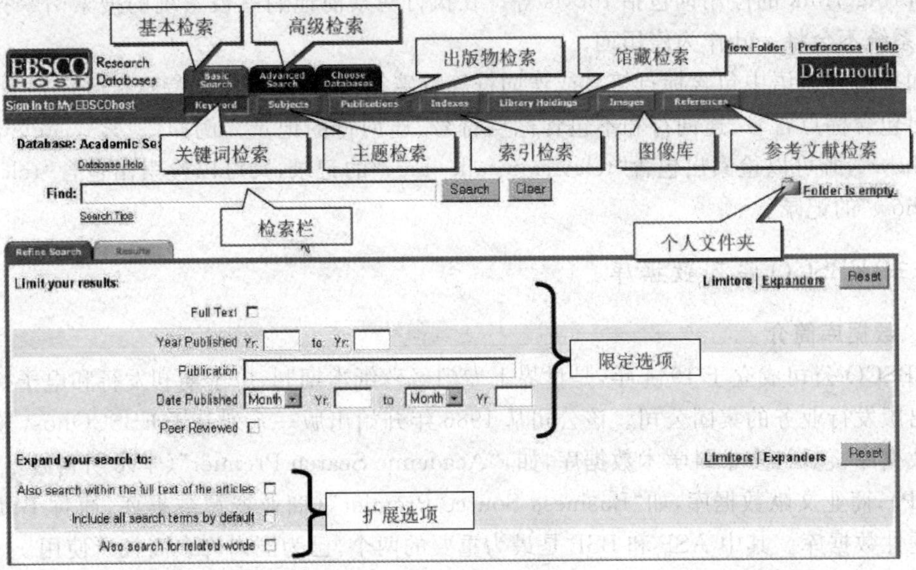

图 5-28

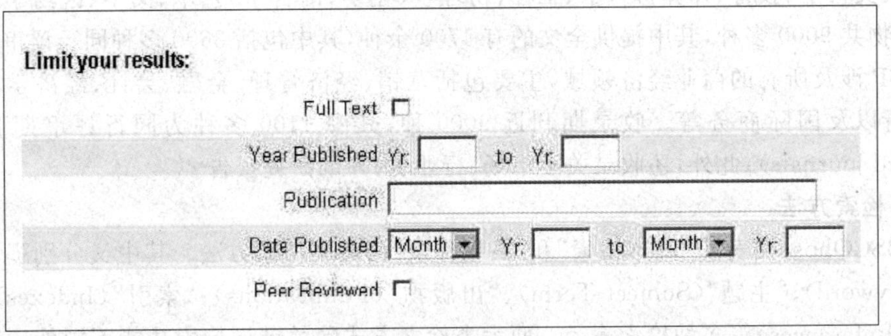

图 5-29

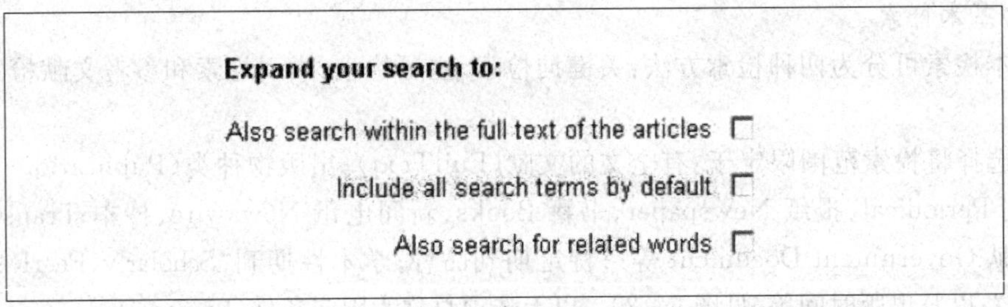

图 5-30

(2)高级检索

高级检索共有三种画面可供选择,即:"Single Find Field"、"Single Field with a Search-Builder"及"Guided Style Find Fields"三种关键词输入方法。选用何种输入方式可由用户选择设定。高级检索虽分三种检索画面,但限定条件和扩展条件的设定方法相同,均包含以下几类:

① 限定条件(Limiters)

有全文(full text)、期刊名称(Journal)、出版日期(publication date)、学术水平(Peer Reviewed)限定等。

② 扩展条件(Expanders)

含检索同义词和在全文中检索等。

③ 特殊限定条件(Special Limiters)

针对个别数据库所设计的特殊限定条件。如:在 Number of Page 中键入“10－”,表示检索结果均为 10 页以上的文章;又如:勾选 Cover Story,表示仅检索具有封面故事的文章;而选定 Articles with Image,则仅检索有图片的 PDF 全文(Full Page Image)或内嵌图片的 HTML 全文(Text with Graphics)。见图 5－31。

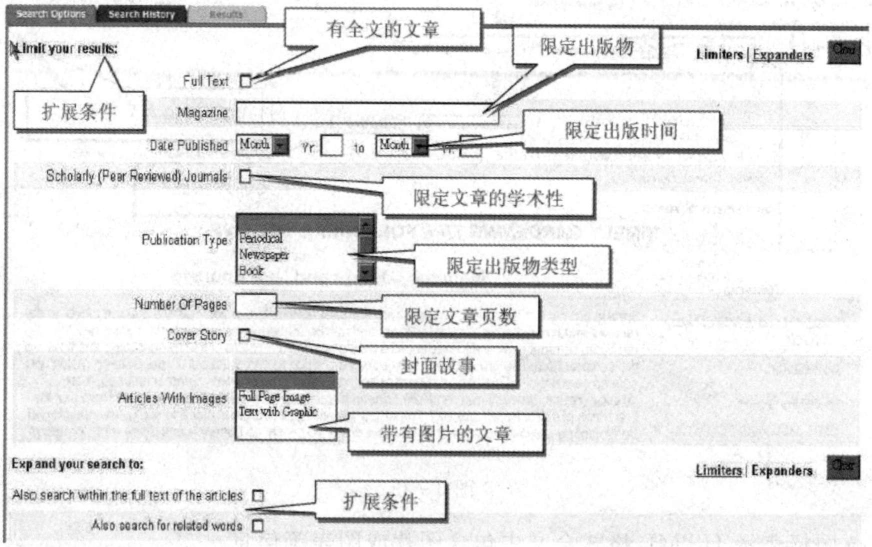

图 5－31

(3)检索结果处理(见图 5－32)

点击某一篇文章题名,显示该文章的详细外部特征,见图 5－33。

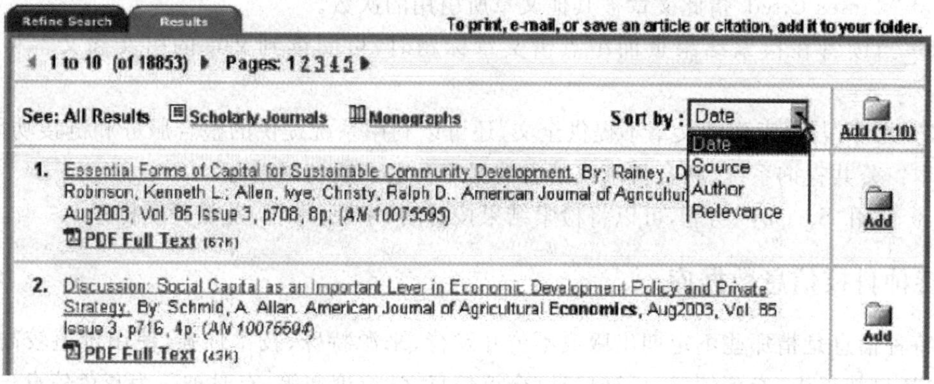

图 5－32

页面中：

① PDF Full Text图标表示此文章有 PDF 格式的全文。

② HTML Full Text图标表示此文章有文本格式的全文。EBSCOhost 中文本格式的全文通常以 XML 格式提供。XML 为一种有别于一般 HTML 的技术。XML 格式的文章其文字编排比较精美，页面顶端左边会有段落目录供读者阅读。使用者还可以选择适宜打印的格式(Format to Print)将文章打印在标准 A4 纸上。要阅读 XML 全文，需要使用 IE 5. O 以上或 Netscape 6. O 以上版本的浏览器。

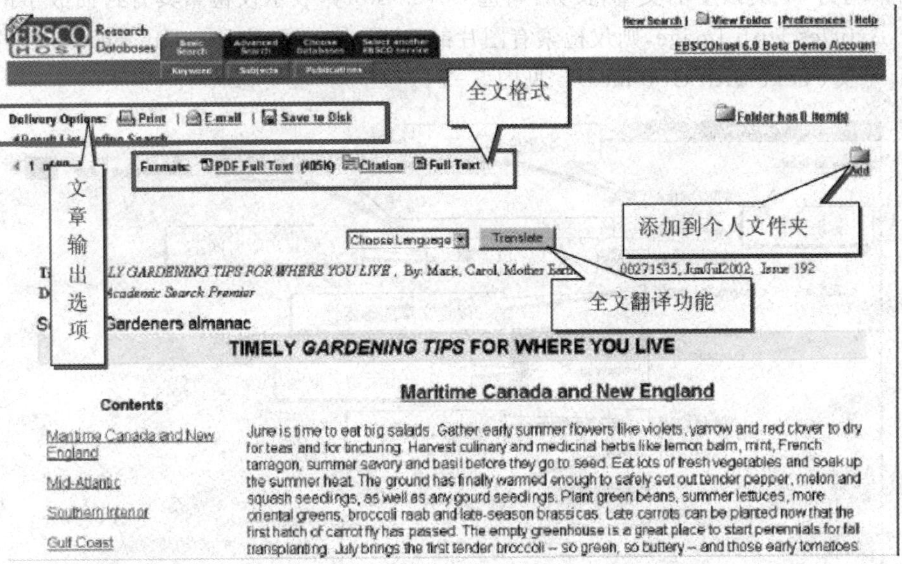

图 5-33

③ 图标表示 HTML 格式全文中包含图片或图表等信息。

④ Linked Full Text图标表示 EBSCOhost 可以提供全文链接。即：当前检索的数据库中没有收录这篇文章的全文，但在其他 EBSCOhost 数据库或电子期刊网站中收录了这篇文章的全文。如：可以通过 SmartLink 或 Crossref 连接的全文。

⑤ “Times Cited”指此文章被其他文章所引用的次数。

⑥ 当读者在检索结果页面中点击文章标题时，可阅读到文章的引文和文本格式的全文。

⑦ 此外，若检索到的文章不提供全文，还可以利用系统提供的整合服务和链接功能，连接到本馆公共查询系统、联合目录或其它数据库及电子期刊网站等。

⑧ 使用“Sort by”功能，可以将检索结果按时间、来源、作者、及相关度排序。

四、特种科技信息数据库

特种信息是指那些不定期出版或不公开发行、来源特殊、技术性强、使用价值较高的信息，包括科技报告、专利信息、标准信息、会议信息、学位论文等，有时被称为灰色信息。特种信息发行渠道特殊，形式各异，是当前国内外图书情报界公认的重要信息源之一，在科学研究和经济建设中将发挥越来越重要的作用。因此，掌握特种信息的检索对研究人员、学生具有重要的意义。

(一)科技报告

科技报告最早出现于20世纪初,是最重要、最特殊的一类科技文献,其出版形式具有非书非刊的特点,难于搜求,往往带着不同程度的保密性质,是世界各先进国家在进行经济竞争中搜求或猎取的对象。科技报告内容大多专深、新颖,往往涉及尖端学科或世界最新研究课题;内容丰富、信息量大,对问题研究的论述往往既系统又完整,并针对问题的难点技术,不但有包括技术研究的整个试验过程,而且记录有各种数据和图表甚至对试验失败也有穷究原因的详尽分析;其文献数量巨大、形式多样,目前全世界每年出版的科技报告约100万件以上;但由于保密原因,公开发表的只有1/3。正由于大量的科技报告需要保密,使科技报告这一特殊的信息源带上了神秘的色彩。

科技报告不同于其他类型的出版物,由于保密性强,往往内部发行;有的解密后,又在科技期刊上发表;从科技报告本身看,它一般以单册形式出版,册数不等,篇幅不定,数量难掌握;此外,科技报告一般都有报告编号,一份生产技术报告从编写到正式出版,每经过一个机构就能产生一个编号,造成一份科技报告有多个号码,这样就给科技报告的检索带来困难。

科技报告按密级可分为保密报告(包括秘密、机密、绝密)、非密限制发行报告、解密报告和公开发行报告:按科研活动的发展阶段大致可分为进展报告和总结报告;按科技报告的内容性质可分为技术报告(TR)、技术札记(TN)、技术备忘录(TM)、技术译文(TT)、合同户报告((CR)、特种出版物(SP)等。

1. 国内科技报告及其检索

我国科研成果的统一登记和报道工作是从1963年正式开始的,凡是有科研成果的单位都要按照规定程序上报、登记。国家科技部根据调查情况发表科技成果公报和出版《科学技术研究成果公报》。该公报分为内部、秘密和绝密三种,内部控制发行和使用。

检索国内科技报告最有效的手段和途径是《中国科技成果数据库》(CSTAD),这是万方数据资源系统中的科技成果数据库。其收录范围包括新技术、新产品、新工艺、新材料、新设计,涉及自然科学各个学科领域。该库已成为我国最具权威的技术成果宝库。

数据库的检索界面如图5-34。

为了满足不同单位、部门和个人的要求,该数据库设置了多种查询办法,可以通过对全文、成果名称、分类号、关键词、成果简介、成果公布年份、省市、完成单位、完成人、联系单位、联系人、成果类别、成果水平、鉴定单位、鉴定日期、应用行业码、应用行业名称等进行分别查询或多条件组合查询。

检索到的资源样式如图5-35。

2. 国外科技报告及其检索

世界上著名的科技报告有美国的四大报告、英国航空航天委员会的ARC报告、法国原子能委员会的CEA报告、德国的航空研究报告(DVR)、瑞典国家航空研究报告(FFA)、日本原子能研究报告(JAERI)等。其中美国的四大报告(AD、PB、NASA、DOE)一直雄踞首位,是世界上广大科技人员注目的重心。

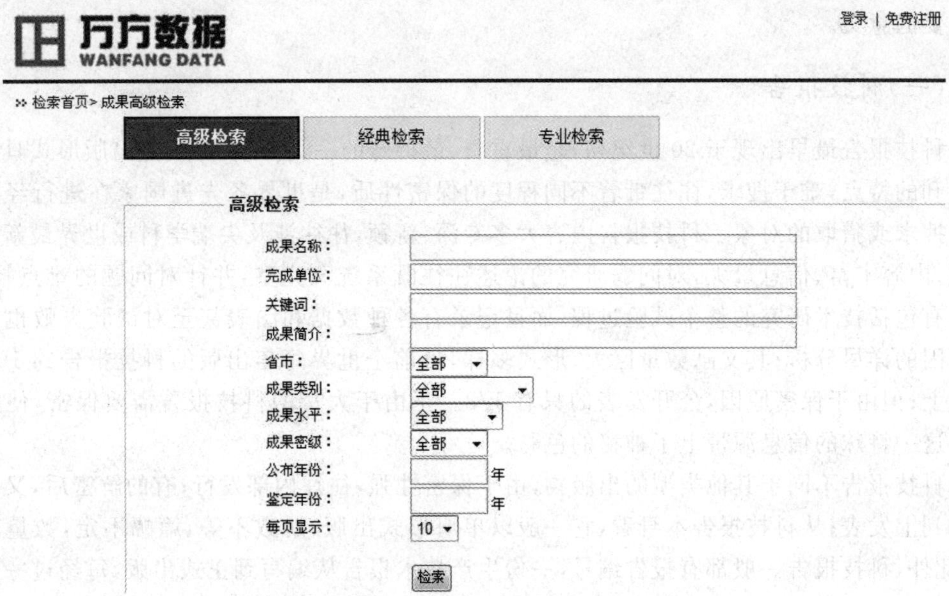

图 5－34

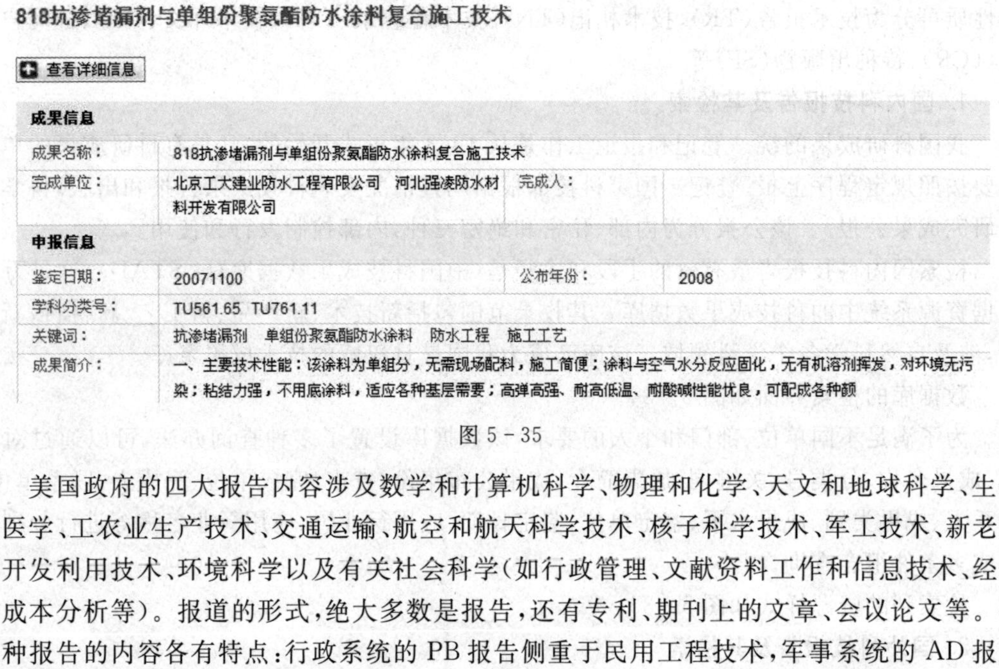

图 5－35

美国政府的四大报告内容涉及数学和计算机科学、物理和化学、天文和地球科学、生物和医学、工农业生产技术、交通运输、航空和航天科学技术、核子科学技术、军工技术、新老能源开发利用技术、环境科学以及有关社会科学（如行政管理、文献资料工作和信息技术、经济和成本分析等）。报道的形式，绝大多数是报告，还有专利、期刊上的文章、会议论文等。但每种报告的内容各有特点：行政系统的 PB 报告侧重于民用工程技术，军事系统的 AD 报告侧重于军事工程技术，航空与航天系统的 NASA 报告报道航空航天技术，原子能和能源管理系统的 DOE 报告侧重于能源技术。

提供四大报告的网上检索的数据库有：

（1）NTIS 美国政府报告数据库

NTIS（National Technical Information Service）是美国国家技术情报社出版的美国政府报告数据库，是目前查找美国四大报告主要的检索工具，以收录美国政府立项研究及开发的项目报告为主，少量收录西欧、日本及世界各国的科学研究报告。该数据库所对应的印刷型刊物为：《Government Reports Announcement & Index(GRA&I)》和《Government Inventions for Licensing》。

(2)NASA 科技报告数据库

NASA 科技报告数据库包括 NTRS(NASA Technical Reports Server)和 NACATRS(NASA Technical Report Server)两个数据库，是检索世界航空、航天资料的主要综合性检索工具。主要包括 NASA 及其合同用户编写的科技报告，美国和其他国家政府机构、公司、大学和研究机构所出版的科技报告、学位论文和译文，NASA 本单位所属的专利和专利出版物及其他一些文献。学科涉及航空、航天、化学化工、材料、工程、机械、激光、地球科学、能源、生命科学、数学与计算机科学、物理学、空间科学、社会科学。

(3)GrayLIT Network 科技报告全文数据库

GrayLIT Network 是由美国能源部(DOE)科技信息办公室(OSTI)联合美国国防科技信息中心(DTIC)、美国航空航天局(NASA)、美国环保总局(EPA)提供的科技报告数据库，共有五个数据库组成，网址为 http://graylit. osti. gov。

3. 科技报告的获取方法

科技报告的获取比普通文献要难，一般图书情报单位并不收藏。获取原始科技报告的途径主要有两条：一是向国内的专门收藏单位检索复制。在我国，中国科学技术信息研究所是国外政府研究报告的主要收藏单位，此外上海科技信息研究所、北京文献服务处、中国科学院图书馆也是科技报告的重要收藏单位。二是可以直接向国外有关机构订购。美国国家科技信息服务处(NTIS)是美国科技报告的主要收藏单位，如果要订购美国的科技报告，可直接向 NTIS 订购，订购前可先查查 GRA&I，得到某一科技报告的订购号(在 GRA&I 中，订购号即是报告号和 NTIS 收藏号)，通过 GRA&I 的价格代号，进一步检索 GRA&I 所附的价目表，来得知该科技报告的具体价格。

(二)学位论文

学位论文主要是指硕士、博士研究生为获得学位，在导师指导下独立完成并获答辩通过的学术研究论文。其英文名为 Dissertation、Thesis。由于学位论文必须要有新的见解才能答辩通过，因此其中不乏有较高学术价值的信息。

世界各国对学位论文的管理方法并不相同。我国国务院学位委员会于 1984 年颁布了"关于寄送博士和硕士学位论文的通知"，要求各授予单位在学位论文通过后半年内将论文寄送中国科技情报所，所以，中国科技情报所是我国学位论文的主要收藏单位。此外，中国国家图书馆、中国科学院信息研究所都收藏一定数量的学位论文，并提供借阅、复制服务。我国各大学的学位论文一般收藏于本校的图书馆(包括资料室)。美国的学位论文主要由美国大学缩微品国际出版公司(University Microfilms International，即 UMI)收集，该公司还收集、报道、提供其他国家的学位论文。其出版的学位论文有印刷型、缩微胶卷、光盘和网络数据库等形式。英国的学位论文统一收藏于英国国家图书馆的国家外借图书馆(NLL)内，对读者不借论文原件，但提供复印服务。日本规定国立大学的学位论文统一储存于日本国家图书馆内。

1. 中文学位论文数据库

(1)万方数据资源系统的“中国学位论文文摘数据库”(CDDB)

收录了我国自然科学和社会科学各领域的硕士、博士及博士后研究生学位论文的文摘信息,内容包括:论文题名、作者、专业、授予学位、导师姓名、授予学位单位、馆藏号、分类号、论文页数、出版时间、主题词、文摘等字段信息。

(2)万方数据资源系统的“中国学位论文全文数据库”(CDDBFT)

2002年,万方数据股份有限公司推出中国学位论文全文数据库,收录了自1980年以来我国自然科学领域博士、博士后及硕士研究生学位论文,其中全文144万余篇,每年稳定新增15万余篇,是我国收录数量最多的学位论文全文库之一。

(3)CALIS高校学位论文数据库

CALIS高校学位论文数据库子项目的建设目的是在“九五”期间建设的博硕士学位论文文摘数据库基础上,建设一个集中检索、分布式全文获取服务的CALIS高校博硕士学位论文文摘与全文数据库。目前有大约25万条学位论文文摘索引。已有约80家大学签订了参加项目建设的协议,有70多家建立了本地学位论文提交和发布系统。

(4)中国优秀博硕士学位论文全文数据库(CDMD)

中国优秀博硕士学位论文全文数据库是中国知识基础设施工程(CNKI)的系列数据库之一,由清华同方股份有限公司等研制开发,是目前国内相关资源最完备、高质量、连续动态更新的中国博硕士学位论文全文数据库(收录年限为1999年至今)。收藏全国420家博士培养单位和652家硕士培养单位的优秀博硕士学位论文。

该库产品分为十大专辑:理工A、理工B、理工C、农业、医药卫生、文史哲、政治军事与法律、教育与社会科学综合、电子技术与信息科学、经济与管理。十大专辑之下分为168个专题文献数据库。CDMD的检索界面和检索方法与“中国期刊全文数据库”大同小异。

2. 外文学位论文数据库

ProQuest数字化学位论文数据库,简称PQDD,由美国ProQuest Information and Learning Company提供,是世界上最大和使用最广泛的学位论文数据库,内容覆盖文、理、工、农、医各学科领域,可为用户提供超过90%的北美地区每年获得通过的博硕士论文以及许多国际性的博硕士论文。收藏了从1861年起欧美1000余所大学各学科领域的200多万篇学位论文,在学术研究中具有十分重要的参考价值。

ProQuest博硕士论文全文数据库在国内设有CALIS本地镜像站(北京大学图书馆)、中国科技信息所和上海交大图书馆三大镜像站。

3. 免费检索的学位论文数据库

(1)国家科技文献图书中心(NSTL)的中文学位论文库和外文学位论文库

提供论文摘要,是免费使用的数据库。“中文学位论文库”主要收录了1984年至今我国高等院校、研究生院及研究所发布的硕士、博士和博士后的论文,学科范围涉及自然科学各专业领域,并兼顾社会科学和人文科学,每年增加论文6万余篇;“外文学位论文库”由中国科技信息研究所提供,收录了美国ProQuest公司博硕士论文数据库中2001年以来的优秀博士论文,学科范围涉及自然科学各专业领域,并兼顾社会科学和人文科学,每年递增约2万篇最新博士论文。

注册付费用户通过“原文检索订购”可提供全文请求。

(2)研究生培养单位自建的硕博学位论文库

目前，国内许多研究生培养单位都自建本单位的硕博士学位论文库，一般都提供题录和文摘信息的查询。例如："北京大学学位论文全文库"收录了北大1985年以来的3万多篇硕博学位论文的书目信息和部分文摘信息，在北大校园网内，可免费检索部分获得授权的学位论文全文。

（三）科技会议文献

会议文献通常是指国内外各类专业会议上发表的论文。学术与专业会议是科研人员进行学术交流的重要场合。随着科学技术的不断发展，国际性、全国性学会、协会、研究机构的学术组织越来越多。这些组织每年都定期或不定期地召开学术会议，使各学科同行之间的信息及学术成果的情报交流得到日益加强。据美国情报学会估计，全世界每年召开的学术会议在一万次以上，公开发行的各种专业会议录（论文集）超过3000种，发表会议论文达几十万篇。

会议文献具有这样一些特点：探讨的专业领域集中，针对性强，内容专深，往往反映出一门学科或专业在相应范围内的发展水平和趋势；一些重要研制成果或新的发现一般通过会议文献形式向社会公布；新兴学科专业文献集中，能反映具有代表性的不同观点；有时能透露出一些正在进行中的研究情况。随着科技交流的日趋频繁，学术与专业会议及其会议文献已成为科技人员的重要信息源。因此，检索会议信息和文献是我们必须掌握的一种基本技巧。

1. 中国国内科技会议文献资源

(1)中国学术会议在线

由教育部科技发展中心主办，提供学术会议信息预报、会议分类搜索、会议在线报名、会议论文征集、会议资料发布、会议视频点播、会议同步直播等服务。

(2)中国学术会议论文全文数据库

由中国科技信息研究所下属的万方数据股份有限公司制作发行，主要收录1998年以来国家级学会、协会、研究会组织召开的全国性学术会议论文，数据范围覆盖自然科学、工程技术、农林、医学等领域，是了解国内学术动态重要文献的数据库。

(3)中国重要会议论文全文数据库

由清华同方数据公司制作发行，收录我国2000年以来的国家二级以上学会和协会、高等院校、科研院所、学术机构等单位的论文集，年更新约10万篇文章。

2. 国外科技会议文献资源

(1)《世界会议》(World Meeting)

是由美国世界会议情报中心编辑，MacMilan Publishing Company出版的英文版会议文献检索工具。它专门报导未来两年内将要召开的国际学术会议信息，共分4个分册：《World Meeting: United States&Canada》、《World Meeting: Outside United States&Canada》、《World Meeting: Medicine》、《World Meeting: Social&Behavioral Science, Education&Management》。

(2)《会议论文索引》(Conference Papers Index，简称CPI)

是由美国数据快报公司于1973年创刊的月刊型检索工具，主要报道会议论文。

(3)《科技会议录索引》(Index to Scientific & Technical Proceedings，简称 ISTP)

是一种综合性的科技会议文献检索刊物，由总部位于美国费城的科学信息所(Institute for Scientific Information，简称 ISI，隶属于 Thomson Scientific 信息集团)编辑出版，与 SCI、EI 一起被称为三大检索系统。ISTP 于 1978 年创刊，为月刊，有年度累积索引。其覆盖的学科范围广，收录会议文献齐全，而且检索途径多，出版速度快，声誉已盖过其他同类检索工具而成为检索正式出版的会议文献的主要的和权威的工具。

3. 会议文献的获取

中国科技信息研究所、国家图书馆、中国科学院图书馆、一些专业图书馆收藏会议文献比较多。中国科技信息研究所收藏国内会议论文较齐全，一般可提供原文。国内无法找到的外文会议论文可通过馆际互借，如：OCLC、IEL 全文数据库、ACM、万方数据资源系统的科技会议全文等途径获取原文。

(四)标准文献

标准是对工农业产品和工程建设质量、规格、检验方法、包装方法以及处理方法等方面所制定的技术规格，是从事生产、建设工作的共同技术依据。

按照标准化对象，通常把标准分为技术标准、管理标准和工作标准三大类。技术标准是指对标准化领域中需要协调统一的技术事项所制定的标准，包括基础技术标准、产品标准、工艺标准、检测试验方法标准以及安全、卫生、环保标准等；管理标准是指对标准化领域中需要协调统一的管理事项所制定的标准；工作标准是指对工作的责任、权利、范围、质量要求、程序、效果、检查方法、考核办法所制定的标准。

按照使用范围划分，标准可以分成国际标准、区域性标准、国家标准、专业标准和企业标准等五种。

1. 中国标准文献的检索工具简介

(1)万方数据检索系统——中国标准数据库

由中国科技信息研究所、万方数据集团公司开发，截至 2009 年 4 月 24 日，共收录 258897 条标准全文。

(2)中国知网 CNKI——中、外文标准数据库

该数据库资源来自中国标准化研究院国家标准馆，目前共收集中外文标准文献 43 万余条。

(3)《中华人民共和国国家标准和部标准目录》

由技术标准出版社出版，现每年修订一次。目录收录了截止当年年底发表的公开的国家标准和部标准，提供分类和标准号两种检索途径；是查找我国国家标准和部颁标准的主要检索工具。

(4)《中国国家标准汇编》

由中国标准出版社出版，收集了公开发行的全部现行国家标准，依据国家标准号编排。凡顺序号短缺处，除特殊注明外，均为作废标准号或空号。该汇编自 1983 年出版以来，已出版至 200 多个分册，是查阅国家标准原文的重要工具。

(5)中国标准网(www.zgbzw.com)

由中国标准出版社主办，可以查找中国国家标准和行业、专业标准的书目信息，在线查

找服务的标准号和标准书名检索词输入框，可进行模糊查询，即只需输入标准号或书名中的某一部分即可。

(6)国家标准管理委员会网站(www.sac.gov.cn)

提供我国国家标准和其他国内外标准的数据库免费检索，属于题录数据库。

2. 国外标准文献的检索工具简介

(1)国际标准 ISO、IEC、ITU

国际标准化组织(International Organization for Standardization，简称 ISO)，它的印刷型检索工具是《国际标准化组织目录》。该目录由五个部分组成，即主题索引、分类目录、标准序号索引、作废标准目录和国际十进分类号/ISO 技术委员会序号对照表；国际电工委员会(IEC)专门负责研究和制定电工、电子技术方面的国际性标准，包括综合性基础标准、电工材料、电工设备、日用电器、仪器仪表及工业自动化标准、安全标准等；国际电信联盟(ITU)是联合国的一个专门机构，也是联合国机构中历史最长的一个国际组织，其实质性工作由三大部门承担，分别是电信标准化部门(ITU-TSS)、无线电通信部门(ITU-RS)和电信发展部门(ITU-TDS)，其中的 ITU-TSS 由原来的国际电报电话咨询委员会(CCITT)和国际无线电咨询委员会(CCIR)的标准化工作部门合并而成，主要职责是完成 ITU 有关电信标准化的目标，促进全世界的电信标准化。

(2)美国电气与电子工程师协会标准网站(http://standards.ieee.org)

提供 IEEE 颁布的一些标准全文以及相关说明，并可进行检索。

(五)专利文献

专利文献是实行专利制度的国家及国际性专利组织在审批专利过程中产生的官方文件及其出版物的总称。广义的专利文献，包括申请说明书、专利说明书、专利局公报、专利文摘、专利分类表、专利主题词表，以及申请专利时提交的各种文件、法律性文件和诉讼资料等。狭义的专利文献就是指专利说明书。

1. 中国专利文献检索工具

(1)中国专利数据库光盘

其系列有《中国专利全文数据库》光盘、《中国专利文摘数据库》光盘、《中国失效专利数据库》光盘、《中国专利数据库英文光盘》，全部由中国专利文献出版社出版发行，简称 CNPA；收录了自 1985 年正式受理专利申请以来的所有中国专利文献。

(2)中国专利信息网(http://www.patent.com.cn)

由中国专利局检索咨询中心与长通飞华信息技术有限公司共同开发创建，其提供的“中国专利数据库”收集了我国自 1985 年实施专利制度以来的全部发明专利和实用新型专利信息，记录内容包括完整题录信息和文摘。它集专利检索、专利知识、专利法律法规、项目推广、高技术传播、广告服务等功能为一体。

(3)国家知识产权局网(http://www.sipo.gov.cn)

提供与专利有关的各种信息、专利的网上咨询、专利基本知识介绍、专利检索服务等，其专利检索系统收录 1985 年以来公布的所有中国专利文摘及图片形式全文，免费提供检索服务。

(4)中国知网 CNKI——中国专利全文数据库

收录了 1985 年 9 月以来的所有专利，包含发明专利、实用新型专利、外观设计专利三个子库，准确地反映中国最新的专利发明。专利的内容来源于国家知识产权局知识产权出版社，相关的文献、成果等信息来源于 CNKI 各大数据库。可以通过申请号、申请日、公开号、公开日、专利名称、摘要、分类号、申请人、发明人、地址、专利代理机构、代理人、优先权等检索项进行检索，并下载专利说明书全文；目前收录的专利文献共有 316 万多条。

(5)万方数据资源系统——专利技术数据库

收录了国内外的发明、实用新型及外观设计等专利 2400 余万项，其中中国专利 331 万余项，外国专利 2073 万余项；内容涉及自然科学各个学科领域，每年增加约 25 万条；中国专利每两周更新一次，国外专利每季度更新一次。

其简单检索方式简单易用，高级检索方式专业且功能强大，可以通过专利名称、摘要、申请号、申请日期、公开号、公开日期、主分类号、分类号、申请人、发明人、主申请人地址、代理机构、代理人、优先权、国别省市代码、主权项、专利类型等检索项进行检索，提供专利全文下载。

检索结果按国际专利分类(IPC 分类)、发布专利的国家和组织、专利申请的日期进行分类。

2. 国外专利文献检索工具

(1)世界创新专利索引

德温特专利检索体系(Derwent Innovations Index，简称 DII)是检索世界专利最权威的工具之一。DII 将世界专利索引(WPIG)和专利引文索引(PCI)的内容整合在一起，采用"ISI Web of Knowledge"的界面，通过学术论文和技术专利之间相互引证的关系，建立了专利与文献之间的关系。DII 收录全球 40 多个专利机构的 900 多万条基本专利，1800 多万项专利。"ISI Web of Knowledge"提供了来自各个学科的核心期刊的文献，反映了基础研究的进展。DII 汇集了工程技术领域内的发明创造，揭示了技术领域内的创新。

(2)欧洲专利局专利信息网(esp@cenet)

是 Europes network of patent databases(esp@cenet. network to search)的简称，是欧洲专利局和其 18 个成员国的国家专利局提供的基于 WEB 方式的免费专利信息数据库检索系统。该系统可提供对世界 50 多个国家专利信息的网上免费检索，大多数国家的专利数据可追溯自 20 世纪 70 年代，但每个国家可检索专利信息的详细程度和覆盖年限并不完全相同，有些国家、地区、组织的专利可检索到全文，有些国家的专利可检索到文摘，而有些国家的专利则只能检索到题录。因此 esp@cenet 已成为对国外专利信息进行系统性检索的很好工具。

(3)世界知识产权组织网上专利数据库(WIPO)

包含了 1997 年 1 月以后 PCT 组织专利公开的所有申请说明书全文扫描图形，1997 年前的 PCT 专利只能从欧洲专利局专利检索系统"worldwide"数据库中进行检索，提供专利摘要。

(4)Delphion 公司专利检索数据库

Delphion 是 2000 年 5 月由原 IBM 公司的知识产权网与 Internet Capital Group(ICG)联合重组的新公司名，在原 IBM 公司的基础上增加更多的世界知识产权服务信息。通过该公司提供的简单检索和专利号检索界面，可以免费检索美国、欧洲、澳大利亚、非洲、PCT组织等多种专利文摘。

(5)日本专利数据库

由日本专利局提供，收录了1994年至今公开的日本专利英文题录和摘要。

第三节 科技文献信息的收集与整理

一、科技文献信息的查找方法

查找科技文献信息，首先必须对检索课题进行分析研究，以确定该课题需要查找哪些类型、哪些专业、哪些语种和哪一时期的资料。一般来说，查找步骤的繁简，是由检索课题的难易所决定的。

若要查找某种化学物质的熔点、沸点、溶解度等理化数据，应先查阅手册、辞典；若要查找较新的数据，则查找较新版的手册；对于最新的数据，则应查找现期期刊。

对于比较复杂或比较专门的检索课题，则需进行详细而系统的查找。例如，关于聚氯乙烯制备方法的改进这一课题，首先应查阅教科书、手册、辞典和大型参考书，了解聚氯乙烯的一般情况，如分子式、理化性质和制备方法等，以便对聚氯乙烯有一个大概的了解和认识。接着查找有关综论和专题著作，获得对聚氯乙烯制备方法改进这一问题更全面的认识。最后就需查找有关的文摘杂志、索引刊物，如英国《塑料文摘》、美国《化学文摘》等检索工具书刊。

若要查找本学科的新成就和新动态，可查找现期期刊、快报、题录等。

若要查找某种型号的化工设备或产品方面的资料，可查找产品说明书或产品数据手册。一些有较大经济价值的化工设备、仪器仪表装置和生产流程方面的资料，常载在专利文献中。应注意查找有关专利文献检索工具，如《世界专利索引》、《专利文献通报》等。

若要查找有关市场、贸易、技术经济性信息，了解某一公司的情况或某一产品的市场动态，应查找《化学工业札记》、《化工商品信息手册》、《中国企事业单位名录》等技术经济信息检索刊物或有关厂家名录、交易信息、商业广告、社会和财团法人内部资料。

若要查找化工新领域、化工技术攻关方面的课题，应多查找有关化工方面的学报、论文集、会议录及专利说明书等情报资料。

若对检索课题比较生疏，或对课题的全貌心中无数，则应先查找有关图书、综述、述评，再查找其中所引用的文献。

对于牵涉面广的检索课题，可利用主题索引、分类索引结合作者索引进行由近至远的回溯查找。查找时尽量利用检索工具的累积索引。利用检索工具查找课题信息，通常以查找一种内容比较丰富、查找又较方便的文摘杂志为主；如有必要和可能，还可用多种文摘杂志相互补充、相互核对，以得到更多的资料。

查找信息应先从本单位开始，然后再扩大到外单位或外地；先查找中文检索工具，后查找外文检索工具。

二、科技文献信息的鉴别、整理

1. 科技文献信息的鉴别

主要是分析、鉴别其先进性、可靠性、适用性。

(1)先进性判断

主要指信息内容的新颖性，主要看信息是否有新理论、新观点，是否提出或介绍了什么新工艺、新设计、新材料、新产品等。另外，还要看其经济效果如何，通常可从质量、产量、成本、劳动生产率、利税等技术经济指标来衡量一项技术的经济效果好坏。经济效果好的一般较为先进。另一方面，也可从资料发表的时间来判断内容是否新颖。一般说来，发表或出版的时间越近，可能越新颖。

(2)可靠性判断

主要指内容的真实性。一般来讲，秘密或内部资料比公开资料的可靠性大；技术档案、科技报告、技术标准、专利文献比一般科技书刊可靠性大；科技书刊比新闻小品可靠性大；从专业研究机构来的资料比一般社团的资料可靠性大；官方来源比私人来源的资料可靠性大；最终报告比进展报告可靠性大；著名大学、著名科研单位、著名出版社的出版物信息可靠性大；国内知名专家、学者、教授、工程师撰写的文章所提供的情况比较可靠。

(3)适用性判断

科技文献信息的适用性是指对用户适用的程度。主要看资料中介绍的技术和提供的工艺、材料、设备、原料、产品等是否合乎国情。一般说来，来自科学技术发展处于同一水平、同一发展阶段且自然条件相似的国家或地区的资料，适用性较大。另外，可从情报资料的读者面来判断，读者的人数越多，一般说使用价值越大；读者的职业面越宽，说明该技术适用范围越广。

2. 科技文献信息的加工整理

搜集到的科技文献信息经初步鉴别、筛选后，需进行加工整理。首先应对信息进行外部整理，即将信息加以剪贴、摘录，按学科体系归类。通常是将搜集到的资料制成资料卡片，加以分类，或将记录有资料的活页笔记进行分类存放，使之系列化。

信息经外部整理后，还要进行内容整理，包括：对有关资料的论点进行归纳；对内容进行综合，加以提炼整理；对数据加以汇总；对图表进行编排；围绕研究课题编制专题索引；等等。信息资料通过内容整理，对资料内容进行概括、排序、综合、分析、比较，去粗取精、去伪存真，使之系统化、条理化，以便保管、传递、研究和利用。信息的内容整理过程，实际上就是对课题进行研究的过程。在这个过程中，通过创造性的思维活动，通过对资料由此及彼、由表及里的思考，就可能发现一些事物的内部联系和规律，从而可能提出一些有价值的问题。

习　题

[思考题]

1. 在进行科技文献检索时，可以通过哪些外部特征检索所需要的资料？
2. 比较分析按外部特征途径和内部特征途径进行文献检索的优缺点。
3. 简述利用网络数据库进行科技文献检索的基本方法和步骤。

［训练题］

1. 选择一个主题，利用中文期刊全文数据库检索近5年来关于该主题的相关中文论文，并按国家关于参考文献的标准格式，列出其中最相关的20篇论文。

2. 就同一个主题，利用Elsevier全文数据库检索近5年来关于该主题的相关英文论文，并按国家关于参考文献的标准格式，列出其中最相关的20篇论文。

第六章

科技论文写作

内容要点

- ◆ 科技论文的类型和特点
- ◆ 科技论文撰写计划
- ◆ 科技论文的主要结构
- ◆ 论文标题、摘要、引言、结论等写作规范

科技论文是记录科学进步的历史文件，是科研人员劳动和智慧的结晶。大学生必须掌握科技论文写作这个基本技能。

科技论文有严格的格式规范要求，大学生需通过大量的实践训练才能不断提高科技写作的能力。

第一节　科技论文概要

科技论文是科技发展，也是记录人类科技进步的历史性文件。统计资料表明，当今世界每年发表科技论文 300～400 万篇，其中约有 75%发表在期刊上，足见科技论文、科技期刊对现代社会进步的重要的作用。

现代科学技术工作已经趋于综合化、社会化，科技工作与社会各方面的联系也密切相关。在某一科学技术领域中，经常是一个群体在进行各个不同方向、不同课题或者是相同方向、相同课题的研究，需要彼此交流、联系和借鉴。而这种交流、联系和借鉴主要通过科技工作者的学术会议或发表论文的形式进行。科技论文是科研人员劳动和智慧的结晶，论文的写作与发表，对于提高研究水平、减少无效劳动和推动科学技术发展起着重要的促进作用。

一、科技论文的定义

那么，什么是科技论文？至今学术界对此还没有完全统一的定义。但是作为科技期刊刊载的客体，可以认为：在认识和改造客观世界的过程中，通过足够的、可以重复其实验（或存在某种类似做法的潜力），使他人得以评价和信服的素材论证，首先揭示出事物及其真谛，并发表于正式科技期刊或其他得到学术界正式认可形式的叙述文件，可以统称为科技论文。简单地说，科技论文是对创造性的科研成果进行理论分析和总结的科技写作文体。

除此之外，科技论文还有很多的定义，比较翔实的定义是：科技论文是报道自然科学研究和技术开发创新工作成果的论说文章，它是通过运用概念、判断、推理、证明或反驳等逻辑思维手段，来分析表达自然科学理论和科学技术开发研究成果。科技论文是创新性科学技术研究工作成果的科学论述，是某些理论性、实验性或观测性新知识的科学记录，是某些已知原理应用于实际中取得新进展、新成果的科学总结。

二、科技论文的主要特点

每种论文都有专属特点，而作为科技论文，也同样具有其自身的特点。

1. 创新性

这是科技论文的灵魂，是有别于其他形式论文的特征所在。它要求文章所揭示的事物现象、属性、特点及事物运动时所遵循的规律或者这些规律的运用必须是前所未见的、首创的或部分首创的，而不是对前人工作的复述、模仿或解释。

没有新的观点、见解和结论，就不成其为科技论文。科技论文的创新程度是相对于人类已有的知识而言的。至于某一篇论文，其创新程度可能有大小之别，但总要有一些独到之处，总要对丰富科学技术知识宝库和推动科学技术发展起到一定的作用。“首次提出”、“首次发现”，当然是具有重大价值的研究成果；在某一点有发展，亦应属于创新的范围。在实际研究中，有很多课题是在引进、消化、移植国内外已有的先进科学技术，以及应用已有的理论来解决本地区、本行业、本系统的实际问题，只要对丰富理论、促进生产发展、推动技术进步有效果、有作用，这类论文也同样应视为有一定程度的创新。

2. 规范性

撰写科技论文是为了交流、传播、储存新的科技信息，让他人利用，因此，科技论文必须按一定格式写作。在文字表达上，要求语言准确、简明、通顺，条理清楚，层次分明，论述严谨。在技术表达上，包括名词术语、数字、符号的使用，图表的设计，计量单位的使用，文献的著录等都应符合规范化要求。一篇科技论文如果失去了规范性，将严重降低它的价值，有时甚至会使人怀疑它报道的研究成果是否可信。

3. 逻辑性

这是文章的结构特点，它要求论文脉络清晰、结构严谨、前提完备、演算正确、符号规范、文字通顺、图表精制、推断合理、前后呼应、自成系统。不论文章涉及的专题大小如何，都应该有自己的前提或假说、论证素材和推断结论。通过推理、分析，提高到学术理论的高度，不应该出现无中生有的结论或一堆堆无序数据、一串串原始现象的自然堆砌。

4. 学术性

学术性是指一篇科技论文应具有一定的学术价值，有两个方面的含义：一是对实验、观察或用其他方式所得到的结果，从一定的理论高度进行分析和总结，形成一定的科学见解，包括提出并解决一些有科学价值的问题；二是对自己提出的科学见解或问题，用事实和理论进行符合逻辑的论证与分析或说明，并将实践上升为理论。从实质而言，科技论文的写作过程，本身就是作者在认识上的深化和在实践基础上进行科学抽象的过程。从事科学研究，特别是从事工程技术研究的科技人员，应善于从理论上总结与提高，争取写出既有创新性又有学术价值的科技论文来。

5. **科学性**

在具体的研究及写作阶段，一篇优秀的科技论文必须具备科学性这一特征。这是科技论文在方法论上的特征，使它与一切文学的、美学的、神学类文章区别开来。它不仅仅描述的是涉及科技领域的命题，而且论述的内容更具有科学可信性。科技论文不能凭主观臆断或个人好恶而随意地取舍素材或得出结论，它必须根据足够的可靠的实验数据或现象观察作为立论基础。这里所谓“可靠的”是指整个实验过程是可以复核验证的。

所谓科学性，就是要正确地说明研究对象所具有的特殊矛盾，并且要尊重事实，尊重科学。具体来说，包括论点正确、论据充分、论证严密、数据可靠、处理合理、计算精确、结论客观等等。科学性还表现在对客观事物即研究对象的运动规律和性质表述的接近程度，包括概念、定义、判断、分析和结论要正确，对自己研究成果的估计要确切、恰当，对他人的研究成果的评价要实事求是。

6. **有效性**

这主要指文章的发表方式。目前，只有经过相关专业的同行专家的审阅，并在一定规格的学术评议会上答辩通过、存档归案，或在正式的科技刊物上发表的科技论文，才被承认为是完备的和有效的。这时，不管论文采用何种文字发表，它所揭示的事实及其真谛就能方便地为他人所应用，成为人类知识宝库中的一个组成部分。

除此之外，有的资料将专业性、实践性亦作为科技论文的特点。

三、科技论文的类型

科技论文可按几种不同的方法进行分类。按学科性质可分为纯理论型论文和应用技术型论文；按用途可分为学术性论文、课程论文和学位论文；按表述方法可分为论证型论文、描述型论文、设计型论文、评述性论文等；按内容可分为理论型论文、实验型论文、观测型论文、报告型论文、述评型论文等。

通常，将科技论文分为三类，即学术性论文、技术性论文和学位论文。

1. **学术性论文**

学术性论文是指研究人员提供给学术性期刊发表或向学术会议提交的论文，它以报道学术研究成果为主要内容。学术性论文反映了该学科领域最新的、最前沿的科学水平和发展动向，具有较高的学术性、创新性，是探讨理论科学和应用技术领域里的新课题，提出新见解、新成果；对促进科学技术和社会经济的发展，具有重要的作用。从一个国家、地区、单位和个人发表这类论文的数量和质量，可以看出他们的科技水平。

2. **技术性论文**

技术性论文是指工程技术人员为报道工程技术研究成果而提交的论文，这种研究成果主要是应用已有的理论来解决设计、技术、工艺、设备、材料等具体技术问题而取得的。技术性论文对科技进步和提高生产力起着直接的推动作用。这类论文应具有技术的先进性、实用性和科学性。

3. **学位论文**

学位论文是学位申请者（包括本科大学生、硕士研究生、博士研究生或以同等学力申请学位者）为获得学位而提交的学术论文。这种论文集中地反映了学位申请者的学识、能力、水平和所作出的学术贡献，是考核能否授予申请者学位的重要依据。学位申请者虽通过规定的各门课程的考试，但论文审查或答辩不合格者，仍不能授予学位。

学位论文分学士、硕士、博士三级。对不同等级的学位申请者，在论文上有不同的要求。

学位论文要经过考核和答辩，因此，无论是论述、文献综述，还是介绍实验装置、实验方法都要求比较翔实；而学术性或技术性论文是写给同专业的人员看的，因此力求简洁。

第二节　科技论文的撰写

科技论文是科技工作者对创造性研究成果进行理论分析和科学总结，并得以公开发表或通过答辩的科技写作文体。科技论文是进行科学技术交流的主要载体，是获得科技信息、促进科学技术发展的重要途径。作为科技工作者，应当掌握科技论文写作的方法，并通过写作实践，不断提高自己的写作能力。

一、制订写作计划

1. 科技论文的选题

科技论文的选题既可选择本学科有待解决的课题，也可选择本学科处于前沿位置的课题。选题确定后，就要定题目了。题目有大有小，有难有易。太大了，由于学力不足，无法深入，很容易写成蜻蜓点水，面面俱到，一个问题也没有论述深透、也没有能够解决，华而不实，且难以完成；太小了则没有分量，虽轻而易举就能完成，但质量不高。写作时要确定一个角度，把题目缩小。因此确定科技论文的具体题目和论证角度时，应该量力而行，实事求是，不要好高骛远、贪大贪深，勉强去做一个自己无力胜任的、毫无基础和准备的题目。题目的大小当然也不是绝对的，大题可以小作，小题也可以大作。关键还在于如何确定具体的角度，如抓住一个重要的小题，学科中的关键问题，能够深入其本质，抓住要害，从各个方面把它说深说透，有独到的新见解，把这个问题的难点和症结找准了，科学地给予解决了，那写出来的论文就很有分量。

2. 科技论文的准备

确定科技论文的题目和论证角度后，就要做搜集材料的工作，尽可能了解前人对于这个问题已经发表过的意见和已经取得的成果，正确的可以汲取和继承，走过的弯路和犯过的错误，可以避免和防止。应该汲取前人已有的经验，去解决前人没有解决的新问题。在博览广搜有关材料的过程中，应该时刻以自己论题为中心去思考这些材料，区别其正确、错误，找出其论证不足与需要增补、发挥之处，在此过程中逐渐形成自己论文的观点。搜集材料的过程，就是调查研究、思考钻研、形成论点的过程。在材料的搜集、研究过程完成时，论文提纲也就自然而然地完成了。制定提纲可以帮助我们树立全局观念，从整体出发，去检验每一个部分所占的地位、所起的作用，相互间是否有逻辑联系，每部分所占的篇幅与其在全局中的地位和作用是否相称，各个部分之间的比例是否恰当和谐，每一个字、每一句、每一段、每一部分是否都为全局所需要，是否丝丝入扣，相互配合，都能为主题服务。因此写提纲的好处是帮助自己从全局着眼，树立全篇论文的基本骨架，明确层次和重点，简明具体，一目了然。对搜集的材料，要进行分析、提炼，保留那些能说明论点的例证材料。小道理要服从大道理，局部要服从整体。单从某一局部看，有些论点和例子可能是精彩的，但从全局确定的基本发展线中看，如果插不进去、用不上，那也只能割爱。

科技论文应有说服力，必须有虚有实，有论点有例证，理论和实际相结合，论证过程有严密的逻辑性，并且要有层次。

二、科技论文结构和写作规范

1988年1月1日颁布的国家标准——《GB7713－87科学技术报告、学位论文和学术论文的编写格式》，对科技论文的撰写和编排格式作了规定。

科技论文一般包括以下8个部分：题名、论文作者、摘要、关键词、引言、正文、结论和参考文献。其中几个重要的、规范要求较多的部分，后文将分别单独详述。

1. 题名

题名又叫题目、文题、标题，是科技论文的中心和总纲。题名应以最恰当、简明的词语反映出文章中最重要的特定内容，要简明、准确、醒目，有利于读者阅读和文献检索，一般不宜超过20字。题名作为论文的"标签"，要准确地反映论文的主要内容，既不能过于空泛和一般化，也不宜过于繁琐，要清晰地反映文章的具体内容和特色，明确表明研究工作的独到之处；标题应当言简意赅、重点突出，以最少的文字概括尽可能多的内容。标题中应慎重使用缩略语，尽量避免使用化学式、上下角标、特殊符号、公式和不常用的专业术语等，一般采用名词性短语，并尽可能将表达核心内容的主题词放在开头。

为了增加论文的可读性，常常在标题下采用不同级别的层次标题。层次标题表达应准确和清晰，数量适当。

2. 作者署名

署名是作者拥有著作权的声明，也是作者文责自负的承诺。文责自负即包括作者对自己论文在政治上、科学上、法律上的责任，一旦文章存在剽窃的内容和其他错误，作者应承担全部责任。署名作者应是课题研究和论文构思撰写直接参与和主要策划者。课题组中从事辅助性工作的不宜作为作者而应在"致谢"中予以感谢。

论文署名一般不超过5个。中国人姓名的英文名采用汉语拼音拼写，姓氏字母与名字的首字母分别大写；外国人姓名、名字缩写可不加缩写点。著者署名是科技论文的必要组成部分。著者系指在论文主题内容的构思、具体研究工作的执行及撰稿执笔等方面的全部或局部上做出主要贡献的人员，能够对论文的主要内容负责答辩的人员，是论文的法定权人和责任者。署名人数不该太多，对论文涉及的部分内容作过咨询、给过某种帮助或参与常规劳务的人员不宜按著者身份署名，但可以注明他们曾参与了哪一部分具体工作，或通过文末致谢的方式对他们的贡献和劳动表示谢意。合写论文的著者应按论文工作贡献的多少顺序排列。著者的姓名应给全名，一般用真实姓名。同时还应给出著者完成研究工作的单位或著者所在的工作单位或通信地址(包括邮编)。

作者署名一般应列于题名下方，署名包括工作单位及联系方式。对于多作者论文，按署名顺序列为第一作者、第二作者……。

3. 摘要

摘要是对论文的内容不加注释和评论的简短陈述，是文章内容的高度概括；字数在200～400字之间，内容包括研究的目的、方法、结果和结论；一般不分段，不用图表、公式和非公知公用的符号。

4. 关键词

关键词是为了适应计算机自动检索的要求，从文章中选取出来用以表示全文主题信息的单词或术语。每篇文章关键词选取 3～8 个，置于摘要的下方。关键词通常应具备关键性，对全文内容具有串联作用；便于检索和索引，易用计算机技术进行处理；必须是名词或名词性词组，其排列顺序为由泛到细，由主到次。

关键词选取中要注意回避的常见问题有：(1)关键词不关键；(2)外延太大，失去检索意义；(3)以动词、形容词等作关键词；(4)以字或句子作关键词；(5)关键词太多或太少，超出了 3～8 个的范围。

5. 引言

引言又称前言、导言、序言、绪论，由它引出文章，所以写在正文之前。内容包括：说明本研究工作的缘起、背景、目的、意义等；介绍与本研究相关领域前人研究的历史、现状、成果评价及其相互关系；陈述本项研究的宗旨，包括研究目的、理论依据、方案设计、要解决的问题等。引言撰写常见问题有：

(1)一般性的叙述太多。应该尽量准确、清楚、简洁地指出所探讨问题的本质和范围，对研究背景的阐述做到繁简适度。

(2)同一观点的文献引用太多，刻意回避引用最重要的相关文献，或者不恰当地大量引用作者本人的文献。

(3)缺少对同行工作的评价或对同行工作的评价不恰当。

(4)未说明研究的原创性、先进性和学术价值。但也要注意对本研究的评价要客观、慎重。

(5)包含了结果或结论中的内容。

引言只是开场白，要掌握技巧，做到引人入胜。

6. 正文

正文是科技论文的主体，是指引言之后结论之前的部分，论文所体现的创造性成果或新的研究结果，都将在这一部分得到充分的反映。因此，正文要求内容充实，论据充分、可靠，论证有力；同时，层次还要清晰。为表达清楚，正文必须分成若干个层次来写，还要注意各层次之间的逻辑关系。

正文的写作要点是：

(1)资料准确、可靠、完备，前提和假设合理，原理和方法正确，计算精确，分析和推理可信、合乎逻辑，结论正确、具有普遍性。

(2)内容要突出“新”字。研究对象、原理和技术方法、资料、结果和结论要有新意，使论文具有首创性——对某一学科领域的理论有所创新(学术价值)，或能够解决实际业务中的关键技术问题(应用价值)。

(3)高度重视实验与观察、数据处理与计算、分析结果等，不可忽视偶发性的现象、畸异的数据以及与已往研究相异的结果，这正是发现新问题、产生新观点的契机。此时应该认真核实原始资料及其处理过程，验证实验(试验)、计算、分析的每个细节。

(4)表述严谨，语言和用词准确、简练、无歧义。科技论文的内容以尊重科学、尊重事实、准确表达研究成果为根本，不需要华丽的辞藻，语言要中肯、确切，表述意思要明确无误，绝不可使读者产生模糊或误解。著者应站在第三者的角度客观地分析、阐述实验和研究过程，尽量避免使用“我们”、“本地”、“本人”等带有主观色彩的陈述主语。

(5)表述简明清楚、详略得当。对于用文字不容易表述清楚或表述比较烦琐的内容，应采用图或表来陈述。图表要准确且具有自明性，对图表内容的文字描述应尽可能简要且与图表内容相符。

(6)引用严谨、确切。数据的引用务必准确，方法、原理、结论和观点的引用必须表述确切，防止错引或重引。

(7)教科书式的撰写方法是科技论文的大忌。避免对共识、公理作详细描述和论证；避免对已被本学科公知的公式、计算方法做细节地推导；计算机程序的编写应给出思路、关键步骤的编写方法、新的技术要点和实现方法，以及主要变量、数组格式等，需要时可用附录说明。

(8)使用法定计量单位。使用规范或本学科惯用的量符号，选用非规范的单位或量符号时，应加以说明或注解。公式、数学表达式中的字母、符号的大小写、上下标、正斜体等要准确。

7. 结论

科技论文一般在正文后面要有结论。结论是将实验、观测得到的数据、结果，经过判断、推理、归纳等逻辑分析而得到的对事物的本质和规律的认识，是实验、观测结果和理论分析的逻辑发展，是整篇论文的总论点。结论的内容主要包括：研究结果说明了什么问题，解决了什么实际问题或理论问题；对前人的研究成果做了哪些补充、修改和证实，有什么创新；本文研究工作的领域内还有哪些尚待解决的问题，以及解决这些问题的基本思路和关键。结论应做到准确、完整、明确、精练，数据准确可靠，不能含糊其辞，模棱两可。

撰写结论的常见问题有：(1)部分重要结果未列入结论；(2)涉及前文不曾指出的新事实；(3)将某种假设条件下得出的推论写进了结论；(4)与摘要大篇幅重复；(5)简单重复摘要、引言、结果或结论等章节的句子；(6)结论太长，不精练。

8. 致谢

现代科学技术研究往往不是一个人能单独完成的，需要他人的合作与帮助，因此，当研究成果以论文形式发表时，作者应当对他人的劳动给以充分肯定，并表示感谢。致谢也称谢辞，一般单独成段，放在科技论文的最后面，但不是每篇科技论文的必要组成部分。

(1)致谢的对象是所有对本研究直接提供过资金、设备、人力，以及文献资料等支持和帮助的团体和个人。如：

① 资助研究的各类基金，如国家科学基金；资助研究的合同单位，资助支持的企业、组织和个人。

② 参加过部分工作，承担过测试任务，对研究提出技术支持或有益建议的个人。提供过实验材料、设备、仪器等的组织或个人。

③ 在撰写过程中曾帮助审阅、修改、指导的有关人员。

④ 给予转载和引用的资料、图片、文献、研究思想和设想的著作权所有者。

(2)致谢书写的要求：

① 在致谢中被感谢的个人可以直书其名，也可以加上专业技术职称或专业技术职务，以示尊敬。

② 致谢的言辞应恰当，实事求是；应表达出对感谢个人或组织的诚意，切不可突出自

己、埋没他人。

③ 不可“强加于人”，滥用感谢拉关系。不要罗列许多无关的学术专家来抬高自己科技论文的身价，甚至以此来掩饰自身的缺点与漏洞。

9. 参考文献

参考文献是科技论文的一个组成部分，它不仅便于同行了解该研究领域的动态，查找与此研究方向相关的文献，还有助于科技情报人员进行文献情报研究。在引用参考文献时要精选，一般仅限于最必要的、最新的文献，并且作者对这些文献应亲自阅读过，未经公开发表的文献、资料一般不能引用。参考文献要按照在文中出现的先后顺序进行编号，并采用规范化的参考文献著录格式，文末按顺序著录。参考文献的引用应该遵循以下原则：

(1)所选用文献的主题必须与论文密切相关，可适量引用高水平的综述论文，以概括一系列的相关文献。

(2)必须是作者亲自阅读过的文献，避免间接引用或二次引用。

(3)尽可能引用已经公开出版的、便于查找的文献，在同等条件下优先引用著名期刊上发表的论文。

(4)非公开出版物、电子版文献等的注引方式应符合拟投期刊的习惯和规定。

(5)避免过多地，特别是不必要地引用作者本人的文献。

(6)确保文献的各著录项(作者姓名、论文题目、期刊或专著名、期刊的年份、卷、期或专著的出版年份、出版地、出版社和起止页码等)准确无误。

10. 附录

附录是论文主体的补充项目，对于每一篇科技论文并不是必需的。为了体现整篇论文材料上的完整性，这类材料可以写入附录段。

第三节　如何拟定标题

科技论文的标题是论文的画龙点睛之处，是表达论文的特定内容，反映研究范围和深度的最恰当、最简明的逻辑组合，具有吸引读者和帮助文献追踪或检索的作用。

一、确定标题的基本原则

论文题目对论文起着画龙点睛的作用，题目的字数不多，结构也不复杂，但如何写好，如何确定，必须遵循一定的原则和技巧。

1. 恰如其分，准确命题

标题必须准确反映论文内容的深度和广度。所谓准确，就是恰如其分地描述，不能夸大或缩小，更不能名不符实。

2. 简明醒目，引人入胜

所谓简明，就是文字简练、易懂。中文标题以不超过 20 个汉字为宜，一般不设副标题，但在不可能简短的情况下，为了补充主标题内容或强调某一重点可加副标题。所谓醒目，是指引人注目，能吸引读者产生非读不可的兴趣。

3. 正确用词，避免空泛

论文题目由精心选择的词汇组成，一般仅为一个短语、词组或一个完整的句子。确定题目时应注意用词恰当，使用正确的专业术语，并尽可能流畅易懂，避免使用空泛和华丽的辞藻，避免错别字、俚语和已淘汰的术语等。

二、标题的写作要求

1. 主标题的写作要求

论文标题写作要求是确切、醒目和简洁，必须确切地概括论文的论点或中心内容，能够准确反映研究的范围和达到的深度等，读者即可从中获取有效信息。所谓文题相符，就是要含义明确和言简意赅，能够起到画龙点睛的效果，让人一望即知，而且能够立刻引起人们阅读或摘录、参考的兴趣。此外，题目大小要合乎分寸，切忌华而不实，不要使用过于笼统、夸张或是太大的题目，使人看了不知所措。

2. 层次标题的写作要求

层次标题是指除题名之外的各个级别的标题，通常将其分为章、节、条、款几个层次（亦称段落标题）。层次标题在结构形式上可使整篇内容层次分明，是对每章、每节中心内容的概括。层次标题的写作要求与总题名相同，即用简单得体的语词表述本章、节中的特定内容。此外，拟定后的层次标题应满足下列要求：同一级标题应反映同一层次的内容，同一层次各段内容是否列标题应格式一致。

3. 层次标题的格式

层次标题一律用阿拉伯数字连续编码，不同层次的两个数字之间用下圆点分隔，末位数字后面不加点号，如“1”、“1.2”、“3.5.1”等；各层次的标题序号均左顶格排写，最后一个序号之后空一个字距接排标题。

4. 确定标题的方法与技巧

（1）根据论文的宗旨确定标题

如何反映论文的宗旨，即如何使论文切题，不妨可选择下列办法：一是文先于题，在已有科技成果的基础上，先写成论文，然后再根据论文的主题来拟定标题。二是先定标题，再写论文，并可设想几个不同的标题，再根据论文的内容相互比较，择其贴切、醒目者用之。

（2）从科研设计的三大要素中确定标题

科技学术论文是科研性强、学术价值高的论述性文章，应从科研设计的“研究对象、处理因素、观察指标”三要素中确定标题，才会对全文起到点石成金的作用。读者初看标题就决定是否阅读全文，其中一个重要原因就是看标题是否反映这三要素以及三要素有什么独特可取之处。

（3）借鉴参考文献确定标题

写论文前，作者都要阅读大量参考文献，每篇文献都有不同的题目，作者可选择与自己研究内容相近的论文，借鉴其题目特点，确定自己不与之雷同的新题目。

（4）意惟其多，字惟其少

论文的标题既要简短明确地反映论文的主题，还要与其他同类论文相区别，避免雷同，就必须坚持“意惟其多，字惟其少”的原则。既要惜墨如金，又要掷地有声，达到多一字显得累赘、少一字而又残缺不全的效果。

（5）语句通顺，表达恰当

科技论文标题除了最基本要求必须语句通顺外，还要特别注重准确用词、恰当语法、语言习惯和合适词序等。

(6)利用关键词

科学组合关键词最能直接反映文章的内容,如能恰当组合,往往就是文章的题目。或者是标题确定后,用主题词进行检查对照,检验是否符合要求。如果标题未把作索引时可能用到的字(词)包含进去,甚至一个都没有,那么这个命题是失败的;相反,则是成功的。

(7)反复推敲,不断完善

写完初稿后,还要对题目进行反复推敲,看是否符合确定题目的原则、准确反映了文章的内容,是否达到简练醒目、引人入胜的效果。或者请同事阅读,征求意见和建议,必要时还可与编辑商榷,力争做到一篇好文章有一个好题目。

5. 常见错误

现在的科技论文的标题出现的常见错误主要有以下几点:

(1)标题未能反映主题

标题与研究的内容不符或无法准确概括论文的内容。这就需要根据文章主题重新拟题,一般将不明确的词替换成贴切、规范、鲜明的词或词组。

【例 1】 标题——"北黄海早期成岩过程中微量元素的分布"

根据论文内容主要论述了次表层沉积物的微量元素以及在早期成岩过程中所起的作用,虽标题简练却未能准确反映论文的主题,应补充内容改为"北黄海浅表层沉积物微量元素的分布及其早期成岩作用"。

【例 2】 标题——"中国沿岸现代相对海平面上升加剧"

作者仅根据塘沽、上海、珠江口验潮站数十年的观察资料,计算得出近 10 年来当地相对海平面快速上升的结论,对构造以及河口沉积引起的海面升降因素并未加以考虑,故改为"中国河口区现代相对海平面上升的潮汐观测证据"比较适宜。

(2)标题冗长

题目原则上在 20 个字左右,应舍弃不必要的修饰词,以精练、简洁为宜。

【例 1】 标题——"水尾岭海滩岩中的微生物岩生长模式及其微生物钻孔的研究"

文章主要论述了海滩岩中微生物岩如何生长,且水尾岭是不为人知的地名,应改为"海南岛鹿回头海滩岩中的微生物岩"。

【例 2】 标题——"楚科奇海与白令海表层沉积中钙质和硅质微体化石的丰度与表层生产力和碳酸盐溶解作用"

这个标题把论文研究的内容都全部写出来了,这是不需要的,应改为"楚科奇海与白令海表层沉积中的钙质和硅质微体化石"

还有的论文标题中常出现"特征"、"研究"、"分析"、"探讨"、"初探"之类的词,因其论文写作的本身就是对某一问题的分析与研究,在能表达主题的情况下,应将该类词去掉。

标题中应尽量不使用标点符号,如顿号、破折号、引号、以及不为同行所熟悉的符号、简称、缩写等,以保持其连贯性和读者阅读时的一气呵成。

次一级标题的文字也应简洁,一般不应再重复大标题中的一些词语。

(3)用词不规范

科技论文标题用词应科学、规范,不宜口语化、商业化,不使用一些不为同行所认可的词语。

【例 1】 标题——“中布容事件前东亚夏季风的神农架石笋记录”

中布容事件在世界各地发生的时间并不一致,存在滞后效应,应改为具体的年代即“57～48 万年前东亚夏季风的神农架石笋记录”比较适宜。

【例 2】 标题——“日本海域与中国东北地区‘此起彼伏’的扩张作用”

“此起彼伏”缺乏科技论文应有的严谨性,应将“此起彼伏”删去。

(4)标题用词的非一致性

标题在同一期目次及正文中的用词应做到一致性,一种事物的不同称谓在标题中应尽可能地使用那些科学、规范、易懂的词语。

【例 1】 “次表层沉积”与“浅表层沉积”、“沉积过程”与“沉积作用”、“附近海域”与“近海”、“南中国海”与“南海”中宜采用后者。另外,标题中还应含有文章的主要关键词。

(5)标题移行错误

文题移行应在朗诵或默读可以停顿的地方断开,切忌把词分开,分为两行;不应将助词“的”置于行首,也不要任意移行;标题字数不多的应排为一行。在目次页尤其是正文编辑排版中应引起重视。

【例 1】 原标题(词组分离):

冲绳海槽表层沉积物中浮游
有孔虫壳体的氧同位素分布及其影响因素

应改为:

**冲绳海槽表层沉积物中浮游有孔虫壳体的
氧同位素分布及其影响因素**

【例 2】 原标题(“的”置于句首和字数不多应排为一行):

南黄海油气资源区海底沉积物
的工程地质

应改为: **南黄海油气资源区海底沉积物的工程地质**

三、英文题名写作要求

1. 词语应恰当简明

英文题名应是以最恰当、最简明的词语反映论文中最重要的特定内容的逻辑组合。特定内容是指能准确无误地表达论文的中心内容,使读者能理解到该文主题思想、观点的内容,是对论文中重要内容的高度概括,要避免使用含义笼统及一般化词语。如题名 Study on Coal Structure 就过于笼统。通读该篇论文,其论述和探讨的是神府煤的结构特征,因此,其英文题名应为 Study on Structure Shenfu Coal。恰当用词是以确切的词,恰如其分地表述论文的新颖程度和内容深度，避免用华丽的辞藻或过高过低的程度用语。如题名 New Developments of Small－signal Stability Analysis and Control for Power Systems(电力系统小信号稳定性分析和控制研究新进展)中，形容词“New”不能恰如其分地表述论文的新颖程度，新旧与否应由本专业领域里的读者去判断。词语简明是用词简洁明朗，避免使用冗长的形容词、不必要的虚词和可有可无的冠词。

2. 字数应符合规定

关于英文题名的字数，不同的国家对期刊有不同的要求。如美国医学会规定论文的题名不超过两行，每行不超过 42 个印刷符号(含空格)；英国数学学会要求题名不超过 12 个词；美国国立癌症研究所的杂志要求不超过 14 个词；我国 GB7713—87《科学技术报告、学位论文和学术论文的编写格式》规定，外文题名不超过 10 个实词。而国内许多科技期刊的英文题名远远大于 10 个实词，有些题名字数多达 30 个词。有人统计，国外著名杂志如 Science、Nature 中的论文题名字数最多为 15 个和 22 个。

四、英文题名中常见的问题

1. 题名中的冠词

在不影响理解题名意思的前提下，题名中的冠词应省略，尤其是在抽象名词、物质名词和复数名词前面的冠词。如题名 The Application of Irradiation Technology in Conservation of the Environment(辐照技术在环境保护中的应用)，其句首的冠词“the”应省略。此外，用得较多的还有：The Study on / of …；The Effect of …on ；The Impact of …on；The Analysis of …，The Design for / of …，the Determination of …；The Discussion about /on…，The Development of …，其前面的冠词“the”均应省略。

2. 题名中的冗词

由于语言习惯的不同，或者没有把握住论文的内容和词汇的内在含义，在许多论文的英文题名中都发现使用冗赘词的现象。这与题名应当以最少的单词最大限度地反映论文内容的原则不符。在评价一种药物或治疗方法时，发现作者喜欢在题名中使用“clinic observation ”或“clinical observation”，如：Clinical observation on Different Anticoagulation Treatments Following Thrombolytic Therapy for ST － segment Elevation Acute Myocardial Infraction(ST 段抬高型急性心肌梗死溶栓治疗不同抗凝治疗的临床观察)，此题名中，“clinical observation”就是冗词，去掉以后不影响其意，人们照样可以知道是一种临床观察。又如 Saint Vorgin in the Slum － Nobel Peace Prizer，Sister Thereas′s Story，When She was A live and After Her Death(贫民窟圣女诺贝尔和平奖获得者特莉莎嬷嬷的生前与死后)，此标题中，“Story”一词已能概括“…的一生”，那么，“When She was A live and After Her Death”就纯属冗赘多余。

3. 题名单词的大小写

题名单词的书写不外有三种形式：①全部大写；②实词(名词、形容词、副词、动词)首字母大写，虚词(介词、冠词、连词、语气词)小写；③第一个词首字母大写，其余均小写。目前，我国的科技期刊多采用第二种形式。但在使用过程中，存在两种错误：①连字符后面的单词用大写，如：Mathematical Simulation for Coal － Water Slurry Gasification System；②四个字母以上的虚词没有大写，如：Study of Nitrogen and Sulfur Distribution and Funtional

Forms during Coal Pyrolysis。正确的写法是：复合词中连字符后面的单词应小写，四个字母以上的虚词应大写，如“Coal－water”和“During”。

第四节　如何写摘要

摘要是对论文的内容不加注释和评论的简短陈述。每一篇完整的论文都应该有随文摘要。

摘要的主要功能是：使读者了解论文的主要内容；为科技情报人员和计算机检索提供方便。论文发表后，文摘杂志或数据库对摘要可以不做修改或稍作修改而直接利用，从而避免编写摘要可能产生的误解、欠缺甚至错误。可以说，摘要质量的高低直接影响着论文的被利用情况和期刊的知名度。

一、摘要的类型

摘要大致分两类：描述性的和信息性的。描述性的摘要叙述论文的内容，帮助读者了解是否有必要参阅论文全文；信息性的摘要尽量为读者提供论文中包容的信息，读者若愿了解更多信息资料可阅读论文全文。实际上摘要一般都是合二为一的，既是描述性的，又是信息性的。

科技论文摘要的主要类型有报道性摘要、指示性摘要、报道—指示性摘要和结构式摘要。

1. 报道性摘要

报道性摘要即信息性摘要（也称资料性摘要），主要报道论文的研究目的、研究方法、研究结果与结论。它要求反映作者的主要成果，提供比较完整的定量及定性信息。实际上，信息性摘要是论文全文的高度浓缩，相当于论文的简介或概要，告诉读者这是关于什么的论文，即论文的要点或基本内容，包括论文的最重要的信息材料。但它不是简单地对原文篇幅进行按比例的缩减，而是要进行深入加工，文中有的部分可省略。信息摘要要向读者介绍研究的实际方法和结果，通常应提供尽可能多的定量或定性信息，能定量表述的一定要全部定量化，仅定性描述是不够的。要充分反映论文的创新之处。信息性摘要可以认为是指示性摘要的扩展，换句话说，这类摘要提供了关于一项实验或理论研究的基本情况，即除揭示主题外也总结了主要内容。

【例 1】 题名“BiSrCaCuO 高温超导纤维”一文的摘要：

采用激光加热小基座法（LHPG）成功地制备出 BiSrCaCuO 超导纤维。它性能稳定，工艺可重复性高。纤维最大长度达 60mm，直径范围 35～500um，其中细径纤维有挠性。超导纤维的起始转变温度为 118K，零电阻温度为 87K，临近电流密度为 2.5kA/cm2（77K，H＝0，直流电流量）。纤维中超导相（2212 相），显微结构有典型的取向性。纤维的超导电性与其生长条件及后处理过程密切相关。首次指出，a 轴平行于纤维的轴向。

【例 2】 篇名为“约瑟夫森结 Alx－Al 隧道势垒的实验研究”一文的摘要：

通过 X 光电子能谱、阳极氧化电压谱和 FISKE 台阶电压的测量，研究了约瑟夫森结中 ALOX－AL 隧道势垒。发现结的隧道势垒最佳沉积 AL 层厚度为 7nm，AL 上形成了

ALOX 厚度只取决于氧化条件，与沉积 AL 厚无关，势垒 AL 氧化物可能含有一个像 ALOOH 态的 OH 基团。

2. 指示性摘要

指示性摘要的优点是文字短小、文简意赅、容易写作，但是突出的缺点是信息较少。与信息性摘要相比，指示性摘要很少有实验研究的具体信息，即使描述实验方法，也要简略得多，有时甚至不直接写具体的实验方法。

指示性摘要即介绍性摘要，也称陈述性摘要。它主要介绍论文的论题，或者概括表述研究的目的，用简单的几句话使读者对论文所研究的主要内容有一概括的了解，不需要介绍方法、结果、结论的具体内容，也不需要用数据进行定量描述；只讲述论文或报告的主题思想，不涉及或很少涉及细节问题，仅要指明文献的论题和所取得成果的性质及所达到的水平。

指示性摘要又称为概括性摘要或简介性摘要。它只是一般地概述论文的性质、类型、论题以及主要观点与取得的进展。这类摘要适用于泛述、综述及创新内容少而冗长的文章。

【例 1】 题名为"白薯线虫的防治"一文的摘要：

对密西西比州种植的白薯由于根节线虫所引起的问题作了讨论，叙述了 1967 年由蔬菜收获分公司实验站所进行的商品熏剂和杀虫剂的试验。对行间撒播的施用方法作了比较。列出了包括商品杀线虫剂 vorlex、W—85、DD 和试验的固体杀线虫剂 68－138 及 Dasanit 的试验结果。

【例 2】 题名为"湘江水体中硒的分布"一文的摘要：

[目的] 为给综合防治污染提供一定依据，对湘江水体中硒的分布进行了探讨。

[方法] 在湘江上游兴安县至洞庭湖的河口采集了 28 个底泥样品，用气相色谱法进行分析。

[结果] 结果表明：湘江底泥已受到不同程度的污染，其中有些硒含量超过本底值数的十倍甚至百倍，大多数样品中硒含量较一般土壤和底泥为高。还分析了污染严重的霞湾港水样，结果表明此段江水中硒含量尚不高，在地面水最高容许浓度范围内。

3. 报道—指示性摘要

报道—指示性摘要是指以报道性摘要的方式概述某一文献主题内容中的若干重要成分，其余成分简短地指明。

报道—指示性摘要是融两者为一体的综合性摘要，适用于或因摘要的篇幅受限制、或因文献的类型与体裁的限制，有必要对论文的基本成分作报道性介绍，而对其次要内容则以指示性语句表述的情况，适用于既有主题偏于单一的专题性部分，又有某一领域的综述性内容的文章。

【例】 题名为"柴油机燃用棉籽油的试验研究"一文的摘要：

介绍了不经任何改装的 S195 型柴油机燃用棉籽油与柴油混合油或纯棉籽油的试验研究情况。结果表明，燃用棉柴混合油或纯棉籽油时，发动机性能良好，无异常现象；适当调整供油提前角、加大循环供油量，可以达到原机功率，而且烟度有所下降。还分析了 S195 型柴油机在试验工况下的燃烧特性和放热规律。

4. 结构式摘要

结构式摘要是20世纪80年代后出现的一种问题摘要，它与上述3种摘要明显不同之处在于行文中用醒目的字体(黑体、全部大写、黑体全部大写或斜体)，直接标出目的、方法、结果、结论标题，以便于读者了解论文的内容。这种摘要较广泛地应用在医药卫生等学科里，目前一些理工科技期刊虽然也采用了结构式摘要，但仍以以上3种方式为主。

一般情况下，作者应首选信息性摘要，因为它更具体而实用。具有创新性研究成果及有关案例研究的论文常用信息性摘要，大多数科技期刊的论文、会议论文、研究报告或各种专题技术报告多用此类摘要。信息性摘要通常在完成论文后再写。信息性摘要比指示性摘要长许多，描述更具体详细，更具实用性，因而，不宜在论文完成之前或研究工作完成之前撰写摘要。若在论文完成之前或研究工作完成之前写摘要，则要求作者正确预见最终的研究结果，提出引人注意的观点，若把握不好，可能会言过其实，也可能未表达出论文的真实水平。摘要虽不需要作者使用大量的数据资料，但对于可能出现的意外要有充分估计，尽量避免这种情况。一般研究论文很少使用指示性摘要，仅是为了注释文献的类型时才使用。综述性论文、图书介绍尤其是艺术评论等多用指示性摘要。选择何种摘要，取决于写作目的和读者所需。多数摘要并不完全是信息性或指示性的，常常是二者相结合。指示性摘要的首句通常与信息性摘要相同或接近，信息性摘要中加入指示性叙述可使摘要简明，指示性摘要中加入信息性内容又使摘要详细，二者互补，使摘要既能充分反映论文最重要的事实与概念，又能节省篇幅。

通常情况是：(1)凡是在内容上具有独创性和前沿性的科技文章(如：新理论探讨、科研成果、调查报告、学位论文、会议论文、技术报告、工作总结、学术报告、专利文献等)宜作报道性摘要或报道——指示性摘要。一篇论文学术价值很高，创新内容较多，但是摘要写成指示性的，就可能会失去为数可观的读者。一般地说，对于报道性文摘，方法、结果、结论宜详，目的、其他有价值的信息宜简，有时还可以省略。(2)凡是技术含量不高、但又有一定价值的文章，或由于它涉及面广(如：综述、图书、会议记录、标准、译文、评述、手册、数据汇编、纯理论文章、动态报道等)，宜作指示性摘要。对于指示性文摘，目的宜详，其余则宜简。

二、摘要的格式

摘要部分应概括论文的要点，既要全——叙述工作要具体，又要简——尽量压缩背景信息，要说明论文的目的、主要的研究过程、采用的方法、结果和最终结论等；要求完整，成为可独立使用的短文。中文摘要一般在200～300字，外文摘要则不超过250个实词，不能用图、表及不规范的符号等。有些刊物需提供中英文两种语言的摘要。

根据有关规定，可以将摘要的写作要求归纳成以下几点：

(1)应排除本学科领域已成为常识的内容；切忌把应在引言中出现的内容写入摘要；一般也不要对论文内容作诠释和评论(尤其是自我评价)。

(2)不得简单重复题名中已有的信息，并切忌罗列段落标题来代替摘要。

(3)结构严谨，表达简明，语义确切，慎用长句。

(4)用第三人称。作为一种可供阅读和检索的独立使用的文体，摘要只能用第三人称而不用其他人称来写。建议采用“对……进行了研究”、“报告了……现状”、“进行了……调查”等记述方法标明一次文献的性质和文献主题，不必使用“本文”、“作者”等作为主语。

(5)文字表达应符合“语言通顺，结构严谨，标点符号准确”的要求。摘要中的语言应符合现代汉语的语法规则、修辞规则和逻辑规则，不能出现语病。

(6)要使用规范化的名词术语，不用非公知公用的符号和术语。新术语或尚无合适汉文术语的可用原文或译出后加括号注明。除了实在无法变通以外，摘要中一般不用数学公式和化学结构式，不出现插图、表格，以及参考文献序号。法定计量单位、语言文字和标点符号使用等均应规范。

(7)不用引文，除非该文献证实或否定了他人已出版的著作。

(8)其中的缩略语、略称、代号，除相邻专业的读者也能清楚理解的以外，在首次出现时必须加以说明。

(9)摘要一般位于作者及其工作单位之后，关键词之前。

【例】 上海市复旦大学附属中学屈铭志的论文“铬污染水体中水螅生物学和行为研究及其实际应用意义”的摘要：

本项目通过不同浓度的 Cr^{6+} 离子对水螅形态影响和行为变化，揭示出它们之间关系，建立水螅对铬污染水的敏感监测模型。具体步骤是：准备 10 组梯度的 Cr^{6+} 离子(通过重铬酸钾来配制)从 0.007ppm 到 0.7ppm，每组分别放入 10 个不出芽的水螅。通过时间的积累、仔细观察它们的形态和行为变化，记录变化的细节并且拍摄照片。数据的分析和整理则由 MATLAB 软件程序来进行。实验表明，水螅对 Cr^{6+} 的形态和行为变化的普遍特点是不可逆的收缩身体和触手萎缩。在触手的顶部出现一个“鼓锤状”的结构之后，内外层的细胞将会分解和脱落。同时捕食行为和运动行为也会停止。数据分析显示水螅在 Cr^{6+} 溶液中触手和身体的长度相关性在数学统计中是有意义的，并且归结出浓度与生物指标关系的量化数学模型。我们发现水螅是一种能够用来监测铬污染的敏感生物。上述的试验通过上海宝山钢铁总厂的工业铬污染废水监测中验证。我们希望这些结论能够进一步运用在类似的污染物水体中去。

三、英文摘要

英文摘要是科技论文的重要组成部分，是国际间知识传播、学术交流与合作的重要桥梁。英文摘要是原始文献的代表，它提供了原始文献所包含的主要概念和所讨论的主要问题，是一篇内容高度浓缩的完整短文，应具有“独立性”和“自明性”。一般来说，英文摘要是对原始文献不加诠释或评论、准确而简短的概括，并要求它能反映原始文献的主要信息。例如国际著名检索机构——美国工程信息公司出版的《工程索引》(EI)对英文摘要的写作要求是用简洁、明确的语言将论文的目的、主要研究过程及所采用的方法，以及由此得到的主要结果和得出的重要结论表达清楚，一般不超过 150 个单词。如有可能，还应尽量提一句论文结果和结论的应用范围和应用情况。

1. 英文摘要的写作要求、结构及其功能

一般来说，一篇好的英文摘要，一开头就应该把本文的目的或要解决的主要问题非常明确地交代清楚。另外，摘要中应取消或减少背景信息，只表示新情况、新内容；作者在论文中谈及的未来计划也不应该写进摘要中，也应该避免在摘要的第一句话重复使用题目或题目的一部分。必要时，可利用论文中所列的最新文献，简要介绍前人的工作，但这种介绍一定

要极其简练。在阐述完写作目的之后，就要说明作者主要工作过程及所用的方法，也应包括众多的边界条件，使用的主要设备和仪器。在英文摘要中，过程与方法的阐述起着承前启后的作用。开头交待了要解决的问题之后，接着要回答的自然就是如何解决问题。最后的结果和结论往往与研究过程及方法是密切相关的，研究结果是否正确取决于研究过程。一般来说外国学者更重视研究过程。大多数作者在阐述过程与方法时，最常见的问题是泛泛而谈、空洞无物，只有定性的描述，使读者很难清楚地了解论文中解决问题的过程和方法。因此，在说明过程与方法时，应结合论文中的具体公式、实验及数据等来进行阐述。

结果和结论部分代表着文章的主要成就和贡献，论文有没有价值、值不值得读者阅读，主要取决于所获得的结果和所得出的结论。因此，在写作结果和结论部分时，一般都要尽量结合实验结果或仿真结果的图、表、曲线等来加以说明，使结论部分言之有物、有根有据。只有这样，论文的结论才有说服力。如有可能，在结尾部分还可以将论文的结果和他人最新的研究结果进行比较，以突出论文的主要贡献和创新、独到之处。注重定量分析是科学研究的重要特征之一，这一点也应该体现在英文摘要的写作中。因此，在写作英文摘要时，要避免过于笼统的、空洞无物的一般论述和结论。总之，要尽量利用文章中最具体的语言来阐述研究方法、过程、结果和结论，这样既可以给读者一个清晰的思路，又可以使论述言之有物、有根有据，使读者对研究工作有一个清晰、全面的认识。

从上述的分析来看，英文摘要在写作中，要符合写作要求，结构要合理，既要简短又要精练，能突出论文中的“要点”，要体现出英文摘要的基本功能——简短、概括地说明作者所做的研究以便于他人查阅、浏览和检索。一般来说论文的研究过程（包括研究内容和方法）要写得稍详细一些，研究背景和主题、研究结果、结论及建议要写得尽量简要，但要清楚明确。

2. 英文摘要的时态和语态

英文摘要时态的运用应以简练为佳。一般现在时用于说明研究目的、叙述研究内容、描述结果、得出结论、提出建议或讨论等；涉及公认事实、自然规律、永恒真理等，也要用一般现在时。一般过去时用于叙述过去某一时刻的发现、某一研究过程。用一般过去时描述的发现、现象，往往是尚不能确认为自然规律、永恒真理，只是当时情况；所描述的研究过程也明显带有过去时间的痕迹。现在完成时和过去完成时要少用，现在完成时把过去发生的或过去已经完成的事情与现在联系起来；而过去完成时可用来表示过去一段时间以前已经完成的事情，或在一个过去事情完成之前就已完成的另一过去行为。

英文摘要采用何种语态，既要考虑摘要的特点，又要满足表达的需要。一篇摘要很短，尽量不要随便混用，更不要在一个句子里混用。

3. 常见的几个问题

(1)很多人的英文摘要不是直接根据文章内容写出来的，而是先写出中文摘要，再将中文摘要翻译出来。应该说，写出与译出其实都一样，但问题是翻译不应该是直译或对译，而应该是意译。意译时两者内容大体相当即可，只要忠于原文，不必强求忠于中文摘要；另外句式及用词也不必机械对应，以避免翻译中文摘要中结构复杂的长句时发生语法错误。

(2)汉化英语，如遣词造句不当，词不达意；动词不定式前不加 to，副词词序按汉语习惯排列等。词不达意是没考虑内容本意，脱离原文；动词不定式前不加 to 是受汉语影响，动词原形前加 to 才符合英语习惯。副词则应根据英语习惯安排词序，如 Finally 一般放在句首，respectively 一般放在句尾。

(3)"In this paper"在摘要中多次出现，且位置也不妥当。应该说摘要中所写内容都是"本文"的内容梗概，其他论文的内容都不应该写进本摘要中，否则摘要就不具有独立性。鉴于此，"In this paper" 在摘要中可不必出现。如有必要时，也只宜出现一次，其位置可在句前，也可在句后，但不宜与主语相距太远。

4. **常用句型**

为了使摘要简明扼要，根据论文摘要的结构特点，我们把常用句型分为三个部分。

(1)常用于摘要开头的句型

摘要一开头通常开门见山，介绍研究的背景、目的或内容，常用的句型及短语有：

This paper deals with (discusses, describes, establishes, presents, reports, etc.) the design (an investigation, experimental results, analysis, method, model, characteristics, principles, approach, problem, phenomenon, etc.) of …

为了突出研究内容，可用被动语态，即：

The design (model, characteristics, etc.) of … is described (discussed, described, established, presented, etc.) in this paper. 或：In this paper, the design of …is presented. 或：The purpose(aim, intention, goal, etc.) of this study(investigation) was to …或：This study was designed(intended, conducted, undertaken, etc.) to …

还有些开头首先说明研究背景的，通常可用：Based on …, the design of …is presented. 或：Form an analysis of …

(2)常用于摘要中间的句型

摘要的中间一般描写研究的方法、手段或过程等，常用的句型有：

The data(experimental results, model, etc.) are(is) derived(obtained, found, revealed, developed, measured, etc.) by using … 或：The experiment (investigation, technique, method, etc.) was made(conducted, applied, used, studied, determined, etc.) to(in)…

(3)常用于摘要结尾部分的句型

摘要的结尾一般说明结果、结论，以及得到何种启发和展望，常用的句型有：

The above(These, our, etc.) findings(results, data, etc.) show (illust rate, indicate, suggest, confirm, demonst rate, etc.) that…或：It is found(observed, suggested, etc.) that…或：We(The authors) suggest(suspect, believe, conclude, etc.) that …

第五节　如何写引言

引言又叫前言、绪论、引子、绪言等。引言是开篇之作，写引言于前，始能疾书于后。大多数科技论文都要有引言部分，在有些科技期刊不特别注明的情况下，可以只用一小段文字放在正文的开头部分，起到引言的作用。

1. **引言的作用**

写引言的目的是向读者交代本研究的来龙去脉，其作用在于唤起读者的注意，使读者对论文先有一个总体的了解。引言置于正文之前，不能脱离正文而单独存在。若没有引言作为科技论文的开篇，科技论文的结构就会残缺不全。这与学术著作的序和后面的跋、后记是有区别的。

2. 引言的内容

引言的内容通常涉及以下几个方面：(1)介绍国内外相关领域研究的简况，即目前研究的热点、最新进展和存在的问题。(2)说明本研究与前工作的关系、区别。(3)说明写作材料的来源和运用情况。(4)三言两语预示本研究的结果、意义和前景，但不必展开讨论。(5)有关术语和名词的解释。

当然，引言写作不需要面面俱到。实际情况下，一篇引言只写其中的某些方面即可。综述性、资料性论文通常在引言中介绍国内外相关领域研究的简况，热点、最新进展和存在的问题；创新性、技术性论文通常在引言中介绍本项研究的理论依据、技术方案的选取、要解决的问题等，如果研究的项目是别人从未开展过的，这时创新性是显而易见的，要说明研究的创新点。但大部分情况下，研究的项目是前人开展过的，这时一定要说明此研究与被研究的不同之处和本质上的区别，而不是单纯的重复前人的工作。如果论文中有一些名词和术语不是同行所熟知的，则应在论文的前言部分予以解释。

如：邓伟、刘荣花、熊杰伟等的《当前国内酸雨研究进展》(见《气象与环境科学》，2009(1))是一篇综述性论文，其在前言部分重点介绍了我国酸雨的研究的热点与现状：

"随着人类认知的拓展和科研活动的深入，对大气科学的研究逐渐由传统的大气物理学扩展到大气化学领域；在关注传统的天气、气候及其变化的同时，对大气成分的观测和研究也日益受到重视。大气酸化和酸雨、大气中臭氧引起的全球化学系统的变化、生态环境的不均衡性和温室气体引起的气候变化已经成为人类21世纪所面临的4个主要环境问题。在仅考虑大气中 CO_2 溶解影响的前提下，一般把pH值<5.6的大气降水称为酸雨。"酸雨"这一术语最早是由英国化学家罗伯特·史密斯在对英格兰酸沉降的科学调查中提出的。1956年，瑞典斯德哥尔摩国际气象研究所主持建立了欧洲大气化学监测网，对降水化学全面而系统的长期观测研究才开始起步。1972年瑞典政府向联合国人类会议提交了《跨越国界的大气污染———大气中硫和降水对环境的影响》的报告，该报告极大地促进了世界各国对降水酸度的观测、普查和研究。尽管我国对酸雨研究的起步略晚，但随着"七五"西南地区酸雨研究、"八五"我国酸沉降及其生态环境影响研究等各类科研项目的先后开展，目前在酸雨的分布规律、影响因素及形成机理、生态环境影响及控制对策等方面取得了大量的成果。"

又如：梁志广、郑凯、陈密等的《特种车辆通过桥梁的加固与评估》(见《铁道建设》，2009(3))是一篇技术性论文，其前言就是介绍了特种车过桥存在的问题，并在此基础上对其作出了评估：

"某桥原设计为一座三级公路桥，上部结构采用现浇实心矩形板，板厚36cm。原设计混凝土等级为C30，钢筋为Ⅱ级钢筋。浆砌片石U形桥台，柱式墩钻孔灌注桩基础。设计荷载汽—20级，挂—100；行车道净宽715cm，人行道净宽2×0175cm，桥面全宽910cm，跨径2×8m。桥面铺装采用C30混凝土，厚度7cm。未设支座。

某核电站压力壳顶盖更换后需运到处置场，途经该桥，运输用平板挂车总重130 t(车头重28 t，拖车重106 t)。该项目的相关单位对此桥的检测评估十分重视，主要有以下原因：①运输车辆属于特种车辆，总重已经超出设计荷载，该桥自1997年建成至今一直没有进行检测评估工作，状态不明；②由于压力壳顶盖有一定的辐射性，一旦在通过该桥时出现顶盖翻落等意外，损失将无法估计；③该桥是核电站到处置场的必经之路，以后还会有特种车辆通过。因此该桥不但要保证特种车单次通过的万无一失，而且必须有承担多次通过的能力，结构的耐久性要有相当的保证。

为此，该桥特种车过桥评估分三步：①评定该桥的运营状态及承载能力，确定结构能否满足特种荷载过桥要求，是否需要加固（如需加固，为加固设计提供可靠的试验数据）；②加固后结构评定，确定结构加固后是否达到加固设计目标；③特种车通过后对结构进行全面检查，评估特种车通过对结构的影响程度，对结构的实际通行能力和耐久性作出判断。”

再如：徐飞高、汤剑、高士祥等的《模拟酸雨对不同石材防护材料的影响》（见《涂料工业》，2009(1)）是一篇创新性论文，其前言不仅介绍了我国酸雨的影响和现阶段保护石材的方法，同时也介绍了本文技术方案的选取（这是综述性、资料性论文不会介绍的）：

“随着中国工业的发展和都市化进程的加快，石化燃料被广泛地使用，产生了NOX和SO_2等腐蚀性气体，这些气体在大气中通过一系列物理和化学过程转变成H_2SO_4和HNO_3，导致雨水中的pH值降低，造成酸雨。酸雨能使水体和土壤酸化、破坏森林、伤害庄稼、损害古迹、影响生物生存和人体健康，已成为重要的国际环境问题。20世纪80年代中国酸雨主要发生在以重庆、贵阳为主的西南地区，到20世纪90年代中期，酸雨迅速发展到长江以南，青藏高原以东及四川盆地广大地区。形成华东、华中、西南、华南4大酸雨区。以南京为代表的华东酸雨区，已成为我国酸雨污染最严重的地区之一。针对酸雨造成的石灰质文物风化腐蚀，人们采用表面涂膜的方法把石灰质文物与酸雨隔离开，通常的做法是涂覆各种表面防护材料。目前研究者已经开发了一系列防护材料如环氧树脂、有机硅树脂及有机氟硅等。目前国内应用最广泛的材料是有机氟硅材料，如Pelicoat、Mellerud等。

南京六朝石刻代表魏晋南北朝时期中国南方石雕艺术的最高水平，是可与古埃及狮身人面像、古希腊和中世纪意大利的人体雕塑相媲美的艺术珍品，在世界范围内具有很大影响。南京六朝石刻属于石灰质文物，目前遭受酸雨腐蚀严重，因而有必要对其进行保护。本研究使用Pelicoat、Mellerud两种有机氟硅材料处理与六朝石刻相似的石灰岩，考察石灰岩经过两种有机氟硅材料处理后的耐酸腐蚀情况。”

3. 引言的写作要求

(1)开门见山，不绕圈子，言简意赅，突出重点。避免大篇幅地讲述历史渊源和立题研究过程。不应过多叙述同行熟知的及教科书中的常识性内容，确有必要提及他人的研究成果和基本原理时，只需以参考引文的形式标出即可。有些科技期刊会对引言部分的文字数量做相应的限制。

(2)尊重科学，实事求是。在引言中，评价本论文的价值要恰如其分、实事求是，用词要科学，对本文的创新性最好不要使用“本研究国内首创、首次报道”、“填补了国内空白”、“有很高的学术价值”、“本研究内容国内未见报道”或“本研究处于国内外领先水平”等不适当的自我评语。

(3)引言的内容不应与摘要雷同，注意不用客套话，如“才疏学浅”、“水平有限”、“恳请指正”、“抛砖引玉”之类的语言。

(4)引言最好不分段论述，不要插图、列表，不进行公式的推导与证明。也不要加入与研究主题无关的内容。

第六节　如何写材料与方法

材料与方法部分是科技论文正文的核心组成成分，是实验研究取得成果的基础，主要回答“怎么研究”这个问题。这部分着重体现了作者从事科学研究的思想方法、技术措施和创造力。

这一节往往被人忽视，认为不是主要部分，所以很多写得很粗略。但作为论文的主体之一，这是必不可少的一节。因科学研究的成果必须接受别人的检验，要求具有良好的“再现性”，所以，包括供试材料、试验设计、所用仪器、测试标准和方法等在内，都要写得具体。这样，读者就可以获得该项目的科研成果的手段和途径，否则，试验结果可信程度就不高，别人也无法重复和验证。如在开头一段没有写实验起止年限、地点，也要在这里写上。

1. **实验材料**

一般实验材料要注明其名称、来源、性质等。例如，农业类科技论文中往往需要注明作物的种类、品种、种植地点、气候条件等；建筑类论文则常需标明建筑材料的名称、型号、性质特征、厂家来源等；而在临床医学论文中，则必须写明药品制剂的名称、批号、产品厂家、成分、浓度、纯度、配制、剂量；实验动物的名称、种系、性别、体重；以及实验分组情况，是否随机等。临床材料中应包括：病例数，患者的性别、年龄、职业（如果有需要）、病程、症状、体征等。另外，根据生物医学期刊投稿统一要求，以人为对象（包括病例报道），不要使用患者的姓名或缩写名，以及医院内各种检查的编号。在能给读者提供重复该实验所必需的信息的前提下，力求简洁明了。一些常见的实验材料可不介绍或仅介绍规格、型号。例如某农业类科技论文中所列：

供试品种：小麦
试验地点：南京××大学试验田
面积：约 30cm^2 管理
采样：5 天一次

此例就太过简单，论文中应还需附有采样时的具体情况，如采样的具体时间、每次采样小麦的株数等，此外，小麦品种也需描述详细。这样的细节不但初学写实验报告的同志最容易忽视，就连一些有经验的同志也常疏忽，这样的研究论文往往是没有价值的。又例如某建筑类论文：

水泥：P. O52.5 水泥，石家庄水泥厂生产；
膨润土：灰红色黏土状细粉末，石家庄耐火材料厂；
沙子：粒径为 0.61～1.25mm 的河沙，表观密度 2.60g/cm^3，产地河南鹿泉；
石子：5～20mm 碎石，堆积密度 1420kg/m^3，表观密度 2.70g/cm^3，产地河北石家庄；
减水剂：萘系高效减水剂 FDN，产地广东湛江。

上述例子就较好地标明了材料的各种情况，让读者一目了然，是比较成功的例子。

有关医学尤其是临床医学的论文，比一般论文的要求还要严格。实际上，绝大多数读者尤其是许多医疗同行在阅读此类文章时，都会关心：“这个方法也适用于我的病人吗？”。要确定这个问题，就必须知道测试者来自何方，筛选的标准是什么。所以，作者必须较详细地注明所有相关情况。当测试对象是人类时，作者还应注明是否所有接受测试者均被告知了本次实验的目的，且在参加测试前是否签署了正式的书面同意书，以及本次试验可能产生的副作用也要详细说明。

2. 实验仪器及设备

介绍实验的设备、装置和仪器，应包括名称、型号、精度、纯度、生产厂家、性能、特点等。如果使用的仪器和装备不是标准的设备，必须注明，并对其检测精度做出检验和标定，以便判断实验结果的可靠性和准确性；如果是自己研制的设备，应着重说明，讲清楚其设计的理论依据，并画出原理图或构造示意图。例文如下：

仪器：721 型分光光度计（上海精密科学仪器有限公司制造）；101－1 电热恒温鼓风干燥箱（上海跃进医疗器械厂）；7530G 紫外/可见分光光度计（安捷伦科技上海分析仪器有限公司）；电子分析天平 $d=0.1$mg(FA2104N 型，上海精密科学仪器有限公司制造)；80－2 离心机、双目生物显微镜 5/20（目镜附带测微尺）

3. 实验方法

这一节是介绍实验的基本情况、处理办法。一般实验方法着重介绍研究之手段和获得数据的步骤，即说明本研究的数据是在什么条件下用什么处理办法取得的。作者在撰写该项内容时，应注意其科学性、准确性和可比性；叙述必须真实具体，主要说明作者研究的方法与手段，介绍实验数据获得的过程与步骤。并要注意到其可重复性。

实验方法包括实验设置方法、测量方法、测定方法、数理统计方法、分类方法、观察方法、试剂配制方法，以及将别人使用的方法经改进后的方法等。在叙述实验方法时，应尽量避免写成实验工作报告，将实验过程一一罗列。对于前人做过的公知的通用方法，可以简单叙述，但要做好标注，将其列入参考文献中。引用他人的方法要注明出处，作者有改进的部分可予以说明，若是自己新创的方法可以详细阐述介绍（在考虑到保密因素和知识产权的情况下）。文章中涉及采用的调查内容、统计方法也在这里叙述。撰写中要突出科研的先进性及其特色。主要的实验过程一般按进行前后顺序来写，也可按作者的认识过程或从感性到理性认识的逻辑顺序来写。一般论文中只写成功的方法。例如某测定方法：

小麦中可溶性糖的测定（蒽酮比色法）

原理：测定可溶性总糖采用蒽酮比色法，糖在硫酸作用下生成糠醛，再与蒽酮作用形成绿色络合物，颜色的深浅与糖含量有关，在 630nm 波长下的吸光度 A 与糖含量成正比。

方法：称取分析纯的蔗糖 100mg，加少量水溶解转入 100ml 容量瓶中，用蒸馏水定容至刻度，精确吸取 5ml 加入另一只 50ml 容量瓶中，加蒸馏水定容即为 $100\mu g.ml^{-1}$ 蔗糖标准液。取六支试管分别吸取 0、0.2、0.4、0.6、0.8、1.0ml 蔗糖标准溶液于试管中，用蒸馏水定容至 2ml，使其中的蔗糖量分别为 0.2、0.4、0.6、0.8、1.0μg，即浓度分别为 0.1、0.2、0.3、0.4、0.5$\mu g.ml^{-1}$。混匀后逐管进行以下操作：加入 0.5ml 蒽酮乙酸乙酯试剂和 5ml 浓硫酸，充分振荡，立即将试管放入沸水浴中保温 1min，取出后自然冷却至室温，以空白为参比用 1cm 比色皿在 630nm 波长下测其吸光度做出标准曲线。

取小麦约0.3g，加少量蒸馏水在研钵中研磨成浆，转移入20ml刻度试管中，冲洗研钵使最后浆液在5～10ml之间。用保鲜膜封口于沸水中提取30min(提取2次)，提取液过滤到25容量瓶中，反复冲洗试管及残渣定容至刻度。

吸取样品提取液0.5ml稀释至10ml，得20倍稀释液。取该稀释液0.5ml于20ml刻度试管(重复2次)。加蒸馏水1.5ml然后逐管进行以下操作：加入0.5ml蒽酮乙酸乙酯试剂和5ml浓硫酸，充分振荡，立即将试管放入沸水浴中。逐管保温1min取出后自然冷却至室温，以空白为参比用1cm比色皿在630nm波长下测其吸光度，从标准曲线上查得样液浓度；然后计算样品中含糖百分数。

$$可溶性糖含量(\%)=\frac{(c\times 2ml/0.5ml)\times V}{m}\times 100\%$$

式中：c——根据A值在标准曲线上查得到的浓度值($mg.L^{-1}$)；

V——提取液总体积(L)；

m——样品质量(g)。

蒽酮比色法是比较经典的测定可溶性糖的方法，所以，上例中就无需将蒽酮比色法介绍得如此详细，好似实验报告一样。此处只需做好标注，将其列入参考文献中即可。

第七节　如何写结果与讨论

结果是论文的价值所在，是论文的关键部分。它包括给出结果，并对结果进行定量或定性的分析。对结果进行讨论，目的在于阐述结果的意义，说明与前人所得结果不同的原因，根据研究结果继续阐发作者自己的见解，是文章的精华所在。

1. 结果的写作要点

以绘图或列表(必要时)等手段整理实验和研究结果，通过数理统计和误差分析说明结果的可靠性、再现性和普遍性，进行实验结果与理论计算结果的比较，说明结果的适用对象和范围，分析不符合预见的现象和数据，检验理论分析的正确性等。给出实验结果时应尽量避免把所有数据和盘托出，而要对数据进行整理，并采用合适的表达形式如插图或表格等。在整理数据时，不能只选取符合自己预料的，而随意舍去与自己料想不符或相反的数据。有些结果异常，尽管无法解释，也不要轻易舍去，可以加以说明；只有找到确凿证据足以说明它们确属错误之后才能剔除。

2. 讨论的写作要点

讨论部分主要是对实验观察结果或调查结果做出理论性分析，这是全篇文章的精华所在。讨论是为了寻找事物之间的内在联系，可把本文取得的结果与文献或过去的工作进行对比，寻找其间的关系，讨论所需引用的文献材料应尽量抽象概括，而不是抄袭别人的文献资料。讨论部分是从理论上对实验和观察结果进行分析和综合，为文章的结论提供理论依据。讨论部分是以结果部分为基础和线索进行分析和推理，表达作者在结果部分所不能表达的推理性内容。讨论的内容应当从实验和观察结果出发，实事求是，切不可主观推测，超越数据所能达到的范围。很大程度上取决于作者文献掌握的多少，作者的分析能力如何，切忌将讨论部分写成他人文献的综述。

归纳起来，讨论部分应表达下列内容：

(1)应紧密结合本文研究所获得的重要发现，以及从中引出的结论进行讨论，而不是重复结果部分的内容。特别是要对新的发现、文献尚未报道的内容进行深入讨论，必须强调应紧密结合本文发现进行讨论，且所作的推论必须恰当。对结果的解释要重点突出，简洁、清楚。为有效地回答研究问题，可适当简要地回顾研究目的并概括主要结果，但不能简单地罗列结果，因为这种结果的概括是为讨论服务的。

(2)应讨论本文发现和文献报道同类研究的结论有何不同，哪些文献支持本文发现，哪些文献报道与本文结论不同，切忌冗长的文献综述式的阐述。推论要符合逻辑，避免实验数据不足以支持的观点和结论。根据结果进行推理时要适度，论证时一定要注意结论和推论的逻辑性。在探讨实验结果或观察事实的相互关系和科学意义时，无需得出试图去解释一切的巨大结论。如果把数据外推到一个更大的、不恰当的结论，不仅无益于提高作者的科学贡献，甚至现有数据所支持的结论也受到怀疑。

(3)观点或结论的表述要清楚、明确、简洁。尽可能清楚地指出作者的观点或结论，并解释其支持还是反对早先的工作。结束讨论时，避免使用诸如“需要进行进一步研究”之类苍白无力的句子。

(4)对结果科学意义和实际应用效果的表达要实事求是，适当留有余地。避免使用“首次”等类似的优先权声明。在讨论中应选择适当的词汇来区分推测与事实。例如，可选用“证明”等表示作者坚信观点的真实性；用“表明”、“暗示”等表示作者对问题的答案有某些不确定性；选用“建议”、“可能”等表示推测或者表示论点的确定性程度。

(5)结果讨论要提出进一步的研究方向、展望、建议和设想。

(6)在论文的讨论中切忌玩弄辞藻。有些作者的讨论文字拉杂，无小标题；重一般，轻特殊；叙述臃肿，扬长藏拙，结果择要，反复唠叨，夸大发现的重要性和普遍性，导致偏差。不顾收集的证据，得出不恰当的结论。这些都应当注意避免。

以上内容并非每篇论文的讨论都必须涉及，面面俱到。应从论文的研究内容出发，突出重点，紧扣题目，围绕一个至几个“小核心”进行。要集中围绕几个观点讲深述透，不必面面俱到。每个讨论最好有一个小标题，提示讨论的中心内容，按结果栏目中的顺序并结合文献分段撰写，或标出序号。其次序应从时间、因果、重要性、复杂性，相似与相反的对比等方面来考虑，使内容有条理，有联系，重点突出。讨论部分不使用图和表，篇幅亦不宜过长，一般占全文的 1/3 到 1/2 即可。文献一般不整段引用，而是摘其观点或结论，用角码标出参考文献。

第八节　如何写结论

结论是对整篇文章的最后总结。结论又称结束语、结语。它是在理论分析和实验验证的基础上，通过严密的逻辑推理而得出的富有创造性、指导性、经验性的结果描述。它又以自身的条理性、明确性、客观性反映了论文或研究成果的价值。结论与引言相呼应，同摘要一样，其作用是便于读者阅读和为二次文献作者提供依据。

1. **结论段的内容与格式**

结论不是研究结果的简单重复，而是对研究结果更深入一步的认识，是作者对实验结果和观察所得的各种数据材料，经过判断、归纳、推理等过程，将研究结果升华成新的总观点。其内容要点如下：

(1)本研究结果说明了什么问题，得出了什么规律性的东西，解决了什么理论或实际问题。

(2)对前人有关本问题的看法做了哪些检验，哪些与本研究结果一致，哪些不一致，作者做了哪些修正、补充、发展或否定。

(3)本论文在理论上或实用上的意义和价值。

(4)本研究的不足之处或遗留问题。

结论段的格式安排可作如下考虑：

如果结论段的内容较多，可以分条来写，并给以编号，如1)、2)、3)等，每条成一段，包括几句话或1句话；如果结论段内容较少，可以不分条写，整个为一段，几句话。

结论里应包括必要的数据，但主要是用文字表达，一般不再用插图和表格。

如：张星、张春桂、吴菊薪、陈惠的《福建农业气象灾害的产量灾损风险评估》(见《自然灾害学报》，2009(1))的结论：

"本文针对传统的灾损评价中趋势产量和气象产量难以区分的缺点，通过因灾实际减产量的计算，选择了优于传统统计模型的信息扩散方法进行模型中的概率分布估计，得到了福建农业气象灾害产量灾损的风险估计。福建省农业气象灾害的产量灾损风险随概率的增大而减少，同样的风险水平下，以洪涝灾害造成粮食生产减产的概率为最大。冻害造成的产量灾损风险在50%以下。产量灾损在>70%的高风险区，风雹灾害的概率又大于干旱。甚至灾损风险在80%以上的干旱，仍可以达到约10年一遇。以上评价结果与实际比较吻合。

应该指出的是，由于产量灾损是作物生育过程中遭受发生在不同时间的不利因素造成的，最后的产量灾损都是由各种灾害相互影响、综合造成的，目前尚难有一种好方法能够真正地将统计数据中各灾害的损失结果分离出来。因此应保证统计数据的可靠性和真实性，使得最后的概率评估符合客观实际。

鉴于目前风险评估的理论体系尚不完善、农业气象灾害损失的实际减产量难以获得的现实情况，本文所采用的方法不失为一种较好且实用的方法。但是，对于扩散函数的形式和适用条件、扩散系数的选取等还有待进一步深入研究，以保证估计概率值更接近于实际发生值。"

该结论对上述的4个内容要点都进行了严谨而清楚的陈述，是一篇好的论文结论。

2. **结论的撰写要求**

(1)概括准确，措词严谨

结论是论文最终的、总体的总结，对论文创新内容的概括应当准确、完整，不要轻易放弃，更不要漏掉一条有价值的结论；但也不能凭空杜撰。措词要严谨，语句要像法律条文那样，只能作一种解释，清清楚楚，不能模棱两可、含糊其辞。肯定和否定要明确，一般不用"大概"、"也许"、"可能是"这类词语，以免使人有似是而非的感觉，怀疑论文的真正价值。

(2)明确具体,简短精练

结论段有相对的独立性,专业读者和情报人员可以只看摘要和(或)结论而能大致了解论文反映的成果和成果的价值,所以结论段应提供明确、具体的定性和定量的信息。对要点要具体表述,不能用抽象和笼统的语言。可读性要强,如一般不单用量符号,而宜用量名称。行文要简短,不再展开论述,不对论文中各段的小结作简单重复。语言要精炼,删去可有可无的词语,如"通过实验验证,可得出下列结果"这样的行文一般都是废话。结论段字数一般为正文字数的3%~5%。

(3)不作自我评价

研究成果或论文的真正价值是通过具体"结论"来体现的,所以不宜用如"本研究具有国际先进水平"、"本研究结果属国内首创"、"本研究结果填补了国内空白"一类语句来做自我评价。成果到底属何种水平,是不是首创,是否填补了空白,读者自会评说,不必由论文作者把它写在结论里。

第九节　如何著录参考文献

参考文献是科技论文不可缺少的重要组成部分。继承性是科学的特征,绝大部分科学研究是在学习、借鉴和参考前人工作的基础上完成的,今人的研究成果或研究工作一般都是前人研究成果或研究工作的继续和发展。所以,撰写科技论文时,为了尊重知识产权,参考文献的著录是必不可少的。这样才能便于编辑和审稿人评价论著水平,并与读者达到信息资源共享。

一、参考文献的目的与作用

撰写科技论文时,为了使你的研究和撰稿站在更高的起点上,必定会参阅有关方面的文献,但同时也要注意在文后著录参考文献,这一点十分重要。归纳起来,参考文献著录的作用主要体现在以下几个方面:

(1)反映论文科技信息的广度和深度的同时,也反映了作者的科学态度和所做研究工作的真实性和科学性。因此,在论文中涉及研究的背景、理由、目的等的阐述,通过著录参考文献就能明白交代出该论文的起点和深度。这在一定程度上为论文审阅者、编者和读者评估论文的价值与水平提供了客观依据。

(2)便于与前人成果或观点加以区分。论文所报道的研究成果虽然是论文作者自己的,但在阐述和论证过程中免不了要引用别人观点、方法、数据等为自己的论点、数据、图标和公式提供有力的客观证明。若对引用部分加以标注,则他人的成果就表示得十分清楚。这不仅表明了论文作者对他人劳动的尊重,更是对个人成果的认可和保护,表明了科学的严肃性。

(3)利于进一步检索有关资料。读者通过著录的参考文献,采用追溯法即可针对作者提出的主题方便地查阅到与此相关的一系列文献资料,在短时内就可实现对该信息的检索、调查,有助于进行相同或类似研究方向的学者同行了解前人所做的工作,共享资源。

(4)有利于缩短学术文章的篇幅。论文中需要表达的某些内容,凡已有文献所载者不必详述，只需将相应的参考文献著录于文后即可。这样不仅精炼了语言，节省了篇幅，而且叙述方便，增加了论文的信息量。

(5)有助于科技情报人员进行科学情报和文献计量学研究。论文详尽、科学、合理地著录参考文献，有助于科技信息人员收集有价值的信息资源。

(6)反映出作者具有实事求是的科学态度和对他人劳动的尊重，且不侵犯原文的著作权和版权。

二、参考文献的著录要求及原则

(1)要求实事求是，科学严谨。所列参考文献必须是作者在研究和论文撰写过程中真正参考过的。不求量，但求质。

(2)所列参考文献须按其在文中的先后顺序依次列出，而不是以文献的重要性或其他标准来决定，且还应在学术论文正文中的适当位置与后文相同的序号形式标出。

(3)一般应选用公开发表的文献，未发表的学术论文、实验报告、内部资料和一般教科书基础知识、保密资料不录入。公开发表是指在国内外公开发行的报刊或正式出版的图书上发表。在供内部交流的刊物上发表的文章和内部使用的资料，尤其是不宜公开的资料，均不能作为参考文献引用。

(4)只著录最必要、最新的公开发表的文献。作者查阅和利用的文献资料很多，一是将引用的最重要和最关键的文献资料列出，即应选择对自己研究最有影响的文献，即主要的文献或最必要的文献；二是将最新最近的文献资料列出，即在选择参考文献时，应以能反映新观点、新经验、新方法、新技术的文献为主，取新舍旧，确保作品的新颖性。

(5)引用观点必须准确无误，不能断章取义，只有资料翔实才能保证作品的质量与学术水平。

(6)作者应遵循相关标准，采用规范化的格式。

三、参考文献的著录项目和著录格式

学术论文中参考文献的著录方法，国际上流行的有多种。我国规定的有两种："顺序编码制"和"著者—出版年制"。目前，大多数科技期刊文后参考文献著录都采用顺序编码制。所谓顺序编码制是按正文中引用文献出现的先后顺序连续编码，并将序号置于方括号中；同一处引用多篇文献时，只需将各篇文献的序号在方括号内全部列出，各序号间用","(如遇连续序号，可标注起讫序号)；多次引用同一著者的同一文献时，在正文中标注首次引用的文献序号，并在序号的方括号外著录引文页码。

1. 专著

专著是指以单行本或多卷册形式在限定期限内出版的非连续出版物，包括图书、古籍、学位论文、技术报告、会议文集、多卷书、丛书等。其著录格式为：

［序号］主要责任者.题名:［文献类型标志］.其他责任者(任选).出版地:出版者，出版年:引文页码.

例：

［1］王树安.作物栽培学各论:北方本［M］.北京:中国农业出版社，1999:150～160.

2. 学位论文

[序号]作者.题名.保存地:保存者,年份.

例:

[2]傅健.X射线三代工业CT工程关键技术研究[D].北京:北京航空航天大学机械工程及自动化学院,2003

3. 论文集

[序号]著者.题名.见:编者.文集名.出版地:出版者,出版年:起止页码.

例:

[3]沈飙.运用VB实现PC与89C51单片机之间的串行通信.见:李朝青.PC机与单片机&DSP数据通信技术选篇,北京:北京航空航天大学出版社,2002:143~146.

4. 连续出版物

[序号] 著者.题名.刊名(外文刊名可缩写),出版年,卷号(期号):起止页码.

例:

[4]杨琦.科技论文的题名、摘要、关键词及参考文献,长安大学学报(社会科学版),2002,4(1):79~80.

5. 专利文献

[序号]专利申请者.专利题名.专利国别:专利号,出版日期.

例:

[5]西安电子科技大学.光折变自适应光外差探测方法.中国:01128777.2[P/OL].2002:03~06

6. 技术标准

[序号] 起草责任者.标准编号,标准名称[文献类型标识].出版地:出版者,出版年(也可以省略起草责任者、出版者和出版年).

例:

[6]中华人民共和国国家质量标准监督检验检疫局,中国国家标准化管理委员会.GB/T7714—2005.文后参考文献著录规则[S].北京:中国标准出版社,2005.

7. 电子文献

[序号] 主要责任者.题名:其他题名信息[文献类型/文献载体标志].出版地:出版者,出版年(更新或修改日期)[引用日期].获取和访问路径.

例:

[7]王明亮.关于中国学术期刊标准化数据库系统工程的进展[EB/OL]http://www.cajcd.cn/pub/wml.txt/980810—2.Html,1998—08—16/1998—10—04.

8. 专著中的析出文献

[序号] 析出文献主要责任者.析出文献题名[文献类型标志].析出其他责任者//专著主要责任者.专著题名.出版地:出版者,出版年:析出的页码[引用日期].获取和访问路径.

例:

[8]柏拉图.会饮篇[G]//柏拉图.文艺对话集.朱光潜译.北京:人民文学出版社,1963:237~273.

9. 连续出版物(期刊、报纸)中的析出文献

[序号] 析出文献主要责任者.析出文献题名[文献类型标志].连续出版物题名:其他题名信息,年,卷(期):页码[引用日期].获取和访问路径.

例:

[8]丁文祥.数字革命与竞争国际化[N].中国青年报,2000—00—20(15).

10. 参考文献类型标示符号

(1)表 6-1 为参考文献标示符:

表 6-1 参考文献标示符

参考文献类型	专著	论文集	期刊文章	报纸文章	析出文章
文献类型标识	M	C	J	N	A
参考文献类型	学位论文	报告	标准	专利	其他文献
文献类型标识	D	R	S	P	Z

(2)表 6-2 为载体类型标识符:

表 6-2 载体类型标识符

文献的载体类型	纸张	计算机程序	联机网络	数据库	电子公告	光盘	磁盘	磁带
载体类型标识	免	CP	OL	DB	EB	CD	DK	MT

第十节 如何准备论文图表

撰写科技论文时,为了使内容表达更加简明直观,往往借助图表来表达。表格,是指将实验数据、统计结果或事物分类等,按其一定的逻辑关系列表对比的一种表达形式;插图,是指书刊正文中各种各样的图。插图和表格是科技论文表述的重要形式,插图绘制得准确、规范,表格设计得简明、合理,不仅可以使论文论述清楚、明白,还可以起到活跃、美化、节省版面,提高读者阅读兴趣的效果。

一、论文表格

表格是一种书面辅助语言,是表达统计资料的一种重要方式。它用文字、符号、图形等方式简单且清晰地记录实验数据、统计结果等,是提供大量有用的原始数据或分析数据、可直接比较两个或两个以上的数据集的一个有效手段。

表格具有表达力强、易得要领、便于计算和分析比较及节省版面等优点。在科技信息大增的今天,表格的运用更加广泛,是科技论文中不可缺少的组成部分。

制表要求是简单明了、层次清楚、有自明性。表的结构要简单,使人一目了然;内容按逻辑顺序安排,主谓语划分清楚。

（一）表格设计的一般原则

1. 表格要精选

一般撰写论文，不是表格越多越好。所谓精选，有两层含义：一是是否必要，应当根据描述对象和表格的功能，判断是否要采用表格。能用较少文字清楚表述的，就无需再用表格的形式。二是要典型，在初步确定需要采用表格后，对同类表格进行分析比较，能合并则合并，能删减则删减，并针对论文内容选择最合适的表格种类。如此，才能更好地实现表格的功能，表达作品准确、简明、生动的要求。

2. 形式要合适

表格有许多种类，可按不同的标准进行划分：

（1）按表现形式分

有无线表、系统表、三线表等。

（2）按信息形态分

有文字表、符号表、图形表等

（3）按功能分

有统计表、对比表、研究表、计算表等。

不同的表格也具有不同的功用：计算表是根据变量间关系，将数值按一定位置排列，用做计算工具；统计表是在表格中给出统计数据；对比表是为对比不同情况的优劣，排列事实或数据，寻求科学合理且经济的方案，或进行对比分析；研究表是将各类有联系的事物按一定方式顺序排列，为科学研究提供资料。

各类不同功能的表格运用都比较广泛，使用时应有针对性。

3. 设计要科学

为了准确、清晰、简明地表达内容，方便排版和阅读，应当科学地设计表格。设计时须注意以下几点：

（1）重点突出

若无特殊要求，调查研究、实验测定、分析计算时使用的常规仪器、方法、材料、条件等一般不出现在表格中。

（2）表述简洁

表格线条要清晰，除重要的现象、参数、算式和结论外，表格中一般不出现分析或运算过程中的中间步骤或环节。

（3）目的明确

将背景条件、使用方法、相关数据、最终结果等系统完整且具条理地分列清楚，不要将它们混为一团，使读者难以阅读和理解。

（二）表格的基本构成元素

表格一般由五大基本要素组成。

1. 表序和表题

表格必须有表序、表题，二者间不加标点且留一字间隔。表序按其在文中出现的先后，用阿拉伯数字“1”开始连续编号，如“表 1”、“表 2”…… 全文只有一个表格时，编为“表

1”。表题即表格的名称。表题要准确得体，简短精练，必要时注明时间和地点，便于阅读和理解表的内涵。避免使用泛指性的词语作表题，如“计算结果”、“对照表”等。这样的表题缺乏专指性，不能使人一目了然。表序和表题一并放在表格上方，表序在前，表题在后。

2. 项目栏

表格顶线和栏目线间的部分为项目栏。项目栏中左边第一列为处理项，上边第一行为观测内容和结果项，不能将处理项和观测项目、结果颠倒。项目栏中一般要设置多个“栏目”，即该栏目的名称，它反映了表身重该栏目信息的特征和属性，但不宜在左上角划斜线标目。当栏目中的项是物理量时，项目由量的名称和单位符号组成，其表述方法为“量/单位”，当表格内全部栏目中的单位均相同时，可以将单位提出来标识在表格顶线上方的右端，不必在每个栏目上标注；共用单位标注时只写出本身符号，不加“单位”二字；凡是相同栏目要归并在一起，做到同一栏目只加注一项，避免重复出现。

3. 表身

表身是指表格中栏目线下、底线以上的部分，是表格的主题，容纳了大部分主要信息。上、左相邻栏内的文字或数字相同时，应重复写出，不可以用“〃”或“同上”、“同左”、“同右”等字样表示。表中未测或无此项应用“空白”表示，不能用“—”或“/”表示。表中内容不能与文章内容重复，数据要完整、准确。同一指标小数点有效位数要一致，小数点为准上下对齐。表的线条不宜过多，以免干扰视线。

4. 辅助线

对于某些比较复杂的表格，单靠一般常用的三线表是不够的，此时，可以在项目栏或表身根据需要添加横向的辅助线。辅助线加几条都行，这时仍称其为三线表。项目栏的辅助线可以解决栏目多层次的问题，不加辅助线，不同层次的栏目隶属关系就不清楚；因此，辅助线可以解决阅读时的清晰度问题。另外，当表格纵向较长（直表）转栏时需重写表头，两栏中间排双线；当表格横向较长（横表）分段时要重复写横标目，上、下两段中间加双线。

5. 表注

必要时，应将表格中的符号、代码等需要说明的事项以简练的文字列于表题之下，作为表注，也可于表下作脚注或说明。

脚注一般针对个别信息做单独的注释说明；说明可对整个表格或其中一部分进行阐述；备注通常会对栏目中的信息加以解释和说明。

（三）三种常见的表格形式

1. 无线表

因整个表无一根线而得名，适用于内容简单、项目少的情况。如表6-3。

表6-3　移动定向长途业务

长途方向	北京	上海	天津	南京	重庆	黑龙江	吉林
开通	KTBJDX	KTSHDX	KTTJDX	KTNJDX	KTCQDX	KTHLJDX	KTJLDX

2. **系统表**

表示隶属关系的多层次事项用系统表。如表 6-4 所示。

表 6-4 膜组件的分类

- 膜组件
  - 中空纤维膜组件
    - 平流式组件
    - 措流式组件
  - 平板式组件
  - 螺旋式组件

3. **三线表**

三线表通常只有 3 根线,即顶线、底线和栏目线,故称三线表。其中,栏目线为细线,顶线和底线为粗线。三线表保留了传统卡线表的全部功能的同时,取消了表中斜线,省略了行线和栏线,增强了表格的简洁性。如表 6-5 所示。

表 6-5 50 米高烟囱排放污染物最大地面浓度出现位置与气候条件的关系

大气稳定度	最大浓度出现位置(相当于烟囱高度的倍数)
不稳定	5～10
中性	20 左右
稳定	40 以上

对于复杂的项目和对象,有时表格单靠三线是不够的,可添加辅助线加以解决,此时表格仍称三线表。

二、论文插图

插图在学术论文中被广泛使用。虽然文字是论文一般表述的主要手段,但为了形象直观地表述,作为辅助手段,插图是必不可少的。插图包括线条图和照片图,以直观的方法使读者迅速理解事物的形态、结构、变化趋势及其特点,可以缩减繁琐的文字描述。有时插图可以把文字难以表达清楚的情况描绘得一目了然,有些实物照片还具有客观证据的作用,被誉为科技论文的“形象语言”、“视觉文字”。但目前一些作者对插图的规范化使用要求还不甚了解,许多插图常常不合适或不规范。因此,使用插图时必须要有统一和规范的语言手段,要注意使用相应学科的专业符号,防止乱用和混用国外标准或已经废弃不用的旧标准。

(一)插图的特点

1. **图形的示意性**

插图在论文中能辅助文字,描绘文字难以表达的内容。为了简化图面、突出主题,常常需要示意性的表达。而对于机械制图中的总图、装配图、零件图等一般不直接使用；对于建筑制图中的设计图、施工图以及涉及较具体的结构图也往往采用结构示意图代替；函数曲线图大多采用简化坐标图。

2. 内容的写实性

插图严格地忠于描绘对象，将整个对象详尽地勾画出来，没有模糊不清和随意臆造的地方。这就要求插图中的每一个细节必须反映对象真实的形态、运动变化规律。

3. 表达的规范性

作为形象的语言，插图是交流思想的工具。国家对插图中的线条、符号、各种图形的设计都有相应的规定，未作规定的大多已约定俗成。因此，要求作者按要求和规定设计和绘制插图。

4. 取舍的灵活性

插图一般不要求画面完整，可用局部或轮廓符号表达的，就可以不用整图。

5. 印制的局限性

有时使用彩色图可以更好地表现内容，但由于制版技术和印刷费用的限制，往往只能在有限的范围内选用插图。一般学术论文只提供单线条的墨线图和黑白照片。

（二）插图的设计原则

1. 精选插图

一篇论文，要恰当地使用插图，不是越多越好。所谓精选，有两层含义：一是根据要描绘的对象和插图本身的功能，决定是否使用插图。能用较少文字说清楚的，尽量避免使用插图。若需要强调物体的或需说明事物间的关系，以及参量变化过程和结果等，宜采用插图。二是在初步确定使用插图的基础上，对同类插图进行分析比较，看能否合并或删减。

2. 选择合适的插图种类

根据描述对象的特点，并考虑到印刷费用来选择合适的插图种类。一般来说，线条图简明清晰，适于表述说理性和假设性强的内容，也适于表达事物与事物、事物与要素间的定性或定量关系；照片有较强的立体感，适于反映事物外观形貌或内部显微结构。

3. 选择恰当的插图形式

一般的，描述实验或动态过程，适宜选择框图或单线条图；描述函数曲线，可采用构成直条或圆形图表达。

4. 规范地表达

插图中的图序、图题、幅面尺寸和图形的画法，图中的数字、符号、文字、计量单位，线性、线距、标目、标度、标值，以及说明、附注等，均需符合相关规定和惯例。此外，在一篇论文中，插图的风格和体例应一致。

（三）插图的构成

1. 图序与图题

图序即插图的序号，一般按顺序编号。图题即图的名称，应当简短精练、准确得体，避免使用泛指性的词语；一般采用名词或名词性词组为中心词语的偏正词组作图题。图题最好不要用“图”来结尾。每个插图必须有图序和图题，并在图正下方标明，两者间留一个汉字的空格，其间不用任何标点。

2. 标目

标目是说明坐标轴物理意义的必要项目，由物理量名称（或物理量名称符号）和相应的单位组成。两者间采用比值的形式，即“量名称或量符号/单位”，比如“p/Pa”，或“压力/Pa”，或“压力 p/Pa”，也可用“p(Pa)”或“压力(Pa)”、或“压力 p(Pa)”表示。百分号“%”虽然不是单位，但在这里也可按单位处理，如“完成比例/%”。物理量的符号应使用国家标准规定的斜体字母标注，尽量避免使用中外文的文字段。单位符号应该使用国家标准规定的正体字母标注。标目与坐标轴平行，一般有以下 4 种居中排列：

(1)下横坐标

标目排在标志下方。

(2)上横坐标

标目排在标志上方。

(3)左纵坐标

标目排在标志左方，并转 90°，标目顶部朝左，底部朝右，“顶左底右”。

(4)右纵坐标

标目排在标志右方，也是“顶左底右”。

3. 标值线和标值

标值线即“（坐标轴的）刻度线”，是坐标线简化后在横纵坐标轴上的残余线段；标值是坐标轴定量表达的尺度，排在坐标轴外侧，紧靠标值短线的地方。要通过改用标目中的单位的方法使标值的数字应尽量不超过 3 位，或小数点后不多于 1 位。如：将 3000g 改为 3 kg。同时，要使标值规整化，如因实测数据使标值非规整如 0.134、0.598、0.870…时，应使其规整化为 0.1、0.6、0.9…，不能用不规整的实测数值直接作标值。

4. 坐标轴

当具有具体标值时，因标值的大小已明确表述了增量的方向，就不再给出标值，同时再重复给出箭头标志。只有当坐标轴表述的是定性的变量，即没有给出具体值时，坐标轴的末端才应按增量方向画出箭头，并标注 x、y 及原点。

5. 曲线

曲线常用来描述变量之间相互依存关系。一般的，为了加强对比效果，可适当运用同类曲线的重叠。当有 2 条以上曲线具有同一参变量，可以将这些曲线描绘在同一幅函数图上，即共用一个横坐标轴，而分立左右两条纵坐标轴，此时两个纵坐标轴的标目和标值都要标注。

6. 图注

图注说明语既可放在图中，也可放在图外，但要简洁准确，表述规范。

（四）插图的种类

1. 函数曲线图

在科技论文中，函数曲线图是最常用的。将常见的供计算用的函数曲线图简化就成了科技论文中常用的简易函数曲线图（如图 6－1 所示）。这种简易图只在坐标轴上留下部分且较短的线段，具有说明性强、图面简洁、绘制容易、使用灵活等特点，适用于各种论文。

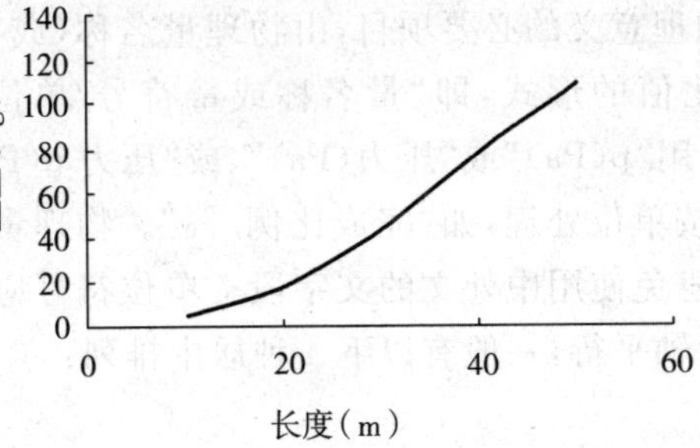

图 6－1 函数曲线图

2. 其他类型插图

(1)点图

点图是指用散点表示的关系图，其结构与函数曲线图一致，同一属性的点采用同种样式的点表示。如图 6－2。

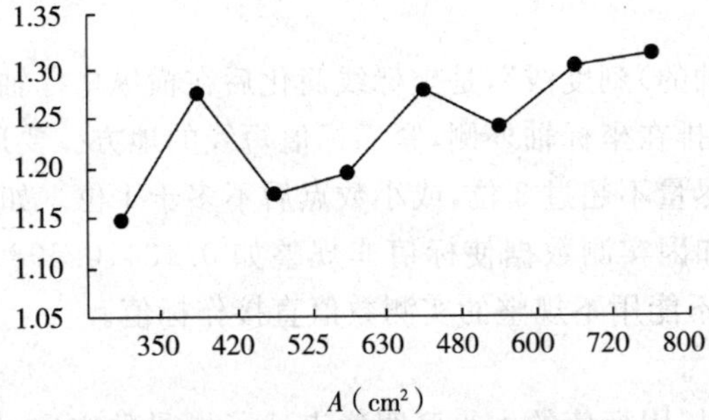

图 6－2 点图

(2)直条图

直条图又称直方图，使用宽度相同而高度可能不同的直条表示各参量大小的一种图形。如图 6－3。

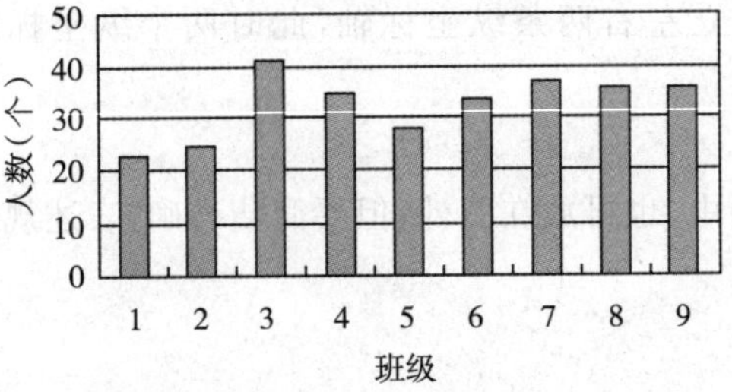

图 6－3 直条图

(3)饼状图

饼状图常用来表示全体中各部分的构成比例。如图 6-4。

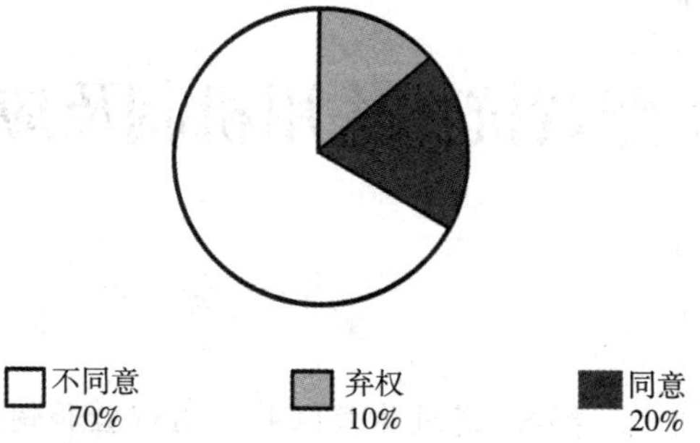

图 6-4　饼状图

(4)记录谱图

记录谱图是由仪器直接记录下来的一种记录谱图。如图 6-5。

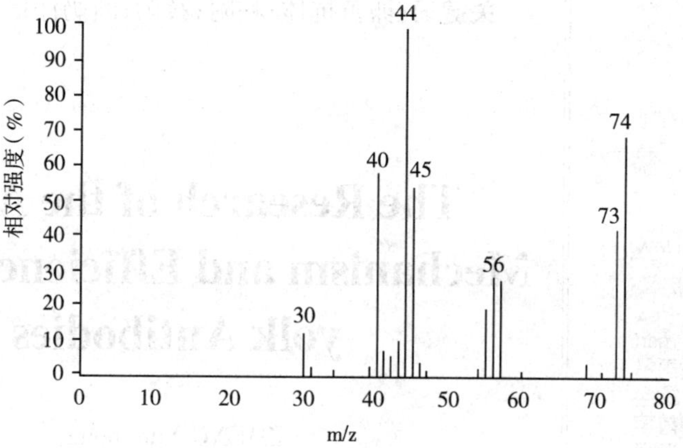

图 6-5　记录谱图

(5)照片图

照片图分黑白照片图和彩色照片图,科技论文一般采用前者。由于照片图多用作为分析深浅浓度、层次多变化的插图,所以作者必须提供清晰的高质量照片。一般要使照片的大小合适、主题突出,画面要有一定的稳定感。

还有一种常见的是显微照片图,如细菌图、分子图等。提交这类照片时,应注明放大倍数。

下面,提供一份大学毕业设计(论文)范本,供读者参考。

论文题目用宋体加粗二号，一般不超过 20 个字，必要时可加副标题，副标题用宋体小二号

卵黄抗体作用机制及应用效果研究

作者姓名为宋体四号，少数民族学生应写规范的全名

郑学农

"摘要"用黑体加粗四号，后面加冒号，中间不能有空格

摘要正文用楷体四号

"关键词"用黑体加粗四号，后面加冒号，中间不能有空格

摘要：通过体外细胞粘附试验和饲养试验研究卵黄抗体作用机制及卵黄抗体粉预防断奶仔猪腹泻和改善生产性能的作用。90 头 30±2 日龄断奶仔猪，按血缘、体重、胎次、日龄和性别随机分成 4 组，每组分 3 栏饲养。对照组饲喂玉米—豆粕型基础日粮；分别在基础日粮中添加 0.5%、1%、2%的喷雾干燥卵黄抗体粉形成试验一组、二组和三组。

关键词正文用楷体四号，词之间用分号"；"隔开，最后一个词后面没有标点符号

关键词：卵黄抗体；粘附；腹泻；断奶仔猪

中英"摘要"之间可加入空行进行调整，尽量使中英"摘要"保持在一页内

英文标题用 Times New Roman 加粗二号

The Research of the Active Mechanism and Efficiency of Egg yolk Antibodies

姓名用 Times New Roman 四号，采用汉语拼音姓前名后，中间为空格，姓氏的全部字母均大写；名字的首字母大写，双名中间加连字符，姓氏与名均不缩写

ZHENG Xue-nong

英文"摘要"用 Times New Roman 加粗四号字，后面加冒号，正文用 Times New Roman 四号字

Abstract: The active mechanism and efficiency of egg yolk antibodies was evaluated by in vivo and vitro experiments.90 28-32-days-old piglets (weaning) were selected and allotted to four groups. All diets were formulated to meet NRC re-quirement. The control group were fed the com-soybean diet, experimental group 1, 2 and 3 were fed respectively a diet with 0.5%, 1% and 2% egg-yolk antibodies powders.

英文"关键词"用 Times New Roman 加粗四号，后面加冒号

Key words: egg yolk; adhesion; diarrhea; weaned piglet

英文关键词用 Times New Roman 四号字，词之间用分号"；"隔开，除缩写及专用词外，所有词都小写，注意最后一个词后面没有标点符号

1

页码从摘要页为第 1 页编写，用宋体小五号，阿拉伯数字标识，格式为外侧对齐

正文另起一页,不应与摘要同页,不加标题

题序和标题用黑体四号,顶头

前言

正文内容宋体小四号,单倍行距排版

随着规模化养猪业的迅速发展和生产管理的高度集约化，断奶仔猪腹泻是困扰现代养猪业的主要难题之一。从ETEC超免母鸡的蛋黄中获得卵黄抗体(1gY)不仅在理论上切实可行而且与从其它哺乳动物(如鼠、兔、猪、马、牛等)血液中获得抗体相比,卵黄抗体具有产量高,化学性质稳定等优越性。近年来用ETEC黏附素免疫蛋鸡获得抗黏附素卵黄抗体具有效价高、特异性强等优点而受到大量研究。其作用机制一般认为卵黄抗体通过与ETEC粘附素发生特异性的结合,从而阻止了ETEC与粘膜的粘附,防止ETEC感染性腹泻的发生。

本试验旨在通过体外细胞黏附试验研究卵黄抗体对细胞黏附的抑制作用机制；并通过在断奶仔猪饲料中添加抗ETECK88ac黏附素卵黄抗体粉,研究卵黄抗体粉对控制仔猪腹泻、改善生长性能的作用。

一级章节标题用黑体四号

二级章节标题用黑体小四号

三级章节标题为仿宋体小四号

1 材料与方法

1.1 试验材料

1.1.1 菌株C83901（08：K88ac）

正文内容用宋体小四号,单倍行距排版

株购自中国农科院兽医药品监察所;卵黄抗体粉由华中农业大学猪遗传育种农业部重点实验室自行研制。

数量单位的范围应有“()”括号

1.1.2 试验动物

90头(30±2)日龄断奶仔猪选自湖北省粮油进出口公司长流畜牧公司出口二厂。

数量单位用标准单位符号,没有的用汉字单位,如“台、件、套”

1.1.3 试剂

生理盐水:0.9 gNaCl溶于90 ml蒸馏水中，定容至100 ml,于121℃高压灭菌15 min备用pH 7.4柠檬酸钠:NaCl 96 mM,KCl 1.5 mM,KH_2P0_4 8 mM,Na_2HP0_4 5.6 mM,柠檬酸钠27 mM,于1210C高压灭菌15 min备用。

数量与数量单位之间加半个字符(或1个半角)空格

四级及以上章节标题用宋体小四号

1.1.4 主要仪器

高速冷冻离心机(德国 Beckman 公司)

SHZ—88 式水浴恒温振荡器(江苏太仓实验设备厂)

YJ—1450 型无菌操作台(苏州安泰空气技术有限公司)

ZXCZ 生物显微镜(上海光学仪器五厂)

血球计数板

常规手术用具

1.2 试验方法

1.2.1 体外细胞黏附试验

1.2.1.1 空肠上皮细胞分离

空肠粘膜上皮细胞的分离采用调整后的 Weiser 法，断奶仔猪屠宰后 30 min 内取大约 50 cm 长的空肠，用 37℃生理盐水冲洗数次去除肠腔内容物，再用含 1mM 二硫苏糖醇(DTT)的生理盐水冲洗 2 次，然后灌入 pH 7.4 的柠檬酸钠，在 38℃下温育 10 min，再用 pH 7.4 的 EDTA 溶液在 38℃下温育 15 min 将收集的细胞以 900 × g 离心 5 min 使细胞沉淀。

1.2.1.2 ETEC K88ac 培养物的制备

按常规方法进行 ETEC K88ac 的培养，培养物离心沉淀，用 PBS 洗涤 2 次，去除上清液，收集菌体悬浮于 PBS 中，血球计数板计数，用 PBS 调整菌液浓度为 50 亿菌 /ml，采 MRHA 检查黏附素表达情况，MRHA 效价达 26 以上为合格，然后调整菌体浓度约为 109 个 /ml。

1.2.2 断奶仔猪饲养试验

1.2.2.1 试猪的选择和分组

选择 30 ± 2 日龄断奶仔猪 90 头，按血缘、体重、胎次、日龄和性别等相对一致的原则随机分成 4 组，每组分 3 栏饲养。

1.2.2.2 试验设计和试验日粮组成

试验采用单因子设计。对照组日粮见基础配方（见表 -1)，在基础配方中分别添加 0.5%、1%、2%喷雾干燥卵黄粉形成试验一组、试验二组和三组试验日粮。

表 1-1 饲粮组成与配方

日粮成分	配比(%)	营养水平[2]	
乳清粉	8.00	消化能(Mcal/kg)	3.34
玉米	58.80	粗蛋白,%	19.72
鱼粉	5.00	钙,%	0.80
豆粕	23.50	总磷,%	0.73
大豆磷脂	1.00	有效磷,%	0.35
赖氨酸盐酸盐	0.15	赖氨酸,%	1.28
食盐	0.30	蛋氨酸,%	0.40
石粉	1.40	蛋氨酸+胱氨酸,%	0.69
磷酸氢钙	1.35	苏氨酸,%	0.79
预混料[1]	0.50		

文字与图表及图片之间空一行,字体不得超过小四号,应有表序号,表格或图片应位于该文的下面

表格为三线表格,二端无竖边线,数据的小数点位数必须相同

图表及图片与下段文字间应空一行

2 结果与分析

2.1 卵黄抗体对 ETEC 体外细胞粘附的抑制作用

在 3 次重复试验,每组共观察的 60 个上皮细胞中,无抗体的对照组平均每个上皮细胞粘附 16.4 ± 9.6 个 K88ac;抗体效价分别为 1:640 和 1:1280 的卵黄抗体较对照组均极显著抑制了 K88ac 对肠上皮细胞的粘附作用,平均每个上皮细胞分别仅粘附 8.5 ± 5.7 和 2.4 ± 1.1 个细菌,二者之间也存在极显著差异($P<0.01$)。抗体效价为 1:320 的抗体组相对对照组有一定抑制细菌粘附作用(如表 2),但差异不显著($P>0.05$)。

注释、说明或公式中的变量应该用斜体

表 2-1 卵黄抗对 ETEC 体外细胞黏附的影响

抗 K88ac 抗体效价	黏附细菌数
0(对照)	16.4 ± 9.6[a]
320	13.7 ± 7.4[a]
640	8.5 ± 5.7b[b]
1280	2.4 ± 1.1[d]

注:相同字母表示差异不显著,相邻字母者表示差异显著,相隔字母者表示差异极显著

图及表“注”可根据实际情况而定,可用楷体或宋体,字号不得超过小四号

2.2 卵黄抗体对断奶仔猪腹泻情况的影响

从表 2-2 可以看出，试验二组和试验三组腹泻头数和头次数低于对照组和试验一组；相对照组和试验一组，试验二和试验三组的腹泻率极显著降低（$P<0.01$），对照组和试验一组，试验二组和试验三组之间腹泻率差异不显著（$P>0.05$）。

表 2-2 试验期各组腹泻

组别	猪数量	腹泻头次	腹泻率
对照组	22	54（22[3]）	13.8%[a]
1	24	48（21）	12.2%[a]
2	22	20（14）	5.1%[c]
3	22	26（14）	6.7%[c]

3 讨论

3.1 卵黄抗体对 ETEC 体外粘附细胞的抑制作用

ETEC 通过粘附素粘附于宿主肠粘膜之后，通过释放肠毒素引起肠道分泌性腹泻(Nataro 和 Kaper, 1998)。黏附素受体在宿主肠道各段的分布是不均一的，具有位置效应。Cox 和 Houvenaghel (1993) 用体外粘附实验表明相对十二指肠，K88 更多地粘附在空肠上皮绒毛上。许多研究证实抗黏附素抗体可以与黏附素特异性结合，进而封闭其与上皮细胞受体的结合位点，从而阻止菌体与宿主细胞的粘附。

3.2 卵黄抗体粉对断奶仔猪生产性能的影响

本试验中，试验二组日增重较其它组有一定改善作用；随着卵黄抗体粉添加量的增加，采食量有逐渐减少的趋势；各试验组间日增重和采食量无显著差异（$P>0.05$）；这与Marquardt等（1997）的试验结果基本一致。

3.3 卵黄抗体粉的应用前景

由于卵黄抗体有很大的专一性，通常不同地方引起仔猪腹泻的主要 ETEC 不尽相同，只有与这些抗原相对的特异性抗体才可起治疗作用。因此，对如何提高卵黄抗体的治疗效果和降低生产成本还需进行更深入的研究。

4 结论

……

宋体小二号加粗字体，中间空二格居中

谢 辞

内容用宋体小四号字体，单倍行距排版，单独用一页打印

×××××××××××××××××

“参考文献”单独页书写，在谢辞的后面，以文章中出现的先后排序

“参考文献”字体为黑体小四号，后面加“：”

参考文献：

参考文献内容用宋体五号，单倍行距排版

英文参考文献内容用宋体五号

[1] 杨正时.动物病原性大肠杆菌与大肠杆菌病[J].中国兽医科技，1987，（6）：25 – 29.

[2] Yokoyama，etal. Passive protective effect Ofchicken egg–yolk immunoglobulins against experimental enterotoxigenic Escherichia coil infection in neonatal pigs lnfect lmmun，1992，60：998 – 100.

[3] AlexanderTJl.Neonatal diarrhea in pigs.In：Cyles.C.L（ed），Escherichia coil indomestic animals and humans. CAB Intemational Wallingford Ukpp.1994，1：51 – 170.

[4] Sodefiind 0，et al.Virulencefactors in Escherichia coil strains iso–

多位作者用“,”分隔,三个以上列到第三个,加“等”字,并在字前加逗号

[]序码与内容间为半个中文(或半角一个)空格,第二行顶头

出版者或刊名后面加逗号“,”

出版社的出版地标注到市级, 后面加冒号“:”

起止页码或出版日期后面应该加英文句号“.”

lated from Swedish pigs with diarrhea.J Clin Microbiol,1988,26:879-884.

[5] 王炯,龚春梅.鸡卵黄抗体理化特性的研究[J].中国生物制品学,1997,10(3):140-143.

[6] 龙中儿,钟青萍,刘活林,等.卵黄免疫球蛋白的稳定性研究[J].中国生物制品学,1997,10(4):218-220.

[7] 郭立君,李春晖,赵锋,等.抗轮状病毒 IgY 的研制[J].中国生物制品学杂志,2001,14(1)24-26.

[8] 范节才.大肠杆菌 987P 抗原的提纯及部分特性鉴定[J].中国畜禽传染病,1987,35(4):53-56.

[9] 房海.大肠埃希氏菌[M].石家庄:科学技术出版社,1997,409-429.

[10] 肖恩.鸡抗猪大肠埃希氏菌卵黄抗体的研究与应用[A].北京:中国农业出版社,1998,28,4:21-25.

[说明]

为表现论文的格式及规范要求而将文章内容进行了删减,故参考文献的序号有一些出入,望谅解。

请各位教师根据自身的专业及学科特点,要求学生参照此格式撰写毕业设计(论文)。

习　题

[思考题]

1. 什么是科技论文?

2. 科技论文一般应包括哪些内容?

3. 摘要主要由哪几个方面内容构成?

4. 引言应包括哪几个方面内容?

5. 简述参考文献的目的与作用。

[训练题]

1. 阅读并分析下面一则论文摘要的结构,指出研究目的、方法、结果和结论。

KNOWLEDGE OF CARDIOVASCULAR DISEASEAR IN UNIVERSITY STUDENTS

Diana M. Spiliman

Abstract

Every 32 seconds an American dies from Cardiovascular Disease (CVD). But many individuals do not know the risk factors for CVD. Five hundred students chosen at random completed a questionnaire about CVD knowledge. Less than 16% of them knew the top three causes of death. Of she CVD risk factors, diabetes and race were the least known, while high blood cholesterol, high blood pressure, obesity, inactivity and smoking were the most often known factors. Family history along with high blood pressure, elevated cholesterol and obesity were given as the most common risk factors for CVD. On the personal CVD risk factor questions, men did not know their family cardiac history , blood pressures or blood cholesterol levels. Women tended to know more about CVD than men. Overall the students were not knowledgeable about CVD and thought of it as a condition not to be concerned with until later in life. (149 words)

Purpose: ______________________________

Method and material: ______________________________

____

Results:1) ______________________________

2) ______________________________

3) ______________________________

Conclusion: ______________________________

2. 下面是一则摘要中的句子,次序混乱,不符合摘要的要求。根据摘要的结构特点,调整句子的顺序。

A Hybrid Internal Combustion Engine/Battery Electric Passenger Car for Petroleum Displacement

I. Forster and J. R. Bumby

1. The way in which the powertrain can be controlled and the effect component ratings have on achieving the petroleum substitution objective are described .

2. In particular a hybrid car is considered.

3. In addition, it will be capable of entering environmentally sensitive areas and yet be capable of a range at high and intermediate speeds that is limited only by the size of its fuel tank.

4. It is shown that a hybrid vehicle can be designed that can achieve a petroleum substitution of between 20 and 70 percent of the equivalent internal combustion engine vehicle.

5. This paper examines the potential of the hybrid electric vehicle in substituting petroleum fuel by broad—based electrical energy.

第七章

科技论文的发表及学术交流

内容要点

- ◆ 科技论文的投稿事项
- ◆ 发表科技论文的过程
- ◆ 学术交流的形式
- ◆ 学术会议的基本模式

科技论文作为科学研究的成果应向科技期刊投稿发表。投稿要做到“有的放矢”，应严格遵循投稿期刊社的撰稿要求和格式要求进行投稿。

学术会议是学术交流的一种主要形式。无论是国内会议还是国际会议，其基本模式及运作方式大致相同，并都以会议通知的形式发布会议的相关事项。

第一节　发表科技论文

一、如何投稿

1. 期刊的选择

在投稿之前，需要选择好合适的期刊。一般而言，应根据论文的研究内容，选定研究领域及学科，然后查询相应的科技期刊，了解各期刊的办刊宗旨以及收录的论文范围，在确定自己的研究论文属于该刊收录范围后，选择出几个合适的期刊，最后再参考各期刊的影响因子，确定要投稿的期刊。

2. 投稿策略

科技期刊按照其影响力的大小，大致可以分为 SCI 收录期刊、EI 收录期刊、中文核心期刊以及一般科技期刊等 4 大类。目前，国内普遍将论文是否被 SCI 或 EI 收录，作为衡量一篇论文水平高低的最重要指标。另外，期刊影响因子也被作为评价论文质量高低的重要参考标准。因此，在选择投稿期刊时，首先要考虑 SCI 或 EI 收录期刊，其次是影响因子高的核心期刊，除此之外，还要考虑期刊的公认级别、发表周期以及发表成本等其他因素。

切记勿一稿两投或一稿多投，也不要将一篇论文分拆成两篇文章投稿。违规者不仅会受到编辑部的惩罚，同时还会受到同行和单位的批评，其学术前景也不可避免地会受到严重影响。

二、发表过程

1. 论文格式检查

在确定了拟投稿期刊后，作者首先应该仔细阅读该期刊的投稿指南，根据投稿指南对论文格式规范的要求，对论文进行仔细地整理修改，使论文在形式结构上完全满足该期刊的要求。一般来讲，不符合格式要求的论文，在审稿之前就会被期刊退回修改。

一般而言，各种期刊对投稿论文的格式要求各不相同，但大部分期刊都有一些普遍要求遵循的格式规则，即：(1)双行排版打印；(2)留出足够的页边距(通常要求至少 25mm)；(3)题目、作者姓名、单位通常放在第一页，摘要放在第二页，其他的如引言、材料与方法等各段均另起一页；(4)标注出通讯作者及其单位、通讯地址和联系方式；(5)图、表应集中放置在另外一页，并对表图进行顺序编号，列出表名及图题；(6)对论文各行进行顺序编号。

【例 1】《××××学报》撰稿要求

来稿要求简明严谨，论点明确，层次清晰，资料数据正确可靠；内容有创见及新意，具有实用价值，并应注意保守国家机密。

1. 文题　高度概括文章主题内容，便于检索，不超过 23 个字。语法正确，用词规范、准确、简练。凡属有关基金项目的论文，须在文题末右上角标识"*"号，在首页末详细注明"××基金资助项目"，并务必在圆括号内注明项目编号。

2. 摘要　一般应包括：所针对的问题，采用的技术手段，研究对象，具体研究内容、过程、结果和结论。避免叙述常识性内容；须用具体数据说明该研究取得的成果或结论；避免出现公式、文献序号及自我评价性语言等内容。

中文摘要下接英文摘要(包括英文文题，作者姓名，单位、二级单位、所在城市及邮编)。英文摘要应反映论文的主题内容和主要结论，字数不得少于 100 个实词，具体要求请浏览本刊网页"EI 数据库文摘要求"。作者在文末附上与英文摘要相对应的中文，以便于审核。

3. 关键词　要求 3～5 个，应能反映论文所属的专业领域、研究对象、研究内容和方法等。尽量使用《机械工程叙词表》、《汉语主题词表》中的规范词，也可使用专业规范术语。关键词规范程度直接影响论文是否被收录以及被引用频率，请作者仔细推敲。英文关键词应与英文摘要用词一致。有条件请查阅 Ei《主题词表》，尽量采用其中的用词。

4. 中图分类号　按《中国图书馆分类法(第四版)》一书标识分类号，一般标识一个，应用型论文根据内容也可标识两个。

5. 作者简介　在文稿首页末著录以下项目：所有作者的姓名，工作单位(注明单位全称及二级单位)，(职务)职称，邮政编码，通讯地址，论文联系人(或负责人)的电子邮箱。

6. 正文　要求思路清晰，逻辑性强，语言准确、简洁。内容务求客观、科学、完备，尽量通过实验(客观实际)和数据说理。各章节的内容不要重复。对论文采用的基础理论和研究方法，不必详细阐述，注出参考文献即可，尽量将研究方法和应用结合起来进行论述。

标题　各级标题序号均用阿拉伯数字左起顶格书写。标题层次一般为四级，第一级标题 3～5 个，各级标题与该节内容必须相符，标题之间以及标题与论文题目内容不能重复。各级标题应反映出论文清晰的结构层次。

引言　应以简短的篇幅介绍研究目的，以及相关领域目前的研究重点、存在的问题，也可点明研究的理论依据、实验基础和研究方法等，原则上不超过 500 字。要求开门见山、言简意赅、突出重点，不要写本文的结论性内容，最好不要出现图表和公式。注意不要展开评述，根据需要列出文献即可。如果引言内容过多，可将其中部分内容提出作为单独章节。引言不编标题序号。

结论或结束语　结论或结束语不是正文中各节内容的简单重复，而应以正文中的分析为依据，完整、准确、精辟、简洁地指出论文研究结果，尽量避免与引言内容重复。

插图　须提供图形文件。若是Office生成的图形文件，可直接插在DOC文件中；若是其他软件生成的，请提供独立的图形文件。插图的具体要求如下：①图中文字标注均用中文，图上符号形式（大小写，正斜体，角标，黑白体）及数据应与正文完全一致，每幅图应写出图号（全文连续编号）、中英文图题和图注。②坐标图不要网格线，须标明横纵坐标所代表的物理量中文名称、物理量符号及法定计量单位，坐标值应等间距，多个图例应使用易分辨的符号，不要用颜色来区别。③表达机构原理的插图建议不用照片，而用结构简图表示。④结构图中的部件名称用序号标注，并在图注中加以解释，序号应按一定方向标注。

表格　表格必须按国标做成三线表（可加辅助线），表头不允许出现斜线；应有中英文表题；物理量的中文名称、代表符号及法定计量单位三项要著录齐全（如：压力 p/kPa），并与文中使用完全一致。

若不影响正文叙述，不必列出文献中已有的图表。表和图表达同一内容的，只保留其中一个。

公式　公式居中排，公式之间的逻辑关系须清晰明了，重要公式后面排序号。公式中的符号解释用双连线"——"表示，不要接排，同一符号出现在不同公式中只解释一次。

符号　来稿必须采用法定计量单位，注意区别容易混淆的外文字母。注意：①一个物理量只能用单个字母表示，不能用多个并排字母表示。②不同的物理量必须用不同的符号表示（可用不同的下角标加以区别）。③矢量、张量、矩阵符号用黑斜体表示。

参考文献 正文中引用的文献应按出现次序连续编码，并置于方括号中（[]）作为右上角码标注出。如文献序号作为文句的组成部分，则写为文献[]，如"方法见文献[3]"。文献序号不要放在各级标题上。正文中无法标出引用文献具体位置的，可放在所有文献的后面标出。不要引用网络资料作为参考文献。参考文献用中英文双语著录。

说明：中外文作者一律姓在前，名在后，几位作者之间用"，"隔开。外文作者姓名之间空一格，名字缩写只取字头不写缩略点。例：Adrian R H。作者超过三人的，只著出前三位作者，然后加"等"，不超过三人的要著录全。

7. 修改要求　修改前应仔细阅读本刊撰稿要求和修改意见，务必在3个月内将修改稿电子邮件返回。修改时注意将作者的相关信息在相应位置补齐。修改稿要求提供DOC文件，E-mail主题应写明是修改稿，同时注明稿号。有特殊情况无法按时修改返回的，须电告编辑部，否则按照作者撤稿处理。并请作者提供联系电话及电子信箱，以便及时联系。若电话或地址有变动，请及时告知编辑部。

8. 论文刊用查询　修改稿返回后，即排队等候出版，一般不寄录用通知或证明。可上网查到初步安排的刊出期数，刊出期数确定后，编辑部将会与作者联系收取版面费和有关修改事宜。请作者登陆本刊网站使用投稿查询系统查询论文刊用情况，原则上编辑部不再受理电话和电子邮件查询业务。

9. 编辑部联系方式　地址：北京×××××，邮编100000

电话:010－××××××××

传真:010－××××××××

E-mail:×××@×××.×.×

【例 2】 某英文期刊的撰稿要求

Guide for Authors

1. Types of contribution

(1) Original research papers(Regular papers)

(2) Review papers

(3) Short communications

(4) Book reviews

Original research papers should report the results of original research. The material should not have been previously published elsewhere, except in a preliminary form.

Review papers will be accepted in areas of topical interest and will normally focus on literature published over the previous five years.

A Short Communication is a concise but complete description of a limited investigation, which will not be included in a later paper. Short Communications should be as completely documented, both by reference to literature, and description of the experimental procedures employed, as a regular paper. They should not occupy more than 4 printed pages(about 8 manuscript pages, including figures, tables and references).

2. General

Most wordprocessing formats are accepted, but Microsoft Word, WordPerfect or LaTeX are preferred. Manuscripts must be typewritten, double-spaced with wide margins. A font size of 12 or 10 pt is required. The corresponding author should be identified(an e-mail address is mandatory— if there is a change to this e-mail contact, the author must notify the publisher as soon as possible). Full postal addresses must be given for all co-authors. Authors should consult a recent issue of the journal for style—sample copies of the journal can be obtained from the journal website. The editors reserve the right to adjust style to certain standards of uniformity. Authors should retain a copy of their manuscript since we cannot accept responsibility for damage or loss of papers.

Manuscripts in general should be organized in the following order:

- Title(should be clear, descriptive and not too long)
- Name(s) of author(s)
- Complete postal address(es) of affiliations
- Full telephone, fax number and e-mail address of the corresponding author
- Present address(es) of author(s) if applicable
- Abstract
- Key words(indexing terms), normally 3～6 items
- Introduction

- Material studied, area descriptions, methods, techniques
- Results
- Discussion
- Conclusion
- Acknowledgements and any additional information concerning research grants, etc.
- References
- Tables
- Figure captions and figures

3. Paper Length

It is recommended that the size of the paper should not exceed 6000 words or about 12 printed pages, including figures and tables. On occasion, manuscripts providing a comprehensive review of a topic important to the field of food engineering that exceed the suggested word limit will be considered. Authors planning to submit a review should first consult with the editor-in-chief by providing an abstract of the intended review.

4. Abstracts

Each paper should be provided with an abstract of about 100～150 words, stating concisely the purpose and the content of the paper. The abstract should be written as one paragraph. It should include the objectives of the study, experimental approach used, significant results obtained and major conclusions drawn from the work. It must not include a reference to literature citations or acronyms without definition.

5. Text

Follow this order when typing manuscripts: Title, Authors, Affiliations, Abstract, Key Words, Main Text, Acknowledgements, Appendix, References, Figure Captions, figures and then tables. Do not import the figures or tables into your text. Other than the cover page, every page of the manuscript, including the title page, references, tables, etc. should be numbered; however, in the text no reference should be made to page numbers. Lines must be numbered consecutively throughout the manuscript. The corresponding author should be identified with an asterisk and footnote. All other footnotes (except for table footnotes) should be identified with superscript arabic numbers.

6. Title

The title of the paper should unambiguously reflect its contents. Where the title exceeds 70 characters a suggestion for an abbreviated running title should be given.

7. Introduction

Introduction should be brief and specific to the topic of your research. It should include citations of published papers that are most relevant to the work. It must not include description ofprocesses, procedures, or mathematical expressions that are readily available in textbooks or review papers. Introduction section should emphasize on the originality of your work and how it contributes to new information. Introduction section should not exceed 3～4 paragraphs (one to two pages maximum), it should conclude with a list of key objectives of the reported work. The introduction should not describe or outline other sections of the manuscript.

8. Materials and Methods

If any devices or instrumentsare used to obtain experimental data then provide the name of the manufacturer, model, city, state or country in parenthesis. Provide sufficient experimental detail that will allow your experiment to be repeated at another location. If a widely available published procedure is used in its entirety then provide the citation without repeating all the detailed steps. If small changes are made to a published methodology, provide the original reference and elaborate mainly on modifications made by providing appropriate justification. The statistical design employed to obtain experimental data must be clearly indicated with reference to the number of replicates used. If statistical software is used then provide the name and version of the software. Experimental design should include a quantitative discussion of the experimental uncertainty.

9. Equations and Variables

All equations should be centered and sequentially numbered. All variables used in the manuscript should be fully defined in a nomenclature section atthe start of the paper only.

10. Units

The SI system should be used for all scientific and laboratory data; if, in certain instances, it is necessary to quote other units, these should be added in parentheses. Temperatures should be given in degrees Celsius. The unit "billion"(10^9 in America, 10^{12} in Europe)is ambiguous and should not be used.

11. References

All publications cited in the text should be presented in a list of references following the text of the manuscript. The manuscript should be carefully checked to ensure that the spelling of authors' names and dates are exactly the same in the text as in the reference list.

All citations in text should refer to:

(1) Single author: the author's name(without initials, unless there is ambiguity)and the year of publication;

(2) Two authors: both authors' names and the year of publication;

(3) Three or more authors: first author's name followed by "et al. " and the year of publication.

Citations may be made directly(or parenthetically). Groups of references should be listed first alphabetically, then chronologically.

Examples: " as demonstrated(Allan, 1996a, 1996b, 1999; Allan and Jones, 1995). Kramer et al. (2000)have recently shown. . . "

The list of references should be arranged alphabetically by authors' names, then further sorted chronologically if necessary. More than once reference from the same author (s)in the same year must be identified by the letters "a", "b", "c", etc. , placed after the year of publication. References should be given in the following form:

Kumbhar, B. K., Agarwal, R. S., & Das, K. (1981). Thermal properties of fresh and frozen fish. International Journal of Refrigeration, 4(3), 143－146.

Machado, M. F., Oliveira, F. A. R., & Gekas, V. (1997). Modelling water uptake and soluble solids losses by puffed breakfast cereal immersed in water or milk. In Proceedings of the Seventh International Congress on Engineering and Food, Brighton, UK.

Neter, J., Kutner, M. H., Nachtsheim, C. J., & Wasserman, W. (1966). Applied linear statistical models (4th ed., pp. 1289－1293). Irwin, Chicago.

Thomson, F. M. (1984). Storage of particulate solids. In M. E. Fayed, L. Otten (Eds.), Handbook of powder science and technology (pp. 365 － 463). Van Nostrand Reinhold, New York.

Citing and listing of web references:

As a minimum, the full URL should be given. Any further information, if known (author names, dates, reference to a source publication, etc.), should also be given. Web references can be listed separately (e.g., after the reference list) under a different heading if desired, or can be included in the reference list.

12. Illustrations

Photographs, charts and diagrams are all to be referred to as "Figure(s)" and should be numbered consecutively in the order to which they are referred. They should accompany the manuscript, but should not be included within the text. All illustrations should be clearly marked with the figure number and the author's name. All figures are to have a caption. Captions should be supplied on a separate sheet.

13. Tables

Tables should be numbered consecutively and given a suitable caption and each table typed on a separate sheet. Footnotes to tables should be typed below the table and should be referred to by superscript lowercase letters. No vertical rules should be used. Tables should not duplicate results presented elsewhere in the manuscript (e.g. in graphs).

2. 论文提交

论文的提交通常有以下三种方式：

(1)纸质打印稿邮寄

作者将论文按要求打印，通过邮局寄到期刊编辑部。期刊编务人员收到稿件后，会对论文进行编号，然后以信函或电子邮件方式通知作者，并附上作者论文编号。

(2)电子邮件

目前国内大部分期刊及国外部分期刊要求作者通过电子邮件的方式进行投稿。期刊编务人员收到稿件后，同样会对论文进行编号，然后以电子邮件方式通知作者，并附上作者论文编号。

(3)网上投稿系统

目前，国外大多数期刊如著名的 Elsevier Science Direct 出版公司、Wiley-Blackwell 公司旗下的数千种期刊，以及我国的部分期刊，均要求通过特别的网上论文提交系统进行论文投稿。国内的网上论文提交过程比较简单，通常只要经过注册后，将论文上传即可。国外的论文提交过程相对复杂，一般需要经过注册、提交论文题目、关键词、摘要、正文、图、表、审稿人等多个步骤后，形成一个 PDF 文档，经本人检查无误后，才能上传提交。

【例】 国外期刊网上投稿论文提交步骤

New Submission

① 选择论文类型（Select Article Type）

一般有研究型（original research paper），综述型（review article），应用（application note），书评（book review）和专刊（Special issue）等五类。

> Please Select an Article Type
>
> Selecting an Article Type is required for submission.
>
> To submit your article to this journal, you need to complete all submission steps and approve the PDF that the system creates. Please note that submissions that have not been completed will be removed after 90 days. more ...
>
> Please choose the article type of your manuscript from the pull-down menu below.
>
> Choose Article Type

② 输入论文题目（Enter Title）

要求在下拉框中输入论文标题

> Please Enter The Full Title of Your Submission
>
> Entering a Full Title is required for submission.
>
> Please enter the title of your manuscript. You cannot submit a manuscript without a title.
>
> Full Title

③ 输入论文所有作者的姓名、单位（Add/Edit/Remove Authors）

> Please enter the details of all authors (other than you) who contributed to the work reported in your manuscript.
>
> By beginning the manuscript submission process, YOU are automatically designated as the Corresponding Author.
>
> After you enter each author's details, click Add Author.
>
> Mandatory Items are marked with an asterisk *.
>
> You can change the order of authors by using the arrow buttons ⬆ ⬇ next to each name.
>
> You can designate the First Author and the Corresponding Author.
>
> Please note that only the Corresponding Author can access and approve a manuscript for submission and edit/submit revisions.
>
> So, if you change the Corresponding Author, the PDF of the manuscript will appear in their journal homepage for approval- not yours.

First Name *
Middle Initial
Last Name *
Academic Degree(s)
Affiliation
E-mail Address

④ 输入摘要(Please Enter Abstract)

Submitting an Abstract is required for submission.

Please enter the abstract of your manuscript into the text box below. The abstract may be cut and pasted from a word processing program; however, the formatting will be lost.

Limit 400 words

⑤ 输入关键词(Please Enter Key Words)

Entering one or more key words is required for submission.

Please enter key words separated by semicolons.

⑥ 输入论文审稿专家姓名、单位及联系方式(Suggest Reviewers)

Suggesting 4 reviewer(s) is required for submission.

Please suggest potential reviewers for this submission.

Use the fields below to give us contact information for each suggested reviewer, and please provide specific reasons for your suggestion in the comments box for each person. Please note that the journal may not use your suggestions, but your help is appreciated and may speed up the selection of appropriate reviewers.

A * indicates a required field.

First Name *
Middle Initial
Last Name *
Academic Degree(s)
Position
Department
Institution *
E-mail Address *
Reason *

⑦ 上传论文(Please Attach Files)

For each item you wish to submit, scroll down and:

Select the appropriateiItem(e. g. ,Figure) from the drop-down list. Mandatory Items are marked with an asterisk *.

Enter a Description in the text box(e. g. ,cover letter,manuscript,etc.). For each figure and table,please include the appropriate figure/table number in the Description text box(e. g. ,Figure 3). This helps the editor and reviewers to identify the figure/table in the PDF.

a. Click Browse. In the open window,select the file on your computer(original source file).

b. Click Open. The File Name field is automatically filled in.

c. Click Attach This File.

d. Repeat steps 1—5 to attach the next submission Item.

e. When all Items have been attached,click Next at the bottom of the page.

Item

Enter a Description and then click the Browse button to select the file you wish to upload,then click the Attach This File button.

Description

File Name: Attach this file

⑧ 生成 PDF 文档，阅览无误后提交。

3. 编辑初审

来稿一般由栏目编辑或执行主编或副主编进行初步审查，主要就该论文内容是否符合刊物的刊载宗旨，格式是否满足刊物要求，文字水平是否达到刊物要求等进行形式审查，以决定是否将该论文进一步送给有关专家评审。如果论文不符合上述要求，一般会直接给作者发送退稿通知并注明退稿理由。

值得注意的是，初审退稿并不意味着该论文完全没有价值，大多数情况是该论文不在该期刊刊载的宗旨范围，因此，需要寻找更合适的期刊。

4. 专家评审

对于有一定价值并符合刊载要求的论文，国内期刊一般是从相对固定的审稿专家库中抽取 2 位有相关学科研究背景的评审专家进行一审，并要求专家在规定的时间将审稿意见返回编辑部。国外期刊则一般要求作者在提交论文时，推荐 3～4 位该研究领域的审稿候选人给编辑部，供编辑部在确定审稿人时参考。

5. 稿件的取舍

稿件的取舍决定一般根据两位审稿人的意见而定，如果两位审稿人一致建议该论文发表，则该稿件基本能被期刊接受。若两位审稿人一致建议拒绝该论文，则该稿件基本上会被期刊拒绝。如果两位审稿人意见不一，编辑部则会将论文送第三位审稿专家评审，然后根据第三位审稿专家的意见决定论文的取舍。当编辑作出论文录用的决定后，会向作者发出录用通知书。如果论文没有被录用，大多数期刊通常也会书面通知作者，并说明不录用的原因。

需要注意的是，很多情况下，审稿专家会对稿件给出修改后发表的意见，这时期刊编辑往往根据作者对论文的修改情况，以及审稿人对修改后稿件的评价再做接受与否的决定。因此，若想论文能够被期刊接受，作者应根据审稿专家的意见，逐条仔细修改论文，并对审稿专家的质疑给出明确的回应。

6. 稿件的最后编辑加工

对决定采用的稿件，国内期刊的编辑部会对稿件进行必要的文字编辑加工，并在刊出前将最终的样稿发给作者，要求作者进行仔细校对。国外期刊一般要求作者自己负责稿件的编辑加工任务和责任，在论文刊出前也会将最终的样稿发给作者，要求作者进行仔细校对，确定无误后再提交期刊发表。

7. 付印出版

期刊社将经过编辑和作者双方校对后的稿件送印刷厂排版印刷，然后出版发行。按照国内国际惯例，论文出版后，期刊一般都会免费赠送一定数量该期刊物给论文作者。

三、论文发表费用

有些期刊或刊物为了弥补办刊经费的不足，在接受作者论文以及发表论文之前收取一定的论文发表费用。最普遍的论文发表费用是版面费，也有部分期刊除版面费外，还向作者收取一定数额的审稿费、图版费等。通常期刊都会在稿约中告知作者费用的收取详情，说明各种费用的收取方式和数额，有些期刊还告知作者各种减免制度。

1. 国内期刊收取的论文发表费主要有以下几种：

(1)版面费

有的期刊称为发表费，包括 2 种计费方式：一是依版面多少收费，为多数期刊所采用；二是依字数多少收费，仅为少数期刊所采用。有的期刊还采取不同文种、不同题材收取不同版面费的做法。

(2)审稿费

有的期刊称为注册费、评审费、处理费或手续费等。不同题材论文审稿费有所不同，也有部分期刊仅收取初审通过论文的审稿费。

(3)图版费

有的期刊称为制图费，分为黑白图版费和彩色图版费 2 种。

(4)加版费

绝大多数的期刊对录用的稿件均规定了一定的篇幅，一般为 4 版或 6 版，超过规定版面后要加收版面费，少部分期刊对超过的篇幅采取加倍收取版面费的做法。

2. 国内不同的期刊有着不同的收费标准，在论文发表前期刊社会与作者联系。

国外大部分传统期刊不收取版面费和审稿费，比如 Elsevier 的期刊不向作者收取版面费和审稿费，只有在极少数的情况下会对纸本印刷的彩图收取一定的费用；只有少部分传统期刊有的要收取论文发表相关费用，名目包括版面费、制图费、制表费、加页费和重印费等。如《美国科学院院刊》每页收取 70 美元，每个图或表另加 325 美元，每替换或删除 1 个表或图加 150 美元，每篇论文的费用大概在 1500 美元左右。《美国化学物理学报》每页收费 55 美元，如果超过 12 页，超出部分每页加收 150 美元，第一幅彩图，收费 650 美元，以后每幅收费 325 美元。也有个别杂志虽不收取版面费，而对于图和表却另外收取高额的费用。比如美国《科学》杂志虽然不收取论文处理费，但第一幅彩图收取 600 美元，以后每幅收费 400 美元。在国外，大多数学术机构的会员，可以享受该学会主办期刊论文发表费的打折优惠，但每年要支付一定的会员费。另外也有部分期刊对没有基金承担出版费用的作者，可申请全免或部分免除论文发表费。

四、版权和许可

除了版面费以外，发表论文还涉及到版权问题。它包括两个方面：一是提交的论文中，如果包含有图、照片等属于其他人所有的材料，作者必须拥有该作品的版权或获得作品所有人同意采用该作品的许可；二是在文章被发表之前，作者需要将论文的版权转移给期刊。

版权即著作权，是指作者对其创作的文学、艺术和科学领域中的作品所享有的权利。作品，是指文学、艺术和科学领域内具有独创性并能以某种有形形式复制的智力成果。《中华人民共和国著作权法》规定，著作权保护自动产生，即论文完成的时候，著作权就已经产生。中国公民、法人或者其他组织的作品(包括以特定形式创作的文学、艺术和自然科学、社会科学、工程技术等)，不论是否发表，都属于合法的受著作权保护的作品，均享有著作权。我国著作权法第十一条规定："著作权属于作者，除本法另有规定外 ……如无相反证明，在作品上署名的公民，法人或者其他组织为作者"。版权在全世界都受到法律的保护，保护期一般是作者终身及其死后五十年。

版权的所有者可以依法授权其他人使用、加工或发表其作品。版权也可以通过书面授权的方式进行转移。如果要复制、使用或发表受到版权保护的作品，就必须获得该作品版权所有人的许可或授权。如果已经将自己作品的版权转移给出版社，当需要使用该作品时，同样需要获得出版社的许可和授权，否则就涉嫌违法。国际大多数国家的著作权法均规定，在论文完成的时候，著作权即产生，著作权保护就自动生效。没有作者的允许或授权，任何人都不得发表、使用该论文。因此，几乎所有的国外期刊或出版社都要求作者在提交其论文或论文发表前签署版权转移书，将论文版权授予期刊或出版社，以便期刊在加工、处理和发表作者的论文时，有坚实的法律依据。而近些年来，国内期刊的法律意识也逐渐增强，某些国内期刊也开始要求作者签署版权声明，将论文的版权进行转移。版权的转移过程通常通过作者填写一份版权转移表来完成。

【例 1】 国内某期刊关于版权转让的协议书

论文版权转让协议

以上论文的版权所有人(以下简称论文作者)自愿将以上论文的版权转让给大会论文编辑组(含《××××学报》，以下简称编辑组)，并就有关问题明确如下：

① 论文作者保证该论文为原创作品并且不涉及泄密问题。若发生侵权或泄密问题，一切问题由论文作者承担。

② 论文作者保证该论文没有一稿多投。若编辑组发现论文作者将该论文有一稿多投，编辑组有权追究论文作者由此给编辑组造成的损失，并在一定范围内给予通报。

③ 论文作者保证该论文的署名权无争议。论文一经定稿，其署名及排序不得更改，如有特殊情况，必须出具作者署名单位的情况说明，并加盖公章。若发生署名权争议问题，一切责任由论文作者承担。

④ 论文作者自愿将其拥有的对该论文的汇编权(部分或全部)、翻译权、印刷版和电子版的复印权、网络传播权和发行权转让给编辑组。

⑤ 本合同中第4条的转让权利，论文作者不得再许可他人以任何形式使用，但论文作者本人可以在其后继的作品中引用（或翻译）该论文中的部分内容或将其汇编在论文作者非期刊类的文集中。

⑥ 本论文在《××××学报》（不论以何种形式）首次发表前，编辑组向论文作者收取一次性论文版面费。若编辑组再以其他形式出版该论文，将不再向论文作者收取版面费。

⑦ 本论文在《××××学报》首次发表后，编辑组将向论文作者赠送样刊。

⑧ 论文作者同意以上协议方可投稿，并且只要开始进行下一步的正式投稿，编辑组就自动认为论文作者已同意以上协议。

⑨ 其他未尽事宜，若发生争议，双方协商解决；若协商不成，则按照《中华人民共和国著作权法》和有关的法律法规处理。

【例2】 某国际期刊版权转移书

Journal Publishing Agreement

Your Details

Article:	Segmentation of Beef Marbling Based on Vision Threshold
Corresponding Author:	Prof. K. Chen
Journal:	Computers and Electronics in ×××
Our Reference:	COMPA×××
PII:	S0168－1699(08)×××
DOI:	10.1016/j.×××.2008.01.002

Your Status

● I am one author signing on behalf of all co-authors of the manuscript

Funding

● The underlying research reported in the article was not funded by any of the listed funding bodies

Data Protection

I do wish to receive news, promotions and special offers about products and services from Elsevier B. V. and its affiliated companies worldwide.

Assignment of Publishing Rights

I hereby assign to Elsevier B. V. the copyright in the manuscript identified above(government authors not electing to transfer agree to assign a non-exclusive licence) and any supplemental tables, illustrations or other information submitted therewith that are intended for publication as part of or as a supplement to the manuscript(the "Article") in all forms and media(whether now known or hereafter developed), throughout the world, in all languages, for the full term of copyright, effective when and if the Article is accepted for publication. This transfer includes the right to provide the Article in electronic and online forms and systems.

Retention of Rights for Scholarly Purposes

I understand that I retain or am hereby granted(without the need to obtain further permission) rights to use certain versions of the Article for certain scholarly purposes, as described and defined below("Retained

Rights"), and that no rights in patents, trademarks or other intellectual property rights are transferred to the journal.

The Retained Rights include the right to use the Pre-print or Accepted Authors Manuscript for Personal Use, Internal Institutional Use and for Scholarly Posting; and the Published Journal Article for Personal Use and Internal Institutional Use.

Author Warranties / Ethics and Disclosure

I affirm the Author Warranties noted below, and confirm that I have reviewed and complied with the relevant Instructions to Authors, the Ethics in Publishing policy, and Conflicts of Interest disclosure. For further information see the journal home page or elsevier. com.

Author Warranties

● The article I have submitted to the journal for review is original, has been written by the stated authors and has not been published elsewhere.

● The article is not currently being considered for publication by any other journal and will not be submitted for such review while under review by this journal.

● The article contains no libellous or other unlawful statements and does not contain any materials that violate any personal or proprietary rights of any other person or entity.

● I have obtained written permission from copyright owners for any excerpts from copyrighted works that are included and have credited the sources in my article.

● If the article was prepared jointly with other authors, I have informed the co-author(s) of the terms of this publishing agreement and that I am signing on their behalf as their agent, and I am authorized to do so.

Funding agency requirements and other policies

● I have also been made aware of the journal's policies with respect to funding agency requirements such as the NIH "Public Access" policy, and the rapid publication "Articles In Press" service. See elsevier. com for details.

● I have read and agree to the terms of the Journal Publishing Agreement.

30th January 2008

五、附信(Covering Letter)

向国外期刊投稿，除了上述几个必经过程外，在向期刊提交论文的同时，还必须随论文一起提交一封致编辑的说明信，称为 Covering Letter。该信主要起到对所提交论文做一个必要说明的作用，内容一般包括：论文标题，论文拟提交的期刊，论文提交给哪位编辑？论文是否被其他期刊拒绝过，论文内容是否在其他刊物和会议上发表过，通讯作者的姓名、详细的联系地址，包括电话、传真、E-mail 地址等。下面是一封 Covering Letter 的例子。

Dear Editor:

Here within enclosed is our paper for consideration to be published on "(Journal name)". The further information about the paper is in the following:

The Title: ××××××××××××××××××××××××××××××××

The Authors: ×××××××××× ××××××××××××× and ×××××××××××

The authors claim that none of the material in the paper has been published or is under consideration for publication elsewhere.

I am the corresponding author and my address and other information is as follows：

Address：Department of ××××××××××，

Nanjing University

Nanjing，Jiangsu，210000，

P. R. China

E-mail：×××××@mail. nju. edu. cn

Tel：86－25－836×××××

Fax：86－25－836×××××

Thank you very much for your consideration！

Sincerely Yours，

Dr. ××××××××××

第二节　学术会议交流

一、学术会议的主要类型

学术会议一般是由学术机构组织、召集国内外同行，就某一大家共同关注或感兴趣的研究议题进行广泛交流的研讨形式。其目的就是为同行学者提供一个集体研讨、听取别人观点、发表个人观点及展示个人研究成果，以推动该领域研究和交流的平台。参加学术会议，是与同行进行学术交流的一种最重要方式，是获取科研前沿信息、开阔视野、提高研究水平的重要途径。学术会议根据参会者的地域特征及大会采用的语言，通常分为国内学术会议和国际学术会议。国内学术会议主要由国内学者参会、并采用中文为会议的工作语言；国际学术会议的参会者来自世界各地，大多采用英语为大会的工作语言。不论是国际学术会议还是国内学术交流会，会议的类型及组织模式都大同小异，了解学术会议的类型、组织模式及参会流程，对初学者选择、参加有关学术会议，提高交流效率有很大的帮助。

1. 代表大会(Congress)

代表会议是就某一领域或行业中相关的问题，召集相关代表举办的学术会议。此类会议规模大，参会代表多，内容丰富，由学会中所有专业学会或分支学会共同主办。除了少量大会发言外，通常会就不同的研究议题分成几个专题会场进行分别发言和研讨。

2. 专题会议(Conference/Symposium)

专题会议是指在某一研究领域，针对某些特定专题(或热点问题)而举办的会议。规模相对代表大会较小，一般是某个或几个专业学会或分支学会共同主办。

3. 年会(Annual Meeting)

一般由某学会定期(每年或每两年)举办，主要是就领域中的相关问题召集学会会员进行学术交流。

二、学术会议的基本模式

不论国内还是国际学术会议，其基本模式及运作方式大致相同，一般都包含确定主题、大会组织、时间及地点、论文征集、大会注册、宣读论文等过程。

1. 主题

学术会议都有一个中心主题或总题目，在中心主题下面一般还会分若干子题目。

2. 会议组织

会议组织一般都由三方面共同参与组织，一是会议主办者(Sponsor of the conference)，多以学术组织，如某某学会、某某研究会或某高校为主，是会议的发起者；二是会议资助者(Financial supporter)，多为一些与会议主题相关的机构或公司，为大会提供经济资助；三是大会组织委员会(Organizing committee)，具体负责会议筹备及举办会议的各项工作。

3. 时间和地点

会议地点的选择，考虑到交通方便以及便于主办方开展会议组织工作，多选在大城市或交通便捷、具备接待能力的中小城市；时间一般选在寒暑假期间，会期多在3～5天。

4. 征文通知(Call for paper)

在确定了会议主题、时间和地点后，大会组委会即在网上或专业期刊上发布会议征文通知。通知上一般会说明大会主题、会议主办者、会议的时间和地点以及征文范围等内容，通常要求作者先提供论文题目和摘要，经大会审稿后，再要求入选的论文作者提交论文全文。

【例1】 在国内召开的某国际学术会议征文通知

第九届国际电子测量与仪器学术会议(ICEMIp2009)征文通知

会议时间：2009年8月16～19日

会议地点：中国北京

中国电子学会主办，中国电子学会电子测量与仪器分会、北京航空航天大学、《电子测量与仪器学报》杂志社承办的第九届国际电子测量与仪器学术会议(ICEMIp2009)将于2009年8月16～19日在中国北京举行。ICEMI提倡创新，鼓励理论联系实际，倡导严肃认真的学风。ICEMI自1992年10月创办第一届以来，至今已连续举办了8届(隔年)。历届ICEMI大会都有来自遍布五洲四洋的数十个国家以及我国的港、澳、台地区的广大学者、教授踊跃投稿，积极参会。参会的人员越来越多，会议规模越开越大，会议的学术水平也越来越高。现在已经成为国内一流，国际知名的系列国际学术会议。ICEMIp2007大会论文集全部被EI检索。ICEMIp2009重点邀请作者提交以电子测量与仪器领域的科研新成果，发展新趋势，理论研究的新方法，新型器件的应用，新技术的推广等为核心内容的论文，并要求所有来稿理论结合实际，立足于创新，着眼于应用，使用真实的数据、清晰的图表和简洁准确的语言阐述其研究工作的目的、方法、结果和结论。以便每一篇文章都应该对读者有所启迪，起到参考和借鉴的作用。

一、征文范围(详见英文征文通知或访问 http://www.×××.com)

- 电子测量的基础理论与前沿技术
- 测试模块、仪器与系统的创新设计
- 通信与网络测试系统
- 计算机测试及控制系统
- 传感器与非电量测量技术

● 工业监测与控制系统

● 其他相关理论与技术

二、工作语言：

ICEMIp2009 会议的工作语言是英语，因此，只接收英语论文，不接收其他语言论文。

三、征文提交时间：

提交详细摘要 2009 年 4 月 30 日之前

提交论文全文 2009 年 5 月 31 日之前

四、征文要求：

所提交的论文必须包括：

● 标题，作者姓名，工作单位，详细通信地址(务必提供电话，传真，手机及 EMAIL)。

● 每一作者限提交两篇论文，每篇文章的署名作者不得超过 4 人，每篇论文篇幅限 6 页 A4 纸。

● 提交详细摘要时篇幅不得少于 2 页。

所有作者提交的论文必须使用 MSWORD 格式，通过 www. ×××. com 网上采编系统提交。问题咨询请发 E-mail 至：×××@×××. com。

● 国内作者提交的论文可随附导师的推荐意见以缩短评审周期。

● 具体的稿件排版格式和投稿须知(submissionrequirements)参见：http://www. ×××. com

五、论文集：

ICEMI 历届论文集均由 ISTP 全部收录，自 2005 年第七届大会起，ICEMI 的论文集已被大英图书馆收藏。自 2007 年第 8 届起，ICEMI 纳入 IEEE 国际学术会议系列，由 IEEE 北京分部和 I&M 分会作为技术主办者，会议论文集由 IEEE 出版发行。IEEE 出版物对稿件无论内容还是文字都有严格的要求和审查程序。ICEMIp2009 组委会将在通知作者论文入选的同时告知论文集的 IEEE Catalog Number；Library of Congress Number 和 ISBN Number。根据 IEEE 正式出版物版权条款，论文集将在保护期后供 SCI，EI，ISTP，INSPEC 等国际重要检索机构收录。ICEMIp2009 论文作者将获得自己论文所在册论文集一册和全部论文集 CD-ROM 一套。ICEMIp2009 将采取会议报告和张贴论文两种交流方式。报送 IEEE 出版的论文，每一篇要求必须有至少一名作者到会宣读或张贴论文。

六、会议注册：

ICEMIp2009 会议注册具体安排将随论文录用通知送达作者，只有注册作者的论文可以编入会议论文集。

七、重要说明：

本论文通知面向国内作者，进一步明确了大家关心的事宜。有关 ICEMIp2009 会议的各项内容应以英文版为准。

八、联系方式：

通讯地址：北京市东城区北河沿大街××号×层　邮编：100009

电　　话：010×××××；×××××

传　　真：010××××××

E-mail：×××@×××. com　Http://www. ×××. com

【例 2】 在国外召开的某国际学术会议征文通知

The First International Conference on Future Computational Technologies and Applications

FUTURE COMPUTING 2009

November 15—20,2009 — Athens,Greece

Call for Paper

FUTURE COMPUTING 2009, The First International Conference on Future Computational Paradigms and Applications, targets advanced computational paradigms and their applications. The target is to cover (i) the advanced research on computational techniques that apply the newest human-like decisions, and (ii) applications on various domains. The new development led to special computational facets on mechanism-oriented computing, large-scale computing and technology-oriented computing. They are largely expected to play an important role in cloud systems, on-demand services, autonomic systems, and pervasive applications and services.

FUTURE COMPUTING 2009 is aimed at technical papers presenting research and practical results, industrial small-and large-scale systems, challenging applications, position papers addressing the pros and cons of specific topics, such as those being discussed in the standard fora or in industry consortia, survey papers addressing the key problems and solutions on any of the topics, short papers on work in progress, and panel proposals.

The topics suggested by the conference can be discussed in term of concepts, state of the art, research, standards, implementations, running experiments, applications, and industrial case studies. Authors are invited to submit complete unpublished papers, which are not under review in any other conference or journal in the following, but not limited to, topic areas.

Computational intelligence strategies

Cognitive computing

Intelligent computation

Ambient computing

Unconventional computing

Indeterminist computing

Adaptive computation

Autonomic computation

Computation under uncertainty

Chaotic computation

Intentional computing

Anticipative computing

Evolutionary computing

Mechanism-oriented computing

Spatial computation

Elastic computing

Human-centered computing

Embedded computing

Entertainment computing

Time-sensitive/temporal computing

Soft computing (fuzzy logic, neural computing, evolutionary computation, machine learning, and probabilistic reasoning + belief networks, + chaos theory + learning theory)

Large-scale computing strategies

Distributed computing

Parallel computing

Macro-and micro-computing

Activity-based computing

Data intensive computing

Resource-constraint computing

Grid computing

Cloud computing

Cluster computing

On-demand computing

Ubiquitous/pervasive computing

Computing technologies

Quantum computing

Optical computing

DNA(genetic)computing

Molecular computing

Reversible computing

Billiard Ball computing

Neuronal computing

Magnetic computing

Gloopware computing

Moldy computing

Water wave-based computing

Graphene-based computing

Technology-oriented computing

Peer-to-Peer computing

Mobile computing

Sensor-based computing

Wireless computing

Trusted computing

Financial computing

Genetic computation

INSTRUCTION FOR THE AUTHORS

Authors of selected papers will be invited to submit extended versions to one of theIARIA Journals.

Important deadlines:

Submission(full paper)	June 30,2009
Notification	August 4 ,2009
Registration	August 19,2009
Camera ready	August 24,2009

Only . pdf or . doc files will be accepted for paper submission. All received papers will be acknowledged via an automated system.

Final author manuscripts will be 8. 5" x 11",not exceeding 6 pages; max 4 extra pages allowed at additional cost. The formatting instructions can be found on the Instructions page. Helpful information for paper formatting can be found on the here.

Your paper should also comply with the additionaleditorial rules.

Once you receive the notification of paper acceptance, you will be provided by the IEEE CS Press an online author kit with all the steps an author needs to follow to submit the final version. The author kits URL will be included in the letter of acceptance.

Poster Forum

Posters are welcome. Please submit the contributionsfollowing the instructions for the regular submissions using the " Submit a Paper" button and selecting the track/workshop preference as "POSTER": Poster Forum". Submissions are expected to be 6—8 slide deck. Posters will not be published in the Proceedings. One poster with all the slides together should be used for discussions. Presenters will be allocated a space where they can display the slides and discuss in an informal manner. The poster slide decks will be posted on the IARIA site.

For more details, see the Poster Forum explanation page.

Work in Progress

Work-in-progress contributions are welcome. Please submit the contributions following the instructions for the regular submissions using the "Submit a Paper" button and selecting the track/workshop preference as "WIP: Work in Progress". Authors should submit a four-page(maximum) text manuscript in IEEE double-column format including the authors' names, affiliations, email contacts. Contributors must follow the conference deadlines, describing early research and novel skeleton ideas in the areas of the conference topics. The work will be published in the conference proceedings.

For more details, see theWork in Progress explanation page

Technical marketing/business/positioning presentations

The conference initiates a series of business, technical marketing, and positioning presentations on the same topics. Speakers must submit a 10—12 slide deck presentations with substantial notes accompanying the slides, in the . ppt format(. pdf-ed). The slide deck will not be published in the conference's CD Proceedings. Presentations' slide decks will be posted on the IARIA's site. Please send your presentations to petre@iaria. org.

Tutorials

Tutorials provide overviews of current high interest topics. Proposals should be for three hour tutorials. Proposals must contain the title, the summary of the content, and the biography of the presenter(s). The tutorials' slide decks will be posted on the IARIA's site. Please send your proposals to petre@iaria. org

Panel proposals:

The organizers encourage scientists and industry leaders to organize dedicated panels dealing with controversial and challenging topics and paradigms. Panel moderators are asked to identify their guests and manage that their appropriate talk supports timely reach our deadlines. Moderators must specifically submit an official proposal, indicating their background, panelist names, their affiliation, the topic of the panel, as well as short biographies. The panel's slide deck will be posted on the IARIA's site.

For more information, petre@iaria. org

Workshop proposals

We welcome workshop proposals on issues complementary to the topics of this conference. Your requests should be forwarded to petre@iaria. org.

5. 注册

为便于大会的组织和会议安排，学术会议尤其是国际学术会议一般都要求参会者提前进行会议注册，交会务费、论文版面费等各种费用，并预定住宿。对会议论文的接受者，一般必须缴纳会务费后，其论文才能被收入会议论文集。

6. 大会交流

学术会议期间，举办学术报告及会议讨论是会议的核心内容。学术报告分为在学术大会做会议报告以及在分组讨论会上进行口头发言两种。没有获得大会发言机会的学者，一般通过在大会会场张贴个人论文海报的形式宣传个人研究成果。

(1)做大会发言或报告

对于入选的会议论文，大会学术委员会或组委会将会从中选出几篇学术水平高的论文进行大会口头发言或报告。为此，作者需要准备大会发言的论文稿。大会发言的论文稿最好按论文的基本格式进行组织和编排，但又与一般的科技论文有所不同。最大的区别是，发表的科技论文包含详细的实验细节，而大会发言论文一般不包括实验过程。另外，大会发言论文也不包含文献综述的内容。

由于一般的大会发言有严格的时间限制，通常为10分钟，特别的专题发言也不超过20分钟。因此，大会发言论文应尽量简洁明了，不要面面俱到。理论部分尽量省略，要开门见山地提出要解决的主要问题，重点介绍研究结果和结论。尽量采用一些辅助工具来演示研究思想和成果。目前，大多数会议都提供计算机和投影设备，所以大会发言论文一般都制作成ppt进行现场演示。

(2)制作论文海报

由于只有少数作者有大会口头发言机会，其他希望展示个人研究成果并与同行进行学术交流的研究人员，可以采用在大会现场张贴论文海报的展示方式。论文海报通常也采用一般科技论文的通用格式，但更简洁和图文并茂。需要注意的是，论文海报要开门见山地提出问题以抓住读者的眼球，方法和材料部分往往一两句话带过，研究结果是论文海报的重点和核心，需要重点强调。

在论文海报的制作上，首先要满足大会对论文海报的尺寸限制；其次，论文标题应该短小精悍，字体大小适中，便于阅读和吸引读者的注意力。论文海报的内容尽管简洁但应完整，应该有突出的亮点。外观形式上，论文海报尽量采用图表来展示研究内容和结果，避免大块的文字描述。

习 题

[思考题]

1. 什么是核心期刊？

2. 对科技论文格式的基本撰稿要求有哪些？

3. 简述科技论文发表的主要过程。

[训练题]

1. 选择本专业的某一种国际期刊，了解其撰稿要求。

2. 选择并登录某研究领域将要召开的一个国际学术会议网站，了解参加该学术会议的过程情况。

第八章

科研学术道德与学术规范

内容要点

- 学术研究者的品格和道德
- 开展学术道德教育
- 学术规范的界定
- 学术研究的基本规范

学术道德是指科学研究工作者在学术活动中所表现的道德。鉴于当前学术道德滑坡的现状，既要做好防范的措施又要进行学术道德的教育。

学术规范既有道德的成分又有法律的成分。学术规范的核心是倡导科研工作者做真学问，做道德高尚、知法守法的人。

第一节　科研学术道德

一、学术道德的含义

“学术”指的是“比较专门的有系统的学问”。那么，所谓“学术研究”，指的就是对“比较专门的有系统的学问”的研究。

这种“学问”或是对“学问”的研究，有两个关键词需要强调：一是它是相对“专门的”，即力量（或精力）集中、分门别类地对相对专一的学问进行系统地研究、归纳、总结和探讨；二是它是比较“有系统的”，即研究、归纳、总结和探讨的是由实践概括出来的关于自然界和社会知识的某一方面体系的结论。

正是由于这些关键词以及体制机制的原因，学术（包括研究）往往是有一定层次、有一定组织的，服从于某个方面的管理，具有相应的规章和制度，有时还可能存在相当的垄断性。在我国现行体制下，这些特征通常体现在“职位”、“职称”、“地位”、“权威”等方面。自然，“公共权力”的直接或间接体现，在学术领域不可否认其客观存在。

所谓道德，指的是一种社会意识形态，是调整人们之间及个人同社会之间关系的行为规范的总和。与人格的概念相近，它也是一种世界观、人生观、价值观，同样包含信念，同样表现为真善美。

学术道德，就是在学术上有一定成就的知识分子在学术活动中所表现的道德。

二、学术研究者的品格和道德

2002年初，媒体曝光北京某大学一位博士生导师出版的一本书中，几乎一字不漏地抄袭美国人类学家哈维兰所著的一本书的内容达10万字之多。事发后，撤销其所有学术职务。这件事震动了科教界，学者们指出：弄虚作假、剽窃和侵犯他人知识产权等违背科学道德的行为，近年来日趋严重；反对贪图名利、剽窃作假等腐败现象，加强科学道德和相关制度建设已迫在眉睫。毛泽东同志说，科学家是老实人。这是因为科学本身就是实事求是、老老实实的学问，科学家只有以老实的态度、求实的精神从事科学研究，才能去假存真、由表及里地揭示出客观事物的发展规律，获得对真理的认识。

科研工作者是科学研究和技术开发的中坚力量，是社会进步和发展的宝贵资源。作为科研工作者，一方面受到社会各个方面的重视，另一方面其自身也要加强修养，锻造良好品格，与社会评价相符合。

1. 学术研究者的基本品格

(1)对科学的热爱

一个热爱科学的人，往往也具有科学的鉴赏力。并且，在面对挫折或失败的时候，对科学的热爱，使得研究者能够不屈不挠、百折不回。对科学美的追求，也是研究者表现在他们对科学的执著追求和献身精神以及为真理而坚韧奋斗的顽强意志。例如，数学是具有高度抽象性和概括性的科学，数学公式的形式化、完整性、简明性以及对称性等，都鲜明地表现了数学科学美的不同方面。而应用数学公式能够把客观规律(如物理规律等)表征得简明和对称这一事实，则突出说明了数学在科学家追求科学美的过程中的地位和作用，这样的实例是很多的。科学研究是一项艰苦而复杂的创造性劳动，任何一项科研成果的取得，都凝聚着科研人员的劳动和汗水。由于科研工作是一种探索性的活动，难免会遇到各种艰难挫折，有时甚至会有生命危险。因此，研究者要有一种为科学献身的精神，有克服各种困难的毅力和勇气。初学者需要学习这种献身精神，需要经受科研挫折甚至失败的锻炼。对此，前辈科学家已经为我们树立了榜样。

例如，发现行星运动三定律的著名科学家开普勒，他一生贫病穷困，在极度困苦的条件下坚持科学研究，专心致志探索行星运动规律，在长达17年之久的漫长岁月中，历经70多次的猜测、试算和推演，失败了，重试；再失败，再重试，直到最后获得成功！发现了著名的行星运动定律，为整个天文学的发展做出了重大贡献。又如，查德威克在观察了三十多万条的原子碰撞照片，终于找到了五至六条异常轨迹的原子，从而证明了中子的存在。居里夫人在上千吨的矿石中提纯了一克的镭，而这又需要多大的毅力！从这个意义上说，恒心与毅力是科研工作中极为重要的品格。只有这种具有献身科学精神的人，才能真正理解科学的内涵，才能切实体会科学的真谛。

(2)强烈的好奇心

研究者的好奇心，通常表现在探索对他所关注的领域目前尚无令人满意解释的问题或对其相互关系的认识。这是一种强烈的愿望，它促使研究者投入全部精力去探索、钻研，力图寻求其间并无明显关联的大量资料(或数据)背后的那些新原理、新机制。热爱科学研究的人，往往具有超乎寻常的好奇心，有时这种好奇心会使研究者忘掉研究工作之外的一切事情，进而达到痴迷的程度。从某种程度上讲，历史上一些科学技术发明的重大成果，正是产生于这种科学的忘我投入与献身精神的过程之中。

(3)对目标的执著

科学上的伟大先驱，都曾热烈而执著地捍卫自己的设想，并时常为之战斗。但是他们中的大多数人，在心灵深处却是谦恭的。因为他们很清楚地认识到：比起广阔的未知世界，他们的成就只是沧海一粟。科研工作者对目标的执著精神，体现在科学研究中常常出现的一种现象——科学磨难。科学磨难指在科学发展进程中，由于种种因素，使某些研究成果在发现或公认的时间上被延迟，在传播和应用的空间上受限制，甚至被忽视、歪曲及剽窃等，导致发现者遭受磨难的现象。科学研究并非一帆风顺，除了自然因素(当时的科技水平、经费支持力度等)、社会因素(习惯势利的阻挠、政治争斗的冲击等)、管理因素(法律与体制的限制、管理机制不健全等)不可抗拒外，个人因素(哲学、思想、心理、认识、身体等)对于科研工作的成效具有相当大的支配空间，对目标的执著则使某些科学家虽身受科学磨难，但依然做出了惊人的科学发现或重大的技术创新业绩。英国科学家贝弗里奇曾指出："几乎所有有成就的科学家都具有一种百折不回的精神，因为大凡有价值的成就，在面临反复挫折的时候，都需要毅力和勇气。"

2. 学术研究者的道德观念

科学研究就其历史范畴而言，是属于世界性的，是为整个人类的进步事业服务的。因此，每个研究者从事科学研究所遵循的普遍公认的道德观念，是促进科研工作健康发展的前提和保证。这种道德观念归纳起来大体有如下几个方面。

(1)实事求是，尊重客观规律和科学事实

科学研究的对象是未知的世界，而科研工作本身是一个物质的、客观的过程，这就要求研究者必须实事求是，尊重客观规律，必须谨慎对待研究过程中遇到的每个问题，忠实记录每次实验得到的数据，认真分析并详细报告研究结果。对于某项研究，在未具备充分的理论研究和实验数据分析时，不可轻易给出定论，特别是对重大问题的研究(如判定或判决性实验等)更需谨慎对待。

量子力学的建立是20世纪初科学革命的重大事件，它引起了人们自然观的革命，导致了整个物理学和现代科学的变革。这场科学变革的发起和完成，主要依赖于玻尔领导的哥本哈根学派。玻尔作为哥本哈根学派的核心人物，是一位实事求是、尊重科学事实、长于深思、富于创新的典范。他善于吸引、团结和组织一批年轻而有才华的青年学者，并带领他们一道去探索微观物质的运动规律。在哥本哈根大学的理论物理研究所，先后有许多年轻的科学家在这里学习和从事研究工作，其中诺贝尔奖获得者就有十多位。

(2)尊重他人工作，客观、公正地对待自己的成果

现代科学研究的最大特点，就是科研协作、集体攻关。就科研群体而言，取得的研究成果往往是科研团队中所有成员的集体贡献，而这种贡献都会程度不同地体现在每个人的身上。因此，每个人都要尊重他人(合作或协作者)的工作，客观、公正地对待自己的成果，恰当地为自己定位。同时，作为课题负责人，也有责任和义务尽量公平、合理地处理好课题组内各个成员之间的利益关系。

英国的两位数学家哈代和李特尔伍德结识于1904年，在长达35年的合作中，联名发表了约100篇论文，但前者的论文数要多于后者。不了解内情的人以为李特尔伍德根本不存在，只是哈代虚构的一个笔名。事实上，李特尔伍德是一位具有解决高深复杂问题能力的杰

出数学家，哈代非常尊重他，二人配合默契。文章撰写的模式是：对某个问题首先是相互独立解决，然后讨论取得一致意见，最后由哈代定稿。通过这种密切的学术合作，二人共同建立了20世纪上半叶具有世界水平的英国剑桥分析学派。

(3)参与学术争鸣，善待他人批评，有错必纠

学术争鸣是促进科学研究和发展的有效形式，一直为广大科学工作者所接受和采用。学术争鸣包括课题组内的学术讨论，学术期刊论文的评论与批评，学术讨论会或专题论坛，研究者之间的学术通信，等等。积极参与学术争鸣，耐心听取同行意见，善待他人批评，从中吸取有益思想，必能获益匪浅。闻过则喜、有错必纠是研究人员基本的道德观念之一。

德国著名的化学家奥斯特瓦尔德就是勇于改正错误的典范。他提出了溶度积概念，创立了催化剂理论，发明了人工合成氨，创办了《物理化学杂志》，并获得诺贝尔化学奖。尽管他大名鼎鼎，但勇于改正错误的勇气令人敬佩。他1894年曾提出"维能论"及否认原子真实性的观点，后来自己认识到是错误的，就勇敢地加以改正，于1908年接受了科学原子论。

(4)对待研究中的保守秘密

科研工作要保持研究成果的独创性、领先性，在一定时间、地域内，要保守研究成果的秘密，尤其是关系国计民生的重大课题保密是必要的，这是一个科学工作者的科研道德观念所要求的，也是应该做到的。但是，研究者也要正确对待研究中的保守秘密，不应过分强调保守秘密而封闭交流的大门。要避免将课题组研究的关键技术据为己有，要从课题研究的长远角度看问题，把科研方法和关键技术传下去，以保持该课题研究的可持续发展。

匈牙利数学家爱尔希特是1984年沃尔夫奖数学奖获得者，他是一位博大精深、传奇式的数学家，也是当代最多产的数学家。他善于通过邮件与很多数学同行联系、交流，与他合作写论文的作者多达250人以上。迄今为止，他本人撰写或与他人合写的论文约1500篇，而每篇论文至少包括了一个值得注意的结果，其中不少具有里程碑式的意义。

(5)努力工作，为国争光

科学是无国界的，但科学工作者却是有祖国的。我们提倡科学研究进行无国界的交流。但发展自己祖国的科学事业，努力提高我们的科研水平却是不能忘记的。只有祖国强大起来了，我们在世界上的地位才能提高，中华民族才能屹立于世界民族之林。科学史上这样的事例不胜枚举，其中典型的例子有：居里夫人发现放射性元素"钋"，就是以她的祖国波兰的第一个字母来命名的；我国著名科学家钱学森，历经磨难从美国归来，承担起研究"两弹一星"的重任，为我国的科学及国防事业做出了巨大的贡献。

由此可见，科研工作是一个专业性非常强、道德要求非常高的职业。学术道德是科学研究的基本伦理规范，是科学工作者提高学术水平和研究能力的重要保证，也是大学和科研院所增强自主创新能力、促进学术繁荣发展不容忽视的重要基础。大体而言，它包括"诚"与"敬"两方面。"诚"意味着既不自欺也不欺人：所谓不自欺就是治学应该做到不隐瞒自己的真实见解，从而问心无愧，不受外部因素的诱惑和干扰；所谓不欺人即指充分尊重他人的学术成果，恪守学术规范，拒绝一切学术不端行为。"敬"意味着对学术事业心存虔敬之心和敬畏之情，保持对学术的目的性追求，避免学术的工具化；捍卫学术的纯粹性、神圣性和崇高性，以维护其尊严。

三、当前科研学术道德失范现象

有学者认为①:社会转型时期学术道德失范是我国大学领域存在的一个突出问题。正如朱清时院士所说的,学术道德建设跟不上去,世界一流大学、高水平大学建设就是空中楼阁。学术、文化和教育是延续一个国家一个民族精神的命脉所在。从眼前来看,学术腐败也许不像经济腐败、政治腐败那样,能立即影响到一个国家的发展、人民的生活,但它对学术创新、学术精神和学术共同体尊严的破坏和危害,无疑是巨大而深远的。如果对学术腐败放任自流,那么,我们的学术研究和高等教育事业就没有希望,并最终导致社会良知、伦理底线、学术长城的自我坍塌。学术腐败现象及其严重性借用一位美国学者的话说,“已经超过了人们可接受的程度”。如何能等闲视之呢?

我国现在拥有1800多万人的庞大科技队伍。应该说,我们的广大科技工作者,在过去几十年里艰苦奋斗、顽强拼搏、无私奉献、团结协作,为社会主义中国的科技发展建立了卓著功勋,从而奠定了我国社会主义经济振兴、腾飞的坚实基础。我们在充分肯定科技人员身上的这些优秀品质、良好素质的同时,也看到还有一些科学研究人员存在着这样或那样的不讲科研道德的现象。正如37位中国科学院院士联名提议中所说的那样:“各种严重违反科学道德的事情,我国不仅有,而且还不少。”认真对待和正视这个问题,在当前加强社会主义精神文明建设的工作中,尤为重要。

1. 来自科学研究者自身的违反道德的行为表现

(1)剽窃、抄袭

直接将他人的成果改头换面成为自己的成果,拿去发表或参加评奖、评职称。这样的事例我们公开揭露的已不少,其中也有国际影响的事例。

(2)弄虚作假

有些科技人员投机取巧,不用科学实验来验证假设,就把假设的东西当作科学实验的结果欺骗他人,这是典型的违反科研道德现象。

(3)垄断

在一些专业和领域里,极个别的在这个专业和领域里原本享有盛誉的处于泰斗地位的科学家,因为门第之见或者学术思想的分歧,或者害怕后来者居上,对科学新人、新成果采取压制、阻挠等手段,限制新成果的出现和新人的成长,形成一种学霸、学阀作风。

(4)泄露或出卖科研机密

科学技术成果的保密,不仅仅是道德问题,也是法律问题,一些人出于私利出卖或泄露国家科研机密,不仅应受到道德的谴责,也应受到法律的制裁。

(5)署名

一些人为了对某项成果获得拥有权,本来没有参加科学研究工作,但利用职务之便,署上自己的名字。

(6)讲人情

在科学研究中讲人情关系,也是违反科学道德的现象。诸如发稿时讲人情,评奖、立科

① 参见宋伟:《论科学研究中的道德问题》,http://blog.thch110.net

研项目时讲人情等。有的单位和个人为了争取项目，四处向评委送礼、拉关系。有些负责立项、成果评奖的评委，也不讲原则，收了礼后，就替他们说话、投票。

(7)浪费科研经费

在国家对科研投入极为紧张，科研经费极为短缺的情况下，有的研究人员却利用科研经费中饱私囊，或以调研为名义，四处游山逛水。经费浪费完后，就继续伸手向国家要钱，如果不给，就以经费不足为理由，中止科研。

(8)伪科学

一些部门和单位、个人，打着科学研究的旗号，大搞迷信活动；还有一些人以科学研究为名散布反动、腐朽的剥削阶级思想，也应引起我们注意。

2. 来自行政管理人员的违反科研道德现象

科研管理部门主要负责项目选题、立项评审、过程管理和项目成果的鉴定。相对于广大科研工作者来说，项目经费算得上是一种稀缺资源。社会腐败也在一定程度上影响到了科研行政管理部门，不正之风、不讲科学道德的行为日益显露出来。主管批科研经费的单位和人员，利用手中权力谋取私利，随意拨经费、立科研项目。如果不送礼，不请客，好的选题也得不到资助。个别单位的行政领导者，在科研上并没有多大建树，却用权力为自己争取到国家级突出贡献的专家、省管专家的称号，而本单位那些确有突出贡献的专家、学者却得不到这种荣誉。

另外，科研主管部门往往教条主义、机械主义、本本主义思想严重。在批选题立项时，只重学历，不重实力；只重虚名，不重实绩。比如有的省份评审杰出青年基金，划一道杠，要求申请者必须是博士学位或具有相当水平者。不具博士学位，尽管成绩显著，照样不予考虑。还有的，不是靠实绩评审，而是各个单位之间讲平衡。

科研行政管理部门的不道德问题，造成大量的重复立项，重复投资，收益很小，相当一部分这样的项目资助都成了那些打着科研旗号的人游山玩水的旅游经费，极大地挫伤了科研人员的积极性。

3. 一些习惯做法和规定，导致不讲科研道德现象滋长

这样的事例很多，如评职称，要求必须有专著才能评上高级职称。有些科研人员就自费或利用政府科学研究经费，胡编乱造一本专著，没有新意，没有人看。从印刷厂出来就是为评职称。

凡此种种，表明科学研究事业当中的违反道德的现象比较严重，是整个社会主义精神文明建设不能忽视的一个重要问题。这些不道德现象，正损害着科学的尊严，极不利于科学研究中青年科研队伍的建设，也不利于培养敢于为科学研究事业献身的真正具有科学家道德品质的跨世纪科学研究人员。

4. 来自大学生的诸多学术越轨行为

当今学界反映最强烈、最为严重的学术越轨行为是大学师生在学术研究活动中的抄袭、剽窃行为。有人把学界(主要是大学)中的抄袭、剽窃现象称为是一种“蝗祸”，以示抄袭、剽窃程度之深之广。抄袭、剽窃的行为主体涉及本科生、硕士、博士、教授、硕士生导师、博士生导师等。

本科生中的抄袭包括下列几个方面：一是考试作弊中的抄袭。调查表明：54％的大学生在考试中有过抄袭行为。抄袭者不乏学生干部、三好学生。二是作业抄袭。作业抄袭同学的、书本的以及发表的期刊论文，更有甚者直接从网上下载他人文章，也有抄袭多篇文章后再略经技术处理。三是“学术先知先觉派”的论文创作中的抄袭。那些洞悉到了在大学期间发表一两篇论文便可大大增加自己就业、考研、保研砝码者，便绞尽脑汁，东抄西剪。一位本科生竟在大学四年发表论文 6 篇，其中核心期刊 4 篇，恐怕令某些教授也望尘莫及。有中文系的学生竟写出令行家教授们都汗颜的心理学、生物学等方面的论文。四是毕业论文和毕业设计中的抄袭。没有对论文思想经过认真的思考，一味整合别人的观点和结论。

科技的进步，互联网的发达，为学术研究和论文写作提供了极大帮助，也为抄袭和剽窃打开了方便之门。在国外，有人曾利用互联网数据库对数以百万计的学术论文进行过对比分析。结果表明，在一些领域已发表的学术论文中，约有 1%～5%属于抄袭或者重复。而来自亚洲一些国家的问题论文，比例还要更高。这些抽样调查的结果，值得我们高度警惕。

国际高等教育界对学术剽窃问题是非常重视的。比如，《哈佛学习生活指南》即在非常显著的地方，用加大加粗的字体甚至套色印着这样的警示：“美国高等教育体系以最严肃的态度反对把他人的著作或者观点化为己有——即所谓剽窃。每一个这样做的学生都将受到严厉的惩罚，直至被从大学驱逐出去。当你在准备任何类型的学术论文——包括口头发言稿、平时作业、考试论文等时，你必须明确地指出：你的文章中有哪些观点是从别人的著作或任何形式的文字材料上移入或借鉴而来的。”

诚信教育与学术素质教育的缺失，可能是中国教育的最大败笔。我们的教育(包括高等教育)片面强调分数，恰恰忽视最根本也是最重要的一环：如何做一个诚实、健康的人？在学术道德上，维护学术尊严、拒绝抄袭剽窃，这本来都是常识，但我们却往往在常识问题上一再栽跟头。对加注释这个最基本的学术训练来说，在国外是一个大学生学术入门课程，但我们的高校却根本没有这一课，甚至许多学生到了研究生阶段，连什么是合理借鉴、什么是抄袭剽窃还搞不清楚。北京大学王缉慈教授痛定思痛地说：“在我国的高校和学术传统中，根本没有严格的参考文献制度，这是造成学术腐败的土壤”。相比之下，西方学术论文均有参考文献目录，这个目录有时很长，参考的页码标得一清二楚，与前面的引文处一一对应，无一疏漏。郑州大学郭英剑教授数年前曾对此有过深刻的反思：我们的大学教育，多年来，总是提倡思想教育、素质教育，“这些都没错，我也都表示同意。但我想，我们是不是还忽视了大学教育的一个重要方面：学术教育。即要培养学生的学术素养和学术能力。没有良好的学术素养和学术能力，你要求学生遵守学术纪律，就成了一句空话。不客气地讲，我们的大学生，甚至研究生，没有能够受到良好的学术规范教育。道理也简单，没有规矩，何以成方圆?”当然，除了教育的缺失外，匿名评审等学术规范制度的建设，也基本上是一个空白。

上面这些现象要求我们大学生在大学期间除了要树立崇高的学术目标之外，还要培养优良的学术道德。

四、导致学术道德滑坡的主要原因

有学者认为[①]：导致学术道德滑坡现状的原因纷繁复杂，其中包括“学术道德教育缺失、利益驱动下不良现象滋生、量化评估弊端众多、编审与评委审查不严、学术浮夸之风蔓延、用

① 参见《论我国学术道德教育的困境与出路》，http://www.gnnu.cn

人机制不健全”等症结。

1. 学术道德教育缺失

在我国的学术研究者中，由于长期缺乏应有的规范训练，导致起码的学术道德教育被遗弃，有些学者科学研究方法丰富多彩，但学术道德自我规范能力却十分低下，目前普遍存在着学术道德教育缺失的通病，即使有一些表面上的学习任务与文件，那也只是走走过场而已，根本没有深入人心。

2. 利益驱动导致个人价值取向歪曲化，学风不正、急功近利、见利忘义等不良现象时有滋生

在当代社会，虽然市场经济可以鼓励竞争、促进经济发展，但也导致竞争日趋激烈，加上学术激励制度、成果评价体系与市场利益关系过于密切，工资、职称、奖励、住房以及其他各种待遇都决定于科研成果的多寡，从而使得那些急功近利者严重地损害了清正严明的学术风气，有些人自律不足、随波逐流、贪图物质利益，他们坐不了冷板凳，又没有真才实学，只好寻求捷径，视成果发表、学术评奖、学位授予、职称评定、职务晋升、岗位津贴、荣誉称号为谋生之手段，公然弄虚作假、粗制滥造、抄袭剽窃、包装注水、不劳而获、请客送礼找关系，为自己科研成果的发表、鉴定、评奖和职称的评审奔走忙碌，败坏学术风气。

3. 量化评估弊端众多

对科学研究成果进行量化评估，表面看来似乎公正客观、简单易行，但无形之中造成了价值导向偏失，人们盲目追求数量、忽视质量，一方面急功近利、以多取胜，另一方面粗制滥造、抄袭拼凑，因此，当前这种过分强调量化评估的通行做法，完全不利于高质量科研成果的涌现与学术道德建设体系的完善。

4. 编审与评委审查不严

除了学者本人学术道德败坏以外，那些对其成果审核的编审与评委们，或者责任心不强，或者得到某些好处，“吃人嘴短，拿人手软”，只好把一些带有学术剽窃、重复发表、注释不规范性质的论文、专著随意出版、发表出来，把一些科研项目或评奖等级送给学术骗子做人情。

5. 学术浮夸之风蔓延

有些高校为申办大学、成为名牌高校，盲目追求论文、论著、项目数量和发展速度，学术泡沫急剧加大，争得的研究经费越多、科研成果数量越多、名人越多、名气越大，获得的实际科研成果含金量越小、科研对社会的实际贡献率越小。有的单位还强行要求硕士生、博士生发表多少文章才有资格参加学位论文答辩；有的对学术造假行为也是睁一只眼、闭一只眼，为的是“家丑不可外扬”。同时，认认真真教书的人很难完成学校所要求的科研工作量，很多老师只好空出大量时间来搞研究或干脆占有学生研究成果。

6. 用人机制不健全，假劣文凭泛滥社会

现在社会上普遍重视一纸文凭、不看真才实学的做法，也使得很多学术骗子热心于弄些假文凭来糊弄用人单位。文凭虽然拿到手，自己仍然胸无点墨。这就使得人们对教育、文凭乃至整个学术界产生信任危机，使得社会风气、学术风气趋于恶化。

五、开展学术道德教育的具体措施

学术道德如此之重要，因此要制定出详细具体的实施措施，保障学术道德教育的顺畅进行。具体而言，可以从“加强学术道德教育、严密学术监控体系、改进学术评价制度、严肃学术惩戒体制、借鉴西方成果而不断改进相关措施”等五个方面入手。

1. 加强学术道德教育，使学术道德成为每个学人耳熟能详的道德信条

对待学生，要让他们知道什么是学术规范、什么是学术作弊、什么东西值得研究、什么东西是学术前沿、怎样搞研究，让学术道德教育成为像军训一样的入学必修课，而且定期举办学术道德讲座，使学术道德教育成为每个本科生、硕士生、博士生思想道德的重要组成部分。对待老师和科研工作者，要让他们认清学术使命、增强学术责任心、强化学术自律观念、坚守学术人格自由、提升学术道德素养，切实履行学术义务，规范学术行为，遵循学术规范，维护学术尊严，塑造学术品德，成为具有全球视野的、理想坚定的、学识过硬的科研创新型人才。

2. 严密学术监控体系

对本科生、硕士生、博士生和全体教师进行严密监控，科研处与教务处、学工部、研究生处联合成立学术鉴定小组，针对广大师生的毕业论文、学术论文、科研成果、艺术成果进行综合鉴定，鉴定合格者方可进入论文答辩、获奖、结题、职称认定、职务升任等程序。同时，为方便全体师生共同参与学术监管活动，学校科研处和网络信息中心设置反剽窃查询网，提供反剽窃监控免费咨询服务，让全校师生共同监督，对每一位师生的科研成果、学术论文、文艺作品，如果怀疑其剽窃，只要将该文本登录网站，网站便会启动监控系统，展开自动搜索，监控有否内容重复与抄袭之处。如果一篇文章有三句以上引用了别人的文章，却没有加以注释，则可认定为抄袭，学校对举报者予以重奖，并保护其不受打击报复之侵害。

3. 改进学术评价制度

健全评奖、职称、职务调升等评价措施，打破以成果数量或者学术刊物的级别来衡量的常规，实行代表作(以一本著作或一篇论文为标准)评价制，杜绝数量上的粗制滥造和依赖杂志(或出版社)的名声来获取声名的怪现状，真正鼓励广大教职员工静下心来搞学问，让他们得以“十年磨一剑，一剑是精品”。学校和各级科研机构应该把是否发现新问题、挖掘新材料、获得新数据、提出新观点、采用新方法、构建新理论作为衡量科研质量的主要指标，改变简单地以数量多少来评价的做法；建立各学科分类评价标准，推广同行评价制；在学科评估、职称评聘、项目立项、论文答辩、论文发表、著作出版、成果奖励等方面，弱化项目评审、基地评审，设立学术自律委员会，建立个人诚信档案，从而设计出一套科学合理的学术道德评价体系。同时，不硬性规定任课教师每年必须完成多少科研任务，而是鼓励有科研能力和积极意愿的教师专职从事科研工作。对于从事专职教学的教师，不要求他能发表多少文章，在职称评定、职务升任、奖励评价等方面，不把科研成果与之挂钩。让大部分老师放心地从事教学，让少部分科研人才开心地搞好研究。

4. 严格学术违规行为的处罚与惩戒

为严肃学术道德，坚持“教育为主，惩戒为辅”的原则，在评奖、晋升等过程中，实行学术道德一票否决制；对违反学术道德者，一经查实，视具体情况分别给予批评教育、撤销项目、取消晋升资格直至解聘等处理，触犯法律的及时移交司法机关追究其相应的法律责任；对学术失范行为的查处要认真谨慎，既要坚持原则，又要公开合理，对遭受歪曲指控的要及时澄清事实，予以妥当保护，并严惩诬告陷害者。

5. 多方借鉴西方国家相关经验，积极改进学术惩戒体系

比如瑞典、美国都非常重视对学术造假者的法律制裁。瑞典斯德哥尔摩大学的博士生手册特别告诫:任何形式的欺骗行为都有可能导致被赶出学校和承担法律责任的严重后果。在美国,各大学一般都会将学生学术诚信条例、荣誉守则等规范放到本校主页上公布,以便教师和学生随时查阅,芝加哥大学图书馆则有专门的工作人员,对新生进行如何正确引用文献的培训,为教师提供鉴别学生是否抄袭的帮助;他们还成立了专门接受和处理学术不正当行为举报的办公室。这些做法可以为我们国家提供积极有效的借鉴,及时改进学术道德教育制度和学术失范惩戒体系。

综上所述,只要对当前的学术道德现状有着清醒的认识,能够剖析学术道德滑坡的根源,知晓学术道德在人才创新工程中的重要位置,找准更新学术道德建设体制的方法策略,就能够满怀信心地展望学术道德教育的美好未来。

第二节 学术规范

近年来,伴随着学术腐败现象在我国学术研究领域的日益恶化,学术规范受到人们的普遍关注,对学术规范的探讨也一度成为国内人文社会科学研究领域最热点的问题之一。学术乃天下之公器,任何个人的学术活动都是整个学术界的组成部分。坚持正确的学术道德规范是学术界的呼声,更是学者的本分。建立学术道德自律机制和他律机制,已成为现代学术研究活动中共同的愿望。

美国于1989年建立了科学诚实审查办公室,丹麦、挪威、芬兰、瑞典等国也于20世纪90年代陆续成立了类似的科学伦理委员会,如丹麦的"反科学欺诈行为委员会"、挪威的"科研道德委员会"等。在我国,中科院制定了院士的《自律准则》,国家科学技术部发布了《关于科技工作者行为准则的若干意见》,国家教育部也下发了《关于加强学术道德建设的若干意见》,这些都为学者的学术道德自律和他律提供了一定的依据。

学术规范既有道德的成分又有法律的成分,学术研究不仅要受到学术道德的约束,而且要受到学术法律的制约。许多学术腐败现象,如抄袭别人的作品、剽窃别人的研究成果等,都属于对他人知识产权的侵犯。在国外,知识产权严格地受到法律的保护。任何侵犯知识产权的行为都是犯罪行为,不仅要赔偿经济上的损失,还要受到法律的制裁,情节严重者难逃被判刑坐牢的厄运。在德国进行学术欺骗,或者按照德国人的说法有"科研中的错误行为",就会受到相关司法条例的制裁。相关司法条例不仅涉及民法,而且还要动用刑法。瑞典也有相关的学术法律处理学术不道德问题。我国也已加入世界知识产权保护行列,拥有知识产权保护法。2004年6月22日,国家教育部社会科学委员会第一次全体会议讨论通过了《高等学校哲学社会科学研究学术规范(试行)》。这些都为学者进行学术研究提供了可以遵循的行为准则。

一、学术规范的界定

所谓规范,意为标准,既指衡量事物的准则,也可指作为准则的事物,如语言规范。规范和规矩含义接近。规和矩,本来是画圆形和方形的两种工具,后引申为一定的标准行为准则。规范对于认识事物、评价事物、从事有意义的活动具有重要的作用。比如,艺术"是带着镣铐的舞蹈",就是说艺术产生于限制,有规矩或规则才有艺术。体育比赛也是如此,没有规范或规则,体育活动就无法开展。那么规范或规则是如何产生的呢？规范或规则不是天生的，而是从实践中产生，并逐渐完善起来的。

现代学术规范产生于17世纪后期现代科学诞生的过程中。当时的许多科学家都对自己的研究工作保密，以防止被他人获悉和宣称为已有。伦敦皇家学会秘书亨利·奥登伯格提出了解决使新发现公之于众同时保证其作者荣誉的办法，即承诺在学会的《哲学会刊》上将新发现的成果迅速发表，同时以学会的名义证明作者的优先权。他还开创了将投稿文章送给能够判断其质量的专家审查的办法。这些创新导致了现代科学杂志和同行评议的诞生。随着这种在学术杂志上发表研究成果方式的出现，逐渐形成了一种惯例，即某项发明、发现的荣誉，倾向于由第一个发表这一发现或发明的人获得，而不是由第一个发现它的人获得。使用该成果的人，必须使用引文来承认发现者、直到结果成为常识。从而使科学家因发表成果和通过同行承认得到奖励。

由此，我们可以这样定义：所谓学术规范，是指学术主体根据学术发展规律参与制定的有关各方共同遵守而有利于学术积累和创新的各种准则和要求，是整个学术共同体在长期学术活动中的经验总结和概括。

目前，"学术规范"这一词组已被中国学术界约定俗成、普遍使用，关于学术规范的概念、特点、作用等也理解不一。学术规范的核心其实就是倡导做真学问，真学问的精髓是创新，创新又必须有规矩，必须建立在前人和他人成果的基础上。

二、坚持学术规范的意义

可以说，现代的学术规范是与现代的学术事业相伴而生的。如果没有这种规范，学者们就会人人自危，科学事业就不可能繁荣。正如现代体育运动一样，倘若没有奥林匹克运动的规则，就不会有现代体育事业在世界范围内的蓬勃发展。学术发展的历史和经验事实表明了学术规范的至关重要。学术规范的重要性和必要性，在以下四个方面显得更加清楚。

1. 学术工作的社会属性要求确立公认的学术规范

学术工作在本质上是一种社会性事业，而不是人们通常所认为的只是个人对真理的孤独的追求。早在古希腊时代，伟大的哲学家苏格拉底就把哲学的思辨看做是对城邦的公民义务，而绝不是个人的私事。随着时代的发展，学术工作的社会属性越来越明显，特别是到了现代，任何有重要价值的发明和发现(包括教育科学中新的理论、观点和方法的提出)，除了极个别的情况之外，几乎都是在他人学术成果的基础上发展、创造而来的，几乎都是与他人合作的结果，绝大多数也都要使用公共资源。即使是完全由个人辛勤探索获得的成果，要成为被他人承认的知识，也需要一个由人们进行独立判断并决定是否接受的过程。学术工作的这种社会本性决定了这项事业本身和从事这项事业的人的存在和发展有赖于社会的信任，而社会信任的基础在于公认的学术规范。

2. 个人具有易错性，需要学术规范以减少这种错误

任何学者都可能犯错误，之所以容易犯错误，一是因为客观世界本身、包括教育现象极为复杂，且又不断发展变化，任何科学研究都不可能穷尽对客观世界的认识。二是因为个体对客观世界的认识也都受着自身条件的制约，如思维器官、思维方式、知识背景、个人情感等等的局限，这就使得任何个人对世界的认识和把握不可避免地会出现偏差和错误，因此需要相应的规范，需要学术共同体来共同努力，尽可能减少这些偏差和错误。

3. **学术工作中的利益影响**

学者们所从事的学术研究往往与利益有关,如名声、职称、学位、金钱等等。不少权力部门、公司企业、国际组织也经常发起与学术有关的研究项目。这些特定的目标和利益群体往往会影响到研究问题的选择,信息资料的搜集、整理和评价,以及最终研究成果的客观性。因此也需要学术规范以尽可能保证这些成果的真实可靠性。

4. **个人的机会主义倾向**

如果没有必要的和严格的学术规范,不少学者也会想方设法地去走捷径、去投机取巧地多发表文章,甚至会出现种种越轨的行为,如伪造、作假、抄袭、剽窃等等,必将严重地损害学者个人、单位以至整个研究领域的声誉。

改革开放以来,我国的教育研究事业呈现出了蓬勃发展的局面,研究机构越来越多,研究队伍日益壮大,出版机构和学术期刊如雨后春笋。每年发表的成果数以万计,但重复性的研究工作数量相当多,越轨的现象也时常发生,独创性的研究成果不多。这些都与教育科学研究的规范性不强直接有关。为此,需要学界共同努力,树立规范意识,建立规范体系,防范和惩处违法行为,以推动我国教育研究事业的繁荣。

三、学术研究基本规范

学术研究基本规范是指所有学科的研究都必须遵守的一些公认的主要准则和要求。这些准则和要求是从长期的学术活动的经验和教训中总结出来的,既吸收了西方学者有关科学规范的内容,也包含着对学术研究有着至关重要的基本理念和原则,为了便于理解和掌握,在此将这些理念和原则都纳入基本规范中。这些准则包括学术自由(学术独立、学术批判)、学术积累、学术创新、学术平等、学术合作、学术求真、学术致用、学术道德等。其中有的准则已耳熟能详,有的曾被淡化,有的则不很明确。贯彻这些准则有助于保证学者进行真正的学术研究,有助于营造良好的学术生态环境和促进学术的健康发展。

1. **学术自由**

学术研究最重要的就是要具有自由的意志、独立的精神和批判意识。没有自由思想,没有独立精神,就不能发扬真理,也谈不上学术研究。学说观点的对错是可以商量的,但学术研究中的独立精神和自由思想及批判意识是断不可缺少的。它是科学学术生存和发展的基础,也是每一个学者应该坚持的基本研究规范。邓小平同志曾指出:1956 年以后,我们搞了“20 年的左”。胡乔木同志也写过《中国为什么犯 20 年“左”倾错误》的文章。长期以来,“左”的思潮的影响使学术自由独立与批判这一基本观念在中国学术界并未明确,只是近几年才得以彰显。但是,如何才能真正地理解和贯彻这一基本规范,还有待于长期、艰巨的努力。

学术自由思想的起源,最早可追溯到古希腊哲学家的教育思想和活动。苏格拉底早在 2500 年前就明确主张学者必须有权力探索一个论点到它可能引向的任何地方。柏拉图在其于公元前 387 年创办的阿加德米学园、亚里士多德在其于公元前 335 年创办的吕克昂学园中,就提倡过自由研究和自由讨论。古希腊的许多哲学家都主张自由探索的精神,认为追求真理是人的天职。苏格拉底更是因坚持真理而获罪,最终被处以极刑。中世纪以后,学术自由的理念得到了学者的进一步的认同,并随着大学自治运动的发展,逐渐被提倡为一种学术上的法则。1670 年,斯宾洛莎提出“探讨的自由”。他认为,根据最高的自然法则,人为其思想的主人。他的这一主张在启蒙运动中被广泛接受。德国著名教育家洪堡1810年创办柏林大学时提出了学术自由的原则，即大学在政府或教会许可的范围内有教学、研究和学习的自由，大学的教师和学生在探求真理的过程中可以自主解决学术上的事情，而不受学术范围以外的政治、宗教等社会因素的干扰。美国在19世纪中叶前后，将德国的学术自由的观念引入美国大学。1895年，约翰·穆勒就在其《论自由》一书中，专门讨论了言论自由和思想自由与知识进步之间的关系。他认为，知识的探究活动，必须在一个自由自在的、不受外界干扰与强制的环境中进行，否则，在思想、言论都受到禁锢环境中的所谓学术是不能达到真理的高度的，更不会有真正的创造。在中国，传播学术自由思想的主将当推先贤哲人蔡元培，他于上世纪二三十年代在北京大学实行“循思想自由原则，取兼容并包主义”，后被概括成“兼容并包”原则，至今还被人们大书特书。随着时代的发展，学术自由的概念不断地深化和发展。到了近现代，学术自由成为学者们在探索真理的过程中所追求或遵循的原则。目前对学术自由的含义阐释多样，《简明不列颠百科全书》把它解释为：指教师和学生不受法律、学校各种规定的限制或公众压力的不合埋干扰而进行讲课、学习、探求知识及研究的自由。英国的《大英百科全书》将其定义为指教师的教学与学生的学习，有免受不合理干扰和限制的权利，包括讲学自由、出版自由及信仰自由。但无论怎样解释，以下的理解是共同的，即学术自由指人们在学术问题上可以自由思想、自由研究、自由讨论、自由发表、自由争鸣，这种自由既为着学术的发展，也源于学术的发展；既为着知识，又源于知识。

2. 学术积累与学术创新

长期以来，学术研究中存在这样的一种研究态度：我行我素，唯我独尊，漠视前人和同时代人已经作出的研究成果。这种态度把博览群书理解为知识积累上的修辞性行为。而事实上，任何一个学者，如果不对自己以前的研究史或学术史作出必要的回顾，根本就不知道前人和同时代人在这个课题上已经说过哪些重要的话，或者取得过哪些研究进展，获得过哪些代表性的结论，那么他想进行的任何原创性的研究都是不可能的。只有谦虚谨慎，好学深思，认真对待前人和同时代人已经作出的代表性成果，站在他们的肩膀上来研究学术问题，才称得上迈进了学术殿堂的门槛，才有可能做一回真正的学术研究。

(1)学术贵在创新

学术研究贵在创新。学术创新有层次性，主要表现为：一是提出新的观点、概念或理论体系，能帮助人们正确认识事物的现象、本质及其规律，从而提高人们认识社会、自然与人类自身的能力；二是提出有价值、有科学意义的新问题，能调动人们探索未知的欲望，鼓励人们追求新的知识和真理；三是开拓前人尚未涉及的研究领域、研究课题，或者从新的思维视角去发掘研究客体所蕴含的思想意义和潜在内容；四是运用人们所忽视的方法或者用其他学科的研究方法来研究此学科的课题，从而使研究取得突破性进展；五是用新的材料去证明问题，弥补原有研究成果的欠缺，使之更加全面和充实，增强其科学性。学术的生机与活力也在于创新，创新是学术得以绵延的生命线。人类科学的发展史，就是一部不断发现新现象、揭示新规律、确立新理论、创造新方法的历史。从结绳记事到当代电脑，从钻木取火到核能发电，从驯化动物到克隆技术，从对宏观低速物质运动的直观认识到量子力学对微观客体的波函数统计描述，科学在不断创新中前进。对学术研究成果来说，没有千古不变的定论。两百年前，法国科学家拉格朗日把牛顿《自然哲学的数学原理》誉为人类心灵的最高产物，而且说牛顿不但是历史上最伟大的天才，也是最幸运的一位天才。因为宇宙只有一个，而在世界历史上也只有牛顿一个人能做它的定律的解释者。但牛顿力学在20世纪所经历的种种批判，打破了传统科学观中的教条主义的迷梦。牛顿的科研成果曾为我们提供了解释未知现象的理论框架以及改造世界的思想工具，但任何科学理论都有自身的局限性，牛顿的理论也不是绝对的，爱因斯坦的相对论学说为人类解释宇宙现象提供了一个更好的依据。法国生理学家克劳德·伯纳德(Claude Bernard)曾在他的经典著作《实验医学研究引论》中说："我的理论，像其他人的理论一样，在一系列崭新的研究之始，难逃那些注定片面和暂时的理论之命运，它们将被其他提出新问题的理论所取代。"

自然科学是这样，人文社会科学也是这样。人文社会科学是研究人的科学。研究人类社会的科学，作为研究对象的人和社会本身具有很多不确定的因素，还有许多未知的领域，因而这种研究更具有动态性。如果不创新，不与时俱进，运用教条主义的方法对待理论，那这样的理论只能变成僵死的教条。

(2)学术积累是学术创新的前提

学习是从积累开始的，积累是基础。学术研究也是这样，没有积累就不会有创新。积累是逐渐聚集，是对已有知识、技能等的吸收；而创新是在积累的基础上产生新知识、新技能。任何创新能力、创新意识、创新精神的形成都不是一蹴而就的东西，它需要从小抓起，从点滴开始。创新不会凭空产生，如果说积累是基础，是内化，那么创新就是升华，是内化基础上的外化。没有积累，没有扎实的基本理论知识和基本实验技能，学术研究就难以推陈出新。司马光著《资治通鉴》，其积聚的资料和书稿堆满了洛阳旧居的两大屋子；卡尔·马克思著《资本论》，在将近30年的时间中每天来到大英博物馆查阅资料。国学大师陈寅恪在38岁以前，师从四海，广览博收，成为众人钦佩的"读书种子"，但近乎不惑之年，仍在进行着学术积累，不为名利所动，不着急推出成果。当年梁启超向清华大学研究院推荐陈寅恪为导师，校长曹云祥问："他是哪一科博士？"梁答："他不是博士，连硕士也不是。"问："那他总该有大著吧？"答："也没有著作。"曹为难："既不是博士，又没有著作，这就难了！"对曰："我梁某人也没有博士学位，著作算是有了，但总共还不如陈先生寥寥数百字有价值。"陈寅恪担任清华国学研究院导师后，便以其深厚的学术积累、执著的为学精神、独到的思维进路，成为海内外著名的一流大学者。他不仅贡献了大量有其独特价值的文史著作，而且成功地运用了"以诗证史"的历史学研究方法，开启了文学与史学交互研究的新局面。作为学者，陈氏应了古人的治学名言："积之久，郁之厚，其发必速"。爱因斯坦这位20世纪最伟大的科学家，就是因为有了对相关知识的充分积累和相关问题的持续思考，才提出了著名的相对论。

学术创新只是学术积累可能产生的一种结果，像学术研究中的"顿悟"或"灵感"，并非是空穴来风，而是活动主体长期沉潜于研究对象之后豁然开朗的必然结果。从某种意义上我们甚至可以说，积累的知识越多，越有利于进行创新。创新是积累的一次升华，它只降临在那些准备充分的人身上。无论能否创新，积累都是基础，都是必须的。我们经常说"千里之行始于足下"，"万丈高楼平地起"，这都给人明显的启示：学术积累是一切学术创新的基础。

3. 学术平等与学术合作

学术研究是一种探索性的创造性活动。当科学家们在探索未知世界的过程时，或在研究一门学科或一个问题时，由于研究条件不同，观察的角度不同，研究方法的不同，必然会形成不同的思路。而且随着科学的社会化、学科的高度分化与高度综合，科学研究中的相互合作明显加强。而在科学合作中，很重要的一个基础就是平等。科研人员要自觉地培养自己的群体意识，来恰当调节个人与个人、个人与集体、个人与社会的关系。1996 年 2 月，周光召院士在全国科普工作会议上作了"加强科学普及，弘扬科学精神"的演讲。他把科学精神扩展为：平等和民主，反对专断和垄断；既要创新，又要在继承中求发展；团体精神；求实和怀疑精神。

4. 学术求真与学术致用

学术研究是一项揭示本质、把握规律、创新知识的活动，是一个探求真理的过程。它需要我们必须按照现实世界的本来面目来理解现实世界，从事实本身的联系来把握事实。事物的本质、规律不是暴露于表面的，而是内含在复杂的现象之中的。对绝大多数学科来说，研究者单凭想象是难以获得有价值的研究成果的，只有经过大量的调查并将调查得来的材料经过一番去粗取精、去伪存真、由此及彼、由表及里的深加工制作，才能透过现象把握本质、透过偶然把握必然，这就是学术研究中的求真务实精神。学术研究又是学以致用的，它可以帮助人们认识世界，改造世界；人们也可能因为特定的需求而开始学术研究。因此，科学地理解学术研究中的求真与致用，合理地把握学术研究中的求真与致用，必将有助于推动科学的进步和社会的发展。

5. 学术规范具体要求

在学术活动中，应严格遵守《中华人民共和国著作权法》的有关规定。进行学术研究，应首先检索有关文献，了解他人的研究成果，承认并尊重他人的知识产权。在作品中引用他人的成果，必须注明出处；引证的目的应该是介绍、评论某一作品或者说明某一问题；所引用的部分不能构成引用人作品的主要部分或者实质部分；从他人作品转引第三人成果，应注明转引出处。合作作品应按照对科学研究成果所作贡献大小的顺序署名，但另有学科署名惯例或作者另有约定的除外。任何合作作品在发表前要经过所有署名人审阅，所有署名人应对本人完成部分负责，作品主持人应对作品整体负责。在对自己或他人的作品进行介绍、评价时，应遵循客观、公正、准确的原则，在充分掌握国内外材料、数据基础上，作出全面分析、评价和论证。对应经而未经学术界内部严谨论证的重大科研成果，不应向媒体公布。

四、重视学术规范的监督引导作用

在当今中国学术界，人们对学术规范的重要性已经达成了共识。确实，学术规范是保证任何学术研究活动得以健康地展开的必要条件。然而，有了这样的必要条件，学术创新是否会自然而然地降临呢？我们的回答是否定的。事实上，把学术规范的作用仅仅理解为防止学术活动中不良倾向的出现，乃是对学术规范作用的消极的理解。更重要的是对学术规范的作用做积极的理解，即学术规范的灵魂是学术创新。换言之，只有把学术创新理解为学术规范的本质内涵，这样的学术规范才值得我们加以肯定。

长期以来，学术界也存在着两种截然不同的学术研究态度：一种是我行我素，唯我独尊，漠视前人和同时代人已经做出的研究成果。他们忘记了，博览群书的首要作用就是了解前人和同时代人已经作出了哪些重要的研究结论，以便当代的研究者在涉猎同一个研究对象时，不重复前人和同时代人已经做出的结论。另一种是谦虚谨慎，好学深思，认真对待前人和同时代人已经做出的代表性成果，站在他们的肩膀上来研究学术问题。持有这种研究态度的人常常把对自己关注的课题的研究史的回顾理解为学术创新的前提。事实上，一个当代的研究者，如果不对自己以前的研究史做出必要的回顾，甚至根本就不知道前人和同时代人在这个课题上已经说过哪些重要的话，已经作出过哪些代表性的结论，任何原创性的研究都是不可能的。

如前所述，既然“实质性的学术规范”把学术创新理解为自己存在的根本性的理由，因而它必定赞成后一种研究态度；而赞成后一种研究态度，也就意味着必定会把下面的条款作为学术规范中的基本规则。这个条款是：任何一种学术研究活动，如果缺乏对它以前的研究史的必要的回应，本质上都是不合法的。

长期以来，在学术界也存在着两种截然不同的学术成果评估方式：一种是编辑人员的评价。一方面，在编辑人员中，只有极少数非常优秀的人才称得上是通才，大部分人的知识结构是十分有限的。而当今学科的分类越来越细，一个编辑人员要成为诸多研究领域的专家几乎是不可能的。在这样的情况下，让编辑人员对各种学术论著的性质作出合情合理的评估几乎是不可能的。另一种是匿名专家的评价。这种评估方式包含着两层意思：第一层意思是，必须相对于各分支学科建立相应的专家人才库，必须确保学术论著的评估者对自己所评估的对象乃至整个研究领域都有十分深入的了解；第二层意思是，不但被评估的学术论著必须是匿名的，而且评估专家也必须是匿名的。也就是说，必须通过这种双重的匿名来清洗“关系稿”，来消除专家可能因为感情因素而产生的评估上的偏差，以确保整个评估工作的公正性和客观性。尽管第二种评估方式要花费更多的经济成本和时间成本，但它在很大程度上确保了学术评估的公正性和权威性，从而使那些真正具有原创性的学术论著有机会脱颖而出。

目前高校的客观学术环境可能还有种种不尽如人意之处，但作为青年学者，不应该因此而得过且过，更不能同流合污；不能够也不应该因为某些客观因素而把自己所应负的学术义务、社会责任推得一干二净。作为承前启后的年轻人，应自觉把维护学术规范与道德自律联系起来。因为学术规范在很大程度上体现了学者的自律精神与他律原则，有助于理顺学者个体与学术共同体之间的正常关系。学术规范所彰显的是学术界的公共意志。规范他人，同时也规范自我，恰恰是现代学术理性的体现。在学术规范面前，每一个学者的学术权利、学术责任和学术义务都是统一的，不应有例外者，不应有旁观者，也不应作被动者。作为高校教师、青年学者，应把学术规范内化为自觉的学术意识，并在教学、科研实践中严格自律，这是保证学术正途的不二法门。

习　题

1. 科学研究工作者的学术道德观念主要包括哪几个方面？
2. 分析当前学术道德滑坡的主要原因。
3. 学术规范的具体要求是什么？

附录 1

部分常用正交表

(1) $L_8(2^7)$

实验号	列号						
	1	2	3	4	5	6	7
1	1	1	1	1	1	1	1
2	1	1	1	2	2	2	2
3	1	2	2	1	1	2	2
4	1	2	2	2	2	1	1
5	2	1	2	1	2	1	2
6	2	1	2	2	1	2	1
7	2	2	1	1	2	2	1
8	2	2	1	2	1	1	2

(2) $L_9(3^4)$

实验号	列号			
	1	2	3	4
1	1	1	1	1
2	1	2	2	2
3	1	3	3	3
4	2	1	2	3
5	2	2	3	1
6	2	3	1	2
7	3	1	3	2
8	3	2	1	3
9	3	3	2	1

［注］ 任意两列间的交互作用为另外二列。

(3) $L_{16}(4^5)$

实验号	列号				
	1	2	3	4	5
1	1	1	1	1	1
2	1	2	2	2	2
3	1	3	3	3	3
4	1	4	4	4	4
5	2	1	2	3	4
6	2	2	1	4	3
7	2	3	4	1	2
8	2	4	3	2	1
9	3	1	3	4	2
10	3	2	4	3	1
11	3	3	1	2	4
12	3	4	2	1	3
13	4	1	4	2	3
14	4	2	3	1	4
15	4	3	2	4	1
16	4	4	1	3	2

附录 2

F 分布表

$\alpha = 0.05$

df_2	df_1																	
	1	2	3	4	5	6	7	8	9	10	12	15	20	24	30	40	60	120
1	161.45	199.50	215.71	224.58	230.16	233.99	236.77	238.88	240.54	241.88	243.91	245.95	248.01	249.05	250.10	251.14	252.20	253.25
2	18.51	19.00	19.16	19.25	19.30	19.33	19.35	19.37	19.38	19.40	19.41	19.43	19.45	19.45	19.46	19.47	19.48	19.49
3	10.13	9.55	9.28	9.12	9.01	8.94	8.89	8.85	8.81	8.79	8.74	8.70	8.66	8.64	8.62	8.59	8.57	8.55
4	7.71	6.94	6.59	6.39	6.26	6.16	6.09	6.04	6.00	5.96	5.91	5.86	5.80	5.77	5.75	5.72	5.69	5.66
5	6.61	5.79	5.41	5.19	5.05	4.95	4.88	4.82	4.77	4.74	4.68	4.62	4.56	4.53	4.50	4.46	4.43	4.40
6	5.99	5.14	4.76	4.53	4.39	4.28	4.21	4.15	4.10	4.06	4.00	3.94	3.87	3.84	3.81	3.77	3.74	3.70
7	5.59	4.74	4.35	4.12	3.97	3.87	3.79	3.73	3.68	3.64	3.57	3.51	3.44	3.41	3.38	3.34	3.30	3.27
8	5.32	4.46	4.07	3.84	3.69	3.58	3.50	3.44	3.39	3.35	3.28	3.22	3.15	3.12	3.08	3.04	3.01	2.97
9	5.12	4.26	3.86	3.63	3.48	3.37	3.29	3.23	3.18	3.14	3.07	3.01	2.94	2.90	2.86	2.83	2.79	2.75
10	4.96	4.10	3.71	3.48	3.33	3.22	3.14	3.07	3.02	2.98	2.91	2.85	2.77	2.74	2.70	2.66	2.62	2.58
11	4.84	3.98	3.59	3.36	3.20	3.09	3.01	2.95	2.90	2.85	2.79	2.72	2.65	2.61	2.57	2.53	2.49	2.45
12	4.75	3.89	3.49	3.26	3.11	3.00	2.91	2.85	2.80	2.75	2.69	2.62	2.54	2.51	2.47	2.43	2.38	2.34
13	4.67	3.81	3.41	3.18	3.03	2.92	2.83	2.77	2.71	2.67	2.60	2.53	2.46	2.42	2.38	2.34	2.30	2.25
14	4.60	3.74	3.34	3.11	2.96	2.85	2.76	2.70	2.65	2.60	2.53	2.46	2.39	2.35	2.31	2.27	2.22	2.18

（续表）

df_2	df_1																	
	1	2	3	4	5	6	7	8	9	10	12	15	20	24	30	40	60	120
15	4.54	3.68	3.29	3.06	2.90	2.79	2.71	2.64	2.59	2.54	2.48	2.40	2.33	2.29	2.25	2.20	2.16	2.11
16	4.49	3.63	3.24	3.01	2.85	2.74	2.66	2.59	2.54	2.49	2.42	2.35	2.28	2.24	2.19	2.15	2.11	2.06
17	4.45	3.59	3.20	2.96	2.81	2.70	2.61	2.55	2.49	2.45	2.38	2.31	2.23	2.19	2.15	2.10	2.06	2.01
18	4.41	3.55	3.16	2.93	2.77	2.66	2.58	2.51	2.46	2.41	2.34	2.27	2.19	2.15	2.11	2.06	2.02	1.97
19	4.38	3.52	3.13	2.90	2.74	2.63	2.54	2.48	2.42	2.38	2.31	2.23	2.16	2.11	2.07	2.03	1.98	1.93
20	4.35	3.49	3.10	2.87	2.71	2.60	2.51	2.45	2.39	2.35	2.28	2.20	2.12	2.08	2.04	1.99	1.95	1.90
21	4.32	3.47	3.07	2.84	2.68	2.57	2.49	2.42	2.37	2.32	2.25	2.18	2.10	2.05	2.01	1.96	1.92	1.87
22	4.30	3.44	3.05	2.82	2.66	2.55	2.46	2.40	2.34	2.30	2.23	2.15	2.07	2.03	1.98	1.94	1.89	1.84
23	4.28	3.42	3.03	2.80	2.64	2.53	2.44	2.37	2.32	2.27	2.20	2.13	2.05	2.01	1.96	1.91	1.86	1.81
24	4.26	3.40	3.01	2.78	2.62	2.51	2.42	2.36	2.30	2.25	2.18	2.11	2.03	1.98	1.94	1.89	1.84	1.79
25	4.24	3.39	2.99	2.76	2.60	2.49	2.40	2.34	2.28	2.24	2.16	2.09	2.01	1.96	1.92	1.87	1.82	1.77
26	4.23	3.37	2.98	2.74	2.59	2.47	2.39	2.32	2.27	2.22	2.15	2.07	1.99	1.95	1.90	1.85	1.80	1.75
27	4.21	3.35	2.96	2.73	2.57	2.46	2.37	2.31	2.25	2.20	2.13	2.06	1.97	1.93	1.88	1.84	1.79	1.73
28	4.20	3.34	2.95	2.71	2.56	2.45	2.36	2.29	2.24	2.19	2.12	2.04	1.96	1.91	1.87	1.82	1.77	1.71
29	4.18	3.33	2.93	2.70	2.55	2.43	2.35	2.28	2.22	2.18	2.10	2.03	1.94	1.90	1.85	1.81	1.75	1.70
30	4.17	3.32	2.92	2.69	2.53	2.42	2.33	2.27	2.21	2.16	2.09	2.01	1.93	1.89	1.84	1.79	1.74	1.68
40	4.08	3.23	2.84	2.61	2.45	2.34	2.25	2.18	2.12	2.08	2.00	1.92	1.84	1.79	1.74	1.69	1.64	1.58
60	4.00	3.15	2.76	2.53	2.37	2.25	2.17	2.10	2.04	1.99	1.92	1.84	1.75	1.70	1.65	1.59	1.53	1.47
120	3.92	3.07	2.68	2.45	2.29	2.18	2.09	2.02	1.96	1.91	1.83	1.75	1.66	1.61	1.55	1.50	1.43	1.35

$\alpha=0.01$

df_2	df_1 1	2	3	4	5	6	7	8	9	10	12	15	20	24	30	40	60	120
1	4052	4999	5403	5625	5764	5859	5928	5981	6022	6059	6106	6157	6209	6235	6261	6287	6313	6339
2	98.50	99.00	99.17	99.25	99.30	99.33	99.36	99.37	99.39	99.40	99.42	99.43	99.45	99.46	99.47	99.47	99.48	99.49
3	34.12	30.82	29.46	28.71	28.24	27.91	27.67	27.49	27.35	27.23	27.05	26.87	26.69	26.60	26.50	26.41	26.32	26.22
4	21.20	18.00	16.69	15.58	15.52	15.21	14.98	14.80	14.66	14.55	14.37	14.20	14.02	13.93	13.84	13.75	13.65	13.56
5	16.26	13.37	12.06	11.39	10.97	10.67	10.46	10.29	10.16	10.05	9.89	9.72	9.55	9.47	9.38	9.29	9.20	9.11
6	13.75	10.92	9.78	9.15	8.75	8.47	8.26	8.10	7.98	7.87	7.72	7.56	7.40	7.31	7.23	7.14	7.06	6.97
7	12.25	9.55	8.45	7.85	7.46	7.19	6.99	6.84	6.72	6.62	6.47	6.31	6.16	6.07	5.99	5.91	5.82	5.74
8	11.26	8.65	7.59	7.01	6.63	6.37	6.18	6.03	5.91	5.81	5.67	5.52	5.36	5.28	5.20	5.12	5.03	4.95
9	10.56	8.02	6.99	6.42	6.06	5.80	5.61	5.47	5.35	5.26	5.11	4.96	4.81	4.73	4.65	4.57	4.48	4.40
10	10.04	7.56	6.55	5.99	5.64	5.39	5.20	5.06	4.94	4.85	4.71	4.56	4.41	4.33	4.25	4.17	4.08	4.00
11	9.65	7.21	6.22	5.67	5.32	5.07	4.89	4.74	4.63	4.54	4.40	4.25	4.10	4.02	3.94	3.86	3.78	3.69
12	9.33	6.93	5.95	5.41	5.06	4.82	4.64	4.50	4.39	4.30	4.16	4.01	3.86	3.78	3.70	3.62	3.54	3.45
13	9.07	6.70	5.74	5.21	4.86	4.62	4.44	4.30	4.19	4.10	3.96	3.82	3.66	3.59	3.51	3.43	3.34	3.25
14	8.86	6.51	5.56	5.04	4.69	4.46	4.28	4.14	4.03	3.94	3.80	3.66	3.51	3.43	3.35	3.27	3.18	3.09
15	8.68	6.36	5.42	4.89	4.56	4.32	4.14	4.00	3.89	3.80	3.67	3.52	3.37	3.29	3.21	3.13	3.05	2.96
16	8.53	6.23	5.29	4.77	4.44	4.20	4.03	3.89	3.78	3.69	3.55	3.41	3.26	3.18	3.10	3.02	2.93	2.84
17	8.40	6.11	5.18	4.67	4.34	4.10	3.93	3.79	3.68	3.59	3.46	3.31	3.16	3.08	3.00	2.92	2.83	2.75

（续表）

df_2	df_1 1	2	3	4	5	6	7	8	9	10	12	15	20	24	30	40	60	120
18	8.29	6.01	5.09	4.58	4.25	4.01	3.84	3.71	3.60	3.51	3.37	3.23	3.08	3.00	2.92	2.84	2.75	2.66
19	8.18	5.93	5.01	4.50	4.17	3.94	3.77	3.63	3.52	3.43	3.30	3.15	3.00	2.92	2.84	2.76	2.67	2.58
20	8.10	5.85	4.94	4.43	4.10	3.87	3.70	3.56	3.46	3.37	3.23	3.09	2.94	2.86	2.78	2.69	2.61	2.52
21	8.02	5.78	4.87	4.37	4.04	3.81	3.64	3.51	3.40	3.31	3.17	3.03	2.88	2.80	2.72	2.64	2.55	2.46
22	7.95	5.72	4.82	4.31	3.99	3.76	3.59	3.45	3.35	3.26	3.12	2.98	2.83	2.75	2.67	2.58	2.50	2.40
23	7.88	5.66	4.76	4.26	3.94	3.71	3.54	3.41	3.30	3.21	3.07	2.93	2.78	2.70	2.62	2.54	2.45	2.35
24	7.82	5.61	4.72	4.22	3.90	3.67	3.50	3.36	3.26	3.17	3.03	2.89	2.74	2.66	2.58	2.49	2.40	2.31
25	7.77	5.57	4.68	4.18	3.85	3.63	3.46	3.32	3.22	3.13	2.99	2.85	2.70	2.62	2.54	2.45	2.36	2.27
26	7.72	5.53	4.64	4.14	3.82	3.59	3.42	3.29	3.18	3.09	2.96	2.81	2.66	2.58	2.50	2.42	2.33	2.23
27	7.68	5.49	4.60	4.11	3.78	3.56	3.39	3.26	3.15	3.06	2.93	2.78	2.63	2.55	2.47	2.38	2.29	2.20
28	7.64	5.45	4.57	4.07	3.75	3.53	3.36	3.23	3.12	3.03	2.90	2.75	2.60	2.52	2.44	2.35	2.26	2.17
29	7.60	5.42	4.54	4.04	3.73	3.50	3.33	3.20	3.09	3.00	2.87	2.73	2.57	2.49	2.41	2.33	2.23	2.14
30	7.56	5.39	4.51	4.02	3.70	3.47	3.30	3.17	3.07	2.98	2.84	2.70	2.55	2.47	2.39	2.30	2.21	2.11
40	7.31	5.18	4.31	3.83	3.51	3.29	3.12	2.99	2.89	2.80	2.66	2.52	2.37	2.29	2.20	2.11	2.02	1.92
60	7.08	4.98	4.13	3.65	3.34	3.12	2.95	2.82	2.72	2.63	2.50	2.35	2.20	2.12	2.03	1.94	1.84	1.73
120	6.85	4.79	3.95	3.48	3.17	2.96	2.79	2.66	2.56	2.47	2.34	2.19	2.03	1.95	1.86	1.76	1.66	1.53

附录 3

相关系数 $r(R)$的临界值表

$n-m-1$	α	自变量个数 m			
		1	2	3	4
1	0.05	0.997	0.999	0.999	0.999
	0.01	1.000	1.000	1.000	1.000
2	0.05	0.950	0.975	0.983	0.987
	0.01	0.990	0.995	0.997	0.998
3	0.05	0.878	0.930	0.950	0.961
	0.01	0.959	0.976	0.983	0.987
4	0.05	0.811	0.881	0.912	0.930
	0.01	0.917	0.949	0.962	0.970
5	0.05	0.754	0.863	0.874	0.898
	0.01	0.874	0.917	0.937	0.949
6	0.05	0.707	0.795	0.839	0.867
	0.01	0.834	0.886	0.911	0.927
7	0.05	0.666	0.758	0.807	0.838
	0.01	0.798	0.855	0.885	0.904
8	0.05	0.632	0.726	0.777	0.811
	0.01	0.765	0.827	0.860	0.882
9	0.05	0.602	0.697	0.750	0.786
	0.01	0.735	0.800	0.836	0.861
10	0.05	0.567	0.671	0.726	0.763
	0.01	0.708	0.776	0.814	0.840
11	0.05	0.553	0.648	0.703	0.741
	0.01	0.684	0.753	0.793	0.821
12	0.05	0.532	0.627	0.683	0.722
	0.01	0.661	0.732	0.773	0.802
13	0.05	0.514	0.608	0.664	0.703
	0.01	0.641	0.712	0.755	0.785
14	0.05	0.497	0.590	0.646	0.686
	0.01	0.623	0.694	0.737	0.768

（续表）

n－m－1	α	自变量个数 m			
		1	2	3	4
15	0.05	0.482	0.574	0.630	0.670
	0.01	0.606	0.677	0.721	0.752
16	0.05	0.468	0.559	0.615	0.655
	0.01	0.590	0.662	0.706	0.738
17	0.05	0.546	0.545	0.601	0.641
	0.01	0.575	0.647	0.691	0.724
18	0.05	0.444	0.532	0.587	0.628
	0.01	0.561	0.633	0.678	0.710
19	0.05	0.433	0.520	0.575	0.615
	0.01	0.549	0.620	0.665	0.698
20	0.05	0.423	0.509	0.563	0.604
	0.01	0.537	0.608	0.652	0.685
21	0.05	0.413	0.498	0.522	0.592
	0.01	0.526	0.596	0.641	0.674
22	0.05	0.404	0.488	0.542	0.582
	0.01	0.515	0.585	0.630	0.663
23	0.05	0.396	0.479	0.532	0.572
	0.01	0.505	0.574	0.619	0.652
24	0.05	0.388	0.470	0.523	0.562
	0.01	0.496	0.565	0.609	0.642
25	0.05	0.381	0.462	0.514	0.553
	0.01	0.487	0.555	0.600	0.633
26	0.05	0.374	0.454	0.506	0.545
	0.01	0.478	0.546	0.590	0.624
27	0.05	0.367	0.446	0.498	0.536
	0.01	0.470	0.538	0.582	0.615
28	0.05	0.361	0.439	0.490	0.529
	0.01	0.463	0.530	0.573	0.606
29	0.05	0.355	0.432	0.482	0.521
	0.01	0.456	0.522	0.565	0.598
30	0.05	0.349	0.426	0.476	0.514
	0.01	0.449	0.514	0.558	0.591

（续表）

$n-m-1$	α	自变量个数 m			
		1	2	3	4
35	0.05	0.325	0.397	0.445	0.482
	0.01	0.418	0.481	0.523	0.556
40	0.05	0.304	0.373	0.419	0.455
	0.01	0.393	0.454	0.494	0.526
45	0.05	0.288	0.353	0.397	0.432
	0.01	0.372	0.430	0.470	0.501
50	0.05	0.273	0.336	0.379	0.412
	0.01	0.354	0.410	0.449	0.479
60	0.05	0.250	0.308	0.348	0.380
	0.01	0.325	0.377	0.414	0.442
70	0.05	0.232	0.286	0.324	0.354
	0.01	0.302	0.351	0.386	0.413
80	0.05	0.217	0.269	0.304	0.332
	0.01	0.283	0.330	0.362	0.389
90	0.05	0.205	0.254	0.288	0.315
	0.01	0.267	0.312	0.343	0.368
100	0.05	0.195	0.241	0.274	0.300
	0.01	0.254	0.297	0.327	0.351
125	0.05	0.174	0.216	0.246	0.269
	0.01	0.228	0.266	0.294	0.316
150	0.05	0.159	0.198	0.225	0.247
	0.01	0.208	0.244	0.270	0.290
200	0.05	0.138	0.172	0.196	0.215
	0.01	0.181	0.212	0.234	0.253
300	0.05	0.113	0.141	0.160	0.176
	0.01	0.148	0.174	0.192	0.208
400	0.05	0.098	0.122	0.139	0.153
	0.01	0.128	0.151	0.167	0.180
500	0.05	0.088	0.109	0.124	0.137
	0.01	0.115	0.135	0.150	0.162
1000	0.05	0.062	0.077	0.088	0.097
	0.01	0.081	0.096	0.106	0.115

参考文献

1. 王晖,宓文湛．科学研究方法论．上海:上海财经大学出版社,2004

2. 王乾都,王志平．学术研究与论文写作．北京:军事科学出版社,2002

3. 杨建军．科学研究方法概论．北京:国防工业出版社,2006

4. 付强．数据处理方法及其农业应用．北京:科学出版社,2006

5. 张伟刚．科研方法论．天津:天津大学出版社,2006

6. 朱建平．应用多元统计分析．北京:科学出版社,2006

7. 陈中文,袁小鹏．大学生科研导论．北京:科学出版社,2008

8. 教育部科技发展中心．科学技术研究项目经费申请指南(2006版)．长沙:中南大学出版社,2006

9. 罗伯特·戴,巴巴拉·盖斯特尔．如何撰写和发表科技论文．北京:北京大学出版社,2007

10. 利迪,奥姆罗德．实用研究方法论——计划与设计．顾宝炎等译．北京:清华大学出版社,2005

11. 张白影,卓毓荣．新编文献信息检索通用教程．北京:首都经济贸易大学出版社,2007

12. 刘素萍,宋俊丽,杨继成．科技论文写作．北京:中华书局,2007

13. 科技论文检索、写作与投稿指南．北京:国防工业出版社,2008

14. 比约·古斯塔维．科技论文写作快速入门．北京:北京大学出版社,2008

15. 胡开林,叶燎原,王云珊．现代科技论文写作教程．北京:化学工业出版社,2008

16. 袁晓燕．科研学术论文写作概要．长沙:国防科技大学出版社,2007

17. 杨继成,车轩玉,管振祥．学术论文写作方法与规范．北京:中国铁道出版社,2007

18. 默顿．科学社会学．鲁旭东,林聚任译．北京:商务印书馆,2003

19. 博克．走出象牙塔——现代大学的社会责任．徐小洲,陈军译,浙江:浙江教育出版社,2001

20. 陈学飞等．西方怎样培养博士——法、英、德、美的模式与经验．教育科学出版社,2002

21. 邓正来．中国学术规范化．法律出版社,2004

22. 肯尼迪．学术责任．阎凤桥等译．新华出版社,2002

23. 徐复观著,陈克艰编．中国学术精神．上海:华东师范大学出版社,2003